高等职业教育法律类专业新形态系列教材

罪犯劳动管理

主　编◎程玉敏

撰稿人◎(按撰写章节顺序)

周雨臣　李　静　张新爱

张其亮　余安琦　付晓燕

中国政法大学出版社

2024·北京

图书在版编目（CIP）数据

罪犯劳动管理/程玉敏主编. —北京：中国政法大学出版社，2024.7
ISBN 978-7-5764-1392-2

Ⅰ.①罪…　Ⅱ.①程…　Ⅲ.①罪犯－劳动改造－中国　Ⅳ.①D926.7

中国国家版本馆CIP数据核字(2024)第058268号

出版者　中国政法大学出版社
地　址　北京市海淀区西土城路 25 号
邮　箱　fadapress@163.com
网　址　http://www.cuplpress.com (网络实名：中国政法大学出版社)
电　话　010-58908435(第一编辑部) 58908334(邮购部)
承　印　北京中科印刷有限公司
开　本　787mm×1092mm　1/16
印　张　17.5
字　数　394 千字
版　次　2024 年 7 月第 1 版
印　次　2024 年 7 月第 1 次印刷
印　数　1~3000 册
定　价　66.00 元

前言

本书主要面向全国的司法警察院校，内容分为理论篇和实务篇，力求结合前沿的罪犯劳动管理理论，展示诸多典型案例，解答刑事执行专业学生学习过程中经常遇到的问题和疑惑，资料翔实，突出政策、行业动向，信息量大，具有时代特色。全书为新型活页式教材，采用了“活页式+专题任务制”的编写体例，以专题总领，以任务展开，注重理论和实践相结合。

教材内容编排遵循教育教学的基本规律，倡导警学结合、理实结合、学做结合、训战结合的职业教育理念。在内容架构上，坚持从监狱人民警察组织罪犯劳动的职业岗位出发，以此推导民警应具有的职业能力，由职业能力归纳核心能力，再由核心能力构建工作任务或学习情境。在对待理论知识方面，我们坚持以够用为度，对于民警从事罪犯劳动组织与管理所必需的基本理论，坚持在教材中体现，并要求学生全面掌握。在对待职业能力方面，我们坚持以民警组织与管理罪犯劳动的基本流程或整个过程为线索，以此设计出工作任务或工作情境，在每个工作任务中又按照该项内容的基本规则和运作路径进行编写。教材的总体编写思路是服务于教学和课程建设，紧跟时代和行业发展趋势，培养未来工作岗位需要的综合性人才。

本教材与同类教材相比，编写团队既有罪犯劳动管理领域深耕多年的专家指导把关，又有来自行业的业务专家参与指导部分实务内容；理论部分以时间为轴把罪犯劳动的历史渊源和功能性质讲清楚，力求简洁、清晰和完整，便于同学们理解和掌握；实务部分突出操作性和实务性，以工作流程为线索安排课程实务内容，力求适用、合理和专业；案例分析和拓展阅读等辅助教学内容丰富和扩展教学内容。

同类教材市面上并不多。其中的一本《罪犯劳动组织与管理》是由周雨臣教授组织编撰，该教材的副主编程玉敏副教授担任我们这本教材《罪犯劳动管理》的主编，原有主要骨干成员参与新教材的编撰工作；这本教材在原有传统教材的基础上有很大突破，内容上理论篇展现近几年关于罪犯劳动管理的最新成果，实务篇把监狱现在的信息化和标准化改革的现行做法吸纳进来；教材形式上采用活页式立体化新形态教材。

教材主编：程玉敏（浙江警官职业学院刑事司法系副教授）；参编人员：周雨臣（浙江警官职业学院刑事司法系教授）；张其亮（新疆兵团第六师五家渠监狱党委委员、副监狱长）；张新爱（河北司法警官职业学院副教授）；余安琦（浙江警官职业学院讲师）；付晓燕（浙江警官职业学院讲师）；李静（浙江警官职业学院讲师）。

具体编写任务分工：程玉敏（前言、专题三、七、八、十）；周雨臣（专题一、二）；李静（专题四、九）；张新爱（专题六）；张其亮（专题十一）；余安琦（专题五）；付晓燕（专题十二）。

尽管编写团队在编写过程中多次沟通研讨，几经修改，付出了艰辛的努力，但由于新形态教材编写是一种全新的探索，加之编写中可资参考和借鉴的资料很少，且因编写人员的水平有限，书中的纰漏和不妥之处肯定会有，恳请广大同仁和读者批评指正，不吝赐教，以便再版时加以更正。

编　者

2023年6月

目录 CONTENTS

第一部分 理论篇

专题一 罪犯劳动基本概念 ▶ 3

学习任务一 劳动 / 5

学习任务二 罪犯劳动 / 7

学习任务三 罪犯劳动管理 / 16

专题二 罪犯劳动的性质和功能 ▶ 29

学习任务一 罪犯劳动的性质 / 31

学习任务二 罪犯劳动的功能 / 35

专题三 罪犯劳动管理岗位 ▶ 48

学习任务一 罪犯劳动管理的特点 / 49

学习任务二 罪犯劳动管理岗位的职责 / 52

学习任务三 罪犯劳动管理岗位的要求 / 54

专题四 罪犯劳动组织结构和劳动类型 ▶ 62

学习任务一 罪犯劳动组织结构 / 64

学习任务二 罪犯劳动类型 / 69

第二部分　实务篇

专题五　罪犯劳动组织安排 ▶ 77

学习任务一　罪犯劳动项目的评估与选择　/ 77

学习任务二　罪犯劳动技能培训　/ 83

学习任务三　罪犯劳动定员、定岗、定额　/ 88

专题六　罪犯劳动现场管理 ▶ 94

学习任务一　罪犯出收工管理　/ 96

学习任务二　罪犯劳动现场作业和质量管理　/ 98

学习任务三　罪犯劳动现场定置管理　/ 103

学习任务四　罪犯劳动现场监督管理　/ 110

专题七　罪犯劳动劳务加工 ▶ 114

学习任务一　监狱加工业的概念及类型　/ 114

学习任务二　监狱加工业的发展概况　/ 115

学习任务三　监狱加工业的管理原则　/ 118

学习任务四　组织管理　/ 119

学习任务五　项目承接　/ 119

学习任务六　生产管理　/ 125

专题八　罪犯劳动智慧管理 ▶ 143

学习任务一　劳动人数智能清点　/ 144

学习任务二　劳动工具智慧管理　/ 145

学习任务三　生产业务智慧管理　/ 149

专题九　罪犯劳动保护 ▶ 157

学习任务一　罪犯劳动保护概述　/ 158

学习任务二　罪犯劳动现场生产安全防范　/ 163

学习任务三　罪犯劳动人身安全　/ 174

学习任务四 罪犯劳动卫生 / 181

学习任务五 罪犯劳动时间安排 / 184

学习任务六 罪犯劳动保险 / 187

学习任务七 特殊罪犯的劳动保护 / 192

专题十 罪犯劳动绩效管理 ▶ 198

学习任务一 罪犯劳动考核与奖惩 / 198

学习任务二 罪犯劳动报酬 / 203

学习任务三 罪犯劳动考核制度及操作实务 / 211

专题十一 罪犯劳动教育 ▶ 221

学习任务一 罪犯劳动心理分析 / 221

学习任务二 罪犯入监初期的劳动教育 / 227

学习任务三 罪犯服刑中的劳动教育 / 232

学习任务四 罪犯刑满释放前的劳动教育 / 243

专题十二 罪犯职业技术教育 ▶ 249

学习任务一 职业技能培训 / 249

学习任务二 罪犯劳动竞赛 / 255

学习任务三 罪犯职业技术教育 / 260

第一部分 理论篇

专题一　罪犯劳动基本概念

学习目标与任务

通过本单元的学习，使学生掌握劳动、罪犯劳动和罪犯劳动管理等基本概念的内涵与实质，从而为学习该教材后续的罪犯劳动理论与实务知识与技能奠定良好的基础。学生在学习过程中，应重点把握这些概念的基本含义、发展过程和实质特征，从而知晓罪犯劳动的发展历程和基本脉络。

案例导入

从监狱里走出的企业家〔1〕

在江苏省苏北某县有个颇具规模、名气很大的新兴企业——江苏吴天集团。这个2006年创建，占地四十多亩，拥有员工近200人的企业，固定资产和流动资金超过3000万元，成为当地的重点企业和纳税大户。而这家企业的创办者和掌门人则是曾经在洪泽湖监狱服刑近8年的王天民。这位被誉为“监狱里走出的企业家”用短短3年时间，先后创立三家机械制造公司，为“浪子回头金不换”这句至理名言作出了生动的诠释……

2010年7月19日，入伏后又一个炎热高温的日子，洪泽湖监狱人头攒动，热闹非凡。原监狱服刑人员，现任江苏吴天集团有限公司董事长王天民先生，在县司法局有关领导的陪同下，专程来监捐赠2300件纯棉背心，给数千名囚子送来一丝清凉和关爱。这是他继2009年7月15日捐赠价值1万余元的书籍之后又一次感恩回报，也是该监狱教育改造工作品牌——“明天的太阳依然美丽”系列活动中又一次阳光助教活动。

谈起过去的人生，回想起所走过的路，王天民先生陷入了沉思：

王天民大学毕业后，毅然放弃了去大城市工作的机会，回到家乡，到镇政府办公室工作。在许多人的眼里，他政治上可靠，办事稳重，是一个大有可为的青年干部。

然而，在一次经济纠纷中，他没有通过合理合法的途径，而是采取以恶制恶的手段，带人把欠款人打成重伤。1998年3月，王天民被当地法院以故意伤害罪判处有期徒刑12年，同年12月投送到江苏省洪泽湖监狱服刑。

刚入狱时，王天民面对漫长的刑期，彷徨、痛苦、迷茫，整天心乱如麻，无精打采。屋漏更逢连夜雨，不久，他妻子也从供销社下岗，还要抚养膝下两个儿女。面对这一切，王天民感到人生无望，常常一个人从睡梦中惊醒……

---

〔1〕季承志，满峰，袁园：“从监狱里走出的企业家”，载《民主与法制》2010年第17期。

王天民的消沉没有逃过中队指导员郑警官的眼睛。在郑警官的教育挽救下，王天民很快从人生低谷中走了出来。他主动找到了主管生产的警官，要求调到又苦又脏又累的岗位上，心甘情愿地接受最为艰苦的劳动改造。

监狱不仅是改造人的特殊园地，而且是学校、是工厂，是培育人的摇篮。对此，王天民深有体会。他把改造作为磨砺人生意志的“宝贵财富”，把服刑作为人生经历中弥足珍贵的“一段插曲”，把那段时间真正地利用好、充实好。他每年都写一本笔记，每年积累一本厚厚的剪报。他给自己制定了改造规划和减刑目标，并为此而努力。他先后担任过检验、小岗、组长，在实际服刑近 8 年的日子里，从未违规，监狱“积改”和表扬几乎年年都有他的份，还多次被评为省级改造积极分子，先后减刑 3 次，合计近 4 年。

服刑期间，妻子对他不离不弃，每个月都往返数百里前来探视。八十多岁的老父亲也经常给他写信，进行规劝和抚慰。重新找回自我的王天民，每季度都给家人写一封长信，细述自己的学习和改造情况。王天民的改造表现受到了警官及狱友的高度评价。在劳动改造中，王天民操作过车床、磨床、铣床等，对各种机械部件制作的工艺流程比较了解，从而萌生了刑释后做机械方面业务的思路。在监狱改造的 7 年 5 个月的时间里，他一共写了 10 万字的笔记，在剩余刑期还有 2 个月的时间里，他在最后一本服刑笔记中写了一份“创业计划初拟”。

2006 年，王天民回到家乡时，家里只有 5000 元钱。他先用一个月时间考察市场，看到了当时房地产行业的巨大商机，便采用“借鸡生蛋”的办法，用自家的 3 间住宅作抵押，并游说亲朋好友，筹措资金 360 万元，以当时县里最高价拿下了城区八亩一分地进行开发。9 个月后，地价大涨。他拿出收益的 50%回报亲朋，剩余部分成为他进行商业运作的第一桶金。2007 年，王天民又成功运作了一个城建项目。为了更好地回报社会和亲人的关怀，王天民组建了江苏天晟工程机械有限公司。通过 7 个月没日没夜的拼搏，占地 7000 平方米的厂房、占地 1200 平方米的办公楼建立起来，2008 年 2 月投产，生产工程机械系列产品及汽车配件，产品远销国内外，获得了巨大的效益。2009 年，他又购地 26 亩建了 6600 平方米标准厂房，公司呈现出快节奏发展的迅猛态势。企业的产品因质优价廉而供不应求，并通过省市有关部门的技术质量鉴定，部分产品被列入江苏省农机下乡政府补贴目录。

王天民在个人财富不断增加和企业规模不断扩大的同时，想得最多的是回报社会。他的企业先后吸纳了二十多名刑释回归人员以及部分下岗职工，还安排了十几名大学生就业。2009 年，四川汶川发生大地震，王天民第一个赶到县民政局表示愿意捐出 3 台装载机和 3 台翻斗车。他积极参加县里的爱心基金会活动，资助乡镇贫困户、失学儿童、敬老院五保户、公司困难职工。3 年中，累计捐赠善款近 10 万元。

王天民创业成功后，一直没有忘却“前车之鉴”。他多次参加县里组织的义务普法教育活动，用自己不懂法获重刑的惨痛经历，警醒他人吸取教训。

2009 年 7 月 15 日，刑满释放整整 3 年的他，又重新回到了当年改造过、奋斗过，并为之流汗流泪的地方——江苏省洪泽湖监狱。故地重访，王天民百感交集。在这里，虽然难以找到当年一同服刑改造过的狱友，但是监狱领导来了，县政法委及司法局的领导来了。面对台下服刑人员羡慕的眼神，王天民侃侃而谈。他讲认罪服法、积极改造、先后减刑45个月的“秘诀”；他讲不气馁、不悲观、不怨天尤人，迎难而上的坎坷经历；他讲常怀一颗感恩的心，主动回报社会，积极为当地政府和群众排忧解难的赤子情怀……他用自己的回归创业经历，给服刑人员上了一堂生动精彩的人生励志课。台上情真意切，台下心潮澎湃。随后，王天民向服刑人员捐献价值1万余元的图书，并表示，今后再忙也要抽空回监狱走走看看。因为，他对这块土地充满感情，他对这里的一草一木饱含深情，他对这里帮助过他的人有着难以割舍的情怀。

“没有永远的挫折，只有暂时的失败”，这是王天民常常挂在嘴边的一句话。当年，正是在监狱警官的帮助教育下，通过不断学习法律知识，认真规范言行，注重道德感化和人格的重建，时刻反省自己过去的犯罪行为给社会和他人带来的危害，从而坦然走出了人生失败的低谷。当年办工厂时，他找到地方政府的有关部门，坦陈自己服过刑和回来后回报社会的打算，受到当地司法部门的大力支持。他从5000元起家，看准市场、把握机遇，一步一步地稳扎稳打，用3年多时间，打造出年产值6000万元的高效企业。下一步他还计划把集团扩建成占地80多亩、带动2000人就业、生产大型挖掘机的现代化企业，向年产值超亿元冲刺。

目前，身为企业集团老总的王天民被推选为县工商联常务理事、市县老科技工作者常务理事、县企业家协会副会长，多次被评为市县先进工作者。2009年8月，他向党组织递交了入党申请书。他的企业最近被市、县司法局挂牌为“阳光扶助就业基地”，准备吸纳更多的刑释人员就业并对他们进行创业辅导。

王天民的传奇经历，为每位服刑人员树立了前进的标杆。“有志无恒，一事难成”、“志不强者智不达”，王天民的成功告诉大家一个道理，希望和成功永远属于热爱生活和敢为人先的强者。只有给自己加油，才能让心灵飞翔；只有树立正确的人生观、价值观，积小善为大善，积小成为大成，才能真正走出人生的沼泽，成为社会的有用之材。

从监狱里走出来的企业家，怀着一颗感恩的心，倾心回报社会，情系在押服刑人员，在当地传为美谈。他那真实感人的故事犹如炎炎夏日给人们吹来的一阵清凉的风。

学习任务一 劳 动

劳动是任何人类社会所必需的，是人类生活的永久的自然条件。无论哪一种社会形态，也不管哪种社会制度，只要有人类，只要社会需要发展，就要进行劳动。经济条件和政治条件可以改变，一种社会制度可以被另一种社会制度替代，但是劳动永远不会改变。正是从这个意义上，劳动是一种神圣的、永恒的、普遍的社会活动。马克思曾经说过：“任何一个民族，如果停止劳动，不用说一年，就是几个星期，也要灭亡，这是每一个小孩都知道的。”[1]

劳动是人类最重要的实践活动。人类社会的历史就是人类劳动的发展史和创造史，是推动人类社会发展和进步的原动力。从原始人群的采集狩猎、刀耕火种，到古代畜力人耕的农业生产；从近代的蒸汽机、电力简单机器的使用，到现代的新能源、新材料、无线电通信系统、信息网络和现代智能技术，这就是人类所走过的伟大的劳动历程。在这个发展过程中，由于有了劳动，自然界、人类社会和人的思维系统都发生了巨大变化，产生了史无前例的物质文明、政治文明、精神文明和社会文明。因而，劳动对人类的生产、生活、社会发展、思维方式等都具有无可比拟的巨大作用。

劳动的内涵博大精深且意义深远，因此，给劳动下一个权威的定义实属不易。那什么是劳动呢？我们认为，劳动是指人类为了自身的生存和发展，通过支出和消耗体力和精力，作用和改变自然物，创造必要的社会财富的有目的的活动。从以上关于劳动的概念，我们可以看出，劳动有以下几层涵义：

1. 劳动是人类为了维持自身的生存和发展所进行的活动，而且是人类所特有的，动物是不存在真正意义上的劳动的，通过劳动可以实现人类的生存和发展。

2. 劳动必须支出和消耗精力，作用和改变客观对象。一种劳动或者需要支出和消耗体力，或者需要支出和消耗脑力、智力，或者兼而有之。劳动还必须作用和改变客观对象，或者对客观对象加以利用，或者进行加工生产出产品，或者进行研究和开发等，但都体现为对客观对象的一种作用。

3. 劳动必须是创造社会财富的活动。劳动要为人类社会造福，任何劳动都必须以创造社会财富为根本目的。社会财富可以包括物质财富、精神财富、政治财富、社会财富等诸项内容。不创造社会财富，甚至损害和破坏社会财富的活动，不能称之为劳动，如犯罪分子的抢劫、盗窃等。

4. 劳动还必须是一种有意识、有目的的活动。人类劳动和动物的本能行为最大的区别就在于劳动是一种有目的、有意识的活动，而动物本能则是一种本能支配。真正的劳动一般是在人的头脑中形成蓝图、计划、目标的前提下所进行的活动，是有着明确目的性和指向性的活动。那种无意识的、潜意识的行为不能称之为劳动，如梦游症患者所做的类似于劳动的行为。

劳动的种类很多，可以包括：体力劳动和脑力劳动，生产性劳动和非生产性劳动，简单劳动和复杂劳动，熟练劳动和非熟练劳动，有效劳动和无效劳动，必要劳动和剩余劳动，自愿劳动和被迫劳动，积极劳动和消极劳动等等。

劳动的内涵随着社会的发展得以深化和提升。社会发展水平越高，社会的文明程度越高，劳动的内涵和样式越丰富、越多元，劳动对人类社会的贡献和推动作用越显著，但劳动自身所具有的固有属性和价值功能不会改变。

---

[1] 中共中央马克思、恩格斯、列宁、斯大林著作编译局编：《马克思恩格斯选集》（第4卷），人民出版社1972年版，第368页。

学习任务二 罪犯劳动

罪犯劳动是指由于其本身所具有的惩罚功能和经济属性，行刑者将其运用于罪犯行刑，从而使罪犯遭受摧残、惩罚和痛苦，达到对罪犯进行报应、惩役和矫治目的的活动。历代统治阶级和行刑者正是看到了劳动自身所具有的很多功能，尤其是惩役功能和经济功能，从而把劳动运用到治理犯罪和惩治犯罪人的领域中来，这样罪犯劳动便应运而生。罪犯劳动在不同的社会性质、历史条件和社会背景下，又会表现出不同的形式。

一、奴隶社会的罪犯劳动

中华民族作为文明古国，同样在罪犯劳动方面也得到了充分体现和证明。我国罪犯劳动最早产生于殷商时期。商朝统治者接受了夏朝覆亡的教训，社会经济的发展进一步提出了更广泛的无偿使用奴隶劳动的历史要求，这些因素促使在刑罚制度上要施行劳役制。据史料《尚书·周书·武成》注疏称："论语云箕子为奴，是纣囚之又为奴役之。""为之奴者系于罪隶之官，是因为奴以徒隶役之也。"[1] 意思是说，《论语》中讲箕子被处以囚徒，是纣王把他囚禁起来，并强迫其从事劳役。箕子是犯罪的官吏被拘，继而从事强制劳役的囚徒。箕子原是商朝的一位官吏，因向纣王进谏并激怒纣王而沦为囚犯，直到周初才得以释放。其实，这种奴役罪囚劳役之事并非始于商末，在商王武丁时代，古文献《墨子·尚贤下篇》就有记载："昔者傅说，居北海之州，圜土之上，衣褐戴索，庸筑于傅险之城。"傅说原本是一名奴隶，沦为罪囚后，傅说衣着粗陋，身戴枷锁，在傅险这个地方从事繁重的版筑劳动，且被关押在圜土之中。以上记载足以说明，在殷商时期，我国监狱中就有了罪犯劳动，劳役刑已经萌芽了。

二、封建社会的罪犯劳动

中国封建社会历经两千多年，尽管朝代不断更替，但儒家思想一直是占据统治地位的国家意识。两周早期的"明德慎罚"思想经过改造延伸，到西汉时被发展为崇尚"德主刑辅""礼法并用"的儒家主张，并且逐渐上升而被确定为封建制国家立法的指导原则，礼仪、教化、劳役与法律、刑罚相辅为用。这种封建性法律思想反映在狱制上，体现为一些对罪囚的具体劳役制度，肉刑逐步被废止，死刑得到缩减，徒刑被扩大，大批罪囚得以保存性命，被强迫从事繁重的劳动，这不但可以维护和巩固封建王朝的阶级统治，而且可以为他们创造大量的廉价的社会财富。

汉代鉴于秦朝速亡的历史教训，特别是受到董仲舒"王权神授"和"独尊儒术，罢黜百家"哲学主张的影响，为了加强中央集权君主专制的统治，提出了一整套系统的狱政思想，主要是"德主刑辅""宽缓刑狱"的法律思想，实行"德行兼施，礼法并用"，初步废除残人肢体的肉刑，把部分罪犯转化为劳役，即作刑，从事重大工程和矿冶等繁重的劳动。同时，他们还让大批的囚徒到西北边疆从事屯田、戍守边界等极艰苦、极繁重的劳役。汉代的劳役监发展到了我国的西北边陲，戴罪服役的刑徒兼有

---

[1] 杜雨主编：《罪犯劳动改造学》，群众出版社 1991 年版，第 4 页。

服刑、生产和戍边的三重任务。汉代这种将肉刑变为劳役刑的刑制改革，有重大历史进步意义，也是社会发展到一定程度的客观要求。

唐朝建立了比较完备的徒刑制。徒刑和流刑是唐朝五刑中的重要刑种。徒刑制是西周“圜土制”、秦汉“刑徒制”发展演变的结果，既禁其人，又役其身，是拘禁和劳役相结合的刑罚制度。唐朝的徒刑以三年为限，分为一年、一年半、二年、二年半、三年等，据唐《狱官令》言：“犯徒应配居作。”居作就是强制劳动，居作时间与徒刑期限是相等的。流刑作为仅次于死刑的严厉刑罚，不但要流放于荒原远避之处，使罪犯遭受流离之苦，而且均加居作，即都要强制劳动。关于居作的年限，徒刑与刑期一样，流刑则有所不同。流刑分为三等，即流放二千里、二千五百里、三千里，均居作一年。囚徒劳动时要戴上钳或木枷等戒具，担负着沉重的劳动，如有病可卸去戒具而得到治疗，但病愈后仍要补上因病所耽误的劳役时间。

唐朝轻重异处、男女有别、违制加惩的居作制，一直延续到明清。封建社会发展到晚期——明清时代，手工业和商业经济都有了长足的发展，统治者日益看到囚犯劳役所创造的经济作用，因而“以役代刑”制度逐渐发展起来。以役代刑制度，是明朝狱制中劳役制度的一项重大变化。徒刑和流刑，既拘禁又罚劳役，这在明朝以前是一贯制度，用铜、钱、钞或物来赎刑也是常法，各朝各代都能见到。但是，以役代刑，不限于徒刑犯必须拘禁劳役，而是实行自杂犯死罪以至于笞、杖罪都允许用罚服劳役的办法来赎罪抵刑的原则，按刑期、役限执行。《明会典》载：“拘役囚人，国初，令罪人得以力役赎罪，死罪拘役终身，徒流照年限，笞杖计月日，满日疏放，或修造、或屯种、或煎盐炒铁，事例不一。”由此可以看出，明朝的罪囚都要用劳役来赎罪，死刑罪囚可以免死，但必须终身被拘禁强制劳动，徒刑和流刑按照所规定的年限强制劳役。笞杖罪的囚犯则用月、日计算劳役时间。劳役可以免受皮肉之苦，期满立即释放回家。罪囚的劳动项目有的是修造楼殿房屋，有的是屯田耕作，有的是从事煎盐、炼铁行业；等等。

纵观中国整个封建社会的劳役刑制度，我们可以看出，由于统治阶级一直把劳动作为卑贱和低下的一种活动，因而统治阶级把劳动作为对罪犯进行摧残、虐待和报复的一种手段，从而达到对犯罪人的惩罚和巩固统治秩序的根本目的。另一方面，随着社会政治、文化和法律制度的不断发展，社会文明的不断进步，统治阶级又认识到“杀之不如役之”，让罪囚劳役不仅能达到惩罚的目的，还可为封建统治阶级创造大量无偿的经济价值和社会财富，可谓一举两得，劳役刑从此成为封建刑罚制度的主体，内容得到了长足的发展。

国外一些国家从奴隶制过渡到封建制以后，其监狱制度的发展仍然是很缓慢的。特别是中世纪复仇主义、威吓主义进一步发展后，宗教各派之间矛盾斗争加剧，宗教势力与政体合一，统治阶级更多地使用监狱镇压、威吓农奴和异教徒的反抗，监狱便成了使罪犯遭受残酷镇压的场所。他们施以种种酷刑，对罪犯进行从身体到心灵的双重折磨。不但如此，贵族、大地主、寺院还设立私狱，如英国的塔狱、意大利威尼斯的河底狱、德国纽伦堡地下监狱都以惩罚罪犯为宗旨。

后来，随着封建制政治、经济、文化的发展，刑罚观念的转变，一些国家开始利用罪犯作苦役，搞经济开发，致使残废刑逐渐被废除，劳役刑得到迅速发展，例如，希腊、罗马利用罪犯开采煤矿和其他矿冶资源，让罪犯开渠挖河，疏浚河道；德国利用罪犯当船夫，修筑道路、桥梁；荷兰利用女犯发展纺织业，等等。另一方面，一些国家开始对罪犯实行所谓的“教化”。1550 年，英国在伦敦创设了第一个惩治监，也称感化院。随后，1588~1669 年，其他国家先后建立了惩治监。建立惩治监、惩治场的目的，按照创建者的愿望，是不再对囚犯单独进行监禁、威吓，而是实行“勤勉作业”与“教育感化”相结合的方法。这些惩治监的所谓“作业”，带有教育刑的理念，是近代自由刑的萌芽。

三、资本主义社会的罪犯劳动

资产阶级革命胜利后，为了适应政治、经济、文化的需要，强化资产阶级专政的工具，维护和巩固资本主义制度，从 18 世纪开始兴起了狱制改良运动。到 18 世纪末 19 世纪初，狱制改良形成了高潮，当时各主要资本主义国家——美国、英国、瑞士、德国、法国、日本、瑞典、丹麦、意大利等，都根据本国的实际情况在狱制改良中做出了巨大努力，并且取得了一定成效。

一些资产阶级的思想家、法学家为资产阶级的狱制改良奠定了大量的思想、理论准备。资产阶级学者认为，近世以来，人民看到了过去刑罚的残酷，学者深知刑罚的残酷有悖人道，违背公理。总之，狱制改良已迫在眉睫。

经过狱制改良，近代目的刑、教育刑取代了古典报应刑。这些思想反映在监狱劳动中就是罪犯的教化作业制度在狱制中的地位日益提高。资产阶级刑罚学家、监狱学家认为：①现代刑罚是教育刑，强调罪犯教育、矫正，注意行刑合理化和行刑教育化，为此必须强制罪犯劳动作业，劳动作业是教育刑的一部分，是教育刑的重要手段之一。②强制罪犯劳动可避免自由刑执行中单纯监禁的弊端，罪犯囚禁狱中无所事事，悲观失望，自暴自弃，过分的精力无法宣泄，容易重新犯罪。③许多罪犯是怠于劳动、厌恶劳动的游手好闲之徒，劳动能矫治怠惰并获取谋生手段，复归社会，自食其力。④罪犯劳动经济收入可观，既可减轻国家开支，又可为社会挽回损失。

资本主义早期的罪犯劳动，比封建社会有了历史性的进步，在观念上由注重自由刑的裁判转而注重自由刑的执行，赋予监狱的感化、矫正、教育等职能，并且罪犯劳动作业作为使罪犯改过迁善的重要手段之一，由此在作业制度、劳动时间、劳动条件、劳动报酬和劳动组织等方面都有明显的改进和提高，这是应当明确给予肯定的。但我们也必须认识到，尽管资本主义早期进行了狱制改良，但由资本主义制度的本质属性所决定，监狱仍然是以维护资本家为主体的统治阶级利益的工具，他们所倡导和实施的罪犯劳动作业制度仍然是以惩役、苦罚、摧残和折磨犯罪人，使罪犯备受痛苦，榨取罪犯血汗并以此补偿社会损失为根本目的。

四、社会主义社会的罪犯劳动

在中国，社会主义社会的罪犯劳动孕育于新民主主义革命时期，形成于社会主义革命和建设时期，发展于改革开放后社会主义建设的新时期，成熟于 21 世纪中国特色社会主义发展的新时代。

（一）孕育时期

20 世纪 20 年代至 40 年代，中国大地在中国共产党领导下进行了新民主主义革命运动，这次革命的目标是推翻压在中国人民头上的三座大山，即帝国主义、封建主义和官僚资本主义，最终建立人民当家作主的社会主义新中国。推翻“三座大山”，建立新中国不可能一蹴而就，而是星星之火所构成的燎原之势。因此，新的人民民主专政政权的建立是逐渐壮大和发展起来的，她最先在中国共产党领导下的红色革命根据地开始建立。由于新生的红色政权是在推翻旧的统治政权，砸碎旧的国家机器的基础上产生的，特别是新生政权接收了一些国民党的旧监狱等国家机器，在战争中产生了一些犯罪问题，除了革命队伍内部的犯罪分子之外，主要是俘获的战争罪犯以及红色区域内的反革命分子和刑事犯罪分子。这些问题急迫地需要新生的人民政权加以妥善解决。在这种历史条件下，以毛泽东同志为首的中国共产党人以马克思主义的国家学说、专政学说、无产阶级历史使命学说、劳动学说为理论基础，以苏联罪犯劳动改造模式为实践依据，大胆提出了用劳动改造解决犯罪问题的根本思想。于是，新生的人民政权陆续建立起来一批以劳动改造为中心的新型的刑事执行机关。如在国共合作时期、土地革命时期、抗日战争时期和解放战争时期，各解放区大都设立了监所、劳动感化院、罪犯自新学艺所和监狱等。在革命根据地时期，为了适应游击战争的需要，一些监所组织犯人编成苦工队，从事一些生产性劳动，据统计，1932 年 10 月，苦工队人数达到 1000 人。1939 年 2 月，陕甘宁边区高等法院（各级各类看守所、监狱、自新所、拘留所等都隶属于各级政府的法院管辖）发布《通令》指出：为了克服抗战困难，法院决定，利用已判决人犯的劳动力，也给犯人转变错误的机会，因此，全边区各县已判决人犯在严密看管之下，使之参加生产劳动。由此，罪犯劳动获得广泛展开，主要是开荒种地、从事简单的手工业生产、搞短途运输、组织包工队等。1949 年 1 月，关东高等法院制定了《犯人劳动改造委员会组织条例》，这成为中国最早组织和建立罪犯劳动改造的地方性法规。这一条例对罪犯参加劳动的奖励制度较完备，规定了“政治奖励与物资奖励相结合，以政治奖励为主”的原则。政治奖励包括表扬、记功、评定“生产能手”“革新能手”“新纪录创造者”和减刑、假释。物资奖励包括现金何监内生活、学习用品。在这些监所里，劳动是惩罚和改造罪犯的主要手段和基本途径，并实行劳动和教育相结合的政策，成功地改造了一大批反革命分子和刑事犯罪分子，这可以说是社会主义社会罪犯劳动的孕育形式。

（二）创建时期

中华人民共和国成立前夕，在中国共产党的组织和倡议下，召开了中国人民政治协商会议。1949 年 9 月 29 日通过的带有临时宪法性质的《中国人民政治协商会议共同纲领》第 7 条规定：对于一般的反动分子、封建地主、官僚资本家，在解除其武装、消灭其特殊势力后，仍需依法在必要时期内剥夺他们的政治权利，但同时给以生活出路，并强迫他们在劳动中改造自己，成为新人。《中国人民政治协商会议共同纲领》的这一规定成为新中国社会主义罪犯劳动得以发展的理论基础。1949 年 10 月 1 日，中华人民共和国成立，但是，新生的中华人民共和国依然困难重重，面临着严峻的考验。国内外敌对势力并不甘心自己的失败，尤其是国民党反动派妄想卷土重来，推翻新生的人民政权。国内的特务、反动党团骨干、土匪、恶霸、地痞流氓、地主、富农、反动会道门组织、惯盗、社会渣滓等反革命分子和刑事犯罪分子与盘距在台湾地区的国民党反动派及国外其他敌对势力遥相呼应，蠢蠢欲动，进行着各种破坏活动。在这种极其复杂的形势下，为了捍卫新生的人民民主政权，巩固国家和人民的胜利成果，保护广大人民群众的根本利益，在中华人民共和国成立初期，党和国家开展了剿匪反霸、镇压反革命、“三反”“五反”等政治运动，捕判了一大批犯罪分子。除了对极少数罪大恶极、不杀不足以平民愤的主要犯罪分子处以极刑外，对其余上百万的犯罪分子都处以死刑缓期二年执行和其他刑罚。对这些罪犯如何处置，是摆在新生的人民民主政权面前的一件大事。在这种情况下，经党中央批准在 1951 年 5 月召开了第三次全国公安工作会议，会议通过了《关于组织全国犯人劳动改造问题的决议》，决议明确指出：大批应判徒刑的犯人，是一个很大的劳动力。为了改造他们，为了解决监狱的困难。为了不让判处徒刑的反革命分子坐吃闲饭，必须立即着手组织劳动改造的工作。凡已有这一工作的地区，应在原有基础上加以扩大。主要的办法，是由县一级、专署一级、省市一级、大行政区一级和中央一级，共五级，分工负责，划分人数，核拨经费，调配干部和管押的武装部队，组织犯人劳动，从事大规模的水利、筑路、垦荒、开矿和造屋等生产建设事业。此事极为艰巨，又极为紧急，必须用全力迅速地获得解决。这次会议对罪犯劳动的基础地位和用劳动改造反革命分子和刑事犯罪分子的思想进行了进一步明确和强化，并确定了罪犯劳动改造的组织机构、人员、经费渠道、劳动项目等一系列基本问题，使罪犯劳动改造工作在全国得以大范围铺开，也使罪犯劳动改造工作真正步入了一个正规发展和快速推进的新阶段。

1952 年 6 月，召开了第一次全国劳动工作会议，会议重点解决了监狱工作中出现的一些突出问题，确定了监狱设置和罪犯生产劳动项目逐步走向集中的问题。在罪犯劳动组织方面，出现了个别监狱单纯追求赢利、忽视教育和改造、与民争利、不适应国家经济建设需要等问题和现象。为了解决这些问题，会议决定今后罪犯劳动项目的安排上主要以兴修水利、筑路、开荒、开矿等国家基本建设为主。在处理改造和生产的矛盾问题上，提出了在强迫罪犯劳动生产中，必须同时进行严格的管制和经常的教育工作，两者不得脱节。第一次全国劳改工作会议解决了罪犯劳动运作中产出的突出问题，使罪犯劳动制度得以健康有序发展。1954 年 9 月 7 日，经过多次修改，中华人民共和国政务院公布施行了《中华人民共和国劳动改造条例》，这是中华人民共和国劳改工作的第一部法规。该条例第 1 条规定：“根据《中国人民政治协商会议共同纲领》第七条的规定，为了惩罚一切反革命犯和其他刑事犯，并且强迫他们在劳动中改造自己，成为新人，特制定本条例。”第 4 条规定：“劳动改造机关对于一切反革命犯和其他刑事犯，所施行的劳动改造，应当贯彻惩罚管制与思想改造相结合、劳动生产与政治教育相结合的方针。”《中华人民共和国劳动改造条例》在罪犯劳动上的最大贡献是明确提出了狭义上的劳动改造，并把它与广义上的劳动改造和劳动改造生产区分开来。该条例在第三章中专设“劳动改造和教育改造”内容，使劳动改造和教育改造一道成为监狱改造罪犯的两大基本手段。该条例第 25 条提出的劳动改造必须同政治思想教育相结合，使强迫劳动逐渐接近于自愿劳动；第 27 条提出的对犯人应当注意培养他们的生产技能和劳动习惯，对有技术的犯人，在劳动改造中，应当注意充分利用他们的技术。第 28 条提出的在犯人中可以进行生产竞赛，以提高生产效率和促进犯人劳动改造的积极性的规定都是对罪犯进行劳动改造的重要内容，这些规定促进了对罪犯劳动改造工作的深化和发展。该条例专设第四章“劳动改造生产”内容，并明确规定了劳动改造生产的目标、管理体制、管理机构、发展方向、安全生产制度等内容，这就使罪犯劳动改造这种以改造人为宗旨的活动与劳动改造生产这种以追求经济效益为目标的活动区别开来，从而为罪犯劳动改造的顺利发展扫清了道路。

从1954年颁布《中华人民共和国劳动改造条例》后，我国劳改工作（监狱工作，以下同）进入了一个全面发展阶段，《中华人民共和国劳动改造条例》及一些相关配套规范性文件的出台为劳改工作提供了法律依据。1962年12月份公安部又试行了《劳动改造管教队工作细则（试行草案）》，对惩罚改造工作进一步规范化和具体化，罪犯劳动改造工作也取得了很大成效，不仅通过劳动改造了罪犯思想，而且为国家和社会创造了一定的社会财富，监狱、劳动队逐渐建立起设备比较先进、门类比较齐全、产品质量有保证、经济效益较好的一大批全民所有制性质的工厂和农场。但是，在劳改工作发展中，改造和生产的矛盾一直作为劳动工作的基本矛盾普遍存在，有时还十分激烈。特别是劳改工作的领导部门在制定相关的规范性文件或业务指导过程中，并未真正厘清劳动改造和劳动改造生产的区别和联系，往往认为对罪犯组织了劳动改造生产，就是进行了劳动改造，从而把二者混为一谈。比如，在公安部试行的《劳动改造管教队工作细则（试行草案）》中未能按照《中华人民共和国劳动改造条例》的规定把劳动改造和劳动改造生产区别开来。只规定了“第五章、生产管理”内容，而对劳动改造内容却规定得非常少，这一定程度上导致了弱化劳动改造的倾向，也使基层干警认为劳动改造生产即为劳动改造。基于此，不少监狱和干警出现了偏重于罪犯劳动为国家创造社会财富，获取经济价值的一面，而忽视了劳动对罪犯思想和恶习改造和矫正的一面，导致生产指标过高，劳动强度放大，罪犯在劳动中的死亡率有大幅度上升，一些社会管理部门，如专、县领导机关，只向劳改单位要粮食，不管犯人生活；只压生产任务，不管改造工作。针对这种情况，1962年3月毛泽东同志在听取公安部负责人的汇报后严肃指出：劳动改造罪犯，生产是手段，主要目的是改造，不要在经济上做许多文章。只教他们做事、生产，不给饭吃，就等于不维修机器。1964年4月，毛泽东同志又指出：究竟是人的改造为主，还是劳动生产为主，还是两者并重？是重人？重物？还是两者并重？有些同志就是只重物，不重人。其实，人的工作做好了，物也就有了。1964年8月毛泽东同志又说：就是应该把人当人，反革命也是人嘛。我们的目的是把他们改造好，改造应当作为第一位。做好人的工作，使他们觉得有个奔头，能够愿意改造，生产当然也会好的。1965年9月，毛泽东在接见阿尔巴尼亚内务部代表团的讲话中又指出：劳改农场总的方向应该是改造他们，思想工作第一，工业、农业的收获多少，是否赚线是第二位的。过去许多地方把它翻过来了，把搞业务放在第一，思想工作放在第二，甚至思想斗争很薄弱。如果把对反革命分子、刑事罪犯的思想改造得很适当，这样的话，业务（工业、农业）不要去催促，也是会搞得很好的。正是在这种情况下，1964年召开的第六次全国劳改工作会议上，用“会议纪要”的形式把劳改工作的方针确定为改造与生产相结合，“改造第一、生产第二”。“改造第一、生产第二”劳改工作方针的提出对于正确处理改造与生产的基本矛盾，充分发挥罪犯劳动的改造功能，维护和尊重罪犯人权都产生了极其重要的作用。

（三）挫折时期

十年动乱期间，我国罪犯劳动改造遭受了严重挫折和损失，在“彻底砸烂公检法”等口号下，大批劳改单位被撤销下放，甚至劳改机关被撤销，机关干部被“批斗”或调出，罪犯劳动的秩序和环境受到严重破坏，已完善的各项劳动改造制度、规章被冲击，农业生产停滞，工业生产落后，劳动改造罪犯的效益大受影响。十年动乱期间，监狱生产遭到严重破坏，耕地面积减少60%，固定资产、流动资产流失严重，大批有专业技术的罪犯不能正常从事劳动，如仅甘肃、广西两省区就交出土地1500万亩，损失固定资产近1000万元，流动资产近4000万元，全国各省市罪犯劳动改造经济效益和改造效益均明显滑坡。在正常劳动改造秩序遭到破坏的条件下，呈现出监房拥挤、卫生条件受限，甚至出现个别地方罪犯疾病蔓延势头。同时，罪犯技能教育得以缺失或停滞，大批劳动能手被迫害，致使罪犯看不到改造希望和前途，劳动改造质量大大下降。但是，尽管在这种特殊背景下，广大劳改工作干警尽最大努力与之进行了斗争，他们在个人境遇十分危险的情况下依然顶住压力，排除干扰，坚守岗位，恪尽职守，使罪犯劳动改造与其他部门相比秩序相对稳定，努力在各方面尽量减少损失，不仅在生产上做出了一定贡献，而且保持了监管改造场所的秩序稳定，为在特殊条件下维护社会稳定做出了突出贡献。1971年第十五次全国公安工作会议提出要恢复、整顿劳改农场、工厂，各省、市、自治区都制定了相应的调整措施。经过各省劳改工作干部在逆境中求生存、求发展的斗争，这段时间里罪犯劳动改造也取得一些进展，如明确指出劳改机关是特殊的专政部门，是社会稳定的保障机关，因此只搞正面教育，不搞大鸣大放大辩论，不与群众组织串联，强调坚守职责，确保了劳动改造顺利进行。这一时期，还出现了一批新的工业产品，如上海第一劳改队于1969年试制成功了1000吨摩擦压力机；甘肃省劳改系统也有一批新产品定型、定点投入生产，形成以机械、建材、轻工三个门类为主体的工业生产体系。

（四）全面发展时期

党的十一届三中全会以后，特别是1981年第八次全国劳改工作会议以后，我国劳改工作进入了一个全面发展的新的历史时期，罪犯劳动改造工作也有了突飞猛进的发展。1982年2月公安部通知各地试行了《监狱、劳改队管教工作细则》，该细则对罪犯劳动的方针政策，劳动改造组织管理、劳动时间、劳动保护、劳动安全、劳动考核、劳动奖惩等方面都进行了规定，为罪犯劳动改造工作在新时期的创新和发展奠定了法制基础。随着20世纪80年代我国劳改工作推行“管教、生产双承包责任制”“办特殊学校”“百分考核，以分计奖”等措施，罪犯劳动改造工作也得到了深化和发展，如在罪犯劳动中广泛推行了科学管理、文明管理，完善了罪犯劳动改造和监狱生产的各项管理制度，加强了劳动安全和劳动保护工作，普遍开展了劳动分工、劳动协作、劳动竞赛、劳动教育、劳动行为控制、劳动考核、劳动奖惩等工作，不论是在罪犯劳动的改造效益发挥方面，还是监狱生产的经济效益方面都有了长足的发展。特别是1994年12月《中华人民共和国监狱法》的正式颁布和实施，使罪犯劳动由政策刑态和行政法规变成了法律规范，使罪犯劳动真正走上了法制化的轨道。监狱法无论从总则，还是分则都对罪犯劳动进行了全面的规定，涉及近 20 个条款，包括罪犯劳动的原则、地位、经费保障、劳动组织、劳动时间、劳动保护、劳动报酬、劳动保险、劳动考核、劳动奖惩、未成年犯的劳动等内容。监狱法实施后，我国罪犯劳动改造工作日益向科学化、规范化、法制化和社会化的方向发展。但是，由于多年来我国对罪犯劳动改造工作重视不够，特别是罪犯劳动改造与监狱生产的概念界定不清，加之监狱法把罪犯劳动归入对罪犯的教育改造中去，致使罪犯劳动的基本手段地位有一定削弱，尤其是进入社会主义市场经济以后，由于原有的“监企社合一”的体制越来越不能适应市场机制的要求，国家所拨经费与监狱实际所需经费缺口较大，导致在监狱中盲目抓生产，注重经济效益的提高，而对于罪犯劳动的改造功能却加以大大弱化，甚至出现了罪犯劳动改造的异化现象。这种现状已引起党中央、国务院的高度重视，司法部以国务院文件的形式于2002 年 12 月下发了监狱工作法制化、科学化、社会化的决定，同时在全国监狱系统进行了布局调整，2003 年 1 月，国务院印发了《国务院批转司法部关于监狱体制改革试点工作指导意见的通知》，提出了“全额保障、监企分开、收支分开、规范运行”的监狱体制改革目标，至 2013 年监狱体制改革基本结束，我国监狱系统逐渐探索出了一套监企分开基础上新型的罪犯劳动管理模式。具体表现形式为：①根据监狱和监狱企业的不同性质，划分职能、机构、人员、资产、财务，建立起了监管改造、生产经营两套管理体系，分开运行，独立运作，并形成相对独立、有机联系、密切配合、规范运行的监狱工作体制。②组建了新型的监狱生产经营管理机构，成立了监狱企业总公司或监狱企业集团公司，在监狱局党委的统一领导下开展工作，各监狱则成立了监狱企业分公司，隶属于监狱企业总公司。③根据原有体制的实际情况，对纯工人厂进行了剥离，并制定了扶植改制优惠政策。④加强了国有资产管理，实施了监狱和监狱企业不同的财务收支制度。⑤建立了监狱和监狱企业有机联系、密切配合、规范运行的工作机制，尤其是罪犯劳动的协调配合监督制约工作机制。2010 年 6 月司法部印发了《监狱罪犯劳动改造工作指导意见》的通知，进一步明确了罪犯劳动改造工作的指导思想、总体目标、劳动组织管理、劳动生产项目管理、劳动分类分级、劳动技能培训、劳动过程管理、罪犯劳动保护、劳动改造效果评估、刑释就业指导等一系列重要问题，成为新时期指导罪犯劳动改造工作步入法治化、规范化、科学化的纲领性制度。2014 年 5 月，司法部又制定下发了《关于加强监狱安全生产管理工作的若干规定》，切实加强监狱安全生产管理，严格落实罪犯劳动生产项目准入制度，严禁组织罪犯从事有毒、污染、易燃易爆等生产劳动，加快罪犯退出煤矿井下劳动等高危行业，加强罪犯劳动现场的严格规范文明管理。

这些措施的实施从根本上解决了监狱计划经济体制下产生的弊端，使监狱的刑罚执行功能得到强化，探索出了一条市场经济条件下监狱工作深化发展的新路子，也使作为监狱刑罚执行内容之一的罪犯劳动走上一条崭新的健康发展之路。

（五）创新发展时期

以 2012 年党的第十八次全国代表大会为历史标志，中国特色社会主义进入新时代，罪犯劳动改造工作也由此迈向新时代。我国监狱工作经过 2011 年的“规范化管理年”活动，2012 年的“基层基础建设年”活动，2013 年的“教育改造质量年”等一系列活动的深化开展，使得包括罪犯劳动改造工作在内的监狱工作步入了一个新的发展时代，罪犯劳动改造工作呈现出了科学化、规范化、标准化、精细化、智能化，罪犯劳动改造质量和效益也有了长足的发展。具体来说，体现在以下几个方面：

1. 对罪犯劳动改造性质和功能的认识更加科学和理性。充分认识到罪犯劳动是一种对罪犯进行教育、矫治、管理和改造的基本手段，尽管其有一定的惩罚性和强制性，但这种强制性是为实现劳动教育矫治的根本目的服务的。中国政府反对将劳动作为单纯惩罚罪犯的手段，反对用繁重的劳动折磨、虐待罪犯，反对在罪犯劳动中盲目追求经济利益，努力实现罪犯劳动改造功能的理性回归。

2. 罪犯劳动改造组织的方式更为现实和完善。进入社会主义市场经济以来，适应以制造业、加工业为主的经济结构和监狱劳动力资源丰富、资金短缺的客观实际，大力发展第二、第三产业，以“三来一补”为主要内容的劳务加工行业尤其受到监狱，特别是农场型监狱的欢迎。很多监狱纷纷把罪犯从室外劳动转移到室内劳动上来。监狱布局调整工作的展开，也使监狱从事室内劳务加工等行业成为可能。罪犯劳动组织模式和项目选择由原来注重第一产业为主，向以第二、第三产业为主的发展模式，适应了社会主义市场经济的需要，符合当代社会发展的实际，也适应了罪犯刑满释放后谋生和重新择业的现实，是一种行刑劳动组织转变模式的大趋势。

3. 罪犯劳动改造形式的内涵得到丰富和拓展。随着我国社会实现全面发展和科技进步，罪犯劳动方式也发生了较大变化，生产劳动中的科技含量和科学技术水平迅速提升，使复杂性劳动日益普遍，简单性劳动相应减少。罪犯劳动被赋予了更多的知识存量和复杂属性。罪犯劳动方式呈现出了多元混合交织格局，强调简单劳动与复杂劳动相结合，在劳动中更加注重科技水平和科技含量，尽量减少以消耗体力和苦脏累险为标志的简单劳动。这不仅为高学历、高智商、具有专业知识和一技之长的罪犯发挥专长，提供了劳动岗位，也为脑力劳动成为改造罪犯的手段创造了条件。罪犯劳动方式的多样化和科学化适应了当代社会的发展要求，改变了监狱多年沿袭的传统模式，赋予了罪犯劳动更多时代气息和生命活力，也使罪犯劳动向着更加文明和规范的方向迈进。

4. 罪犯劳动改造的实施更加注重对罪犯人权的尊重和保护。一是高强度、高耗能、高污染行业不仅不能上马，而且对原有此类行业进行整治，并使其逐步退出监狱生产领域；二是加大了对罪犯劳动中“超时间、超强度、超体力”现象的监督检查力度，使“三超”劳动逐渐得以遏制和杜绝；三是在罪犯劳动中安全教育常抓不懈，实施了安全生产责任追究制，切实把保障罪犯的人身安全放在首位；四是加强了罪犯的劳动保护工作，大力整治劳动环境，治理污染，消烟除尘，降低劳动强度，使罪犯在一种清洁卫生、绿化美化的环境中劳动，从而保障了罪犯劳动目标的实现。

5. 罪犯劳动改造的组织管理更加精细和规范。进入市场经济以后，罪犯劳动组织管理把市场经济中的成熟经验和罪犯劳动的特殊情况相结合，逐渐探索出了一套适应罪犯劳动特点的组织管理模式：①新建或改建了罪犯劳动标准化车间，严格按照“7S”进行管理，罪犯劳动现场呈现出宽敞、明亮、环保、和谐、有序、文明、向上的良好局面。②实施了分类劳动，根据罪犯不同的犯罪性质、身体状况、技能水平、改造表现、回归就业需要等因素科学组织劳动，并根据劳动改造绩效评估不断进行动态调整，逐渐实现了罪犯劳动改造的适用性、针对性和有效性。③实施罪犯劳动改造岗位公开竞聘制度，对罪犯的劳动岗位即上岗要求进行公示，鼓励罪犯根据个人条件公开竞争上岗。④劳动考核越来越精细化和科学化，创造了一种公开、公平、公正的环境和氛围。⑤建立了监狱和监狱企业合作共赢的协调配合制度，建立了二者有机联系、密切配合、规范运行的工作体制机制，尤其是罪犯劳动改造的协调配合监督制约工作机制。⑥提升了罪犯劳动现场管理的智能化水平。随着智慧监狱的深化与发展，罪犯劳动改造从项目引进、组织实施、现场管理、监督控制、考核评估、信息反馈、改造成效检测等方面的信息化、智能化水平都有了显著的提升和深化拓展。⑦公平合理的罪犯劳动报酬制度逐渐建立。经过全国各省市监狱系统的逐渐探索和积累的成功经验，按照司法部关于提高罪犯劳动报酬的规定要求，进一步提高劳动补偿费用与罪犯劳动报酬的比例，增加罪犯劳动报酬的发放额度，将罪犯劳动报酬发放与劳动成果、改造实绩等挂钩考核发放，逐渐找到了一条公平合理的罪犯劳动报酬制度。

学习任务三　罪犯劳动管理

一、管理的含义

所谓管理，是指在社会组织中，为了实现预期的目标，以人为中心进行的协调活动。这一表述包含了以下五个观点[1]：

1. 管理的目的是实现预期目标。世界上既不存在无目标的管理，也不可能实现无管理的目标。

2. 管理的本质是协调。协调就是使个人的努力与集体的预期目标相一致。每一项管理职能、每一次管理决策都要进行协调，都是为了协调。

3. 协调必定产生在社会组织之中。当个人无法实现预期目标时，就要寻求别人的合作，形成各种社会组织，原来个人的预期目标也就必须改变为社会组织全体成员的共同目标。个人与集体之间以及各成员之间必然会出现意见和行动的不一致，这就使协调成为社会组织必不可少的活动。

4. 协调的中心是人。在任何组织中，都同时存在人与人、人与物的关系。但人与物的关系最终仍表现为人与人的关系，任何资源的分配也都是以人为中心的。由于人不仅有物质的需要还有精神的需要，因此，社会文化背景、历史传统、社会制度、人的价值观、人的物质利益、人的精神状态、人的素质、人的信仰，都会对协调活动产生重大的影响。

5. 协调的方法是多种多样的，需要定性的理论和经验，也需要定量的专门技术。计算机的应用与管理信息系统的发展，将促进协调活动发生质的飞跃。

---

[1] 袁熙志主编：《工程设计与管理概论》，冶金工业出版社 2017 年版，第 4 页。

二、劳动管理的含义

所谓劳动管理，就是通过建立劳动组织结构，规定职务或职位，明确责权关系，使劳动组织中的成员互相协作、互相配合、共同劳动，有效实现劳动组织目标的过程。劳动管理是管理活动的一部分，也称管理职能。劳动管理的工作内容，概括地讲，包括四个方面：

1. 确定实现劳动管理目标所需要的活动，并按专业化分工的原则进行分类，按类别设立相应的工作岗位。

2. 根据劳动管理的特点、外部环境和目标需要划分工作部门，设计组织结构。

3. 规定劳动管理结构中的各种职务或职位，明确各自的责任，并授予相应的权力。

4. 制定规章制度，建立和健全劳动管理结构中纵横各方面的相互关系。

总之，实施劳动管理，应该使人们明确劳动组织中有些什么工作，谁去做什么，工作者具有什么权力，承担什么责任，与劳动组织结构中上下左右的关系如何。只有这样，才能避免由于职责不清造成的执行中的障碍，才能使劳动组织协调有序地运行，从而保证劳动管理目标的实现。

三、罪犯劳动管理

所谓罪犯劳动管理，是指监狱在依法对罪犯组织劳动改造的过程中，通过建立罪犯劳动组织结构，设置罪犯劳动岗位，协调罪犯劳动组织关系，调适罪犯劳动中的各种矛盾，整合各种劳动改造要素和资源，最终达到罪犯劳动目标的职能活动和运作过程。罪犯劳动管理是对罪犯进行刑事执法和有效惩罚与改造的重要活动内容，是最大限度实现罪犯劳动改造质量的必要措施。罪犯劳动管理的主要内容可包括：

1. 罪犯劳动组织安排，即对罪犯实施劳动改造活动的前期准备工作及具体任务安排，包括罪犯劳动项目选择；罪犯劳动技能培训；罪犯劳动定员、定岗、定额等内容。

2. 罪犯劳动现场管理，即对罪犯劳动的整个过程和环节进行有效的组织、部署、协调、监督和控制的全过程，包括罪犯出收工管理；罪犯劳动现场作业和质量管理；罪犯劳动现场定置管理；罪犯劳动现场监督管理等内容。

3. 罪犯劳动保护，即在罪犯劳动中，对罪犯的人身安全和健康进行有效保护和防范的制度和措施，包括罪犯劳动现场生产安全防范；罪犯劳动人身安全；罪犯劳动卫生；罪犯劳动时间；罪犯劳动保险；特殊罪犯的劳动保护等内容。

4. 罪犯劳动绩效管理，即对罪犯在劳动中的改造效益和劳动生产效益进行评估、考核、奖惩的活动过程，包括罪犯劳动考核；罪犯劳动奖惩；罪犯劳动报酬等内容。

5. 罪犯劳动教育，即在组织罪犯劳动的过程中，为了实现劳动改造目标而开展的一系列教育改造活动过程，包括罪犯劳动心理分析；罪犯入监初期的劳动教育；罪犯服刑中的劳动教育；罪犯刑释前的劳动教育等内容。

6. 罪犯劳动文化建设，即监狱在组织罪犯劳动的过程中，通过创设和开发劳动场所文化氛围，开展劳动文化建设活动，挖掘劳动改造罪犯的文化资源而达到对罪犯进行有效改造的活动过程。包括罪犯劳动日常文化建设；罪犯劳动竞赛；罪犯劳动团队文化建设等内容。

案例选编

案例一

“昔日战争罪犯”[1]

宋希濂，湖南湘乡人，生于1907年，原为国民党川、湘、鄂边区绥靖公署中将主任。1942年12月19日于四川大渡河畔被俘，曾先后在重庆市的白公馆、松林坡、北京的功德林接受改造。1959年12月4日第一批获得特赦。现任全国政协常委、文史专员，黄埔同学会副会长。

（一）

政府为了加速对我的改造，1954年我由重庆松林坡转到了北京德胜门外的功德林。我被单独安排住在一间房里，一天、两天，我每天计划着日子，自认为这几年改造已有不小的进步，为何反而越改造越糟糕，蹲起小号了呢？不到半年工夫，我的身体不适，脑袋经常感到眩晕。医生给我一检查，血压高达两百多，随即将我送到附近的公安部医院诊治，在医院诊断，医生写的是“神经性高血压”。显然，这与自己的苦闷、思想波动有关。

回来后，我被分配到一间大房子里，和我同室的有邱行湘、康泽、郭旭、梁培璜、沈蕴存、陈长捷等十人，我们编为一组，又过上集体生活了。每日的主要活动就是学习、读书看报、讨论时事，以提高思想觉悟。

功德林里陆续来了不少人，大约有120人左右。范汉杰、廖耀湘等人从东北调来，王耀武、陈金诚等由山东调来，早已到功德林的杜聿明也搬来了，还有一些军长也从重庆、武汉、西安等地集中到了功德林。组与组之间原来是不许会面的，这时也允许互相见面了。一见这么多熟人，大家都很高兴，彼此相贺，庆幸余生。

管理所把这一百多人分成12个组，每组选派出正副组长各一人，由我和王耀武总负责，管理这一百多人的学习和生活。但把这么多国民党的高级将领集中到一起到底干什么，我们谁也猜不透。

1956年1月11日上午，功德林的负责人，原公安部十三局局长姚伦，在礼堂给我们作了一个重要讲话。他的讲话解除了我们的思想负担，使我们知道了集中是为了加速我们的改造，以便使我们早日成为新人。姚局长还谈到对我们在初期改造中不得不采取强迫改造这一形式的原因，并宣布今后准许家属、亲友前来访问及对外通信。姚局长还鼓励我们自觉地推进改造，宣布不久将组织大家去参观，让大家看一看国家发展的情况。

1956年的五、六月份，管理所组织我们到北京附近参观。我们先后参观了北京市容、北京的水利建设，还参观了一些新建的工厂。尤其在参观棉纺厂时，给我的感触最大。

这个棉纺厂是新中国成立后新建不久的工厂，厂里大多是女工。据厂方领导介绍，

---

〔1〕 中央劳改劳教管理干部学院教学参考资料：《改造顽固犯一百例》，1990年编，第24~29页。

这些职工在旧社会里人人都有一部血泪史。她们中有一部分是北京原来八大胡同的妓女，靠卖身维持生计。解放后为安置她们，兴建了工厂，让她们参加劳动。现在多数人已经成家立业，过上了幸福生活。厂里还有一部分人曾参加过帮会组织，过去专干绑票等不法之事，政府对这部分人在进行劳动改造后，现在也给予自新之路，为他们安排了工作，成了自食其力的劳动者。

听完介绍，我的心久久不能平静。在旧中国，无论是大城市，还是小城市，都有许多以卖淫为生的妓女。她们中的大多数是良家女子，由于生活所迫，才不得不走上这条道路。旧社会的帮会组织是很多的，青帮、红帮、四川的袍哥，这些地痞、流氓无恶不作，到处欺男霸女。过去，外国冒险家到中国来也是好事没干，坏事做尽，开烟馆、设赌场、贩卖人口、武器、作奸犯科，用各种办法来榨取中国人民的血汗。鸦片之害，人尽皆知，在旧中国，不知有多少人因吸鸦片而倾家荡产，卖妻鬻子。过去军阀统治时期，他们在云南、四川大种鸦片，将鸦片运往香港、天津、上海等地贩卖，赚到钱后又向外国购买军火，造成了中国长期的内乱。鸦片对中国人身体的摧残和精神的毒害确实很大。烟、赌、娼确为中国的三大祸害。所以，解放后，人民政府采取了有效措施，先是禁种，再是禁卖、禁吸，从而使帝国主义再也不能利用鸦片毒害中国人民了。能在几年之内，使毒害中国社会几十年的烟、赌、娼绝迹，以及扫除过去大小军阀割据的局面，完成了在大陆上的真正统一，确实是做到了荡涤旧社会的污泥浊水，使祖国的面貌为之一新。

这年的7月，一些爱国民主人士到管理所来看望我们。有程潜、张治中、傅作义、邵力子、卫立煌等，能同他们谈一谈，听听他们对国家形势的分析，是很有意义的。据他们中有些人透露，毛主席和党中央有意在不久要特赦我们，大家知道后都感到兴奋。当年确实已准备在秋天特赦一批战犯，但又因故推迟了。后来才知道是因为国际上又发生了匈牙利事件，对国内外的形势有些影响，所以才改变了原来的计划。

（二）

1958年秋，管理所组织我们到秦城进行劳动。参加劳动的人共分为五个队。身体强壮的编为一、二队，年老体弱、身体差些的编为三、四队。我被编入第三队。开始劳动时，一、三队到大田里干活，我所在的队是上山栽果树和负责果树管理。刚到秦城时，我的思想还有些负担，认为自己多年来一直没有劳动过，怕乍一干活吃不消，可没想到给我安排的都是些轻活，每天只有半天劳动，另外半天学习。共产党对我们进行劳动改造的目的，并不是要惩罚，而是希望我们能够通过劳动锻炼、培养一些劳动人民的感情，使我们能够树立起“不劳动者不得食”的思想，目的仍是为了改造，使我们成为一名新人。

在秦城劳动时，我们的伙食搞得很好，每天还可以到河边洗澡，而且劳动时能同大自然接触，心情很愉快。所以，我认为，在我将近十年的改造生活中，这一段时间是我心情最舒畅、精神最愉快的一个时期。

通过劳动改造，我端正了自己的劳动观点，联系到自己的过去，初步认识到自己过去骑在人民头上所过的那种剥削的寄生生活是可耻的，多少有了一些劳动人民的情感。

1959年10月，领导叫我们回到功德林继续学习，写自被俘后通过学习、劳动的体会。12月4日早上，领导忽然通知大家把衣服穿整齐些到礼堂开会。待我们整队进入会场时，才知道要开特赦大会。当时，我们的心情很激动，既高兴又紧张，因为谁也不知道是全部还是部分特赦。

上午10点，大会正式开始。最高人民法院领导讲话后，开始宣布特赦名单。当读到我的名字时，我的心情万分激动，一时竟不知所措。我们第一批特赦的有10人。杜聿明、王耀武和我3人曾登台代表被赦人员，对党和人民政府给予的再生之恩表示感谢，并表示今后要继续改造自己的思想，做一个合格的新中国的公民。

大会后，马上换上了政府发给我们的新衣服，整理行装，北京市民政局的王局长亲自来接我们，用车一直把我们送到市区的旅馆。这样，我们告别了功德林，走上了社会。

抚今忆昔，我的心情久久不能平静。记得我在长沙上学时读过一篇古文，欧阳修的《纵囚论》。这篇文章谈到唐太宗李世民曾于贞观六年将三百多名准备处死的囚犯放回家，让他们料理一下后事，与家人再团聚一次。临走时同他们约定好期限，到时叫他们“自恨以就死”。等约定的日期到，“而卒自归无后者”，竟然全部回来了，于是唐太宗全部赦免了他们。当时，我读到这一段，觉得唐太宗确实了不起。可今天仔细一想，唐太宗的做法和共产党、人民政府对待战争罪犯的做法不能相提并论。唐太宗的纵囚，不过是沽名钓誉，收买人心。正如欧阳修所说：“若夫纵而来归而赦之，可偶一为之尔。若屡为之则杀人者皆不死，是可为天下之常法乎?”而中国共产党和人民政府对待我们这些罪犯采取的方法却是既人道又实际的改造方法，目的是化消极因素为积极因素，使犯人能够脱胎换骨，重新做人。这要比唐太宗的做法更具有积极性，进步很多。

翘首神州，更觉往事如梦如烟。但这十年的改造生活，却在心里留下了深刻的回忆。我永远不能忘记，是中国共产党给了我第二次生命，把我从一个战争罪犯改造成一个新中国的公民。

案例二

正义和道德的土地[1]

你看过老舍先生的名著《西望长安》吗？那写的可是真人真事，只不过主人公的真名不叫栗晚成，而叫李万铭，即50年代惊动全国的大政治骗子李万铭。三十多年过去了，李万铭怎么样了，这三十多年是怎么过来的？现在情况如何？

李万铭出生在陕西省安康县，临近全国解放时不过是二十多岁的一个小伙子，国民党207师一个普通的政工人员。但因为精于揣摸、巧于逢迎，竟靠着私刻公章、伪造历史等手段，在不长的时间内，成为红极一时的革命英雄，官至中南林业部人事处副处长、党总支书记等职。1954年，依靠骗术，作为“中国农民访问苏联参观团”成

---

〔1〕 中央劳改劳教管理干部学院教学参考资料：《改造顽固犯一百例》，1990年编，第125~133页。

员，出国访苏，随后被调到中央林业部任职。1954 年秋，伪造周士弟司令员的信件，说要调他“担任 12 军参谋长兼 35 师师长，速乘飞机至兰州商谈军务”，便于 1955 年 1 月 3 日飞抵西安。末日来临，在这座古都里，把戏露底，身陷法网，被押解北京候审。1956 年 8 月 30 日被北京市中级人民法院判刑 15 年，剥夺政治权利 5 年。于是，开始了他的劳改生涯。

我是人，不是动物

监狱的夜晚，他倚窗沉思，想起了百头攒动的公审会，想起妻子改嫁、孩子易姓，想起今后十五载大好年华将要在高墙中度过，他绝望了。他想到死！但举目回顾，看不见任何可以结束自己生命的诸如绳索、铁器之类的东西。同室的两名犯人组长，不时翻身，证明他们的未眠和警惕。窗外，传来了看守人员来回走动的清晰的脚步声：死，竟然也这么难。

白天接受参观的情景此时此刻又浮现心头：花坛边，他垂手而立，眼前人头晃动，足音杂沓，偶尔还会飞来几句刺耳的嘲讽，飘来几星唾沫珠……想到这里，他那原已有些麻木的神经仿佛注进了什么兴奋剂，活跃起来。“我是人，不是动物，监狱不是动物园”，于是，一封措词激烈的“抗议书”塞进了意见箱，转到了监狱长手中，他感到一阵惬意，一种发泄后的满足，静静地等待着惩罚。

然而，结果却完全出乎他的意料。几天后，监狱的秘书告诉他，监狱领导对他的意见很重视，决定改变看视方法。其后，前来访问的人们看到的不再是迎风兀立的孤影，而是站在机床边操作不息的劳动者了。想到意见书上那些尖刻的字眼，他产生了愧怍之感，同时，对监狱——共产党的劳改机关产生了一丝敬意。

当他第一次站在织袜机旁，他是那么不习惯。是的，“青年军官”“骗子手”这些字眼和“劳动”二字确实很难连到一起。但是，他还是很不情愿地走上了机台，因为罪犯的自由毕竟是有限度的。他感到艰苦、单调、乏味，受不了，便更加怀念起往事。他终于想出了妙法，怀揣上一瓶热水，体温骤然升高，接着便心安理得地请了病假，躺下休息。

故技重演，终被揭穿。他被带上了教育会，批评是严肃的，但没有讽刺，没有挖苦，一切都显得那么平静。末了，让他回去反省。

事后，管教人员对他还和往常一样，奇怪的是一起改造的犯人，尽管队长一再叮嘱他们不要歧视自己，他们仍然避之唯恐不及。他内心非常苦闷，想到了那些得奖、减刑、假释的犯人脸上的笑容，想到因抗拒改造受惩处罪犯的追悔，也想到自己继续顽抗的可能后果。他明白了：这儿是正义和道德的土地，容不得虚伪和狡诈。他终于出工了。

一种从未有过的意识产生了，当他再看到这些机器时，心头不禁涌上了几缕亲切之感。

事实又一次嘲弄了他的“聪明”

北大荒南郊，广袤肥沃，兴凯湖水清澈如镜。但这一切并未增添囚徒的兴致，他们想得更多的是这里的严寒和荒芜，担心来到这种地方，纵未宣判死刑，恐怕也不能活着出去。但事实又一次嘲弄了他的“聪明”。1958 年 1 月，他来到这儿的农场不久，就穿上了新棉衣、厚毛皮鞋，戴上了毛手套、狗皮帽。寒冷的威胁从肉体和精神上同时消失了。

在那冰冻雪封的世界里，管教人员和他们一道投入了艰苦的劳动热潮中，一道在乌黑的土地上播下丰收的种子。他的心又一次被震动了。

他的伙伴中也有少数人抱着去西伯利亚寻求伊甸园的幻想，泅着湖水偷越出境，但结果是梦破心碎，被绑在一块木板上，抛入水流中，漂回农场，水漫浪打，苦不堪言，有的葬身湖底。他没有走这条路，因为他对共产党的劳改政策已经有了信心。他埋头耕耘。他耕耘了大地，也耕耘着自己道德荒芜的心田。

1966 年 11 月，他被调到古城西安的一座砖厂继续劳动改造。在这里，他和“火”要打交道。火，他很熟悉，能给你温暖，给你愉快，是生活中不可缺少的伴侣；但这里的火却不同，它比冷风还可怕，比猛兽还凶恶，只有这时，他才真正懂得了火的涵义。面对 70℃~80℃的高温，他披着浸过水的棉衣进窑，裹着炽热的烟云出窑，与热浪、烟光、泥污结下了不解之缘。烈火把烂泥变成坚固的砖头，也把他灵魂中的杂质烧掉。来到这座古城后，他常常缅怀旧事。25 年前，就在这座古城里，他从一个衣衫褴褛的老头手中抢走了一件准备典卖的皮大衣，带给了自己的母亲，这种事在当时的西安司空见惯。今天他却受到良心的谴责。

他戒烟了，他把每月两块五角零花钱积攒起来，在年底，他给母亲寄去了 30 元钱，信中写道：这些钱是我劳动所得，是干净的。

他在日记中记了奥斯特洛夫斯基的一段话：“只相信一条，灵魂是在劳动时产生的，劳动是一切钝感的最好的医生。”

“最大的冒险”没有带来“最大的欢乐”

他出身于地主兼工商家庭。小时候，尽管门楣上高悬着“货真价实，童叟无欺”的招牌，奸商老子背地里却教他往酒中掺水、药中掺假，在他幼小的心灵里种下虚伪和狡诈的种子。他的哲学是“人不为己，天诛地灭”，他的口头禅是“经历最大的危险，才能获得最大的快乐”。有些意识根深蒂固，他原封不动地带进了监狱，什么“吹牛皮不犯死罪，我是不想升官发财，就判我 15 年啊！”什么“我的败露，促进了共产党的审干运动，我不仅无罪，而且有功”，等等。说明他不仅不认罪，而且是“犯罪有功论”，这就是他刚入监时的思想状况。对此，管教人员既不听之任之，也没疾言厉色、动辄训斥，而是和颜悦色、耐心教育、以理服人。他们给他讲法律和政策，讲国家的形势，讲劳动人民的优良品质，引导他正确划分是非和荣辱界限，还安排他参观和参加一些社会调查。在一次忆苦大会上，一个头发花白的老大娘手捧一件血迹斑斑的衣服，讲述往日的苦难，那摧肝裂胆的控诉，使他难过得流下了泪。当老大娘说到新社会给她带来的幸福和欢乐时，他也情不自禁地鼓了掌。我国建设的成就，人民大众的心声，促使他开始重新看待这个新政权。

他回想着，对比着。那是 1946 年 10 月，他从国民党军队退伍，因为冒领了 100 法币退伍费，被关进了沈阳陆军监狱。每天只有 4 两发霉的高粱米，出入时要爬狗洞。不到半年，他就被折磨得形销骨立，气息奄奄。一次，他发高烧到 40 度，狱方不仅不予治疗，还把他送进太平间和死人放在一块。后来只是由于年轻，抵抗力强，才自动退烧，捡了一条命。今天，自己劣迹斑斑，罪不可赦，但共产党不体罚、不虐待，待之以诚，晓之以理，相比之下，真是天壤之别。越是比较，他越感到愧悔和自责：我为什么要欺骗共产党！他就像憎恨敌人一样痛恨自己，他写道："'经历最大的危险，才能获得最大的快乐'，但这种危险如果是反人民的，那就是最大的罪恶；瞧，公正的判决——刑期15年，这就是生活给我过去的总结。生活，生活，无情地鞭挞着坏人——我，它要我认识一点，真正的老实人，才是世界上最幸福的人。"灵魂的解放，带来了身心的愉悦。往日，他对监狱的制度、规定，视如桎梏，今天，都认为均属天经地义，心里舒坦多了。白天，他拉着车子出窑运砖；晚上，他帮助其他罪犯学习文化。当秋雨连绵的日子里，拉砖的马车在厂内那修坡路上翻倒时，他曾三次不顾个人安危，抢救马车脱险。为此，他得到了政府的嘉奖。

"西望长安"与"北望莫斯科"

他永远忘不了在劳改中发生的一些事件。在"一打三反"开展得如火如荼的时候，警卫人员在一次监舍检查中，从他的箱子底搜出了一张刊有刘少奇访问印尼时的照片和一张"国际免疫证明书"，顷刻间在犯人中引起了轩然大波。"修正主义孝子贤孙"，"过去西望长安，如今还想北望莫斯科"。一顶顶帽子劈头盖脸而来。但是，劳改单位的领导和管教人员未被当时的政治迷雾所蒙蔽，妥善地处理了这一起所谓"政治事件"，使他免遭不白之冤。

在十年内乱中，他也确实受了委屈。1968年9月30日，他被以反革命罪加刑10年。但是当共产党恢复了实事求是的作风之后，这桩错案很快被纠正了。1979年5月29日，宣告平反。

1978年4月20日，西安市郊区人民法院庄严宣布：罪犯李万铭通过政府耐心反复教育，深挖犯罪根源，逐渐认识其犯罪严重性，相信党的政策，增强改造信心，确有改恶从善的表现，故依法裁定：提前释放。

于是，在监狱度过了25个春秋之后，李万铭获得了新生。

当他从管教人员手中接过那黑色的眼镜盒时，他愕然了。25年前，他在北京入监时交存的物品又回归自己的手里。还有那只罗马表。依然锃亮，拧两下，又开始嘀嗒作响；那几枚缝衣针虽然已遍体黄锈，都也仍安然地躺在盒子里。二十五年，岁月悠悠，当年自己不满30岁，而今已年过半百；足迹也由华北而东北，而西北，换过5个单位，但由政府代存的23年前的旧物，却完整如故。想起在国民党陆军监狱，不到半年时间，不仅自己随身的钱物被洗劫一空，连衣服也被扒走的情况，他不禁涕泪滂沱了。

"当年是我们演你，现在该你自己演自己"

1979年春节，他回到离别30年的故乡，回到了母亲的怀抱。

同村一个白发苍苍的老奶奶，颤巍巍地走到他跟前，仔细打量了一会儿，然后摇摇他的胳膊，扳扳他的腿，说："你犯了那么大的罪，坐了那么多年牢，身体还这么结实，真想不到。"

母亲紧紧抱着他，他拉着母亲的手，哭着说："今天能见上您老人家，应该感谢共产党的政策英明。"

是的，是党引他走上了再生之路，是党给了他幸福和光明！在经省劳改局、劳动局批准后，他已转为国家正式工人。此后，他将靠自己的双手，靠自己的劳动生活，而不再是靠"骗"。

人民是宽宏大量的。全国不少人给他写信，对他表示鼓励、支持。

杭州市望江医院的一个素昧平生的医生写来了热情洋溢的信，并寄来一本"口吃矫正讲义"表示愿为他矫正口吃，减少痛苦。

天津市一个青年，从海河之滨寄来明信片，希望他和年轻人一道"跨入属于中国的二十一世纪"。

最使他感动的是，青海省的一位工人孔某，得知他年老身孤，千里投书，自告奋勇承担赡养他的责任。

当年演《西望长安》的演员们拉着他的手，高兴地说："当年是我们演你，现在该你自己演自己了。"

1979年的一天，他身穿崭新服装，手捧着粉红色的选民证，兴冲冲地排队走向投票箱，他是那样激动，以致连续三次才能把选票准确地投入箱内。

他感到了充实和幸福，因为，一切与人民同呼吸共命运的人都是幸福的。

他感谢共产党给他新生的政策，忘不了帮他走上新生道路的监狱领导和管教人员，也担心着和他过去一样走上迷途的犯人们。看到一些新入监的犯人不好好认罪服法，他就给他们谈自己的改造体会："认罪是改造的前提，不认罪是反改造的祸根。"面对台下千余名罪犯，他讲述自己"对抗——反复——自新"的改造三部曲。随着报告的进行，会场上凝重的空气消散了，低沉的头抬了起来。看着一张张自省的脸，一行行悔恨的泪，他感到莫大的鼓舞和欣慰。

是什么东西促使他这样做？他回答说："我过去做的坏事太多了，今天总想多做些好事来弥补。"

问他今后的打算，他回答说："老老实实地做人，踏踏实实地工作，在垂暮之年为四化建设尽微薄之力。同时希望人们叫我：李万铭同志。"

案例三

改造第一，精神复苏，知人善用，改造开花[1]

案由

毛某，男，30岁，文化大学毕业（电子专业），诈骗，刑期14年。在河北省第一监狱劳动改造。

毛某，是"二进宫"，罪重刑长，加之成家不久的爱妻也提出要离婚，政治的、事业的、家庭的、生活的"砖头"，一齐向他砸来。他承受不了了，想呐喊，想自杀，想"认堆"，总之，他惊愕茫然了。

---

〔1〕中央劳改劳教管理干部学院教学参考资料：《改造顽固犯一百例》，1990年编，第133~136页。

事实

管教干警从多次查阅毛某档案、多次找毛某谈心中得知，毛某的电子专业功底较好，而且有较强的向上心。这是这个“二进宫”罪犯存在着的另一面。干警出于职业的本能，经过反复研究和思考，确立了如下改造毛某的方案：利用并发挥毛某的电子专业之长的积极因素去抑制与克服毛某罪重刑长、悲观消沉的消极因素，进而引导其改恶向善、做新人。

为了贯彻与落实这一方案，根据毛某夫妻的情感现实，首先做好毛某妻子的工作，动员其妻协助政府共同挽救毛某。其妻在理解政府的意图后，决心配合政府与其夫分担这14年的牢狱之苦。

毛某在干警的改造教育下，鼓起了立功赎罪、重新作人的勇气。他订阅了《中国电子报》《电子世界》《电子科学技术》等十几种专业报刊。他爱人也把家里珍藏的有关书籍、资料送来，毛某在高墙内又在电子科技的海洋里扬起了远航的风帆。

劳改生产是一项特殊而伟大的实践，电子理论知识的不断丰富，再结合实践的课题，给毛某插上了翱翔的翅膀。根据劳改生产的需要，在干警的支持下，毛某废寝忘食，常年不息，先后搞出了6项技术革新。用自己的改造成果缩短了刑期，并建树了可喜的前途。

红外线遥感技术是我国国内一个新的科研领域，为了增强攻关的实力，干警让毛某的爱人去北京等地购买《红外研究》等资料，并亲自带领毛某到华北电力学院、河北大学等院校进行理论探讨和技术交流，使毛某在较短时间里完成了红外监测报警器的设计工作。

进入试制阶段，有一次，由于数据计算不准确，一支价值400元的大功率发射管安到试验机上后，只见蓝光一闪就报废了，毛某浑身颤抖，他明白自己的责任，他想向家中要钱赔偿，想到受处分，但更担心的是怕政府取消或停止他的试验。他痛苦、自责，几天的时间体重减少了11斤！

干警不仅没有责备他，反而语重心长地说：“不是告诉你不要怕这怕那嘛，搞科研，世界上哪项发明创造不是经过多次失败才成功的呀！”

“啊！我具有和科研人员同等的人身价值：既允许成功，也允许失败。”毛某心潮起伏，激动得一句话也说不出。

最大的理解，莫过于对人的存在价值的理解；最好的尊重，莫过于对科学、对知识、对人格的尊重。这里包含任何数字都难以显示的动力。

更大功率的发射管从北京买回来了，试验在继续进行。

1986年2月，样机终于成型了。可一试，监测距离仅有5米！

有关资料证明，监测距离清华已达100米，实用要求，还要大大超过这个距离。

胜利是由失败中前进的道路铺平的，在干警的直接支持、鼓励下，毛某艰难跋涉的足迹在延伸，报警器的监测距离也在延伸。

150米，毛某不满足，干警也不满意；

200米、250米，毛某仍不停步，干警继续热情勉励；

300米！这个距离，在国内同类产品中遥遥领先，成功啦！

红外监测报警器在边防、公安、劳改机关、银行等部门有广泛的保安用途。

是啊，当初搞这项试验的动机之一，就是从《中国电子报》上发表的老山前线部队向全国电子行业求援——研制远距离报警器的消息而开始的。

毛某自费花了300元买齐了零件，精心装了一台监测报警器机样，连同整套图纸、资料一起寄给了老山前线35192部队。

不久，干警收到了发自老山前线某部的来信。

河北省第一监狱领导同志：

你们数十年如一日为维护法律尊严，在改造罪犯和挽救失足青少年中，付出了劳动和心血，结出了丰硕成果。特别是毛某，更是你们心血浇灌出来的一个典范……特别是他寄来的红外线报警器，为我前沿阵地粉碎敌特工偷袭提供了较为先进的预报装置，在防御作战中起到了重大作用。为此，我部全体将士特向你们并通过你们向毛某表示衷心的感谢！

中国人民解放军某部政治处
1987年2月20日

结语

改造罪犯，首先在于真正“知情”，只有在“知情”的基础上，有的放矢地制定“转化思想”的工作方案，逐步实施，才能把罪犯引向新生的彼岸。河北省一监的干警支持毛某的革新活动，看起来只是个生产科研问题，实质上则是从实际出发，知人善用，通过支持科研活动，去教育人、改造人，培植和启发犯人的人身价值，使罪犯在活生生的生活中去改造主观世界，重新做人。

案例四

这是一片充满希望的天空[1]

“孙警官，离开您快5年的时间了，但我始终忘不了在监狱服刑的那段日子里，您总鼓励我们要自学企业管理专业知识，钻研职业技术，以便刑释后回归社会就业创业。现在经过近5年的努力，我的汽修厂已经开业了，并逐步走上正轨。饮水思源，如果没有监狱警官的引导和教育，也许我现在还自暴自弃，混天度日。我今天有了一个充满希望的开始，真的是很感谢你们……”这封朴实感人的书信是一位刑释人员写给晋中监狱六监区孙文斌教导员的。

他叫曹顺银，3年前刑释出狱，今年5月1日是他的厂子开张大吉的好日子，他试着联系原服刑监区警官，希望他们能前来参加开业仪式。这一想法得到了孙文斌教导员等警官的理解，虽因工作忙不能前往，但还是发了数条短信予以祝贺。

晋中监狱教育科杜汾生副科长介绍，随着监狱劳动改造项目的大力调整，70%以上的服刑人员在刑释时都能掌握一技之长，出狱后就业创业的比例逐年上升。一些吃苦耐劳、头脑灵活的刑释人员利用在狱中学到的技术和管理经验办起了工厂、开了店铺，

[1] 刘晶晶、严永涛：“这是一片充满希望的天空”，载《黄丝带》2010年第9期。

走上了勤劳致富的道路。每当他们立业成家、结婚生子时，都从内心里感谢监狱的重塑再造之恩，给监狱警官寄来喜糖并邀请他们出席自己厂子、店铺的开业仪式和婚礼。这些已成为监狱里最感人的一幕……

现年35岁的辛生（化名）自幼聪明好学，那时他的目标就是考上大学。然而，家里的一场重大变故摧毁了他的梦想。无奈之下，他弃学打工。因为没有技术，文化水平低，难以找到理想的工作。为了奢望的财富，他把罪恶的双手伸向了社会，最终因诈骗罪被判处无期徒刑。

当囚车载着泪流满面的他驶进那高墙电网时，他感到青春之火已经熄灭，甚至想到自杀。

然而高墙囚禁罪恶，但并不囚禁阳光。辛生入狱后，监狱警官很快摸清了他的情况，对他进行了细致的思想教育，使他很快从悲观绝望中振作起来。在警官的关怀和支持下，辛生参加了高教自学考试。从此，监狱的育新学校、心岸图书馆都留下了他学习和求知的身影。2007年10月，他顺利修完了《市场营销》专业的16门课程，以优异的成绩获得了大专毕业证书，成为大墙里培养出来的大学生。辛生凭借积极改造、学习突出的良好表现，多次获得减刑奖励。2008年4月29日，他提前刑释回归社会。

回归社会后，辛生凭借自己所学专长，很快受聘于大同市某广告公司，月薪两千多元。就业后，他给监区的服刑人员寄来了一封意味深长的信："现在的社会是个科学技术日新月异的社会，如果没有文化，没有技术，简直寸步难行。回想当初，少知识，缺技术，让我走上了犯罪的道路。在监狱的十几年，正是有了监狱警官的亲切关怀和无私帮助，不仅圆了我的'大学梦'，更让我用知识的力量创造了美好的新生活。希望广大服刑人员从我的真实经历中得到启示，努力学习文化知识，把刑期变为学期，为新生打下坚实的基础，用勤劳的双手重塑幸福的明天。"

福建某环保公司近期晋升刑释人员丛新（化名）为该公司车间主管，月薪3000元。消息传到晋中监狱，引起了许多服刑人员的强烈反响。现年36岁的丛新，1992年因故意伤害罪被判刑改造。入狱后，在监区警官的引导下，他立志把刑期变学期，努力钻研各种知识，积极参加高教自学考试，利用工余时间练习书法及写作技巧。2002年，他以优异的成绩取得了高等教育自考《工商企业管理》专业大专文凭。他勤学好问，钻研图纸，成了生产中的技术骨干，多次被评为省级改造积极分子，累计获得8年6个月的减刑奖励，2008年4月份提前刑满释放。

在监狱监区领导的推荐下，丛新顺利成为与监狱有着业务关系的福建某环保公司的员工。工作伊始，恰逢"5·12"汶川大地震，丛新留下当月生活费，把余下的1500元捐给了灾区。由于在公司的良好表现，他受到了公司领导及工友们的一致好评，也赢得一位靓丽姑娘的芳心，俩人准备在今年10月1日举行婚礼。

一次因业务工作关系，昔日警官与丛新见了面，丛新感到非常的亲切。他说："我会永远铭记监狱人民警察对我的挽救之恩，不但使我由一名死囚犯重获新生，还使我成为一个对社会有用的人！"

谢恩（化名），1994年因故意伤害罪入狱。谢恩至今还清晰地记得梁海军副监狱长当时勉励他积极改造时说的一句很朴实的话："要学会做人，这是根本；要学门手艺，饿不了肚子。”

在监狱医院服刑8年，2002年，谢恩走向自由。凭着自己在监狱积累的医疗知识和临床经验，谢恩顺利考取了乡村医生行医资格。由于医术高明，医风端正，赢得了老百姓的良好口碑。一个偶然的机会，一个患斑秃病多年的患者找到了他。看着患者，谢恩回想起自己曾协助监内医院院长治愈过同样病例。于是，他从一个小箱子中翻出当时院长留存的药方，参照施治，不想就这样治愈了一个又一个斑秃病患者。许多病人带着希望而来，又带着无限的欣喜回到亲人身边。谢恩说：他现在感到心灵的宁静、助人的快乐远胜于对金钱的渴望。

从这一个个鲜活的典型事例中，我们见证了在晋中监狱这所特殊学校里，一批批囚子通过教育改造转化为合格的守法公民。这座熔炉对于绝大多数追求积极改造的服刑人员来说，并不意味着自由的失去，而是意味着洗练身心、重塑自我的新生。在监狱教育改造政策的重塑下，绝大多数刑释人员从艰辛的淬炼过程中吸取了犯罪的教训，用坚实的脚步走向了充满希望的明天。

讨论与思考

1. 通过以上几个案例的学习，我们可以获得什么启示?

2. 通过学习和考察历史上不同社会制度下的罪犯劳动制度，请同学们畅谈我国社会主义罪犯劳动制度与奴隶社会、封建社会、资本主义社会罪犯劳动制度的联系和区别，并指出我国罪犯劳动制度的独特优势是什么?

阅读书目

1. 金鉴主编:《监狱学总论》，法律出版社1997年版。

2. 杜雨主编:《中国特色的劳改学和监狱学》，中国人民公安大学出版社1997年版。

3. 中华人民共和国司法部编:《外国监狱资料选编》，群众出版社1988年版。

4. 劳改专业教材编辑疗:《罪犯劳动改造学》编写组编:《罪犯劳动改造学》，社会科学文献出版社1989年版。

5. 杜雨主编:《罪犯劳动改造学》，群众出版社1991年版。

6. 周雨臣主编:《罪犯劳动组织与管理》，中国政法大学出版社2023年版。

7. 贾洛川主编:《新中国监狱制度70年》，中国法制出版社2020年版。

专题二 罪犯劳动的性质和功能

学习目标与任务

罪犯劳动的性质和功能是罪犯劳动改造工作的实质和核心，也是罪犯劳动管理者开展劳动改造执法的基础和保障。通过本单元的学习，旨在使学生掌握和明确罪犯劳动的根本性质和主要功能，从而自觉地做好罪犯劳动的组织与管理工作。学生在本单元学习中，应重点把握罪犯劳动性质和功能的基本内涵与理论机理，从而树立科学的罪犯劳动改造观。

案例导入

再创业，发家致富靠诚信[1]

新疆昌吉市诚信种子公司订单不断，下设的诚信销售点，前来购买种子的承包户更是络绎不绝。看到这欣欣向荣的景象，谁会想到，公司的总经理兼法定代表人戴新平在一年之前还是一名因销售假冒伪劣种子而被判刑的服刑人员呢？出狱后不到一年的时间，他又是怎样让承包户由对他深恶痛绝转化为深信不疑的呢？让我们一起回首戴新平跌倒又奋起的坎坷人生。

出生于20世纪60年代初的戴新平，头脑灵活，小打小闹地干过不少小买卖，也积累了一定的资金，自己买了房、买了车，比同龄人先一步踏入了小康生活。遗憾的是，富裕起来的戴新平忘记了自己是农民的儿子，背离了中华民族的优良传统，黑了良心只认钱。为了牟取暴利，在2003年1月，他采用更换标签及包装的方法，将伪劣种子冒充合格种子进行销售，致使用户损失达293万元，被石河子市人民法院以销售伪劣种子罪依法判处有期徒刑8年，投入新疆兵团新湖监狱服刑改造。

高墙耸立，铁窗冰凉，大好的光阴不得不在高墙铁窗内度过，戴新平好似掉入了万丈深渊。

“刑期可以缩短，自暴自弃只能使悲剧延伸，是男子汉就站起来。”监区警官一遍又一遍地教育他振作精神，从头开始。亲人也频频会见、来信，鼓励他正视现实，多学知识，去实现新的人生价值。警官的关怀像阳光洒在他的身上，亲人的叮嘱似甘露滋润他的心田。戴新平醒悟了，他发誓一定要学出名堂，有所收获。

从那以后，戴新平信心坚定地踏上了积极改造的道路。由于是土生土长的新疆本地人，他对棉花种植和滴灌技术都非常精通，为此，监区将他安排到新犯分监区任大

---

〔1〕 刘晓阳，金瑞森：“再创业，发家致富靠诚信”，载《黄丝带》2010年第9期。

组长，专门负责指导新入监和转监服刑人员劳作方面的知识。对于监区领导的信任，戴新平感激不尽，当晚就递交了保证书，表示绝不辜负警官的信任和期望。他是这样说的，也是这样做的。入监 5 年，他教了 4 年的新犯，自身从无违规违纪现象发生，协助分监区警官圆满完成了各项生产任务。除此之外，戴新平还抓紧时间自学企业管理和营销方面的知识，摘录了 13 本读书笔记。2009 年 7 月 23 日，戴新平提前踏上了新生的归途。

一个与社会隔绝了 6 年之久的“世外”人，再丰富的理论知识，对于瞬息万变的市场经济来讲都只是纸上谈兵。成熟起来的戴新平深深地明白“适者生存”的道理。从哪里跌倒，再从哪里爬起来，他决定干自己的老本行：销售种子。广大的土地承包户是基础，只有让承包户都信任，生意才会兴隆，事业才能做大。在亲人的支持下，他在昌吉开了一家名为“诚信”的种子代销点，不图赚钱，只为熟悉业务，打开局面。“诚信”开张后，他按照“信誉第一、顾客至上”的宗旨，服务细致周到，态度热情诚恳，以信为本，以诚待人，受到顾客的称赞，频频光顾的回头客使“诚信”生意兴隆，利润渐丰。由于尝到了诚实经营、热诚服务的甜头，思及 6 年前的往事，他更加悔恨，这成了他无法原谅自己的“心结”，怎么也开心不起来。开明的妻子知道了他内心的想法后，在一个星期天专门买了些礼品，陪同他挨家挨户地去当年受到损失的承包户那儿赔礼道歉。当年的承包户很多搬了家，迁到了别的连队，戴新平和妻子奔波在赔礼道歉的路上，从早上 7 点出发，到晚上 10 点才回到家，他期望以此来减轻昨日的罪孽。用他的话说，那天是他最高兴的一天，身体的疲劳与良心的谴责相比又算得了什么！令戴新平没有想到的是，他登门道歉为求良心安稳的无意之举在各个场部、连队广为传颂，受到了群众的高度赞扬，并为他的事业赢得了商机，很多承包户都专门找到“诚信”购买种子，用他们的话讲：“一个敢于面对并坦承错误的人，值得信任。”

客户的成倍增加，让一个小小的种子代销点应接不暇，戴新平当机立断，准备办一家属于自己的种子公司。他的想法得到了亲人的大力支持。就在戴新平刑释 3 个多月后的 11 月 16 日，在亲人和朋友的帮助下，在社会各界的关心和支持下，戴新平创办了“诚信”种子公司。一个刚出狱的人要谋求一份好的工作已属不易，而戴新平却白手起家创建公司，这在当地引起了轰动。公司创建近半年，戴新平又当经理又当杂工，充分发挥在监狱学到的理论知识，使之与实践结合起来。他没日没夜地跑业务，有时为了做成一笔生意、联系好一项业务，一连几天睡不好觉。当签好订单，送货上门时，他也同员工们一道将种子卸下车，搬到客户指定的地方。熟悉的客户跟他开玩笑：“都当老板了，干嘛这么累？”他坦然地说：“只要大家伙儿满意，比什么都舒坦。”

都说万事开头难，戴新平却成功了。他用吃苦耐劳和诚实守信，为自己的事业开好了头，起好了步。成功后的戴新平没有忘记监狱，没有忘记这个给了他第二次生命的地方。他知道监狱冬季没有什么劳作项目，种子公司成立后，第一项最大的订单——100 吨棉种的挑选项目全部委托给了监狱。他说：没有新湖监狱警官的谆谆教诲，就没有我戴新平的今天，将项目交给监狱，也算是我对监狱经济发展做一点点贡献；监狱有严格的要求和监规纪律，生产质量有保障，把项目交给监狱，放心！朴实的语言，表达了他对监狱的深深感激之情；独特的眼光，成为他拼搏商海的重要保障。

戴新平回来了，回到了新湖监狱三监区。人还是那个人，改变了的是他的身份：从一名曾经的服刑人员变成了种子公司的老总。他是来验货和检查质量的。有熟悉的服刑人员在他验货时跟他开玩笑："戴老板，检查那么仔细干嘛，少捡一公斤废种你就多挣10块钱，多划算。"戴新平感慨地说："钱是永远赚不完的，农民兄弟都不容易，现在外面采用的都是精确播种，一粒种子一个穴，多一粒废种就会少收几朵甚至十几朵棉花，农民就会少收入。兄弟啊，黑了良心的钱我不能赚，也不敢赚。你要是真的为我好，就把棉种捡好。"一席话，说得那名服刑人员红了脸，低了头。戴新平变了，他用事实证明了，他不再是6年多前那个只认钱的戴新平，现在的他变得明大理、晓大义，知道为他人考虑、为大局着想了。

"信"由诚而来，戴新平视信誉如生命，为了信誉，别人都是6%的破损率，他硬是降低到了4%。为了信誉，他情愿多付人工费，也要保证种子质量。群众的眼睛是雪亮的，诚信种子公司的种子质量好，得到了承包户的肯定，一传十，十传百……戴新平的事业在2010年就迎来高峰期，在服务群众的同时，自己也获得了可观的收入。

戴新平的成功，许多人在拭目以待的同时，更多的是议论他为何会取得如此成就。有的说："戴新平家庭条件好，他才能置办公司。"有的说："他运气好，所以一帆风顺。"还有的说："他有一个强大的关系网。"而戴新平却说："是政府挽救了我，并为我矫正了人生航向，改变了我的人生观、价值观，这才是我创业成功的扎实基础。"当谈到创办公司的目的时，戴新平言简意赅地做了概述："一是想凭自己的劳动致富；二是尽自己的全部能力为社会服务，减轻昨日的罪孽，报答政府的挽救教育之恩。"

这是昔日浪子精神升华的具体表现！

这是监狱改造政策结出的累累硕果！

这更是"人是可以改造好的"的有力证明！

学习任务一 罪犯劳动的性质

罪犯劳动的性质是指罪犯劳动内在质的规定性，是罪犯劳动区别于监狱其它改造手段的根本属性，也是认识和把握罪犯劳动规律和特点的前提和基础，是监狱人民警察做好罪犯劳动管理工作必须首先需要明确的重大问题和基本问题。

一、罪犯劳动是一种行刑矫正活动

（一）*罪犯劳动是一种矫正活动*

罪犯劳动作为监狱工作的一项基本手段，旨在通过选择合适的劳动项目对罪犯组织集体性劳动，从而使罪犯在监禁状态下避免单纯监禁的行刑弊端，在服刑中依然能够从事与狱外现实社会相吻合的生产劳动，一方面使罪犯在长期的服刑生活中伴随一种充实和忙碌，从而克服无所事事所带来的空虚寂寞和惹是生非；另一方面也实现了狱内与狱外的有机衔接和信息交流，使罪犯在服刑状态下实现了对社会人的真实工作状态的模拟和再现，从而不至于由于监禁而与社会劳动生活中断和隔离。同时，由于劳动的社会性本质，特别是劳动中的人流、物流、信息流的大量充斥，从而使得罪犯对社会信息和发展状况有比较明确的知晓和掌握，并为回归社会后的就业和创业奠定良好的基础。因此，罪犯劳动是一种地地道道的改造手段，而且是一种其他改造手段无可替代的改造手段。

（二）罪犯劳动是一种行刑活动

罪犯劳动不仅是一种改造活动，而且是一种行刑活动。之所以认为罪犯劳动也是一种行刑活动，主要有以下理由：其一，罪犯劳动是中国监狱刑罚执行制度的主要内容。中国特色的刑罚执行制度与国外的刑罚执行制度有着显著区别。中国特色刑罚执行制度的主要内容是在依法监禁和刑罚惩罚的前提下，对罪犯全面开展监管改造、教育改造、文化改造和劳动改造等活动内容，以把他们改造成为守法公民的活动过程。可见，监禁、管理、教育、劳动、文化矫治是中国特色刑罚执行制度的关键词和主体内容，这与国外一些资本主义国家单纯以监禁为基础，以劳动和教育为补充或只把劳动和教育作为一种处遇或待遇的做法完全不同，也是两种性质完全不同的行刑制度。其二，罪犯在监狱中劳动的过程就是罪犯服刑的过程，也是对罪犯执行刑罚的过程。这不仅是因为罪犯劳动是罪犯服刑的法定义务和特定行为，而且是罪犯服刑的主体内容。我国监狱从2009年开始实施“5+1+1”制度，而“5+1+1”制度则是中国特色行刑制度的形象解读和具体实施。罪犯在服刑生涯中每周有5天，每天不超过8小时，每周不超过40小时的服刑时间在从事劳动改造，而且劳动改造占用的是罪犯服刑中最主要时间和黄金时间段。因此，我们无论如何也不能否认罪犯劳动的过程就是罪犯执行刑罚的过程，罪犯劳动的时间就是罪犯服刑的时间，二者在这一点上是完全一致的。其三，罪犯劳动的表现和绩效与罪犯奖惩直接相关。罪犯奖惩既包括行政奖惩，如表扬、加分、记功、批评、扣分、记过等；也包括刑事奖惩，如减刑、假释、加刑等。罪犯奖惩是监狱狱政管理的重要内容，其中，刑事奖惩又与监狱刑罚执行密不可分。罪犯奖惩虽然是建立在对罪犯改造方方面面综合考评基础之上的，远非只有罪犯劳动这一项内容，但无论如何，罪犯劳动的表现及绩效是评定罪犯改造成效的重要组成部分，是不可或缺的重要因素之一。因此，从这个意义上来说，罪犯劳动与刑罚执行密切相关，或者说罪犯劳动就是刑罚执行活动的重要内容。

二、罪犯劳动是一种社会实践活动

罪犯劳动作为以劳动为基本形式的改造活动，其社会实践活动属性非常明显。这是因为劳动本身就是一种重要的社会实践活动。我们知道，劳动的三种主要活动形式，即生产劳动、阶级斗争（社会改革）和科学实验都是一种重要的社会实践。劳动的社会实践属性直接决定了罪犯劳动的社会实践属性，这是显而易见的。另一方面，罪犯劳动作为一种改造人的社会行为，也是通过组织罪犯参加生产劳动这一特殊活动，生产出适应社会需要的产品满足社会需求，从而实现人对自然的改造并使自然界为人类造福这一目的的。罪犯通过劳动改造自然并为社会创造财富的过程同时也是自我世界进行改过自新，重获新生的过程。罪犯正是通过手脑并用、身心结合的劳动，实现了自己（罪人）、监狱、社会三者的有机统一，并在劳动过程中逐渐使自己罪人的成分不断减弱和蜕变，随着劳动实践活动的持续深化，慢慢地逐渐使自己越来越接近监狱和社会的需求和目标，并实现从犯罪人到社会人的真正跨越和过度，最终成为一名被社会接纳，能够较好地融入社会并在社会中找到生存价值和自我价值的真正的人，而这一点的达到离开罪犯劳动显然是非常困难的。

罪犯劳动的过程既能产生罪犯对自然界改造的生产力，又能产生在生产劳动过程中所形成的人与人之间的生产关系，这就构成了罪犯在服刑改造中最重要的生产方式和生存方式，进而构建了以罪犯劳动为基础的罪犯服刑中的社会存在方式。这种社会存在方式与罪犯回归社会后的生存方式和社会存在方式有很多相同点，其中最相似的就是劳动方式。如果罪犯刑释后把这种劳动方式和和社会存在方式带入社会并加以身体力行，就会使刑释后的重新犯罪率大大下降，就为罪犯过上正常人以劳动为本真的生活方式奠定了坚实的基础和前提。因此，罪犯劳动的社会实践属性在监狱行刑实践中具有重大的应用和推广价值，是一项值得广泛运作的行刑矫正活动。

三、罪犯劳动是一种严肃执法活动

罪犯劳动作为刑罚执行的一项重要内容，也直接决定其是一种严肃执法活动。首先，罪犯劳动是监狱机关及其民警必须对罪犯进行组织的一项行刑活动。这既是我国法律赋予监狱及其民警的特定劳动改造行刑权，也是法律对监狱及其民警必须组织劳动改造的特定义务。国家法律赋予监狱及其民警有劳动改造行刑权，同时宣告了罪犯劳动是监狱的一项严肃执法活动，监狱人民警察是唯一具有合法身份和特定执行权的主体，其他任何机关非经法律授权不得行使该权利，体现了国家法律的严肃性和神圣性。同时，监狱及其民警作为罪犯劳动的执法主体，无法定理由亦不能无故不组织和开展劳动改造，也不能随意对符合劳动改造条件的罪犯进行劳动改造的剥夺和限制，否则都是一种严重违法行为。其次，罪犯劳动是对符合劳动改造条件的罪犯所规定的一项服刑义务和特定行为。我国法律明确规定，凡有劳动能力的罪犯都应当参加劳动改造，这就明确规定了服刑罪犯只要有劳动能力就无论如何也不能逃避劳动改造，不管罪犯捕前身份如何，有无劳动习惯，刑期长短，国籍身份等都没有任何理由不参加由监狱组织的劳动改造，这是罪犯在服刑改造中的法定义务，否则就会依法受到相应的处罚，严重的甚至还会构成重新犯罪。

罪犯劳动作为一种严肃执法活动，体现了劳动改造活动的刚性要求。罪犯劳动是一项涉及人、财、物、产、供、销的十分复杂的活动过程。但尽管这样，在任何一个环节都必须依法进行审慎操作，绝不能背离法律妄自行事，否则就有可能构成违法或犯罪，这无论对监狱、民警、罪犯或其他劳动改造参与人（如工人、外携人员等）都是适用的。具体来说，它要求组织劳动，选择劳动项目要于法有据；物料消耗、产品质量、营销管理要科学严明；劳动现场管理和监督检查要严肃认真；劳动考核奖惩及劳动报酬的实施要公正合理；劳动保护与劳动保险要依法到位，劳动安全与劳动中的不良行为控制要管控到位。否则，在罪犯劳动的任何一个环节出现问题或产生严重后果，都有可能会受到法律的追究和制裁。

四、罪犯劳动是一种多元渗透活动

罪犯劳动本身是一项极其复杂的活动过程。罪犯劳动过程中，既有人财物的问题，又有产供销的问题，还有劳动管理、劳动保护、劳动安全、劳动报酬等问题；既有人的因素，包括民警、罪犯、企业管理人员、职工、外携人员等；也有物的因素，包括原材料、机器设备、工具、厂房、产品等；还有财的因素，包括预算资金、原材料产品价格、营销利润等。在罪犯劳动中，既有有利于促进罪犯改造的因素，如罪犯劳动项目适宜罪犯，劳动定额公平合理，罪犯劳动改造态度端正，劳动现场管理科学有序，罪犯劳动集体积极向上，罪犯劳动车间文化浓厚等，但也可能产生诸多不利于劳动改造的消极因素，如罪犯劳动群体氛围消极，罪犯劳动中的非正式群体形成，劳动现场管理混乱，劳动考核奖惩不够科学，劳动安全隐患突出，罪犯在劳动中消极怠工、打架斗殴、自伤、自残、自杀、袭警、脱逃等。罪犯劳动作为一种综合性的社会实践活动，是由多要素、多层次、多领域的各种复杂因素组成的，有的因素甚至互相矛盾和交织，构成一幅多元渗透、相互交融的复杂图景。而在罪犯劳动这一客观现实图景中，给我们的深刻启示是：罪犯劳动组织得好，它就会成为一项功能多元、效果显著的改造手段；反之，如果组织得不好，管理混乱，也有可能走向我们良好愿望的反面，就会安全隐患重重，生产事故频发，这当然不是我们愿意看到的。

值得指出的是，罪犯劳动作为一种多元渗透的活动，参与其中的很多要素是动态和不断变化的，有时好的因素和坏的因素甚至可以互相转化，如我们本想真正达到劳动改造人的良好愿望，但如果我们不尊重科学，不搞科学管理、文明管理、严格管理，而是违法搞“三超”（超时间、超强度、超体力）劳动，或者从事国家明令监狱企业禁止的劳动项目，如生产易燃易爆危险品等项目，就有可能造成极为不良的严重后果，甚至会产生罪犯劳动人权的国内外不良影响。

五、罪犯劳动是一种特殊生产活动

（一）罪犯劳动以生产劳动为基本形式

劳动的形式很多，包括生产性劳动和非生产性劳动。所谓生产性劳动就是以生产产品、服务社会为主要表现形式的劳动，它通常以车间为劳动组织形式，以为社会提供适销对路的产品为主要方式，如生产服装、电机等；所谓非生产性劳动是指以提供劳务和服务为主要形式的劳动活动，如罪犯看护、质检、保洁、餐饮、教师、小报编辑等。显然，在罪犯劳动改造过程中，生产性劳动和非生产性劳动在监狱都非常需要，且都是不可或缺的。但在劳动改造活动中，我们认为生产劳动是罪犯劳动的基本形式和主要选择，这不仅因为生产劳动对罪犯劳动改造的效果最好、功能最突出、最全面，而且从我国的国情和监狱的狱情出发，组织生产劳动最符合罪犯改造的最大利益，也有利于组织和开展，非生产性劳动作为一种劳动形式，只能作为罪犯劳动的补充方式。

（二）罪犯劳动具备生产劳动的一般属性

罪犯劳动以生产劳动为依托、为基本形式而开展，同样，劳动改造活动也具有生产劳动的一般属性，这是我们必须承认的。具体来说，罪犯劳动的过程也是罪犯手脑并用，改造自然的过程，生产出的产品也是罪犯汗水和智慧的结晶，罪犯劳动过程中同样需要统筹计划和科学组织生产，同样需要遵循投入产出规律，同样需要注重产品质量和适应市场要求，同样需要讲究经济效率，追求一定的利润和价值。在罪犯劳动过程中，也极力反对不讲究经济规律和市场规律，不讲究成本核算和随意浪费，不讲究经济效益而连年亏损，不讲究劳动保护而一味强调特殊，不讲究劳动报酬而是简单敷衍应付。这样做，不仅不符合生产劳动的一般规律，也不符合罪犯劳动的特殊规律。

（三）罪犯劳动是一种特殊生产活动

如前所述，虽然罪犯劳动也具备生产劳动的一般属性，也要遵循生产规律和市场规律，也要讲究一定的经济效益。但是，毕竟罪犯劳动又不是一般的生产活动，罪犯劳动的性质与一般生产劳动完全不同。这是因为，罪犯劳动是一项政治法律活动，是一项刑罚执行活动，是一项严肃执法活动，它是属于国家政治上层建筑的范围，是代表国家对犯罪和罪犯进行斗争的一种重要手段，是一项国家措施；而一般生产劳动则属于经济领域和生产范围，属于国家经济基础之列，是国家日常社会经济活动的组成部分，从本质上看属于经济基础范围。因此二者有着本质区别，不可同日而语。也正是从这个意义上来说，罪犯劳动不能纯市场化，不能完全追求经济效益或以追求经济效益为第一目标，在劳动改造效益和经济效益发生矛盾的时候，经济效益要自觉服从于改造效益，改造人是劳动改造的最高目标追求。我们反对那种眼里只把罪犯看成一个劳动力的短浅而又错误的认识，而应该始终把罪犯看成一个改造的对象，把罪犯劳动的过程看成一个灵魂塑造和守法公民的产出过程。

应当指出的是，在罪犯劳动中，我们强调既要遵循生产劳动的一般规律，又要遵循罪犯劳动的特殊规律，二者并不矛盾，也并不是一种诡辩，而是唯物辩证法的对立统一规律在罪犯劳动领域中的科学运用。我们要自觉运用唯物辩证法处理好这一关系，做到在对立中有统一，在统一中讲对立。只有这样，才能真正发挥罪犯劳动的最佳效益，实现劳动改造的最大目标。

学习任务二 罪犯劳动的功能

罪犯劳动之所以能够在监狱工作中占有十分重要的地位，成为改造罪犯的基本手段，主要取决于罪犯劳动的功能及价值。罪犯劳动功能及价值是劳动改造内部诸要素相互作用所表现出来的积极方面的效能，是罪犯劳动改造本质的外部表征和功用。我国罪犯劳动改造的功能及价值是多方面的，下面加以具体研究。

一、思想转化功能

罪犯走上犯罪道路，尽管原因千差万别，但究其本质，大多与他们在社会上没有真正建立起一种积极的社会存在方式尤其是生存方式密切相关。不良的社会存在方式和生存方式，使他们产生了相应的社会不良意识和恶习，进而产生犯罪行为。罪犯入狱后，我们要想真正改造他们，就不能不首先构筑一种新的社会存在方式，这是改造罪犯的前提和基础。而新的社会存在方式的构建离不开劳动，劳动是构成这一存在方式的最基本内容。

应该说，我国监狱构建罪犯狱内新的存在方式包括劳动、教育、管理等因素，这些要素都是不可缺少的。劳动在其中起着根基性作用。这是因为：①罪犯劳动不仅能够产生生产力，还能产生生产关系，生产力和生产关系的统一就构成生产方式，生产方式的总和就构成社会存在方式。当然，罪犯劳动所产生的存在方式与一般意义上的社会存在方式有所差别，但其实质是一样的。②罪犯劳动是一种社会实践活动，罪犯劳动主要以生产劳动为主，而生产劳动是最基本的社会实践活动，它为监狱的教育改造和监管改造提供了基础性条件。③劳动改造是重构罪犯生存价值观和人生观的根基。罪犯的犯罪表明罪犯以一种反社会或背离社会生存方式的面目出现，改造罪犯必须使罪犯接受正确的生存方式，而正确生存方式的主旨就是自食其力、勤劳致富、用劳动创造幸福人生等，而这正是劳动改造的追求目标和服务内容。

劳动、教育、管理共同构筑，并以劳动为根基的狱内新的社会存在方式的大厦，一经建立，就为罪犯消极意识的最终转化奠定了基础和前提，这是中国监狱之所以能成功改造罪犯的源泉和保证。通过劳动改造，罪犯就会使原有的错误人生观，尤其是劳动观，如“人生在世，吃喝二字”“劳动发不了财，人无外财不富，马无夜草不肥”“劳动是小人干的事，劳动是无能的表现”等观念得到有效的矫治和转化，从而代之以劳动的人生观，而这种人生观才是使罪犯走上新生之路的正确方向和做人的根本。

二、人格尊严保障功能

第一，劳动改造使罪犯新的生存价值得以实现。犯罪学的研究表明，某些罪犯的犯罪与他们缺乏必要的社会活动场所来实现其必要的生存价值有关。特别是在当代社会，青少年生理早熟而社会化时期延长，加之社会竞争日益激烈，对个体的社会化要求越来越高。如果个体不能很好地完成社会化，缺乏一定的劳动习惯和劳动技能，就不能得到充分发挥和施展其生命潜力的机会，他的生存价值就不能实现。在这种情况下，个体就非常容易融入充满愚昧、偏见、野蛮、暴力、私欲的社会场所，即犯罪场所。因此，马克思说，应当消灭犯罪行为的反社会根源，并使每个人都有必要的社会活动场所来显露他重要的生命力。

我国监狱组织的生产劳动是国有性质的社会化大生产，罪犯劳动的场所也就是能够使其实现生存价值的社会活动场所，这同时也能较好地避免罪犯在监狱内因找不到合适的活动场所而导致其生存价值不能实现所产生的种种弊端。因此，劳动改造为罪犯在狱内实现自己的生存价值，努力发挥自己的聪明才智，充分显露自我，提供了一个良好而又优越的舞台。不仅如此，罪犯在劳动中产生新的生存价值的同时，也排斥和削弱了其思想中不适应自身发展和社会要求的部分。这是因为罪犯劳动既是其生命潜力和生存价值得到发动和发展的过程，也是一系列新的个性心理品质（如勤劳、朴实、善良、坚毅、团结、互助、奉献等）的孕育与形成过程。这些品质必然会与罪犯原有的不良的个性心理品质发生撞击。由罪犯劳动的自身特点与优势地位所决定，新的品质必然会逐渐替代原有的不良品质，从而达到劳动对罪犯的矫正和改造的根本目的。

第二、劳动改造使罪犯的人格尊严得以肯定。我国监狱制度是一种以改造人为核心的刑罚执行制度，这种改造刑又是以劳动改造为基本方式展开的。我国劳动改造的实施为罪犯人格尊严的实现创造了必要的条件。罪犯在劳动中不仅能够学到一技之长，养成良好的习惯，而且能够形成正确的生存方式，从而使得罪犯作为人的本质在劳动中得以体现和证明，进而实现了罪犯作为人这一特质的人格尊严。具体来说，罪犯劳动是我国整个社会劳动的有机组成部分，罪犯作为劳动力得到了社会的尊重。罪犯的劳动产品可以在社会中平等交换，罪犯可以在劳动中获取一定的报酬，这不仅仅使罪犯作为社会的一支重要的劳动力得到了合理的开发，更重要的是表明我国政府用劳动这一活动方式接受和容纳了罪犯，从而为罪犯最终回归人民的怀抱开辟了广阔的道路，同时也使罪犯的人格尊严得到最大程度的肯定和满足。

人的个人价值存在于劳动中，人的本质和人格尊严也只有在劳动中才能得到实现和证明。这无疑也适用于罪犯。剥夺了罪犯劳动的权利，或者说不赋予罪犯法定的劳动义务，正是对罪犯人格尊严和人权的蔑视和不尊重。值得注意的是：强制罪犯劳动并不会影响罪犯人格尊严的实现，也不会贬低罪犯的个人价值；相反，让罪犯自愿选择劳动，似乎看起来很人道，但让一个好逸恶劳、贪图享乐的人选择不劳动的结果，恰恰是对罪犯本人和社会不负责任的表现，是反人道的。

三、人际关系协调功能

罪犯的犯罪向人们昭示了他们是社会化失败的人，而他们之所以社会化失败，其中一个很重要的原因就在于没有建立起正当和谐的人际关系，即没有正确处理好个人与社会、个人与他人的人际关系。罪犯从个人主义思想出发，把本属于社会中的个人游离于社会之外，使之与社会对立，认为人与人之间都是尔虞我诈、你死我活的关系。罪犯在监狱里通过参加长时间的有组织的集体劳动，可以使他们经常体会到与人正常接触、交流、合作的愉快，体会到纯洁、健康人际关系的美好。罪犯劳动中的分工与协作、组织劳动竞赛、严格的岗位责任制、公平的奖惩制度、合理的劳动报酬和罪犯之间的互帮互学等，都对罪犯形成正确的人际交往意识，建立正当和谐的人际交往关系有十分重要的作用。特别是经民警的教育、引导和启迪，罪犯可以在潜移默化中使灵魂得以净化，情操得以陶冶，心理得以调适，从而自觉矫正其极端个人主义的腐朽观念，培养起关心社会、关心集体、关心他人的道德义务感和社会责任感，与周围的人建立起正常和谐的人际关系，最终达到矫正罪犯不良心理、转变错误认知、适应社会需要的目的。

四、恶习矫正功能

罪犯入狱前已形成了种种恶习，这些恶习并不因入狱服刑而自然消失，还可能进一步强化。在这种情况下，罪犯入狱后如果长年无所事事，势必导致他们心理压抑、孤独苦闷、意志消沉、精神颓废，乃至萌生逃跑、自杀和重新犯罪的念头。实践证明，通过让罪犯参加科学而又适宜的劳动可以逐渐使其恶习得以矫正。

监狱通过科学而又合理地组织劳动改造，能够矫正罪犯自身的种种恶习。具体来说，劳动改造有以下功能：①使罪犯养成勤劳俭朴的美德，从而矫正其懒惰成性、好逸恶劳、铺张浪费、挥霍无度的恶习；②使罪犯养成认真负责、一丝不苟的劳动态度和做人准则，从而矫正其马虎草率、敷衍塞责、得过且过、虚度年华的恶习和处世原则；③使罪犯养成遵规守纪、遵纪守法的良好品德，从而矫正其目无法纪、放荡不羁的恶习；④使罪犯形成团结互助、友善合作的良好美德，从而矫正其凶狠残暴、与人为敌的恶劣行为和偏激做法；⑤使罪犯养成克服困难、开拓创新、坚毅果敢的优良品质，从而矫正其墨守成规、畏缩退却、不求上进、胡作非为的恶劣行为；⑥使罪犯懂得劳动创造美好、劳动创造幸福、劳动创造人生、劳动创造价值的科学道理，从而自觉地矫正其玷污劳动、摧残幸福、践踏人生、扼杀生命的错误做法和极端行为。

五、不良心理调适功能

监狱通过组织积极的罪犯劳动能够调节罪犯不良的心理状态，罪犯通过参加社会化大生产，经受科学的组织管理、明确的岗位责任制、严格的纪律约束、密切的团结协作等方面的教育和改造，会逐渐形成种种良好的品德和积极的心理状态。具体来说，劳动改造的实施使罪犯的自由活动空间得以扩大，从而使罪犯孤独压抑的情绪在一定程度上得以缓解和降低；劳动活动的开展将罪犯的主要精力投入到劳动中，从而使罪犯的精神生活得以充实，避免了罪犯长期处于百无聊赖、空虚寂寞的境况；劳动改造的组织缩短了民警与罪犯之间的距离，使民警与罪犯之间的交往与沟通变得经常化，为民警掌握罪犯的思想动向，了解罪犯的思想动态，消除罪犯对民警的防范与壁垒，主动向民警倾诉心中的郁闷和心理困惑提供了良好的条件；劳动改造的正确实施能够使罪犯感受到劳动的欢欣和乐趣，从而给沉重的服刑生活带来些许轻松和愉悦，这对于消除罪犯在服刑中的紧张、焦虑、忧郁、恐惧、疑虑等心理障碍十分有益。总之，劳动改造使罪犯自我价值的实现成为可能，使罪犯的灵魂得以净化和升华，使过剩的精力得以宣泄，使一些不健康的心理得以转移或冲淡，使罪犯的潜能得以发挥，使罪犯的想象力和创造力得以激发和实现。

六、劳动美育功能

美产生于劳动，劳动是美的源泉。人类社会所崇尚的各种美德无一不与劳动密切相关。罪犯之所以形成错误的审美观，如美丑不分、美丑颠倒，除了受他们错误的世界观、价值观、人生观制约之外，与他们缺乏自觉的劳动实践、对劳动的错误态度以及没有形成必要的劳动技能有着十分密切的关系。他们把勤劳、汗水、付出、努力、奉献看成丑的，把懒惰、奸诈、欺骗、奢华、浪费、摆阔看成美的。他们看不起劳动人民，更不相信劳动能够带来幸福和乐趣，而是一味追求“走捷径”“一夜暴富”，十分羡慕花天酒地、吃喝玩乐、醉生梦死的生活，认为那才是人生最美的境界。罪犯正是在这种错误审美观的支配下，走上了背弃道德和法律的道路，做出了伤天害理、祸国殃民的丑恶行为。

通过劳动改造，能够使罪犯懂得劳动才是最伟大的美，人的正确审美观的建立离不开劳动。罪犯要树立正确的审美观，就必须在劳动中自觉地去感受美、接受美、追求美，使自己在劳动中获取美的真知，受到美的熏陶，升华美的心灵。罪犯在劳动实践中如能持之以恒、长期不懈地去感知美、获取美，就会逐渐远离自身所形成的消极审美观，从而代之以积极健康的审美观。劳动改造的伟大实践可以为罪犯正确审美观的形成提供多种渠道和支持条件。这些渠道和条件主要有：①通过改善劳动环境和劳动条件，为罪犯创造一种优美而又宽松的劳动氛围；②提高罪犯生产劳动的科技含量和智能化水平，使罪犯能够掌握具有较高现代化程度的劳动手段；③科学管理，文明管理，制度健全，操作规范，奖罚分明，报酬合理；④鼓励罪犯进行科技创新和科学发明，改革新产品，改进新的工艺流程；⑤对罪犯进行劳动美和产品美的教育等。随着以上渠道和条件的实现，罪犯在劳动改造中正确审美观的建立不仅具有了可能性，也具备了现实性。

七、增强体质素养功能

劳动是人类生命活动的基本形式，就像时间和空间是物质运动的基本形式一样，劳动则是人类生命活动的基本形式。离开了劳动，不仅对人类个体的生命健康非常有害，而且从根本上说会使人类生命活动难以维持和延续下去。劳动改造也是一种劳动，具有一般劳动的共性，因此，劳动改造对于维持和保证罪犯的身体健康也是十分重要的。

第一，劳动能促进罪犯生理机能的增强。常言说，生命在于运动。罪犯劳动也是一种运动。在劳动时，罪犯全身的血液循环会进一步加速，从而促进血流畅通；罪犯长期参加体力劳动，会使心脏机能增强，比如平静时心率缓慢，但强而有力；劳动还会使罪犯肌肉力量增强，从而使骨骼强壮有力并且肌肉发达；劳动也会促进罪犯肺功能提高，从而出现呼吸深度加大，肺活量增强。总之，劳动能使罪犯身体各机能得以顺畅运行，使脏腑各器官得以协调运转。

第二，劳动能促进罪犯身体素质的全面提高。劳动能促进罪犯神经系统的平衡与发展。罪犯长期参加劳动，会使神经系统的各个分析器的生理构造及其功能得以平衡发展，使大脑高级神经活动得以有效调节和控制，使以第二信号系统占主导地位的两种信号系统的活动得以协调运转。劳动还能使罪犯思维敏捷，反应灵活迅速，从而提高罪犯的反应能力和快速应变能力，这对存在于部分罪犯身上的心理障碍和心理疾病有一定的调节和辅助治疗作用。

第三，劳动能激发罪犯内分泌的生长。内分泌腺在中枢神经系统直接或间接的控制下分泌出各种激素，以调节人体的物质代谢，罪犯通过参加劳动，可以使这种代谢顺畅协调发展。内分泌的生长能促进人体正常的生长发育，我国在押罪犯还有一部分正处于身体的生长发育期，劳动改造维护了罪犯的身心健康，保护了青少年罪犯身体素质的正常发展和提高。内分泌的生长还能促进罪犯生殖机能的增强，从而使罪犯的生殖机能得以健康发展。尤其是通过劳动，可以缓解或消除罪犯的性意识和性亢奋，使畸形的性亢奋和性冲动在劳动中得到一定程度的宣泄和释放，这无疑对罪犯的身心健康十分有利。总之，劳动适应和满足了罪犯正当合理的生理性需要，符合人身心发展的客观规律，是一项积极、健康而又人道的举措。

八、劳动改造成效检验功能

马克思主义认为，实践是认识的基础，同时是检验认识正确与否的重要标准。劳动改造作为一种客观的社会实践活动，同样具有这一功能。罪犯的劳动表现及劳动的结果、成效，既可以真实地反映出罪犯的技术熟练程度、技能掌握情况和劳动的速度、数量、质量，又可以昭示出罪犯的劳动态度、劳动观念及思想改造状况。当然，罪犯劳动成效虽然不是考核罪犯的唯一渠道，但无疑又是十分重要的渠道。

罪犯在监狱中接受教育改造的情况，如正确人生观的确立程度，错误思想的改造程度，法治观、道德观的建立程度，认罪服法的程度，文化技术水平的掌握程度等；罪犯在狱政管理中接受监管改造的情况，如遵守监规情况、规范化管理情况、恶习矫正情况等；罪犯在劳动改造中的情况，如错误劳动观的矫正程度、劳动态度如何、劳动技能的掌握情况、劳动中的创新能力等；罪犯在日常改造中的一些基本表现，如思亲恋家情况、劳动的认真程度、服刑心态、异常表现（诸如脱逃、凶杀、自杀、诈骗等）等都可以在罪犯劳动实践中得以检验、验证、发现和洞察。如果民警对罪犯劳动进行长期密切的观察和分析，就能够揭示罪犯在狱中的整体改造情况，甚至连罪犯日常的一些细微变化都能及时捕捉，从而做到未雨绸缪，防患于未然，这就大大提高了改造工作的主动性和自觉性。

案例选编

案例一

永不放弃铺就新生路[1]

——江苏省盐城监狱刑释人员鲍红星新生创业纪实

走进江苏省建湖县冈东镇，提到鲍红星（化名）机械配件加工厂，从政府干部到普通村民，几乎是无人不知、无人不晓。

村民们说，鲍老板真不简单，十多年艰苦创业，用政府的2万元贷款起家，办起了具有百万资产的机械厂。他是我们最信赖的脱贫致富带头人。

镇党委书记张明虎说，鲍红星是创新致富的典型，自主研制花炮壳生产机械，为周围数十家花炮厂提供质优价廉的花炮壳，不仅自己富，还带动大家富，为全镇经济建设作出了重大贡献。

建湖县司法局党组书记、局长吴盛杭说，鲍红星是刑释人员转好致富的典型，帮助司法部门过渡性安置多名刑释解教人员，积极协助政府建立阳光就业基地，获得政府和群众的一致好评。

盐城监狱副监狱长田文忠说，鲍红星的创业成就是监狱教育改造工作成果的集中展示，他具有坚定乐观的生活信心、永不放弃的拼搏精神、胜人一筹的职业技能和乐于回报的感恩品德，是服刑人员学习的榜样。

回首往事，坎坷艰难，酸甜苦辣，尽在其中。鲍红星有一段鲜为人知的新生创业故事。

迷途知返做新人

童年时期的鲍红星由于家庭贫穷，读不起书，小学没念完就辍学了。少不更事的他和邻居小孩一起玩耍，整天无所事事。因邻里纠纷，参与打架斗殴，他于1993年3月被判处有期徒刑2年6个月，被送往江苏省盐城监狱八大队服刑改造。

鲍红星身上有一股韧劲，这为他学习、创业提供了良好的条件，可是对于他入监后的教育转化工作来说却是难上加难。刚到监狱时，鲍红星抑郁、烦躁、环境不适应。靡警官耐心细致地开导他，给他上法律、道德教育课，帮他清算犯罪危害、深挖犯罪根源，使他懂得了许多法律知识和做人道理。在警官一次又一次的教育感化下，他认罪悔罪，踏实改造，把挫折当转折，把刑期当学期，利用监狱提供的良好条件，学文化，学技术，为早日回归社会做一番事业，重塑人生辉煌，迈出了坚实的一步。

[1] 季希扣："永不放弃铺就新生路"，载《黄丝带》2010年第7期。

那时候，《中华人民共和国监狱法》刚刚颁布施行，监狱工作逐步走上法制化、规范化的轨道。尽管环境比较艰苦，条件十分简陋，但政府干部还是把服刑人员的文化教育活动安排得丰富多彩。白天到车间干活，晚上和休息日到教室上课。鲍红星参加小学班学文化，还参加锻工班学技术。因他学习刻苦、成绩优秀，被评为“优秀学员”，获得大丰市劳动局考核颁布的中级工等级证书。他参加 QC 攻关小组，利用所学知识大胆革新，向管教警官提出改进水泥罐盖口的技术建议，不仅解决了一直影响产品质量的技术难题，还优化了产品性能，赢得了市场信誉，使水泥罐的经营效益获得显著提升。因此，他被评为省级“革新能手”，并获得了减刑奖励。

自主创业奔新生

春风化雨，脱胎换骨。刑满释放后，鲍红星回到了家乡，由于刑释人员的特殊身份，首先遇到了融入社会的问题。当看到一些人异样的目光，特别是一些人的窃窃私语、指指点点时，他的内心感到十分自卑和惭愧，鲍红星变得沉默寡言，很少外出，更别说是正常的人际交往了。正当他苦闷、彷徨、无助的时候，县、镇司法部门的同志上门谈心：“钢有时也会生锈，但除去了锈，还是一块好钢，人也是一样，只要认识了错误，改正了错误，还是一个好人，还可能是一个高尚的人。”在司法人员的帮助下，他承包了村里的十几亩土地，从事棉花种植以及棉花贩运。尽管起早贪黑，又苦又累，但未能摆脱贫穷。

苦苦探寻致富路，不知路在何方。就在他一筹莫展、意志消沉的时候，建湖县司法局和冈东镇司法所的领导上门传授经营知识，共同研究创业方向。建湖县是著名的花炮之乡，全县有大大小小的花炮企业几十家，而冈东镇更有市内外闻名的花炮企业。司法所人员带着鲍红星跑遍全县花炮厂，当他看到这些企业需要大量的花炮纸壳筒时，心里顿时一亮。人工包裹花炮壳，费时费力，效率低下，劳动强度高，群众赚钱少。当年在监狱习得的锻工技术和铁匠手艺，不是有用武之地了吗？但发明一种机械并不像打铁那么简单。为了把自己的想法付诸实践，就得下功夫琢磨。鲍红星边琢磨边设计，一次次试验总是以失败告终。后来，听一个朋友说湖南省花炮之乡浏阳县也有人在搞这方面的研究，就想去湖南省学艺，但苦于没有路费。经司法所的领导出面担保，他拿着 2 万元贷款去了湖南。经过一百多个日日夜夜的设计试验，失败了再重来，经过上百次的技术改进，一台制壳样机终于制造出来了。经过进一步的改进，样机投入了生产。一台制壳机相当于 8~10 人的生产能力。鲍红星生产了 40 台机器，办起了专业制壳厂。制造花炮壳需要大量纸板，当时本地少有分纸机，靠人工分纸无疑增加了成本，鲍红星就琢磨着从进纸到纸壳加工进行一条龙的生产，以节约成本，提高效益，也为当地群众服务。2009 年，在地方政府帮助下，鲍红星多方筹措资金一百多万元，一次性从河北省购回了两台分纸机，租用了一千多平方米的厂房，扩大了生产规模。晾晒花炮壳子需要大片场地，工厂附近没有这样大的场地，又出现了新的难题。政府领导主动出面协调，无偿转让了一个 4 亩多的废鱼塘，填土后作为晾晒场地，渡过了难关。今年，鲍红星自筹资金五十多万元，建起了占地 800 平方米的新厂房，满足了生产经营的需要。目前，工厂年造花炮制壳机三百多台，产值达 1000 万元以上，成为当地小有影响的个体企业。

创业艰难多坎坷，永不放弃经历练。鲍红星笑呵呵地告诉人们，人生没有过不了的坎，想想当年监狱警官的教诲，办法总比困难多，坚持就是胜利。

感恩回报扬美名

鲍红星深深地知道，创业的成功，离不开司法机关的教育挽救、地方政府的帮助扶持、社会各界的关心关爱。他默默下定决心，用创业成果帮助更多需要帮助的人，以实际行动回报社会。

经历寒冬的人倍感阳光的温暖。他首先想到的是那些和自己有着同样经历、还没有脱困的刑释人员。建湖县冈西镇壮烈村的刑释人员崔某，刑满释放后不知道自己该做什么，慕名找到鲍红星，希望鲍红星收他在厂里务工。一年后，鲍红星给他20台制壳机，让他招工自行生产。现在，崔某已成为当地小有名气的小老板，年收入在60万元以上。冈东镇火炬村刑释人员徐某刑释后就业无门，走投无路，一般的企业都嫌弃他是刑满释放人员。鲍红星听说后，心想如果不帮助他一把，说不定他还会走上违法犯罪的道路，于是就主动把徐某招进厂里务工。经过一段时间试用，发现他头脑活络，有较好的技术特长，就让他承包了一个生产车间，年收入在10万元以上。同村房某2007年刑释后一直无事可做，鲍红星出钱让他学驾驶，到厂里专门接送货，年收入在万元以上。后来又资助他8万多元买了大型拖拉机，到公路上承包土方工程，年收入十多万元。同村青年王某曾因赌博被判刑，他母亲患癌症，家里一贫如洗，可他刑释后破罐子破摔，整天游手好闲。鲍红星看在眼里急在心里，多次上门开导他，赊给他3台制壳机，并承诺回收产品，等他手头上有钱了再给本钱。3年之后徐某的年收入达到5万元以上。几年来，鲍红星先后招收28名刑释人员来厂里务工，带动他们脱贫致富，共建和谐社会。

2009年，盐城市司法局、盐城监狱、盐城市刑释解教人员安置帮教工作领导小组办公室联合出台了《关于共同做好盐城籍服刑人员帮教及接茬安置教育的规定》，鲍红星主动向镇司法所和县、市司法局领导保证，他将积极配合政府的安置帮教工作。市、县两级司法行政部门将鲍红星机械配件加工厂列为“阳光就业扶助基地”。鲍红星还积极参加对在押服刑人员的帮教工作。2010年5月19日，他应邀回到阔别15年的盐城监狱，参加刑释人员创业报告会。他用自己新生创业的切身感受，从心灵深处呼唤服刑人员悔罪自新，自立自强，重新焕发青春光彩，成为一个对社会、对人民有用的人。

鲍红星紧握着当年管教队长靡警官的手说：“回想起在监狱的生活，我真的对监狱、对警官充满感激，如果没有这段监狱生活，没有警官的教化，我真不知自己会是什么样子。”鲍红星的感恩之情溢于言表。

案例二

三个小偷联合创业：我们的“防盗公司”开张了[1]

心爱的女友生病了，为筹集手术费，杨贵华铤而走险入室盗窃而被捕入狱。在狱

[1] 海霞：“三个小偷联合创业：我们的‘防盗公司’开张了”，载《黄丝带》2010年第2期。

中，他结识了一伙偷盗高手。他发现，这些“前辈”们能用几秒钟的时间打开一扇防盗门或一辆加密的高级轿车。他心想：这些人一旦流入社会，很多老百姓的财产将不再安全！于是，杨贵华萌发了一个创业设想：劝说“前辈”们和他一起创办“防盗公司”，挣干净钱……2008 年 7 月，杨贵华的“防盗公司”在重庆正式成立。一年后，杨贵华又在北京、上海等地设立了销售代理，生意越做越红火。

为挽救爱情，勤奋好学的青年盗窃入狱

今年 28 岁的杨贵华出生在重庆巴南区石龙镇的大莲村一户普通农家。1991 年，父母离婚，刚上小学四年级的杨贵华被迫辍学，年幼的他只好跟随母亲在大渡口区九宫庙一家砂锅店当洗碗工。

后来，杨贵华被母亲送去学习铲车维修，初次接触汽车线路，杨贵华一下子就迷上了电子技术。通过自学，他渐渐掌握了与电子技术相关的工作，如电视维修、电脑运用、光盘制作等。随后，杨贵华去了浙江、上海、广州等沿海城市，开始接触自动化生产线，在企业从事维修工。几年下来，杨贵华在设计方面也打下了扎实的基础。

2002 年 4 月，杨贵华回到了重庆，在沙坪坝一家医疗设备公司负责设备返修工作。工作努力、为人热情、勤思考、爱钻研是身边所有人对他的认识和评价。平日里，街坊邻里有什么电视、电脑坏了的，甚至防盗门打不开的，都来找他帮忙，见大家都信任自己，杨贵华很开心。

2003 年 10 月的一天，杨贵华迎来了他一生中巨大的转折点，在表哥的婚宴上，杨贵华遇见了女孩胡小燕。杨贵华最终用真诚和坚持打动了小燕，开始了他甜蜜的恋爱生活。

小燕辞去了老家幼师的工作，来到了重庆，在一家酒店当上了服务员。虽然两人的工资都不高，但生活很幸福。每天下班后，杨贵华都会去接她，然后两人步行回家。有时候小燕累了，杨贵华就会背着她，一路唱着歌回家。小燕患有眼疾，发作时很痛苦，杨贵华总会很细心地陪着她、照顾她。

2004 年 9 月份的一个晚上，小燕的眼疾再次发作，巨大的疼痛让她无法闭上眼睛，杨贵华也感到了从未有过的恐慌，急忙把她送到了一家眼科医院，那一夜，杨贵华一直守在小燕的身边，半步不敢离开。

“华，我的眼睛会不会治不好了啊?”

“没事的，一定会治好的。”他安慰着小燕，其实自己心里也没底。

“你别急，不是还有我么，放心吧……”他把小燕紧紧地搂在了怀里。

第二天，小燕被确诊患上眼角膜疾病，医生建议立即进行手术。虽然事先有心理准备，可是 4000 元的手术费却让两个人犯难了，他们工资都不高，几乎是挣多少花多少，根本就没有结余，无奈之下，小燕不得不出院……

小燕绝望的眼神，在杨贵华的脑海中怎么也抹不去。想到心爱的女友将继续承受痛苦的煎熬，而自己却无能为力，杨贵华感到无地自容。什么山盟海誓，什么海枯石烂，全被无情的现实给击碎了！

几个月过去了，没能凑到手术费的杨贵华身心疲惫，他发现小燕开始有意无意地躲避自己，一种不祥的预感油然而生。

只要交了钱，小燕就再也不会因为眼疾而痛苦了。想想甜蜜的爱情有可能就毁在区区几千元钱上，杨贵华再也把持不住自己了，为了挽救爱情，他决定铤而走险。

2004 年 12 月 11 日凌晨 2 点多，凭借一张银行卡，杨贵华打开了一家公司的房门，偷盗了显示器、主板、内存条等价值近 2 万元的电脑配件。

两天后，警察顺藤摸瓜找到了他，杨贵华被捕入狱，判了 4 年有期徒刑，直到入狱的那一刻，他还没有缓过神来。

杨贵华为爱人入狱，可是，爱情却并未因此而被挽留。入狱 1 个多月后，小燕就南下去了深圳，离开了他。那一刻，杨贵华彻底崩溃了……

没有了爱情，杨贵华一度消沉。可是，想到将自己一手拉扯大的母亲，他又觉得很愧疚，长这么大还没有好好尽孝道呢。为了母亲，杨贵华决定忘掉过去，好好改造，争取早日出狱。

三年牢狱迷途知返的小青年成了监狱里的发明家

因为懂技术，杨贵华留在了大坪的重庆新犯转运站。3 个月整训后，他被分到了宝石加工车间。宝石圈边工艺得用手拿宝石不停地打磨，杨贵华见这种方法不仅折腾人，而且效率也不高，便提出了发明机械化打磨装置的想法，获得了批准。

经过多次的精心制图和试验，3 个月后，一台半自动宝石压膜机诞生了，这使得车间的工作效率提高了 10 倍。之后，他又研制成功了自动点火、自动熄火的节能控制装置，在炙烤宝石表面胶质时，节约了 2/3 的燃气，又一次得到了监狱的嘉奖，还因此被任命为监狱里的机修工。

2006 年初，杨贵华认识了曾经的盗车高手李平。李平是个解码高手。他最快开锁时间仅用 65 秒。那些进口高级轿车，防盗措施比较严密，如果稍有力度上或是方向上的偏差，不但打不开，而且会报警，一旦报警就会锁死，但偷盗技术高超的李平却能在作案时屡屡得手。

“一个是发明家，一个是顶尖的解码好手，你和李平真是难得的对手。”狱友吴军开玩笑地对杨贵华说。

“听说你发明了不少东西，是个人才啊。”很快地，李平找杨贵华搭话，让他有些吃惊，显然此人同样在关注着自己。

“不敢当，我早就听说你的解码技术是一流的。”杨贵华在“前辈”面前非常谦虚。

“怎么？你也有兴趣？”李平的话有些挑衅。

“呵，不是很了解，我也想向你请教。”

从此，一有时间，杨贵华就虚心向李平“请教”。李平赏识杨贵华，两人很聊得来，他就不加保留地把自己的解码技术倾囊相授了。几个星期后，杨贵华学会了李平的看家本领。

面对自信满满的李平，杨贵华想和李平比试一下。他提出了反解码思想，这让李平很诧异，他依仗自己多年屡试不败的技术，欣然接受了杨贵华的挑战。

对弈之前，李平告诉杨贵华：“徒弟终归不会是师傅的对手。”杨贵华似乎闻到了一股火药味。利用几个星期以来从李平身上学到的东西，杨贵华设计出了反解码图纸。

刚开始，身经百战的李平总是能迅速找到破解之道，杨贵华只能一遍又一遍地修改图纸，就这样经过了几十回合，还是不分上下。

反解码图纸越来越复杂，越来越高深，李平解码的时间也越来越长。他们两个人都是绞尽脑汁，像魔怔了一样深陷其中。终于，经过3个多月的对峙，90多场的对决，当杨贵华把最后一张设计图纸交到李平手中后，李平未能解开，他甘拜下风。

2006年8月，杨贵华将反解码防盗装置发明材料寄往国家知识产权局申报专利。12月15日，《授予实用新型专利权及办理登记手续通知书》寄到了杨贵华的手中。

杨贵华想：监狱有很多偷盗高手，目前市场上的防盗产品对他们来说，根本不是问题，他们总有一天会重返社会，如果本性难改，继续偷盗，许多人的财产安全将得不到保障。倘若自己的反解码防盗技术能够运用到实践中的话，肯定可以解决人们的后顾之忧，为民造福，而且拥有巨大的市场前景，岂不是一举两得的事？

想到这里，他第一次萌发了开防盗公司的念头。

杨贵华把自己的想法告诉了李平和狱友吴军、张海，希望他们3个出狱后能和自己一起闯，生产汽车防盗产品。哪有自己拆自己台的？3人都没有接受杨贵华的提议，一口回绝。

2007年12月，因为杨贵华在监狱里表现突出，被特批减刑1年，提前出狱。踏出监狱大门的那一刻，他挥了挥手，和不堪回首的过去道再见。面对新生活，他将一切从头开始。

成立指纹防盗公司　三个罪犯完成了从盗窃到反盗窃的蜕变

出狱后，杨贵华跑了几家汽车制造厂，推销自己的反解码装置，却没人感兴趣。

“你可以考虑家庭防盗领域。”朋友的一句话提醒了杨贵华。带着六千多元积蓄，杨贵华来到了上海某锁厂进行考察，通过和厂商的交谈，他发现自己的想法在防盗门领域还是很新颖的，市场前景看好。

从上海回来后，杨贵华把自己关进出租屋里，潜心研究反解码防盗门锁。他发现，自己对防盗门这一块了解得不够，容易造成产品漏洞。他想起了曾经的狱友，现在已经刑释的吴军。入狱前他可是撬门开锁的高手，什么门锁没见过？如果自己研发后能有吴军帮忙检测，就像在狱中和李平的对弈一样，就能保证产品在防盗性能上万无一失。杨贵华找到吴军，希望他能帮忙。

再三劝说，吴军就是不答应，但杨贵华并没有放弃。第二天，他把自己设计出来的门锁拿给吴军看：“你要是能在10分钟内打开这个锁的话，我今天就请你吃大餐，怎样？要不要试试？”“吹牛吧，天底下还没有我3分钟打不开的锁。”吴军接过锁摆弄起来，半个小时过去了，满头大汗的吴军终于打开了锁。

杨贵华明白，自己的研发还有待加强。虽然吴军用了30分钟，但他还是请吴军吃了饭，并把自己的创业设想告诉了吴军。吴军终于被说动了，他答应和杨贵华携手创业。

通过无数次的研发、测试，2008年5月，指纹开锁机器终于研制成功，将这种锁安装到门上，主人无需钥匙，只要将手纹输入即可打开。杨贵华了解到，单环节的指纹防盗不一定是最安全的，万一门锁传感器被破坏，还是无法保障住户的安全，而且这种单个的指纹防盗锁在市场上早有销售，已经不是什么稀奇的东西了，他开始研制新型防盗锁。

一个月后，一种新型的指纹防盗门锁问世，那就是通过通信信号完成电话开锁或手机开锁，即便是身在千里之外也可以通过拨打室内电话、输入密码，从而完成开锁。市场上类似的产品，一般都是指纹加密码或指纹加机械钥匙，每套销售价格在 2000~8000 元不等，而杨贵华发明的指纹防盗锁每套成本只有 600 元，市场前景巨大。

发明成功了，销售成为最关键的问题，杨贵华请能说会道的昔日狱友张海加盟。2008 年 7 月 10 日，杨贵华、吴军、张海 3 人共同出资成立了重庆亚宇科技有限公司，专门研发生产反解码防盗门锁。

万事开头难。2 个月过去了，3 个人只推销出去 5 把防盗门锁。经过反思和磋商，杨贵华决定实施新方案，不能再像以前那样挨家挨户地上门推销产品了，要分两路打开销售渠道：一个是自己直接销售；二是与成熟的制锁公司合作，提供技术上的咨询或指导，借他人之手提升产品知名度。

经过几个月的努力，第二套方案初见成效，2009 年 1 月 12 日，公司接到第一笔大订单——一家智能锁公司与他们签下价值五十多万元的接收电路板设备，杨贵华他们赚到了创业路上的第一桶金。

一天，杨贵华接到了用户姜先生打来的电话，说想和他当面谈谈。

自从 2 个月前给姜先生安了个防盗门锁后，杨贵华就先后去了 4 次，不是修改密码就是删除记录，虽然问题都很简单，但是杨贵华每次都亲自上门调试。

杨贵华以为，姜先生这次又是请他去做调试的，但见面后，姜先生微笑着站起身来和他握手："这次找你来，是想谈谈合作的事情。"

望着一头雾水的杨贵华，姜先生笑着递给他一张名片："我是一家物业管理有限公司的负责人，我们所管理的一个小区最近想购买一批电子防盗门。使用贵公司生产的指纹防盗门锁，让我亲身感受到了你们产品的优越性，我们想和你签订订购合同。"杨贵华的热情和诚信赢得了第二单生意。

更出人意料的是，杨贵华的指纹防盗锁在这家小区使用后，反响良好。姜总再次找到杨贵华，希望他们能在小区防盗系统上有进一步合作。

杨贵华的防盗公司已经能生产遥控器和防盗报警主机，经过研究和改装，他将无线门磁探测器与指纹防盗锁合二为一，研发出了新型的自动报警设备。这个小区的防盗项目使杨贵华的公司获利十几万。接下来的几个月里，杨贵华又为另外几个小区安装了防盗系统。

通过姜总介绍，杨贵华结识了一家房产开发公司的老板。目前，双方正在商讨一个新楼盘防盗系统的订购事宜。

杨贵华的生意做得有声有色，并在多个城市设立了销售代理。为了做好售后服务，公司招收了多名生产技术人员。他还一直在跟狱中的李平保持联系，希望即将出狱的李平能够加入他们的团队，用行动洗刷那段灰色的历史。

讨论与思考

1. 结合本单元学习的内容，谈谈上面两个案例说明了什么原理？

2. 结合本单元学习的内容，请每个同学搜集5个劳动改造罪犯的成功案例，并在课堂里加以讨论和交流。

3. 讨论罪犯劳动和社会一般劳动有无本质区别，可从二者的根本性质、追求目标、价值功能、劳动者身份、劳动制约条件、劳动报酬和待遇等方面展开研讨。

4. 分小组进行讨论，讨论题目为："关于罪犯劳动功能的探讨"，之后围绕该题目每人撰写一篇不少于3000字的学习感悟或学术论文。

阅读书目

1. 杜雨主编：《罪犯劳动改造学》，法律出版社2002年版。
2. 徐勇、周雨臣主编：《罪犯劳动管理学》，金城出版社2003年版。
3. 王戌生主编：《罪犯劳动概论》，法律出版社2001年版。
4. 杨显光主编：《罪犯劳动学》，西南政法大学出版社1986年印。
5. 司法部劳改局主编：《劳改工作手册》，内部发行，1987年印。
6. 贾洛川主编：《罪犯劳动改造学》，中国法制出版社2010年版。
7. 周雨臣主编：《罪犯劳动组织与管理》，中国政法大学出版社2023年版。

专题三 罪犯劳动管理岗位

学习目标与任务

了解罪犯劳动管理的特点，掌握监区日工作流程、监区领导和当班干警的职责，理解监狱一线干警应该具备的能力和素质。

案例导入

监狱警察季伟对每名罪犯的家庭背景、思想状态、改造表现都了如指掌，几乎每天都下监房找罪犯谈话。作为一名分监区长，天天同罪犯打交道，自己的一言一行都会受到特别的关注，必须严格执行《中华人民共和国监狱法》，在管理工作中坚持依法公正办事，把“一碗水”端平，才能赢得人心，说话才有分量。

罪犯李某，2003 年 5 月入监，身体状况良好，惧怕在大田劳动，改造表现一般。其亲属多次托季伟的老领导、好朋友来说情，希望为李某调换一个劳动强度小的工种。季伟不买人情账，一方面耐心细致地做来人的工作，争取谅解；另一方面对李某进行说服教育，帮助其了解监狱方针、政策，认识劳动改造的意义，使得李某心悦诚服。之后，李某端正了态度，虽还在大组劳动，改造热情较以前却有了很大提高。自此，季伟的“铁面无私”之名在罪犯中不胫而走。

罪犯吴某 2004 年投入分监区改造，有吸毒史，性格孤僻，家庭条件比较差，自认为民警会歧视他，在改造中表现得十分消极。一次，吴某与同犯发生磨擦，季伟了解情况后，不偏不袒，公正处理，让吴某很受触动，心头的坚冰渐渐开始消融。他每天都要抽时间对自己承包罪犯的表现进行记录。“计分考核是一个执法的过程，不能闭门造车，我要负起自己的职责，对得起这身警服，对得起良心。”因为工作负责，吃苦耐劳，季伟赢得了同事们的敬重；因为办事公道，说到做到，季伟也获得了罪犯的信任。罪犯有心事爱向他谈，罪犯有困难愿向他说，罪犯心里有疑惑总要找他咨询。

每逢生产大忙季节，或者是有其他突击性的工作，他放弃休息时间留在分监区，一干就是两三个月。

2004 年，分监区种植面积扩大，工作任务重。整个上半年里，季伟一连 4 个多月没休息。季伟所在的第一分监区是全部用罪犯劳动力进行大田生产的分监区，主要从事杂交水稻和小麦的制种工作。为了搞好小麦良种繁育和杂交稻制种生产，提高农业经济效益，在监区领导的安排下，第一分监区与江苏明天种业公司签下了杂交稻制种供货订单合同。为了履行好合同，取得预期的经济效益，季伟把好产量和质量两个关口，起早摸黑，废寝忘食地抓大田生产，安排生产茬口，从播种、栽插、施肥、化除、防治病虫害，到花期调整、收割、种子精选入库，每个环节都亲自过问，确保不出现差错。掌握最新科技动态，对制种水稻的生长态势预先做到心中有数，探索优良稻麦品种试耕试种的新技术，引进新品种，调整生产方法，提高产量和品质。

2005年，第一分监区稻麦良种繁育产量大幅度增加，特别是杂交水稻制种创监区历史最高水平，亩产达到564斤，总产共49万斤，盈利近160万元，取得了较好的经济效益。

2005年秋，白湖农业遇到了严重的虫灾，防治工作形势严峻。为减少虫害损失，确保粮食增产增收，季伟没日没夜地泡在田间地头。为防止在施洒农药时发生人员中毒，他制定了严格的操作规程，并守在劳动现场看着作业，全力做好防范措施。年底，分监区取得了监管生产安全与经济效益的双丰收。

作为分监区的主管，季伟手中有一定的权力，罪犯调换工种，申报刑事、行政奖励，都需他签署意见。面对各种诱惑和考验，他说："常思贪欲之害，常弃非分之想，常怀律己之心。"他认为："公生明，廉生威，法律的天平不能倾斜。"罪犯亲属请吃不到，别人送礼不要，托人说情无效。严格执法执纪，弘扬正气，过好权利关、金钱关、人情关。

2004年初，罪犯张某的亲属来监接见时，为求得民警对张犯的"特殊"关照，调换工种，找到季伟家。季伟知其来意后，坚持不让该犯家属进门，提出有事到办公室去谈。该犯家属随后丢下一个信封扭头就走，内装现金2000元。次日，季伟就将钱交到分监区内勤民警处，为张犯办了入大账手续。在分监区召开的罪犯大会上，对张犯予以严肃的批评教育，这件事在罪犯中激起了不小的波澜。"投机取巧行不通，成绩要靠汗水换。"这件事很快在分监区流传开来，分监区罪犯说："我们打心眼里服他！"季伟影响和带动着自己身边的同志"不求波澜壮阔的人生，安于崇高而平凡的事业"。

思考：1. 干警季伟身上体现什么样的执法与管理理念？

2. 罪犯劳动管理中应如何运用罪犯监管权与罪犯劳动管理权？

学习任务一 罪犯劳动管理的特点

《中华人民共和国监狱法》第3条明确规定："监狱对罪犯实行惩罚和改造相结合，教育和劳动相结合的原则，将罪犯改造成为守法公民。"这决定了罪犯劳动具有不同于社会上普通公民劳动的特点。这些特点主要有：①劳动既是服刑罪犯的法定权利，又是其法定义务；②罪犯劳动具有改造自己和创造物质财富的双重目的；③罪犯劳动过程是在监狱人民警察强制教育下的一个由强迫劳动到自觉劳动的改造过程。罪犯劳动的特点决定了对罪犯的劳动管理也具有不同于社会其他劳动管理的特点。

一、管理对象的特点

（一）当前在押犯成分多元化

一般刑事犯罪、危害国家安全犯罪、经济类犯罪等不同成分的多类型罪犯，使监狱成了一个与外界非常相似的特殊社会群，过去社会上有的，监狱不一定有；现在社会上有的，监狱几乎都有了，各种类型的罪犯五花八门，监狱成了一个小社会群，不断恶化在押犯构成。

20 世纪 80、90 年代的罪犯构成有以下特点："三盲"（文盲、法盲、流氓）；"三多"（贫者多、青年多、短期多）；"三化"（低文化、低龄化、农村化）。当前罪犯构成的特点是：从罪犯案情上看，暴力加剧，作案手段残暴；团伙罪犯、涉黑涉恶突出；邪教组织蔓延，毒品犯罪严重。从罪犯的文化、年龄、住地、职业看，文化程度高、年龄大、智能型犯罪和职业犯罪相对增多。从罪犯刑期看，刑期长、"二进宫"以上累犯、团伙犯增多。

这些构成变化使改造对象自身的心态、思想、行为向畸形冲动恶变，具有极强的报复性、突发性、纠合性、欺骗性和两面性，改造难度加大，安全隐患较多。

（二）罪犯的价值观念由单一型转向多元化发展，自我意识增强

过去的罪犯要求比较简单，能吃上饭，早回家，能见家人就行；现在的要求多了，价值观念也变了，罪犯普遍具有改造投机性、维权敏感性、行为恶劣性、思想难改性等特点。在现时期，罪犯对于改造存在投机取巧的思想，不想踏踏实实地改造，而想通过关系照顾、拉帮结派、讨好干警等来使自己的改造能"少出力，多成绩"，同时，罪犯对自身权利的维护十分敏感，动不动就搬出法律、监规、纪检、检察院等来限制和威胁干警执法，但对于法律中的义务条款却经常记不住，思想上十分固执，对社会的仇视、敌视、畸形心理强烈，表现为：①个别罪犯改造态度不端正，缺少悔罪感，无视监规监纪，无视政府的善心，无视家人的盼望，混刑度日，抗改意识强。②个别罪犯不像犯人样子，自由散漫，打架斗殴，喝酒闹事，私藏现金，以钱、烟为赌资进行赌博的违纪现象时有发生。③个别罪犯改造意识不强，出工不出力、投机取巧，逃避劳动改造。④个别罪犯无事生非或不冷静，改造思想不纯，伏法不认罪。⑤罪犯与干警的对立感增强，对干警，特别是一线分队长缺乏信任感，认为分队长就是"不管死活，逼其干活"。

（三）劳动力素质低下

罪犯劳动是根据执行刑罚的需要，为实现惩罚与改造人的宗旨组织起来的，罪犯劳动力不是生产的主人，他们与生产的管理者——监狱人民警察，是惩罚与被惩罚、改造与被改造的关系，这一层面决定了劳动力素质不高的特点。更关键的是，罪犯劳动力个体素质低下，表现为：

1. 罪犯的本质在于自私自利，普遍存在好逸恶劳的错误思想，缺乏积极劳动的动机。多数罪犯贪图享乐，凡事都从个人角度出发，自私自利，妄想不劳而获，不愿通过艰苦的劳动换来幸福，最后只能走上犯罪道路。罪犯入监狱初期，他们一般无安心劳动的思想准备，也无积极劳动的内心需要。在没有完成认罪服法、改恶从善、自觉劳动的转化之前，他们不可能有积极劳动的动机。监狱的强迫劳动很容易使他们形成消极对抗的劳动态度。即使一些过去有劳动习惯，在劳动中能埋头苦干的罪犯，也可能由于入监后对强制劳动、监规纪律的不适应及其他原因，出现疑虑、苦闷，从而影响劳动态度。

2. 许多罪犯缺乏劳动习惯，劳动行为消极。许多罪犯因为好逸恶劳，不愿参加生产劳动实践，在入监前没有养成劳动习惯，入监后在强迫劳动的环境下，普遍表现为

对劳动消极对待，不主动争取。尤其是因追求不劳而获而走上犯罪道路的罪犯，厌恶劳动是他们共同的特点，劳动中挑肥拣瘦、患得患失、斤斤计较，有的甚至公然反抗、破坏生产，不惜装病、装疯、自伤、自残，对抗劳动改造。

3. 罪犯文化程度有所提高，部分罪犯不是不懂法、不知法，而是徇私枉法、知法犯法。过去那种“法盲加文盲”的笼统提法已经不太确切，加之罪犯过去大多游手好闲，不学无术，劳动技能欠缺。少数有一定技能的罪犯，也不一定适合监狱生产劳动的需要。

（四）劳动力结构不合理

社会普通企业是围绕生产配置劳动力的，随时可以根据企业的生产经营需要对劳动力结构进行调整，确保其合理性。而监狱是国家的刑罚执行机关，监狱的生产劳动是围绕执行刑罚、惩罚与改造罪犯这个职能组织的。因此，监狱生产的劳动力来源完全由社会打击犯罪情况决定，监狱本身无法控制，只有接受的义务而没有选择的权利。劳动力结构也由监狱收押的罪犯结构决定。这使得监狱劳动力思想行为结构、数量质量结构、文化技术结构、年龄结构、性格气质结构等，不可能按一般生产劳动需要进行主动的科学配置，因此呈现不合理状况。

（五）劳动力队伍极不稳定

如前所述，罪犯生产劳动是从属于监狱执行刑罚、惩罚与改造职能的，这决定了监狱罪犯劳动力的不稳定，具体体现在：

1. 劳动力数量、质量不稳定。劳动力数量、质量受社会政治形势和治安状况影响，由社会犯罪规律所左右，不由监狱决定。这使得罪犯劳动力数量时多时少，质量时好时坏，起伏波动，呈不稳定状态，给监狱劳动力资源管理带来极大的盲目性。

2. 劳动力熟练程度和操作技术上的不稳定性。社会企业的职工具有相对的稳定性，一般情况下，他们会长期固定在一个单位、一个工种上从事生产劳动。这有利于他们劳动熟练程度和技术水平的提高。罪犯劳动力只是在他们被判处的刑期内，在监狱参加生产劳动，刑期届满，便应立即释放，而不管生产是否需要。入监——出监——新入监——出监……不断地流动。这种流动单从生产上看，是出“优”入“劣”，出“熟”入“生”，造成劳动力熟练程度上的不稳定性。同时，每一个罪犯的一出一入，都会造成操作技术上的一次间断，一次变化，给生产带来不利影响。这些问题使得监狱生产的劳动力熟练程度和技术水平受到不利影响，劳动生产率的提高受到限制。

二、管理者的特点

监狱生产劳动的主体是监狱人民警察和罪犯，监狱人民警察是罪犯劳动的组织管理者，同社会普通劳动的管理者相比，具有特殊的地位。

1. 警察身份法定性。监狱人民警察是人民警察的一个警种，也是国家公务员。《中华人民共和国监狱法》第12条第2款明确指出：“监狱的管理人员是人民警察。”第5条规定：“监狱的人民警察依法管理监狱、执行刑罚、对罪犯进行教育改造等活动，受法律保护。”

2. 角色三位一体。作为罪犯劳动的组织管理者，监狱人民警察除了组织罪犯参加生产劳动，以劳动为基本手段改造罪犯，同时创造物质财富外，还担负着以下职责：

①刑罚执行者，代表国家将生效的刑事判决和裁定所确定的内容付诸实践，实现惩罚功能；②监督管理者，依法对被监禁的罪犯实行严格、科学、文明管理，保障监管秩序，规范罪犯行为；③教育改造者，在执行刑罚过程中，转变罪犯思想，矫正罪犯恶习，传授知识，培养技能。可见，作为罪犯生产劳动的组织管理者——监狱人民警察，同时还是刑罚执行者、监督管理者和教育改造者，这种特殊的多重角色的地位，是法定的、独享的。

3. 管理目标多元化。我国监狱工作的方针是："惩罚与改造相结合，以改造人为宗旨。"监狱组织罪犯劳动，首先是为了改造他们，其次是为了创造物质财富。这决定了罪犯劳动管理的目标具有多元化的特点。从改造罪犯看，《中华人民共和国监狱法》第70条明确规定："监狱根据罪犯的个人情况，合理组织劳动，使其矫正恶习，养成劳动习惯，学会生产技能，并为释放后就业创造条件。"这实际上指明，对罪犯劳动管理的目标有两个：①矫正恶习，养成劳动习惯。罪犯好逸恶劳、游手好闲的恶习同其犯罪有着极密切的联系，恶习推动犯罪，犯罪加重恶习。通过严格的劳动管理，能够让罪犯长时间过有规律、有组织的劳动生活，对罪犯好逸恶劳的恶习予以抑制、矫正，逐渐使其养成劳动习惯，把生产劳动作为自己正常生活的一部分。②学会生产技能，为释放后就业创造条件。马克思曾经指出："要改变一个人的本性，使他们获得一定劳动部门的技能和技巧，成为专门的劳动力，就要有一定的教育和训练。"监狱生产的技术性尽管普遍不高，但也有不少技术项目、技术岗位能供罪犯学习和提高。此外，监狱还尽可能对即将刑满释放的罪犯进行专门的技能培训，罪犯一旦掌握一技之长，将来就业谋生有望，其改造效果是可以预见的。

罪犯劳动不是一种无效劳动，它应该创造物质财富，产生经济效益。选择好的生产项目，搞好生产经营活动，对罪犯生产劳动进行有效的管理，在创造物质财富的同时，实现尽可能好的经济效益，也应该是罪犯劳动管理的目标。

另外，罪犯劳动管理的目标还要服从和服务于维护良好改造秩序这一监狱管理目标。没有一个良好的监管秩序，罪犯生产劳动、教育改造活动不可能顺利开展。因此，对监管安全无保证的生产劳动不能搞，搞了的要坚决取缔。

学习任务二　罪犯劳动管理岗位的职责

一、监区领导日工作流程

1. 交接、了解掌握监区一天的基本情况。通过现场观看、与早班民警（或前一天监区值班领导）交接、翻阅交接记录本、罪犯夜班门岗值班记录本等途径，了解掌握监区以下基本情况：①民警到岗情况；②罪犯人数变动以及分布情况；③顽危犯、情绪不稳定罪犯的包夹落实情况；④生产任务安排布置情况；⑤上级布置的其他工作和要求。

2. 现场巡查、检查包括：

（1）民警警容风纪、礼节礼貌、规范执法等情况。

（2）熟悉掌握《监区民警日工作流程》，指导检查民警日常工作。主要包括：①每半小时一次清点人数。②现场巡视情况，特别是重点时段、重点部位不间断巡视情况。不做与现场管理无关的事情，如扎堆聊天、看书、看杂志等。③民警对顽危犯、情绪不稳定罪犯的思想动态、包夹情况是否清楚。④民警对工具的固定、收发、登记制度是否落实。⑤民警对生产任务完成的进度、质量是否了解。⑥民警对罪犯出收工的纪律、搜身制度是否落实到位。⑦民警对罪犯亲情电话、会见现场的监听、事后的谈话教育是否到位。⑧学习现场是否维持好课堂纪律，生活、休息现场是否督促罪犯搞好内务卫生和组织罪犯集体活动。⑨交接班是否到位。

3. 其他工作流程包括：

（1）掌握监区顽危犯、重点犯、情绪不稳定罪犯、邪教类罪犯思想动态，进行个别谈话教育。

（2）协调、处理监区改造与生产之间的矛盾关系。

（3）协调监区与监狱各职能部门的工作联系。

二、监区领导及民警的工作职责

1. 监区长的工作职责包括：

（1）全面负责监区监管改造、生产管理、生产安全、消防安全等工作。

（2）根据监狱下达的生产任务，结合监区生产状况，调配劳动力，组织编制生产计划、有效组织生产。

（3）定期召开生产大会，分析生产进度、质量，协调处理生产、改造、技术、质量、设备等有关问题。

（4）辅导民警掌握生产工艺，熟悉生产流程，确保监区完成生产任务。

（5）了解掌握民警、职工的思想动态，履行“一岗双责”。

（6）完成监区领导和监狱职能部门下达的其他工作任务。

2. 教导员的工作职责包括：

（1）贯彻落实监狱党委的各项路线、方针、政策，全面负责监区人员、民警、职工政治业务学习和思想政治工作。

（2）根据党章规定，抓好本党支部建设、党风廉政建设，全面负责党支部新党员发展和支部换届选举工作；负责监区党员“双评”和支部“两会一课”工作。

（3）了解民警、职工、党员思想动态，做好民警的传、帮、带工作，帮助民警、职工解决实际困难，负责召开监区政工例会和民警、职工队伍状况分析。

（4）负责民警、职工的考核和评比奖惩工作。

（5）协助工会、团支部开展工作，并指导分工会、团支部换届工作。

（6）完成监狱领导和监狱职能部门下达的其他工作任务。

3. 副教导员或副监区长（分管政工）的工作职责包括：①协助教导员完成以上工作；②完成各类政工台账上报工作。

4. 副监区长（分管管教）的工作职责包括：

（1）根据监区监管改造工作方针、目标，全面了解监区罪犯“三大”现场动态，制订狱政管理、狱内侦查、教育改造和生活卫生管理工作计划。

(2) 负责监区罪犯日常管理教育改造工作，深入罪犯“三大”现场，及时收集、掌握、化解犯情。

(3) 负责定期召开犯情分析会，落实监管措施。

(4) 熟悉罪犯管理的法律、法规和规章制度，负责监区罪犯的百分考核和奖惩材料的审核、严肃监区罪犯的考核制度，规范执法程序。

(5) 负责检查监区民警各项监管改造制度的贯彻、落实情况，确保监管安全。

(6) 组织罪犯实施各项集体教育活动。

(7) 负责及时处理管教工作的突发事件。

(8) 指导、检查监区民警做好罪犯通信、会见、考核、奖惩、申诉、保外就医、释放、监狱内案件的处理以及罪犯副档、卡片、管教工作台账、报表等日常任务。

(9) 完成领导交办的其他任务。

5. 副监区长（分管生产）的工作职责是：

(1) 根据监狱下达的生产任务，结合监区生产状况，协助监区长做好劳动力的调配、生产计划的组织编制等工作，有效组织生产。

(2) 负责监区生产、设备保养、更新和能源管理工作，熟悉和掌握生产情况。

(3) 做好本监区生产管理的监督考核工作。

(4) 负责监区民警、职工、罪犯的安全生产以及监区的消防安全工作。

(5) 组织民警、职工、罪犯开展技术教育和技术培训辅导工作。

(6) 完成领导交办的其他任务。

6. 当班民警的管理职责包括：

(1) 正班管理民警应当明确分工协作，执行劳动现场管理时，非特殊情况不得离开现场。具体职责如下：①分配劳动任务，指导发放劳动工具及劳动工具的固定，监督发放生产上使用的危险物品；②临时调整罪犯劳动任务；③定时清点罪犯人数，督查罪犯联号包夹，监控重点罪犯；④及时处理罪犯间的矛盾纷争；⑤监督劳动区内的罪犯流动和工间操情况；⑥督察保护外来技术人员；⑦了解生产进度，巡查罪犯劳动情况；⑧督查劳动现场安全隐患，及时纠正违规操作行为；⑨监督落实劳动现场管理制度；⑩现场管理中应当履行的其他职责。

(2) 副班民警应当明确分工协作，在协助正班民警劳动现场时的职责是：①随同监管罪犯从事流动性劳动；②对因病就医罪犯的押解与监管；③对临时会见罪犯的押解与监管；④对车辆进出及装卸货物的现场监管；⑤正班民警用餐期间代理正班民警的职责；⑥现场管理中应当履行的其他职责。

学习任务三　罪犯劳动管理岗位的要求

当前，我国正处于社会权力和利益重新分配、社会运行机制深刻转变、人们价值观念再度定位以及社会心理重大调适等一系列深刻变革的转型时期，在押犯人数猛增，构成复杂，犯情、狱情日趋严峻，改造工作难度进一步加大。与此同时，依法治监要求的提出，现代化文明监狱创建进程加快，改造工作的要求也越来越高。对罪犯的管理教育是一项政策性、专业性都非常强的工作，每一名监狱人民警察既要政治鲜明、立场坚定，具有较强的政策、理论水平和法治观念，又要掌握法律、犯罪心理学、罪犯管理、教育等多学科知识，具备分析问题、理解问题和解决问题的能力。同时，还要具有良好的身体素质及警务实战技能、过硬的业务能力和良好的心理素质。

一、较高的政治素质

政治素质是指个体从事社会政治活动所必须具备的基本条件和基本品质，它是个人政治思想、政治方向、政治立场、政治观点、政治态度和政治信仰的综合表现。政治素质是人民警察必备的首要素质，是警察素质的核心。一个人的政治素质与其在社会生活中的位置、政治生活经历有密切的关系，它是随着个人的成长，在长期的社会生活实践中逐步形成、发展和成熟的。

监狱是国家的刑罚执行机关。监狱警察依法对罪犯执行刑罚，代表着国家的意志和广大人民群众的利益。较高的政治素质是监狱人民警察必备的条件。

监狱人民警察必须具备以下政治素养：

1. 要具有坚定的政治立场和正确的政治方向。当今世界，风云变幻，国际形势复杂，我们要在复杂的国际形势中，保持清醒的头脑，把握住自己，在政治上同党中央保持一致，坚持四项基本原则，正确贯彻执行党的路线、方针、政策。

2. 要具有较高的政治理论水平和政策水平。政治理论水平和政策水平是体现一个人的政治素质的标准之一。作为一名监狱警察，要时时关注国内外形势，理解、贯彻、执行国家的方针政策，不断学习毛泽东思想、邓小平理论、“三个代表”重要思想、科学发展观和习近平新时代中国特色社会主义思想等知识，不断丰富、完善自己。

3. 树立科学的世界观和人生观。世界观是人对世界的根本看法。人生观是人对人生的根本看法，是关于人生价值、目的、意义等观点的总和。监狱人民警察应当在科学世界观的指导下，以高度的事业心和责任感，在监狱这个特殊的工作岗位上，尽职尽责地做好教育和改造罪犯的工作，为社会平安、国家稳定和人民富裕保驾护航。

4. 具有良好的职业道德。监狱人民警察的职业道德是指，监狱人民警察在从事职务活动中应遵循的道德规范，是社会主义职业道德的重要组成部分。监狱人民警察良好的职业道德对于执法工作具有十分重要的意义，良好的职业道德能促使监狱人民警察正确履行法定职责和权限。监狱人民警察应当严格遵守宪法和法律，忠于职守、秉公执法、严守纪律、清正廉洁，这是对监狱人民警察提出的基本职业道德规范。

二、较高的文化素质

随着社会的发展，社会对监狱的要求也越来越高，监狱的职能也发生了新的变化。监狱已不再是单纯的罪犯人身保管所，同时还担负着惩罚、改造和教育罪犯的任务。另一方面，罪犯的构成日益复杂，暴力型犯罪、累犯、团体犯、高智商以及高学历职业犯罪呈现快速增长之势；心理精神因素在各种刑事犯罪中的发生上也占了越来越重要的位置，运用心理学、精神病学、教育学等专业知识对监狱服刑人员进行矫治，已成为重要的改造手段。因此，监狱工作是专业性极强和改造手段极其多元化的工作，要把罪犯改造成为守法公民，预防和减少重新犯罪，就要求监狱警察必须具备法学、心理学、管理学、教育学等各种专业知识。

三、良好的身体素质及警务实战技能

目前，中国正处在社会转型期，社会治安形势不断变化，罪犯的构成日趋复杂，暴力犯、团伙型犯罪、涉黑涉毒型等罪犯人数增加，这些罪犯反社会意识深，抗拒改造情绪强烈，给监管安全工作带来了很大的困难。此外，很多监狱出于监管安全考虑，对监狱劳动项目进行调整，罪犯劳动现场从室外转移到了室内，使得罪犯脱逃必须冒更大风险，往往为达目的，他们选择更加凶残、恶毒和隐蔽的手段。此外，罪犯在高墙电网内生活，心理压抑、暴躁、抑郁、烦闷等不良情绪滋生蔓延，容易导致过激行为。以上因素经常导致罪犯暴力脱逃、强行冲监、暴狱、自杀、袭警等恶性狱内案件的发生。这就要求监狱人民警察要有过硬的自卫擒敌的技能，在取得胜利的同时，还能最大限度地保护自己，避免和减少无谓的伤亡。

由于警力严重不足和工作要求的不断提高，监狱人民警察超负荷工作的现象普遍存在。有关统计表明：某女子监狱基层有60%以上的同志年均出勤在350天以上；80%的基层警察每月工作25个工作日以上；每天工作10小时以上的警察占65%；精力、体力严重透支的占70%；身体一般和较差的占65%。长期连续枯燥的工作，对警察的体力、脑力都是严峻的考验，在一定程度上削弱了整体战斗力。同时，随着人防、物防、技防、联防“四位一体”防范体系的初步建立，近年来，多数监狱能够保持连续安全稳定，使得一些领导和警察产生了麻痹思想，对监狱的安全稳定缺乏足够的重视，对狱内改造斗争的长期性、隐蔽性、复杂性、尖锐性没有充分的认识。这些因素可能导致警察在执法工作中警惕性不高，抓捕和制止罪犯重新犯罪时防范不严，增加了罪犯袭击的可能性，导致了许多不必要的伤亡。

由于工作的特殊性，监狱人民警察还存在着很大的职业风险，而且面临的威胁往往具有突发性和致命性。因此，除了要有良好的身体素质外，监狱人民警察还应具备过硬的警务实战技能。

四、过硬的业务能力

监狱人民警察业务能力的结构具有综合性特点，主要体现在以下几个方面：

1. 执行刑罚能力。执行刑罚能力是监狱人民警察在刑罚执行过程中，依照法定职权和法定程序，行使职权，履行职责，贯彻实施法律的能力。监狱是国家的刑罚执行机关，刑罚执行的好坏，直接关系到刑事司法目标能否最终实现，关系到社会司法保障能否最终落实。严格、公正、文明、廉洁执法是提高执法能力的目标追求，监狱人民警察除需具备必要的政治素质外，还要有现代法治理念，通晓法律知识，具有较高的法律技能。这种能力的外在表现是做到依法、及时、准确地处理有关刑罚执行事务，对执行刑罚过程中所涉及的法律关系和法律事务能按照有关法律规定的原则、内容和程序办理，准确妥善地处理，并能制作具有法律效力或法律意义的文书材料。在实际工作中，从监狱内部来说，善钻法规漏洞、爱找监狱管理缺陷的“岔子型罪犯”，蓄意挑衅执法、公然对抗改造的“钉子型”罪犯，“大错不犯、小错不断、气死民警，难倒政府”的“油子型”罪犯，“行政处分不怕，刑事处分不够”的“赖子型”罪犯等数量不断增多；监狱警察中出现了讲严格管理就动手动脚、讲文明管理就束手束脚的

“偏激”执法行为和“妥协”执法行为，出现了遇事推诿躲避、敷衍应付、怕惹火烧身的“消极”执法现象。一些监狱警察的法治观念不强，执法意识淡薄，执法不规范、随意性大，执法不严格、不公正、不文明，个别警察甚至徇私枉法。从监狱外部来说，随着依法治国基本方略的深入实施，全社会的法律意识普遍增强，人民群众对执法工作更加关注，但“躲猫猫”“冲凉死”等事件的接连发生却直接影响了监管场所的执法公信力。

对于上述问题，我们可以从主客观两方面分析原因：监管法律、法规的不完备是客观因素；监狱警察现代法治理念不够牢固、法律知识不够完备和运用法律知识水平有限是主观因素。

2. 组织管理能力。良好的监狱管理不仅能确保监狱的正常运作，而且对提高执行刑罚的效率，保证刑罚执行的效果都具有十分重要的意义，因此，对罪犯的组织管理能力也是监狱警察执法能力的重要体现。组织管理能力体现在：①制定的目标与实施方案的科学性以及在组织实施过程中的有效性方面；②指挥协调方面，不仅要协调好警察之间的关系，还要善于协调警察与罪犯之间的关系、罪犯与罪犯之间的关系，对罪犯实施有效的指挥；③调查研究和处置犯情的能力方面。作为一名监狱警察，要具备敏锐的观察、收集分析、正确判断犯情的能力，并能采取针对性措施，将各类事故消除在萌芽状态。一旦发生突发事件，能临危不惧，妥善处置，力争将事故所造成的损失降到最低限度。同时，迅速采取整改措施，确保安全稳定。

3. 教育改造罪犯的能力。在社会经济成分、组织形式、生活方式、分配方式和利益关系日益多样化的条件下，押犯的构成、思想、心理、行为发生了明显变化，因此，我们需要以更加务实、更加严谨、更加科学的作风和态度，把教育改造提高到一个新水平，使其由传统、经验，逐步走向现代、科学。教育改造能力是监狱人民警察通过各种有效的途径和方法，教育罪犯认罪悔罪，自觉接受改造，增强法律意识和道德素养，掌握一定的文化知识和劳动技能，将其改造为守法公民的能力。教育改造工作是刑罚执行活动的重要组成部分，是改造罪犯的基本手段，是监狱工作法制化、科学化、社会化的重要体现，贯穿于监狱工作的全过程。

当前存在的主要问题包括以下几个方面：一是对教育改造科学化的重要性认识不到位，一些警察甚至认为是形式主义，因此工作深入不够，对上应付、对下搞形式。二是抱住老经验不放，平时缺乏学习，一旦老经验失灵，便无能为力。三是不注重研究新时期的犯罪类型和特点，因此教育改造中很难有的放矢。这些问题存在的原因有两个方面：①由于我国监狱长期以来把监管安全放到第一位，监狱警察的业务培训和教育没有得到足够重视；②由于监狱警察缺乏必要的科学分类，专业化程度不高，在“一锅煮”式的改造模式下，靠感觉、凭经验改造罪犯，改造知识和改造技能的欠缺制约了改造能力的提高。

4. 维护监所安全稳定和应急处置能力。维护监所安全稳定能力是监狱人民警察落实监管安全制度，规范监管安全管理，维护监管改造秩序的能力。确保监狱安全稳定是监狱工作的第一责任，是硬任务，注重监管安全是我国监狱的传统优势，长期以来形成了人防、物防、技防、联防“四防”一体的安全防控体系，和“领导责任、防控排查、教育转化、应急处置”四项工作机制。应该说，在维护安全稳定能力上，监狱警察具有长期的积淀和较好的基础，实现了监狱总体安全稳定。

应急处置能力是监狱人民警察面对突发事件，进行监测预警、应急决策、处置应对、资源配置、善后管理等方面的能力。监狱是社会风险的聚集地，是化解社会矛盾的主战场，是一个风险管理部门，与社会一般部门比，发生突发事件的风险更大，处置应对难度更高，更具有政治性、敏感性、复杂性和危害性的特点。应急处置能力属维护监所安全稳定能力的范畴。

5. 开拓创新的能力。开拓创新能力是监狱警察在依法履行刑罚执行、狱政管理、教育改造等职责过程中形成的创造性认识问题、解决问题的能力，是监狱警察主观能动性的高级表现形式，是推进监狱警察队伍整体素质和监狱事业发展的动力源泉。随着改革开放的不断深化，中国的监狱管理融入国际行刑理念是大势所趋，同时，随着在押犯构成的新变化，狱内犯情不断出现新情况、新问题，这对传统的教育改造形式、方法和手段提出严峻挑战。因此，积极探索监管改造罪犯的新方法、新手段，是提高罪犯改造质量、降低重新犯罪率的关键，这就要求监狱警察要具备创新的精神、魄力和能力。

6. 监狱数字化驾驭能力。随着新时代的快速发展，智慧监狱和监狱数字化改革已提上重要日程，因此，提升监狱民警，尤其是罪犯劳动管理民警的监狱数字化改革意识和驾驭能力就像极为重要和必要。具体来说，监狱要进一步强化数字化改革意识，完善监狱数字化改革制度，为新时代创建“数字智能监狱”奠定基础保障。监狱及其民警要积极主动融入国家发展大局，以数字化改革撬动监狱各项改革，促进智慧监狱建设向纵深发展。要进一步加强监狱信息化顶层设计和统筹管理，围绕“业务数字化，数字业务化”目标，统筹抓好信息化、智能化业务系统的开发部署和优化完善，有力推动监狱各项业务工作数字化改造，要推进省级乃至全国统一的业务操作平台建设，为全面集成各业务系统、持续深化智能化应用提供基础保障。要加快“监狱数据驾驶舱”和“一号通罪犯管理系统”建设，构建以身份证号为信任根的统一身份认证体系，进一步健全完善省级监狱数据中台，全面开展数据治理，加快推动数据上云，为科学决策赋能增效。要加快实施“掌上警务”战略，积极推动监狱业务应用系统向警务通终端部署，提升管理效能，提高监狱民警在劳动管理上的获得感，释放数字改革红利。要积极开发“智能改造机器人”系统工程，借鉴“人机大战”机器人智慧功能，使之早日应用于罪犯各项改造工作，如顽固犯教育改造谈话、罪犯心理矫治、危险性评估等领域，真正实现民警与“机器人”运用超强智慧共同应对和制服罪犯的根本功效，向世界展示我国监狱智慧改造的先进成果，实现真正意义上的新时代“数字智能监狱”。

五、良好的心理素质

心理素质是指监狱警察在特定职务活动中心理过程、个性心理等方面的基本特征和品质。一般人的健康心理主要包括认知正常、情绪乐观、意志坚定等特点。监狱人民警察除了应具备一般人的健康心理特征外，还应当具有以下优秀的执法心理素质：①具有良好的观察、记忆、注意、思维能力。②具有稳定的情感和顽强的意志，能够抵御错误干扰和各种诱惑，能慎独与自我净化，遇事沉着冷静。特别是碰到罪犯抗拒改造、公开顶撞等情况时，切忌感情用事，要果断处置。在罪犯铤而走险的危急情况时，切忌惊慌失措，而要镇定自若、大智果敢、准确处置；要有百折不挠的意志品质，对教育改造罪犯的长期性、艰苦性、复杂性有足够的心理准备。③具有宽广的胸怀、合作的气度和对事物发展变化的较强的心理承受能力。

在监狱这个社会中，监狱警察作为改造罪犯的主体，必须具备良好的心态，一方面可以使其工作效率和质量大大提高，同时其自身的榜样示范作用，也会对罪犯的改造起到有益的推动作用。实际上，监狱“零事故率”的标准，要求警察时刻尽职尽责，这在无形中会对警察造成压力，但是这样的焦虑在所难免。此外，工作强度大、紧张度高、休息调整时间不足、收入不高、社会地位低等，均严重损害了监狱警察的心理健康。通常表现为：长期处于焦虑状态、遇事不够冷静、易产生过激反应，或者处理问题的方法简单粗暴等。这些表现一方面会使罪犯产生误解甚至抵触心理和行为，从而降低罪犯改造质量；另一方面，监狱警察本身会产生职业倦怠、抑郁、敌意、人际关系不协调、身体健康受损等不良现象。因此，作为一名监狱警察，良好的心理素质是必备的条件。

建设现代化文明监狱，提高罪犯改造质量，必须建设一支具备教育学、社会学、心理学、管理学等各方面的知识和较高的改造罪犯的能力，对监管改造工作某一领域有专门研究，在改造罪犯工作中有一技之长的专家型警察队伍。建设专家型警察队伍，必须细化监狱的专业分工，设定岗位任职资格，合理额定待遇档次，提高监狱工作专业化层次；提高队伍的理论素养和专业素质，优化警力配置，实现监狱警察由一专多能型向专业、专家型转变。监狱人民警察是专门的执法力量，具有有执法的技术性和职业的专门化特征。社会的进步和法制的不断完善，对监狱执法技术的要求越来越高。监狱的发展，监狱体制改革最终效果的体现，刑罚执行与罪犯改造质量的提高，关键在于监狱要顺应时代发展，优化人才结构，推进人才管理制度和选人用人机制创新，逐步建立一支与现代国际行刑趋势和监狱发展相适应的精通法律、依法办事的高层次专家型警察队伍，即战略性人才队伍、领军队伍和技术专家队伍，最终实现“依法治监”“专家治监”。

案例选编

近年来，湖北省沙洋监狱管理局全面实现了“五无三提高”的工作目标。截至2009年底，全局连续7年实现罪犯零脱逃，有5所监狱实现连续10年以上无罪犯脱逃。

1. 强化监狱内部管理规范，确保监管安全。认真落实司法部《关于加强监狱安全管理工作的若干规定》和省监狱部署的“监狱内部管理规范年”活动要求，加强组织领导，加强思想教育，采取得力措施，落实工作责任，进一步提升监狱整体管理水平，确保监管持续安全稳定。①进一步筑牢思想防线。把确保监管安全作为做好监狱一切工作的基本前提，牢固树立“发展是政绩、稳定也是政绩”的战略思想。牢固树立全面的安全观，加大对民警的安全意识的培养和教育，通过有针对性的、大规模的警示教育活动，加强民警对安全的重要性的认识。把遵循安全工作原则、遵守安全工作制度、掌握安全工作标准、实施安全工作方法作为做好监狱工作思想前提和重要保证，努力形成人人讲安全、事事围绕安全、时时关注安全的大安全格局和工作氛围。②进一步健全完善监管安全机制。进一步健全完善防控、排查、狱情研判、应急处置和领导责任机制，努力构建“思想防线牢固、人防部署严密、物防设施完善、技防手段先进、联防协调统一、应急处置高效”的集管理、防范、控制于一体的应急管理体系。③进一步强化规范管理。重点加强监区基础工作规范管理。对行之有效、科学合理的监管制度，要固化标准、严格程序、杜绝轻易更改。严格执行接见、通信、门卫、清监等各项制度，狠抓民警直接管理落实。切实加强重点人员、重点部位、重点时段的管理，确保管理不脱节、不漏管、不失控。④进一步加强监管基础设施建设。强化监管警戒设施建设，充分利用现代科学技术，强化监狱技术防范手段，加强智能化防范，强化电子监控、红外线报警等多道防线，继续加强哨楼、通信网络和武警营房、生活设施建设，积极推动共保监狱安全，努力满足监狱安全稳定工作的需要，逐步落实司法部有关加强监管设施的新规定。

2. 强化劳动现场规范管理，确保生产安全。进一步强化安全首位意识，加大安全生产责任制落实力度，严格责任追究，加强检查整治，加大隐患治理投入，不断提高监狱生产安全保障水平。对生产安全工作继续实行季度交叉检查、月度抽查、专项整治、整改公示等制度，加强对事故报告、调查、定性、处理等程序的管理力度，加大事故责任追究力度，着力提升监狱和监狱企业的安全水平。严格安全监督管理，认真落实罪犯劳动生产项目安全准入制度和生产项目退出制度。继续推进劳动现场规范化管理工作，持之以恒地开展“6S”规范化达标活动，提高劳动现场的管理水平。要深入开展消防安全、用电安全、高危行业的专项检查活动，严防事故发生。

3. 以提高执政能力为重点，加强领导班子建设，提高班子的凝聚力、战斗力和创造力。严格按照省局要求，坚持民主、公开、竞争、择优原则，配齐配强监狱领导班子。建立监狱长、监区长和机关处（科）负责人定期轮岗交流制度，实现干部交流工作的常态化、制度化，努力把监区、分监区领导班子建设成为贯彻落实国家法律法规、贯彻落实上级决策部署的坚强集体。

4. 以提高民警素质为根本，加强正规化培训和岗位练兵，提高民警队伍的战斗力。继续开展大规模培训工作，健全完善分层分类培训的制度要求，培训要有明确的目的性、针对性、实效性，讲究质量，注重效果。继续深入开展岗位练兵活动，开展有针对性的专项培训和实战演练。在坚持常规教育培训方式的基础上，积极推行“师带徒”等导师带教形式，积极探索“战训轮值、战训合一”的教育培训模式，下大力气提高民警队伍的战斗力。

5. 以强化监督制约为手段，坚持从严治警，促进民警严格公正廉洁执法。坚持从严治警，实行监狱工作目标责任制，健全警察工作绩效考核制度和机制，经常性开展警务督察活动，促进警察作风纪律的转变和执法水平不断提高。要按照司法部、省司法厅的要求，加强警务督察，加强安全稳定工作的督导检查，消除安全隐患。严格落实责任追究，发生一起，查处一起，绝不姑息迁就，做到“四不放过”。坚持反腐倡廉，确保民警队伍廉洁执法。进一步完善和落实惩防体系制度建设，坚持用制度管权、管人、管事，加强权力运行的重点部位和重要环节的事前和事中监督。对执法违纪腐败现象采取“零容忍”的态度，做到坚决查处、决不姑息，充分发挥查办案件的治本功能，达到查处一案、治理一线、教育一片的效果。

讨论与思考

1. 湖北省沙洋监狱管理局近些年取得的成绩给我们哪些启示和思考？

2. 根据以上材料，分析和探讨新时期提升罪犯劳动管理民警的执法素质的措施和途径有哪些。

专题四 罪犯劳动组织结构和劳动类型

学习目标与任务

通过本单元的学习，使学生了解并掌握监狱罪犯劳动的组织管理机构及各级管理层级的职责，罪犯劳动组织的主要形式，组织罪犯劳动的基本类型。使学生在学习过程中，了解组织罪犯劳动的管理体系，掌握基本知识点，掌握组织罪犯劳动的特殊性。

案例导入

定西监狱打造新型劳动改造平台[1]

监狱生产力要素特点，使监狱企业无法涉足高科技产业，复杂的工种较难胜任，仅适用于劳动密集性高、工艺相对简单的工种。定西监狱审时度势，以资源的共同有效配置为目标，以资源调整、重组、优化为手段，按照罪犯分类，配备不同的教育设施、安排不同的劳动项目。结合监狱企业实际和特点，发展资源节约型、安全稳定型，适合监狱系统内部消化的来料加工项目，依托起重机、电动葫芦、钢结构三大产业，实施“名牌产品”战略。同时，针对市场特点，根据现有的产业基础，主动适应市场竞争形势变化，通过产学研合作、业务外包、生产协作等形式，增强企业利用外部资源的能力，既要求服刑人员有岗位技术操作方面的“硬能力”，又要求有社交能力、团队精神、创新能力、联想思维等“软能力”。

定西监狱以监狱企业和多元化产品为依托，建立分层培训体系，推行分级办学模式。根据社会劳动力市场需求，结合服刑人员的刑期、年龄、文化程度、捕前职业、特长等自身特点，选择实用性强、有利于就业的项目分层进行培训，使技术教育与社会就业结合起来。

刑期在5年以内，50岁以下的服刑人员，参加短平快的技术项目培训；刑期在5年以上者，以一种技术为主，选学另一种应用技术，培养复合型技术人才。另外，根据学历高低、刑期长短、年龄大小，培训一些高技能人才；余刑3个月至1年的服刑人员，参加由定西市劳动和社会保障局举办的SYB创业培训；在特种作业岗位劳动改造的服刑人员，参加由定西市安监局举办的特种作业上岗培训。确保服刑人员刑满释放前，取得劳动和社会保障部门颁发的职业资格证书的人数达到参加培训人数的90%以上。

---

[1] “定西监狱打造新型劳动改造平台纪实之二”，载《甘肃法制报》2010年1月13日。

为了保证服刑人员职业技术教育工作落到实处，监狱推行分级办学模式：特种作业操作培训班、中/高级职业技能培训班、创业培训班由监狱组办；初级职业技能培训班由监区组办，授课教员由监狱统一选配；各类培训班的考核、取证工作，由监狱统一组织办理。

积极开展“师带徒”实践操作培训工作，按“应知应会”的要求，现场指导，现场考核。开设电焊工、电工、车工、钳工、瓦工、服装缝纫工、计算机操作、特种作业操作、创业培训等职业技术班，年内共有七百多人参加学习培训，占服刑人员总数的50%。同时，监狱围绕促进服刑人员技能提高、推进就业准入、瞄准社会发展、适应就业需求的目标，从三个方面向深度和广度推进：①加大力度从初级向中高级推进，提高服刑人员刑释后的就业准入资格和经济收入待遇，更好地满足服刑人员的求知需求。②从单项资格向多项资格推进，从获得职业资格证书的情况看，取得两个或两个以上职业资格证的人数不多，服刑人员刑释后的择业受到一定限制，而刑释后再申报鉴定会受到生活、时间、空间的约束。为了进一步为服刑人员的刑释就业提供便利，将从单项资格向多项资格推进，使每一名从监狱走出去的服刑人员都能至少掌握1~2门实用技能。③从少工种向多工种推进。

应服刑人员的就业需求，2009年，监狱在原鉴定4个工种的基础上增加了4个工种，拓展为8个工种的鉴定，基本上满足了服刑人员的就业需求，但是，随着社会的发展，对就业的要求也会不断变化，监狱积极与定西市社会和劳动保障部门沟通，从少工种向多工种推进，最大限度地满足服刑人员的就业、择业需求。在充分发掘监狱内部培训资源的基础上，监狱积极与地方有关部门联系，将更多样化的培训项目引入大墙内。监狱企业有三十多个工种、近一千多个岗位，可为服刑人员提供学习和劳动。监狱选择设定了20个岗位工种和刑释就业谋生的10个技能项目作为培训鉴定认证目标，刑释就业谋生的技能项目主要有电焊工、电工、车工、钳工、刨工、架子工、瓦工、缝纫工、计算机操作员、中式烹调师。

监狱还整合社会资源，巩固改造成果，建立“一站一中心两基地”，即“定西市安定区法律援助中心定西监狱工作站”“服刑指导中心”“定西师范高等专科学校定西监狱教育实训基地”“服刑人员职业技能培训基地”。联合社会力量举办培训班，推动罪犯服刑指导、职业技术教育、社会帮教和法律援助工作的社会化进程。在对服刑人员职业技能培训鉴定体系上，形成了省、地两级鉴定机制，初、中级由地方劳动保障部门鉴定，高级工由省26站鉴定。在认证的项目选择和课程设置安排上，定西监狱坚决做到以下五个方面：以思想改造为立足点，以市场为导向，以能力为本位，以实用为目的，以实践为依托。

监狱严格制定紧扣工作实际的职业技能培训和鉴定认证的专题安排和实施方案；严格按照工作要求配齐配足适应服刑人员职业技能培训和鉴定认证需要的民警培训队伍；在每个年度搞两次大规模的专题培训和技能鉴定认证工作，每次展开前，都要进行深入的宣传发动、调查摸底、资格审查工作；为确保培训效果扎实，技能鉴定有效，鉴定之前举办一次服刑人员劳动技术“大比武”，把服刑人员职业技能培训和鉴定认证的各项工作具体分解量化成每一个指标，把指标的完成和落实情况严格纳入监狱年度目标任务考核之中，监狱在每个年度经费上全力予以保证。所有这一切，对服刑人员职业培训和鉴定认证实现量的积累和质的飞跃提供了强有力的支持。

服刑人员刑释回归社会，首先面临的是就业生存的挑战。监狱打造“可持续发展的、技术性强的、有利于刑释人员就业”的劳动改造平台，以此确保所有服刑人员有劳动岗位，能学习技术技能，使服刑人员从劳动中切实掌握一技之长，在刑释后有能力自谋生机，避免重新犯罪。

那么，怎样提供适合服刑人员改造的生产劳动岗位？怎样使服刑人员在劳动中学习技术，为服刑人员刑释就业创造条件？2009 年 6 月，定西监狱与市司法局密切配合，对 2004 年度定西籍刑释人员进行了社会调查，重新犯罪者中，无一人有一技之长。定西监狱正视这一现状，提出“让走出定西监狱的人远离犯罪”的改造质量观，以及“让失足者有技、让回归者乐业”的监狱教育改造的发展思路。

在社会快速发展过程中，社会犯罪率上升的原因固然很多，但犯罪者本人“就业无路、致富无术”则是其走上犯罪道路的一个突出症结。监狱坚持思维创新，以做强做大监狱企业为载体，适时提出了定西监狱服刑人员劳动改造工作执行理念，坚持不懈地打造“可持续发展的、技术性强的、有利于刑释人员就业的”劳动改造平台。

监狱企业实行产业结构调整，把解决服刑人员劳动岗位和服刑人员职业技术教育结合起来，通过职业技术教育，让服刑人员学到一技之长，把服刑人员改造成为和谐社会的建设者。定西监狱已经形成了涵盖近 20 个工种的 7 大劳动改造平台，为服刑人员提供所需劳动场所和岗位。近 9 年来，定西监狱在押服刑人员先后有 1100 多人（次）在狱内考取了由国家劳动部门颁发的电焊工等十多个工种的技术等级证，获证率达 86.65%，促进了刑释人员顺利就业。上述数据在学习实践期间对外公布后，人们评价：这是监狱最大的科学发展观。

打造可持续发展的劳动改造平台，最大限度地降低刑释人员重新犯罪率。只有帮助刑释人员顺利实现由“强制再社会化”向“自然再社会化”的转变，才能为刑释人员创造一个能接纳、融合、重新振作的社会就业环境。在监狱企业参加的产品招标会、产品推介会等行业性会议上，都有重点地介绍新生的技术人才。从 2002 年至今，已有五十多人在南方各大企业就业。

思考：通过以上材料，分析监狱为服刑人员打造的可持续发展的劳动改造平台及采取的一系列措施与罪犯改造的关系。

学习任务一　罪犯劳动组织结构

一、罪犯劳动组织管理机构

罪犯劳动的组织机构是指围绕罪犯劳动管理的目标，按照一定的结构形式，把领导和指挥罪犯进行生产劳动的管理组织进行合理的组合，形成相对稳定的系统。在这一系统内包含三个要素，即管理目标、机构组合要素和管理结构形式。管理目标是组织罪犯生产劳动的依据和动因；机构组合要素是把组织机构分解后的原始单元，如职务、职能、人员、部门、信息等；管理结构形式是连接组织机构组合要素的逻辑关系网络。

1. 设置罪犯劳动组织管理机构的准则。罪犯劳动的组织管理机构领导和指挥罪犯进行生产劳动，对罪犯进行教育和生产技术培训，并对罪犯劳动改造质量进行考核奖惩，保证劳动改造手段发挥固有的功能。为此，监狱在设置罪犯劳动组织管理机构时，应遵循以下几个方面：

（1）服务于改造。组织罪犯劳动的根本目的在于改造罪犯，因此，罪犯劳动组织管理机构的设置必须从有利于罪犯思想和行为的改造出发，绝不能仅从生产的需要考虑。监狱各生产管理职能科室的设置应首先考虑改造罪犯的实际情况，以及与狱政科、教育科等罪犯管教职能科室的协调关系。各监区、分监区生产班组的设置，也应首先符合罪犯分押、分管、分教的要求，再根据生产的需要对罪犯进行合理的编排。

（2）权责对等。罪犯劳动组织管理机构的权利和义务又分别被称为职权和职责，有职责必须有相应的职权，有职权必须承担相应的职责，做到有责有权、责权统一。

（3）精简与高效。罪犯劳动组织管理机构的设置，要按照罪犯劳动改造和生产的实际需要来设置，尽可能地减少机构设置，严格因事设岗和编制人员数。不能因人设事、因人设机构，导致机构臃肿重叠、人浮于事。在罪犯劳动组织管理机构的设置中，亦应充分考虑办事效率。对每一个机构、每一个工作岗位，定责任、定权限、定奖惩，将责权利结合起来，职责明确、科学地管理和使用每一名管理人员，充分调动管理人员的积极性，充分发挥罪犯劳动生产管理组织整体功能，提高整个组织机构的工作效率。

2. 罪犯劳动组织管理机构类型。监狱罪犯劳动组织管理机构的设置受到多种因素的影响，从大的方面看，受国家法律、法规、所从事的生产行业政策等的制约；从小的方面看，受监狱生产力水平、生产经营管理水平、生产规模和生产专业化程度的影响。目前，我国罪犯劳动组织管理机构的类型主要有以下几种：

（1）直线制组织机构。直线制组织机构是按垂直系统建立的组织形式，各级领导行使统一的指挥权和管理职能，不设专门的职能机构。其特点是：结构简单、责权分明、指挥统一、工作效率高。但是，这种组织形式没有专业管理的分工，领导者必须具有多方面的专业知识和才能，亲自处理一些日常管理业务，不利于集中精力和时间考虑重大问题。因此，这种组织形式适用于技术简单、业务单纯的小型监狱生产单位。

（2）职能制组织机构。职能制组织机构是在直线制的基础上，为各级领导者设置相应的职能机构协助工作，这些职能机构在各自的职责范围内向其下级各部门下达指令。这种机构能够适应现代生产和经营管理的要求，但它容易形成多头领导，上下管理要求不统一，不利于建立责任制。

（3）直线—职能制组织机构。直线—职能制组织机构是指以垂直领导为主体、以职能部门为参谋的管理机构。这种机构类型设置两套系统：①指挥系统。按照生产工艺特点、产品对象和区域分布划分车间（监区、分监区）和班组；按职能划分部门，建立行政领导系统，行政领导统一管理本单位的行政工作，并直接向上级负责。②职能系统。根据需要与可能，设立必要的职能科室（股），这些职能科室（股）是各级行政领导的参谋与助手，对下级职能机构实行业务指导。目前，我国监狱基本都采用这种类型的组织机构。

按照统一领导、分级管理的原则和直线职能制的特点，罪犯生产劳动的组织管理机构大体可分为监狱、监区和分监区三级管理。

第一，监狱。监狱劳动组织机构以监狱长为首，由正、副监狱长及各职能科室组成监狱级管理机构，监狱长全面领导罪犯劳动管理工作；副监狱长按照分工，具体领导分工范围的罪犯劳动管理工作；各职能科室包括生产、计划、设备动力、供销等科室，他们共同完成全监狱生产劳动方面的管理任务，在主管生产劳动的监狱长（或副监狱长）的统一指挥下分工协作，保证监狱生产各项任务的完成，实现生产劳动改造过程的良性循环。

第二，监区。监区级劳动组织管理机构由监区长全面负责，根据监狱下达的生产计划、罪犯劳动任务，通过一系列管理活动，把作业任务分解到所辖的各个分监区、生产班组。对任务完成情况定期进行检查、指导和督促，并做好统计、汇总、上报工作，对分监区生产劳动中出现的较大问题，及时协调，帮助解决，确保监狱、监区生产计划、生产作业计划的完成。

第三，分监区。分监区级劳动组织管理机构由分监区长全面负责，根据监区下达的各项生产劳动任务组织罪犯生产劳动，保持正常的生产秩序。准确考核罪犯劳动任务的完成情况，做到日考核、月总结、季评比，半年或一年进行奖惩兑现。在生产劳动过程中，训练罪犯的劳动技能，努力提高罪犯的技术水平和劳动生产率。

3. 矩阵制组织机构。矩阵制是一种临时性的组织机构类型，由纵横两套管理系统组成，即在原有的按直线制组成的纵向垂直职能部门系统的基础上，建立一个横向的领导系统，两者结合起来组成一个矩阵。这样，同一名管理人员既同职能保持工作关系，又参加产品（项目）小组的工作，受项目小组业务领导。矩阵制组织机构的优点是：打破了传统的两个管理人员只受一个部门领导的管理原则，使集权化和分权化都很好地结合起来。在罪犯劳动管理中，加强了横向和纵向的联系和协作，提高了中层管理和基层管理的积极性和责任感。这种方法常运用于罪犯生产劳动中的技术革新、新产品的开发及推广新管理措施工作，但在实际运用时，应注意纵向和横向管理系统之间的协调，避免矛盾。

二、罪犯劳动组织

1. 罪犯劳动组织的概念。我国监狱的罪犯劳动组织，是按照劳动改造罪犯的目的和任务建立起来的合理组织和使用罪犯劳动力，使之在改造和生产活动中能相互协调，从而充分发挥劳动改造功能，不断提高劳动生产率的罪犯劳动体系，即罪犯劳动的基层组合单位。其主要任务是：

（1）在组织罪犯劳动过程中，科学地规划、有效地指挥罪犯劳动，根据生产的需要，合理组织和使用罪犯劳动力，使之在生产经营活动中能相互协调。

（2）通过正确处理生产过程中人与人、人与物之间的关系，充分有效地利用劳动时间和生产设备。

（3）通过做好劳动保护、劳动保险和多种福利工作，调动罪犯的生产积极性，提高劳动生产效率。

2. 罪犯劳动组织设置的原则。罪犯劳动组织是罪犯从事生产劳动和改造的群体单位。必须按照监管改造和生产的要求科学合理地设置。罪犯劳动组织的原则包括：

（1）符合监管改造的原则包括：

第一，有利于监管安全。保证监管安全是监狱的一项重要工作。罪犯劳动组织的设置要有利于监狱人民警察对罪犯的组织、指挥和控制，防止劳动中重大监管安全事故的发生。

第二，有利于分管、分押。监狱根据对罪犯教育改造的需要，对罪犯实行分管、分押，设置罪犯劳动组织要符合分管分押的要求，认真分析每个罪犯的特点，科学构建罪犯劳动组织。

第三，有利于教育改造罪犯。组织罪犯劳动的主要目的是教育改造罪犯，设置罪犯劳动组织要利于这一目的的实施。在罪犯劳动组织内，要便于组织罪犯学习、劳动和接受教育，为罪犯的改造创造一个较好的环境。

（2）符合生产要求的原则包括：

第一，有利于发挥罪犯的专长。设置罪犯劳动组织，要按照生产的要求，按罪犯的技术专长来进行，使罪犯在一个相互协作的群体里，在较熟悉的岗位上参加生产劳动，以充分调动其生产积极性。

第二，有利于提高劳动效率。罪犯劳动组织的设置要在充分发挥每个罪犯技术专长的前提下，使组织内的每个罪犯都有充足的工作量，充分发挥人力及设备的生产效力，提高监狱的生产效益。

3. 罪犯劳动组织的形式。我国监狱罪犯劳动组织的形式是根据塑造罪犯的需要，按各监狱的生产条件、生产项目来确定的。目前，主要的劳动组织形式有三种。

（1）生产班组。罪犯班组是在劳动分工与协作的基础上，为完成某项劳动任务，由一定数量的罪犯组织起来的劳动集体。监狱以有利于改造罪犯并完成生产任务为目的，根据各工种的特点及对罪犯劳动力素质的要求，把罪犯劳动力恰当地组成若干班组，正常地开展生产。它是监狱最基本的生产集体，是确定劳动定额、进行质量管理的基础。

罪犯班组是罪犯劳动、生活、学习、互相监督制约的群体，也是组织罪犯劳动最基层的组合形式。通常按工艺专业化和产品专业化的形式建立，按工艺专业化组建的班组，便于罪犯相互学习、掌握技术，也便于进行技术指导，易于评定罪犯掌握劳动技能的程度。按产品专业化组建的班组，有利于同班组罪犯协作配合，树立相互帮助的集体主义的优良作风。罪犯班组建立时应把握以下几点：①充分发挥每个罪犯的特点，尽量使罪犯担负的劳动任务适合其自身的优势，充分调动其积极性；②使每个罪犯有满负荷的工作量，充分发挥人力、设备和时间的效能；③使每个罪犯都明确自己的任务和应负的责任；④与分管、分押、分教相结合，使生产和改造相辅相成、相互促进。

班组的建立有利于组织罪犯劳动竞赛，进行考核、评比、调动罪犯的劳动积极性。班组是基本的生产集体，是下达生产任务、考核任务完成情况和生产效益的基本生产单位。监狱不论其规模大小、生产产品的种类，其生产任务都必须由基本的班组来承担，生产效果的好坏由基础班组来体现，劳动竞赛和考核、评比也必须以班组为基本单位。

建立班组有利于对罪犯的严格管理。严密的劳动组织是严格管理的基础，只有按照一定的原则，将每个罪犯纳入具体的班组，再在班组内产生班组长，建立起相应的管理制度，才能对罪犯实施严密的监管和严格的劳动管理。

（2）作业组。作业组是在生产班组内，在劳动分工的基础上，把为完成某项任务而相互协作的罪犯组织起来的劳动集体。作业组的形式有两类：①按工种构成，划分为工艺专业化作业组和对象专业化作业组两种。工艺专业化作业组是组合相同工种的罪犯建立的生产作业组。对象专业化作业组是根据产品或生产对象相同罪犯而建立的生产作业组。②按单班或多班，划分为横班作业组和竖班作业组。横班作业组是组合同一轮班内的罪犯而设立的生产作业组；竖班作业组是组合各轮班内罪犯而设立的生产作业组。以上两类作业组各有优缺点，应根据生产单位的具体条件确定。实践证明，无论采取哪种形式设立作业组，都应做到“四忌”，即忌繁杂、忌重叠、忌多层次、忌职能不清。一般来说，主要生产作业组一般不得少于 6 人，一般生产作业组和辅助性生产作业组一般不少于 10 人，服务性作业组可再大一些。

（3）轮班组织。监狱生产单位多实行单班制生产，但由于生产工艺要求或任务要求不同，一些生产单位要采用罪犯工作轮班组形式。罪犯轮班制的形式很多，如两班制、三班制、四班制、6 小时工作制、四班三运转、五班四转动等。不论采用哪一种形式，都必须处理好以下几个问题：①合理安排罪犯倒班；②合理组织罪犯轮休；③合理配备各班罪犯力量；④在数量和质量上力求平衡；⑤加强夜班的组织管理，划清各个轮班的责任。

三、罪犯劳动班组的管理

1. 建立严密的管理制度和管理体系。建立岗位责任制，在此基础上，选好班长、组长、质检员、统计员、安全员，形成管理网络，建立基础台账。

2. 进行定额管理。参加劳动的每一个罪犯均有相应的定额任务，每个班组应对完成各种定额的情况进行监督、检查和记录。

3. 负责罪犯劳动过程的监督。①带班警察对罪犯劳动现场进行检查，发现问题及时纠正，排除完成任务的各种障碍；②罪犯班组长随时监督，保证每个罪犯按质按量完成生产指标，从而保证班组任务的完成。

4. 验收班组产量与质量。①本班组在一个班次劳动结束后，对本班组每一个成员完成的产量指标与质量指标进行考核验收；②监区、分监区对每个班组、每个班次完成的生产任务和产品质量进行总的考核验收，并将考核记录在案，作为考核劳动情况的重要依据。

5. 班后对劳动情况进行讲评。带班民警在每个劳动班次收工时，根据所收集、整理的罪犯劳动信息进行评价，表扬劳动积极、按时完成任务、质量符合要求的罪犯，进一步调动其积极性，并对完不成任务、质量达不到要求的罪犯，提出批评，对问题存在的原因进行分析，对下一个班次的任务提出要求。

6. 实施奖惩。罪犯的劳动奖惩在每天的计分考核中体现出来，劳动表现好的加分、奖分，差的扣分、罚分；季度、半年、年终时，再根据平时考核实绩进行行政、刑事奖励。通过奖惩提高罪犯劳动改造积极性。

学习任务二　罪犯劳动类型

案例导入

某监狱新建制二监区，犯人没有劳动生产项目，这对改造罪犯是个严峻的问题。监狱多方联系，引进社会合作企业“某某玉雕厂”玉雕项目，玉雕厂挑选30个罪犯学做雕刻，20个学做抛光，厂方派出了2名高级玉雕技师对他们进行为期3个月的绘画、玉雕制作等知识和技能培训。厂方每月给每名罪犯津贴300元，并提供培训的机器、材料、工具等。罪犯培训合格后上岗劳动，按市场规矩以工时计价格（以单件产品定），监狱不以营利为目的。多年来，犯人的构成有所变化，人员也有变动，最多时有一个分监区投入玉雕制作，罪犯边干边学，学会了玉雕手艺，回归社会后没有一个重新犯罪的，有的还办起玉雕厂，当了老板，解决了几十个人的就业岗位，成了某市玉器制作界有一定名气的人物。为此，监狱与合作企业都感到欣慰，双方一直合作愉快。

思考：针对罪犯的构成特点和改造阶段的不同，应如何选择适应罪犯改造的劳动项目类型。

一、自主产品类劳动

自主产品类劳动形式是指监狱组建工厂或农场，组织罪犯参加工、农业固定产品生产型劳动，是目前我国监狱最主要的罪犯劳动形式。

1. 监狱工厂劳动。监狱建工厂，组织罪犯参加工业生产劳动是我国目前监狱罪犯劳动最主要的形式。目前，我国监狱工厂众多，而且传统的监狱农场在新形势下，也兴办了大批的场办工业企业，亦农亦工。这使得工厂式劳动规模更大、范围更广。

2. 监狱农场劳动。监狱组建农场（包括林、牧、水产等），组织罪犯参加以农业生产为主的劳动是我国监狱罪犯劳动另一种重要形式。监狱农场多是在偏僻落后、人口稀少的地区，通过垦荒、白手起家创建发展起来的。监狱农场在建设过程中不断调整，全国目前仍有近200个监狱农场，收押和改造着1/3以上的罪犯。

监狱农场与社会农村发展近似，随着历史的演进，农场的生产方式发生了巨大的变化，从最初的垦荒种植，发展为农、林、牧、水产、种、养、加工商贸服务等门类众多的农场经济，罪犯在农场中从事内容丰富的各种劳动。随着司法部监狱布局与罪犯劳动方式的调整，监狱罪犯劳动由监外向监内转移，监外农业劳动已逐渐被监内生产劳动所取代。

相对于监狱工业生产，监狱农场土地资源丰富，研究开发集约型产业基地，监狱农业劳动方式也有其独有的优势。农场式劳动对罪犯改造具有许多有利因素：①农业劳动对劳动力素质、技术要求不高，可以吸纳大量的农村罪犯和短刑犯比较适宜。农业或农场式劳动所需成本相对较低。②农业经济的丰富多样有利于罪犯通过劳动学得多种实用的农业知识和技术，利于刑满释放后带动科技务农。

农场式劳动对罪犯改造具有许多有利因素：①农业劳动对劳动力素质、技术要求不高，由大量的短刑犯和农村罪犯参加劳动比较适宜。农业或农场式劳动所需成本相对较低。②农场经济的丰富多样有利于罪犯通过劳动学得多种实用的农业知识和技术，这种优势将伴随科技发展而日益突出。

农场式劳动对罪犯改造的不利因素表现在：①农场面积巨大，劳动项目零散，关押点分散，因此，给集中管理和监管安全带来困难。②农业劳动季节性强，罪犯野外劳动自由度大，罪犯学习、教育活动难以正规化、制度化。③农场地域偏僻、信息闭塞、文化落后，对改造也不利。

二、监内后勤服务类劳动

这是所有监狱都不可缺少的项目众多的罪犯劳动形式。它一般都规模较小，没有或只有很少的直接经济效益，主要体现监狱自我维持性、辅助性、公益性、服务性特点，为监狱罪犯的生活卫生、环境建设服务。

狱内服务性劳动主要包括：犯人伙食工作；犯人卫生工作，如医生、看护、防疫等；服装、卧具漂洗缝纫工作；卫生及环境建设维护工作，如打扫卫生、养花、种草、护路等；零散维修管理；等等。上述（并非全部）劳动形式，有的建有专门中队，有的由职能科室指定或临时派遣。表面上，狱内维持服务型劳动没有直接经济效益，但实际上它代替国家承担了维持监狱正常运转的大量工作，为政府节约了大笔开支，具有良好的经济和社会效益。

狱内公益性劳动对罪犯改造具有特殊优势：①服务、公益性劳动是高尚的劳动，它不仅有利于罪犯专项技能的发挥，还有助于罪犯尊重他人、服务社会，在奉献中促进人生价值的意识和观念的形成。②凡能参加狱内服务性劳动的罪犯，一般都会产生一种政府信任，其特殊才能得到用武之地，其自豪感高于一般犯人，这对激发这些犯人的劳动热情和改造积极性具有积极意义。

狱内服务性劳动不利于改造的因素在于：这些劳动岗位分散，独立性强，难以集中和直接管理，容易产生监管改造上的盲点和死角。另外，罪犯不正当的优越感也容易成为一些人的改造障碍。

三、公共工程类罪犯劳动

所谓公共工程类罪犯劳动形式，是由监狱组建工程队，从事筑路、治水、建筑等公共工程建设，组织罪犯参加公共工程建设劳动的罪犯劳动形式。

公共工程类罪犯劳动形式对监狱组织罪犯劳动以及罪犯改造有利有弊。其利表现在：监狱组织罪犯劳动成本投入少，劳动项目对罪犯劳动力素质要求不高，可以直接节省政府开支，有利于罪犯改造思想、学习技能，为谋生就业创造条件，具有良好的经济效益和社会效益。其弊在于：劳动对象随着国家建设任务不断变化，监狱难以固定，罪犯管理难度大，规范化的教育改造活动不便开展。

在社会主义市场经济不断发展的今天，重新研究适应监狱组织罪犯劳动的形式，我们可以发现，公共工程型罪犯劳动形式仍有意义，监狱不应完全放弃这种形式，而应当趋利避害，努力开发公共工程型罪犯劳动形式。用发展的观点看问题，在市场竞争日趋激烈的形势下，一些从事固定产品型罪犯劳动形式的监狱，由于设备老化、产品落后、资金不足、技术开发创新乏力，生产经营日趋艰难。而国家发展必然有许多公共工程项目要上马，监狱选择公共工程型罪犯劳动，可以扬长避短，在一定程度上避开市场激烈竞争，迅速摆脱经济困境。因而，在新建监狱或对现有监狱产业结构进行调整时，应重点考虑公共工程型劳动。为了避免从事公共工程型罪犯劳动形式对罪犯管理、教育的不利因素，监狱可尽量选择那些较稳定的长线的公共工程项目，如治水工程、治沙工程、绿化工程、大型基建工程等。

四、监狱劳务加工类劳动

这种罪犯劳动形式又可分为加工和劳务两种。加工类劳动是指由监狱组建加工型企业，承揽社会企业的加工订货或来料加工，组织罪犯参加产品加工劳动。劳务类劳动是指一些监狱为闲置罪犯劳动力寻找出路，组织专业或零散的建筑劳务队，承揽监狱周边地区的中小型建筑、修路、挖渠、铺设管道等工程。

随着我国经济发展变化，监狱对外加工企业应运而生，并且已成规模，一些监狱加工企业已成为监狱生产经营的主业。劳务输出所占的比重在许多监狱的产值、利润中逐年增加。

加工类罪犯劳动形式不影响监狱现有的监管改造秩序，而且，产品研发销售是监狱的弱项，两头在外恰好弥补了监狱的不足。监狱罪犯劳动力资源丰富，依靠监狱的优势开办加工工业，可以使监狱的生产经营活动更大、效益更高、监狱建设发展速度更快，从而也为罪犯劳动和改造创造了更好的条件。

劳务输出性劳动也适合监狱，一些工期紧、要求高、难度大的工程，监狱生产仅凭自己的经济实力就有能力完成。此外，监狱罪犯劳动管理严格，承包工程质量高、速度快、价格公道、市场信誉好。监狱从事劳务输出投资少、收益快，可以迅速解决监狱困难，改善监狱条件，为改造奠定良好基础。罪犯长期封闭在高墙内，偶尔到狱外劳动，自有一种回归社会、天高地阔、心情愉悦的感受。从事建筑安装等劳动，可以使罪犯学得许多实用技术，提高劳动力素质。这些都是有利于改造的方面。但是，劳务输出式劳动对罪犯改造也有弊端，其弊在于：劳动项目多变，缺乏稳定性；罪犯离开监狱劳动，管理、监控难度加大，存在一定的危险，必须增加监控力量，需选择条件较好的项目，以确保监管安全。

五、培训习艺类劳动

培训习艺类劳动形式是监狱根据自身条件，针对罪犯将来回归社会谋生就业的需要而开办的，以技术培训为主，生产产品为辅的劳动项目。我国监狱普遍开办特殊学校，在特殊学校的三课教育中，技术教育是特殊学校教学的主要内容之一。技术教育除为监狱生产需要进行技术培训以外，还应尽可能开办大批的实用技术教育，以求让罪犯充分利用监务时间学得一、二项实用技术。随着社会的发展，监狱条件的改善，监狱的技术教育、职业培训等习艺性劳动将以更快的速度、更大的规模在监狱广泛开展。

六、智力文化类劳动

智力文化类罪犯劳动形式是以智力输出为主的脑力劳动形式。脑力劳动是罪犯劳动的重要组成部分。虽然我国经济还欠发达，监狱生产以劳动密集型产业为主，罪犯文化素质普遍偏低，从事体力劳动的占大多数，但监狱组织的劳动项目中，也存在着大量智力文化型劳动岗位，罪犯文化素质较高的也大有人在，因而我国有相当数量的罪犯从事智力文化型劳动。从事智力文化型劳动的罪犯包括：生产领域的设计、策划、实验、革新人员，监内服务领域的教师、医生、文化宣传创作人员、信息资料人员等。

脑力劳动是生产劳动的重要组成部分，而且是高级的、复杂的、贡献更大的劳动。它同样具有转化思想、矫正恶习、养成劳动习惯、学习劳动技能的功能。而且，脑力劳动的特点使它的改造功能更加突出、有效。知识是人类长期生产实践和社会实践经验的总结，是人们认识世界、指导实践的有力武器。掌握了一定知识的脑力劳动者，比较容易深刻认识客观世界和人类社会，懂得如何了解和把握事物的客观规律性并按规律办事。从事脑力劳动的罪犯一般都具有较强的接受和理解能力，对是非、善恶、美丑的认识分辨能力高，情感意志容易受环境影响，容易接受科学理论和正确观念的影响。对他们的思想教育主要是转变，而不是填补空白。另外，脑力劳动充分发挥了罪犯的专长和聪明才智，使他们感到自己的价值和社会有用性得到了政府的承认和尊重，这就容易使他们产生对监狱的信任感，从而有力地激发起他们改造的积极性和主动性。

七、社会重返类劳动

社会重返类罪犯劳动形式是监狱对改造表现突出、余刑较短的罪犯设置的劳动形式，即让部分罪犯到社会企业参加劳动，白天在社会企业劳动，晚上回监居住，或者将罪犯交社会企业或社区组织代管，参加劳动或其他工作，定期回监狱汇报改造进程。目前，我国监狱尚未设立这种罪犯劳动形式，但随着社会的发展和监狱工作的改革，这种罪犯劳动形式终将出现，并不断发展完善。

社会重返类劳动无疑对罪犯改造具有重要意义，它适应了刑罚个别化、轻刑化、非监禁化的刑罚制度的发展趋势，适应了一些初偶犯、过失犯、改造表现特别突出的罪犯的改造需要，可以有效地缩短这些罪犯重新社会化的进程，从而使罪犯劳动与罪犯改造和社会需要更好地结合起来，提高改造质量。因此，我国监狱应本着循序渐进的原则，逐步选择吸纳社会重返型罪犯劳动形式。

案例选编

案例一　监狱劳动生产模式转变：由监外农业劳动转向监内劳务加工

某监狱一监区的罪犯劳动生产模式由监外田间劳动转为监内来料加工生产模式。目前，我国监区狱内劳务加工刚刚开始，狱内劳务加工的管理尚无特别的经验，有许多问题需要解决，例如，狱内外协人员的管理；狱内劳动工具特别是刀具、利器等可资行凶、脱逃物品的管理；劳动现场，特别是死角和重要部位的管理；罪犯暴狱、行凶、脱逃及自伤、自残、自杀的监控管理；防范罪犯进行劳动产值的买卖和抗拒出工等方面的教育管理；等等。针对各种新的问题，监区制定了相应的管理办法和防范措施，做到遇事时有法可依、有章可循，并形成长效机制。

随着罪犯活动空间的大幅减少和改造生活“两点一线”模式的转变，以及工种所限而造成的伏案操作等，身体活动量将会明显减少，罪犯除心理可能产生问题需要加强心理健康教育、矫治外，生理上更可能产生颈椎、腰椎、坐骨神经及眼睛的不适，长此以往，对罪犯身心健康和罪犯改造都不利。因此，监区进行健身建设，普及“工间操”等文化体育活动，另外，在建造厂房时，考虑通风和采光，以及风扇、空调和抽风机的使用，加强罪犯劳动保护，确保罪犯身心健康和罪犯改造秩序的稳定。由于监区生产劳务加工以手工或半手工体力劳动为主，劳动效率和生产利润较低。因此，在监狱生产劳务加工等过程中，监区管理应树立节约意识，加强成本核算和管理，严格考核废品率，在“开源节流，节能增效”上下功夫。

随着罪犯构成和劳动对象的变化，新问题、新情况不断出现，对罪犯的狱内管理和教育更需要在实践中不断总结经验，不断完善和规范制度，预见问题、发现问题、分析解决问题，确保监区狱内来料加工生产模式的顺利转型，推进监狱改造任务的逐步落实和深化。为适应生产模式的转型，监区配合监狱加强对罪犯实用技能的培训，让罪犯刑释后能有更多的谋生技能回归社会，同时，采取刑释人员就业推介会、招聘会等形式，积极为刑释人员就业搭建平台，提高罪犯刑释就业率，帮助他们顺利回归社会，融入社会，有效降低罪犯刑满释放后的重新犯罪率。解除罪犯后顾之忧，在一定程度上促进罪犯的改造积极性。

讨论与思考

论述监狱劳动转型后罪犯劳动改造的管控存在的矛盾与解决之道。

材料二　凯里监狱创建罪犯劳动改造习艺“精品车间”[1]

随着社会经济发展，2019 年贵州监狱局党委为提升罪犯劳动技能和素养，加速低端低产能向高端高产能的转变，增强市场竞争力，着力提高经济效益、罪犯劳动技能和改造质量，充分发挥劳动改造的重塑、矫治功能，向社会输出两个“合格产品”，推动监狱劳动改造项目提质增效转型升级；落实以政治改造为统领，统筹协调推进监管改造、教育改造、文化改造、劳动改造五大改造工作新格局的实验区。统一安排部署全面推动监狱“精品车间”创建工作。“精品车间”就是精细化管理水平、精干的劳务加工技术力量和精品加工生产能力。凯里监狱根据《贵州省监狱管理局关于建设劳动改造习艺精品车间的通知》文件精神，对凯里监狱五监区罪犯劳动改造习艺车间进行全面优化升级，全力配套打造精品车间。

---

〔1〕 参见张秀刚：“打造精品车间生产试验　创新罪犯改造习艺模式——凯里监狱创建罪犯劳动改造习艺‘精品车间’综述”，载贵州省监狱管理局网，juglj. guizhou. gov. cn/k1/jywh/201909/20190919_25852316. html。

为了更好完成精品车间建设，凯里监狱党委召开“精品车间”建设专题会议，明确目标，具体安排部署。根据省监狱局工作会议文件精神，经研究五监区生产区二楼建设为劳动改造习艺精品车间，进行升级改造并配套打造“精品车间”。

五监区系凯里监狱传统产业（被服生产）的主要产能监区，拥有生产车间3000余平方米，缝纫设备300余台，具有丰富的服装生产管理经验，从事服装生产的罪犯技术成熟、稳定。近年来，五监区主要从事特定服装、铁路工装、大衣等中、高端产品，项目稳定，生产效率较高，能够较好地完成各项生产任务、指标，生产现场管理制度齐全，日常管理规范，从业人员的产品质量意识和精品意识较强，具有建设劳动改造习艺精品车间的良好条件。

五监区生产区的二楼生产车间基本能够满足“精品车间”的建设要求，建设精品车间的投入相对较小；但由于部分生产设备较为落后，不适应精品车间建设的求，经现场考察分析，结合“精品车间”建设实际需要，需增购平缝机、双针机、锁边机、打扣机、开袋机、锁眼机、套结机、模板雕刻机、粘合机等设备，完善硬件设施装备。

劳动改造科负责监狱“精品车间”建设的日常安排、协调、管理等工作，督促“精品车间”建设进度，实现“精品车间”建设目标、要求。经过专业团队市场考察，引进先进、高效的全自动化模板机、开袋机等专用缝纫设备，满足“精品车间”建设的订单需求。五监区负责精品车间服刑人员的调度和劳动技能培训等工作，尤其加强罪犯进行高难度、高质量、复杂工序技能的培训，保证罪犯劳动技能符合精品订单的要求，提升罪犯劳动技能和素养，提高罪犯改造质量，并根据《国家质量标准》、《现场7S管理制度》等收集有效数据、资料，建立精品车间劳动改造现场管理规范和精品车间劳动改造流程。

结合“精品车间”生产实际情况，建立、完善精品车间质量管理控制体系。为实现“精品车间”劳动现场精细化管理，监狱将制定精品车间服刑人员劳动改造现场精细化管理考核规定，在日常管理中，作为警察对罪犯劳动改造现场落实直接管理的工作依据。通过服刑人员劳动改造现场的精细化管理，创建管理规范、秩序井然、安全文明、环境整洁的劳动改造场所，使“精品车间”精细化管理这一系统性工程在工作中做到“精确定位、合理分工、细化目标、量化考核”，使管理细化到每一个人、每一件事、每一天、每一处，形成人人有标准、事事有标准、时时有标准、处处有标准的规范化管理格局。

通过监狱多措并举全力推进“精品车间”的建设，与时俱进提升监区监管改造的管理水平，利于服刑人员习艺劳动技能上新等级，为服务服刑人员回归社会更好就业创造条件，提升服刑人员劳动改造积极性，同时提高劳动改造的产能产出，保障了监狱安全，为监狱持续的安全稳定奠定基础。

讨论与思考

社会经济发展有哪些因素会影响监狱罪犯生产劳动组织管理形式。

第二部分　实务篇

专题五　罪犯劳动组织安排

学习目标与任务

了解罪犯劳动项目选择的基本原理，掌握一般的评估方法与规则、程序。通过对罪犯劳动项目评估工作的流程学习，能学会操作项目选择的组织、市场信息收集与研判、标准确立与评估、选择等工作能力。

了解罪犯劳动技能培训的基本原理，掌握制定培训大纲的一般方法。通过对以新入监罪犯培训为例的一般工作流程的学习，学会培训时间掌握、培训内容安排、习艺岗位匹配、培训目标实现等工作能力。

了解罪犯劳动定员、定岗、定额的基本原理，重点掌握罪犯劳动定额的一般方法，通过对定额形式、定额制定原则、定额作用等的学习，学会罪犯劳动的“三定”能力。

学习任务一　罪犯劳动项目的评估与选择

一、基本原理

罪犯劳动项目选择是在评估的基础上进行决策的结果。评估是监狱作为价值主体依据其自身的价值准则对罪犯劳动项目选择的有效性进行判断的过程。这一判断过程需要正确、恰当的标准，科学的原理与有效的方法，合理的程序。正确、恰当的标准是判断的前提；科学的原理与有效的方法是评估的条件；合理的程序是判断的保障。状态的考核是判断的基础；判断规则是评估行为的准则；正确结果的选择是发挥价值导向功能的评估目的。

罪犯劳动项目评估与选择，是监狱实现对罪犯进行劳动改造提供基础效果的一个过程，是对项目进行选择具有普遍意义的原则。它包括评估系统、模型的建立，标准、规则的确定，程序的确立，等等。执行了原理规定的内容，就可以实现选择的预期效果。项目评估与选择就是实现效果最主要、最根本的原则和过程。

组织罪犯参加劳动，是改造罪犯这一复杂的再社会化过程的一个组成部分，是罪犯改造思想、行为、心理、意志、品格、法制观念、道德情操、价值取向、职业倾向、职业技能等诸多方面的体现。罪犯劳动必须体现改造的价值取向，因此，在罪犯劳动项目的选择上，必须体现三项原则：①监管安全的前提性原则。这是监狱生产有别于社会企业的显著特征，也是进行罪犯劳动项目选择所必须遵循的原则。罪犯劳动项目是罪犯改造的一个载体，因此，选择项目必须为监管安全这一首要政治任务提供服务，也必须为维护监狱的正常改造秩序发挥其应有的功能。②对罪犯实施矫正的基础性原则。罪犯的劳动改造行为，是一项长期性的、潜移默化的行为矫正手段。“劳动可以改造人”，其实质是发挥了教育的功能，是改造罪犯思想、矫正罪犯好逸恶劳及不良物质欲望的重要手段。③罪犯习艺的前瞻性原则。监狱选择罪犯的劳动项目，必须为罪犯的习艺提供方便。组织罪犯进行生产活动和对罪犯进行相关教育，使罪犯在身体素质、思维方式、思想观念、就业知识、劳动技能等方面更加适应现代社会的要求。其中，安全原则是前提，矫正原则是基础，习艺原则是导向。另外，罪犯劳动项目选择是一项经济活动，因此，在项目选择时，还必须考虑“经济效益”的原则，这是由当前中国监狱的客观现状所决定的。

二、罪犯劳动项目评估要素

1. 符合监狱安全需要。

（1）项目所涉及的生产现场组织方式必须符合监管视线畅通的要求，有利于监狱警察的直接管理。

（2）设施、设备及工具不具有登高、攀爬、绝缘等直接功能。

（3）原辅材料与成品不属于监狱规定的违禁物品。

（4）项目符合环保及生产安全要求，严禁引进易燃、易爆、有毒、有害、高危、高强度的项目。

（5）项目合作辅导人员性别符合安全要求。

2. 符合监狱矫正需要。

（1）项目与罪犯劳动能力（包括罪犯性别、年龄、身心体能、文化程度等）的符合性标准相适应。

（2）项目与罪犯刑期分类的符合性标准相适应。

（3）项目与罪犯分级处遇的符合性标准相适应。

（4）项目与罪犯考核奖惩的符合性标准相适应；等等。

3. 符合罪犯习艺需要。

（1）项目具备既能让罪犯直接操作，又能让罪犯提高生产技能空间的前瞻性要求。

（2）项目有利于对罪犯进行职业技术教育的开展。

（3）项目组织方式有利于罪犯的择业观培养。

（4）项目具有社会区域倾向性，相对有利于罪犯刑释就业。

4. 符合监狱生产经济性原则。项目的选择还必须评估其经济性，项目必须为监狱经济组织带来一定的利益，能为监狱组织罪犯生产提供一定的经济支撑，符合社会主义市场经济的运转要求。因此，在进行项目选择时，必须测算监狱经济运转的管理成本、人力成本、资产成本等，同时还必须进行利润预测。如果选择没有经济效益的项目，不但会加重国家的负担，而且也会加重监狱自身的负担，直接影响监狱的监管改造秩序，影响对罪犯的教育矫治质量。因此，项目选择必须具备一定的经济效益，并对项目的地区性特点及其项目在产业趋势中的定位进行市场调研，做出判断，从而对项目的长期发展有一个清晰的预估。

三、项目评估要求

项目评估准则是在标准层的指导下，根据项目管理与项目结果的各类标准的要素进行分类的结果，是项目评估与选择的具体操作指导。它需要对下列问题列出具体准则：

1. 项目目标。项目目标必须明确对什么目标进行评估，这一目标有哪些指标及指标的数量化，所有指标必须最后归一化。由于各类指标在实践中不可能为同一标度，因此，归一化就会采取“分值”的方式，使各项指标都有得分，最后以总分为项目设定目标。

2. 项目领导力评估。项目选择必须知己知彼，对领导力的评估是客观地看自己的内容之一，也是监狱罪犯劳动项目选择难点之一，这要求在设计子准则层时必须对监狱或监区组织的领导力有一个清晰的表述。在实践中，往往会产生这样一种现象，一个看上去比较好的项目，但选择后产生不了好的结果。分析其原因，是因为项目引进后的领导力的不适应性，或没有项目的行业专家，或没有项目这一方面的组织、指挥、协调能力等。当然，领导力的评估还必须用发展的眼光看待问题，现在不足不等于将来不足，“将来”的时段评估对项目的影响力是多少，有哪些可以现在调整、弥补，等等，也必须在子准则层中进行表述。因此，领导力的评估的重点是对新项目的适应性评估。评估内容为对软、硬件条件的管理、技术、工具应用的组织协调的评估，即是对人（可提供给项目的人员）、机（设备）、料（生产、生活物资）、法（可待采用的方式、方法）、环（可提供的项目生存环境）、测（考核测评指标、标准、方法）的组织、协调的评估。

3. 人员评估。第一，是对罪犯劳动能力的评估。罪犯服刑是一种流动的状态，罪犯作为劳动力，其天然地存在着缺乏技术带头人的现状，这在短刑犯监狱中更为明显，所以，技术易学性是监狱罪犯劳动项目选择的一个特点。实践中，监狱往往选择服装、箱包、电子元件简单装配等劳动密集型的项目，就是由这一特点所决定。当然，在长刑犯的监狱中，由于罪犯实际服刑平均会达到 10 年左右，在进行项目选择时，可以适当地增大一些技术难度，从而为培养罪犯的劳动技能提供更好的项目基础。在进行人员评估时，还必须考虑罪犯的年龄、性别、数量等特点。

第二，是对监狱企业的管理人员、技术人员、骨干技术工人的评估。其主要内容是：①管理人员、技术人员、骨干技术工人的充分合理授权，即信任与尊重，信息沟通的情况，学习力的情况；②罪犯的人格尊重、精神鼓励与物质鼓励情况，培训情况，奖罚兑现情况；③内部业务关系、权责关系制度化、标准化，能杜绝人为矛盾隐患；④管理上具有正气之势，提供什么、弘扬什么、反对什么，旗帜鲜明、立场坚定；项目团队中的学习氛围，团结、竞争、向上精神，沟通、宽容与帮助的环境状况。

4. 资源评估。资源评估涉及资金及其监狱的土地、厂房、现有设备等有形资源和信息、服务、知识产权等无形资源对项目支持、保证、利用等状态。特别需要说明的是，监狱的土地、厂房是有限的，土地和厂房资源决定了项目规模，超限的项目显然不适用于监狱的选择。解决之道主要是考虑项目是否可以划分。在进行资源评估时，还必须考虑监狱的现有设备的利用率，这对降低项目成本、提高经济效益会带来帮助。

5. 客户资信评估。进行客户资信评估，一般需要通过考察，了解和掌握客户的工商执照、税务登记等法人资质情况，以及客户的经营规模、经营业绩、履约能力等信用状况，同时，还必须了解评估项目在客户经营规模中所占份额、经营状态（指项目在客户经营中的成熟度）等商业信息。客户的资信评估是项目评估的基础，直接对项目起到决定性的作用。

6、客户人员评估。客户人员评估，是对具体合作者的经营管理体系及人力资源的运作情况进行考察后作出的评估。项目选择是一种商业合作，考察经营体系及其人力资源运作，可为项目选择提供项目的前提保障，同时，对项目的引进带来先进的管理思想和管理方式，为提高罪犯教育、矫正和技术进步做好项目基础。

7. 项目结果评估。项目结果评估，即是对合作方式的一种评估，如来料加工方式、订单生产方式、生产自销方式等。一般情况下，监狱对项目合作结果，往往选择“两头在外”的来料加工方式，这一方式更须对客户的资信及人员进行深入的考察与评估，特别要加强对加工资金回笼这一项目结果的评估。

8. 其他利益相关方的评估。项目合作还会产生许多其他利益相关方。有时，一个环节出现问题，就有可能影响项目合作的全局。因此，在进行项目评估时，还必须对其他利益相关方进行必要的考察与评估，从而为项目的顺利合作做好周密的部署。

训练情境

一、罪犯劳动项目选择的操作要领

（一）项目选择的组织

在监狱工作实践中，项目选择一般宜组建“罪犯劳动项目评估小组”，该小组成员应由监狱相关部门人员组成，包括生产科、狱政支队、教育改造科、劳动保障与安全生产科、财务科、生产监区等部门，小组成员一般由 5 人或 7 人组成。在组织方式上，实践中有监狱集中管理和以监区为单位分散管理两种。集中管理的项目选择，宜由生产科室牵头落实，制成项目评估方案后，提交监狱所属公司董事会或经理会决策；分散管理的项目选择，宜由监区牵头落实，并直接进行评估和决策，把决策后的项目选择结果报监狱相关管理部门备案。监狱一般根据选择项目的规模大小、涉及生产监区的状况等因素，采取不同的项目选择组织方式。

（二）项目选择的一般程序

项目选择程序必须做到上下联动，操作规范、简明，效率优先。项目选择是一个商业行为，商场如战场，评估效率有时直接决定了项目合作的成败。同时，选择一个适合监狱的合作项目，还必须讲究项目的质量，因此，项目选择的程度必须规范。只有这样，才能使引进的项目既有安全性、矫正性、习艺性，又能带来经济效益。

1. 项目选择的一般程序如下：

（1）监狱的项目管理业务科室或监区进行市场调研与信息收集。

（2）由项目组织初步确立并形成项目报告。

（3）项目组织成员独立评估并根据项目标准层及子准则层打分，评估人员需填写评估记录，主要内容为：项目所展示的优势；报告应改进的情况和现场访问的情况；其他需要注释的情况；各项标准及子准则的分值。

（4）牵头人汇总，列出所有评估人员的意见及打分情况，并转发给每位打分人。

(5) 评估成员根据其他的分数和意见再次调整自己的打分。

(6) 集体讨论，由牵头科室或监区组织进行充分协商。

(7) 在进行集体讨论时，允许打分人独立进行分值的重新调整。

(8) 计算加权数值。

(9) 确立是否进行合作现场访问，如果不需要，加权数值为最后分值；如果需要，则列出访问名单及时间，进一步进行资料查阅、证据再收集、核对及访问谈话等工作。评估人员根据访问情况，再次讨论打分，进行加权计算，确定最后分值。

(10) 形成评估报告。

2. 项目独立评估表。一般情况下，评估人员可以根据项目评估的要求，在整个评估过程中，接受牵头科室或监区分配的评估任务，评估牵头人要在评估人之间做好有效沟通，在评估人之间起好桥梁作用，并监督评估人的工作质量。评估人在任务范围内，以格式评估表进行独立填写。

3. 项目评估报告。项目的评估报告一般由以下四个部分组成，各部分具体内容如下：

(1) 评估过程简介。本部分主要介绍实际评估的具体流程。

(2) 评估总结。①项目评估组的总体意见，即建议选择或否定选择；②评估组对本项目的总结性意见，包括项目的范围及简要描述、项目的主要目的、对项目选择的前展意义、项目选择后的主要挑战或困难、项目选择的集中评价。

(3) 对照评估标准和子准则进行详细描述，并形成评估标准和子准则的报告。

(4) 评估分数表。列出每项标准和子准则的加权分值，并得出最后分值。

二、问题协调

罪犯劳动项目选择是在评估的基础上决策的结果，在引进生产项目时，监狱必须清楚地认识到，不仅要将加工项目简单地引进来，更要引进合作方的先进技术、工艺流程、管理方法与生产模式等，在组织生产劳动过程中予以消化、吸收。

(一) 要进一步加强管理，创造良好的生产环境

监狱面对激烈的市场竞争，要认真做好市场开拓工作，以“接好单、接大单、接适宜性的单”为目标，努力确保生产的正常运转。一方面，要积极地与老客户联系，稳固接单渠道。另一方面，积极发展新客户。通过市场调查、电话联系、上门争取等方式，努力培植新的订单信息来源。

在内部管理上，创造良好发展的软环境。从有利于罪犯的教育矫治、习艺功能出发，努力创造一个良好的教育矫治和习艺场所。①注重企业文化建设。在生产厂区实行定置管理，统一制作各种标识，宣传标语、操作规程上墙，举办各种活动，宣传劳动的“教育改造性和技能培训性”，使罪犯积极地投入到生产劳动中，形成凝聚力。②实行竞争制度。细化和完善一线管理民警职责，生产经营工作责任到人，杜绝不作为现象，有力地促进产量的上升、质量的提高。③严格执行产品工艺、操作和安全规程；关键岗位、特殊工种实行持证上岗。

创造规范有序的生产环境。生产现场管理是企业各项基础管理和专业管理在生产第一线的综合。通过实行标准化规范管理，有条件的单位可以进行 ISO9001 质量管理体系认证，形成了一整套完善的质量管理体系，提高生产现场管理力度。通过 PDCA 的过程控制（即策划、实施、监测、改进）的方法，从而达到对生产现场物的有效管理、对有效的物进行有序流转、对有序流转的物达到有控状态，从而实现成本最低化、效益最大化、质量规范化、物流安全化。

（二）强化罪犯的劳动改造这一行为矫正手段，提高改造质量

1. “小范围择业”，培养正确的就业观。当下中国绝大多数罪犯都在监内服刑，所以，对罪犯的劳动选择方面，也只能局限于监狱（企业）内部。尽管如此，我国监狱一直以来基本是以指派为主。为了适应社会的就业现状，可以在监狱内部实行二级小范围的择业模式。①新犯入监后首次择业。在新犯经过入监教育之后，由监狱企业公布所需岗位及待遇情况，让罪犯根据自己的情况申请岗位，监狱企业组织招聘并根据实际确定录用人员。新犯未能被录用时，继续接受入监教育并准备下次招聘，直至录用为止。当然，在条件允许的前提下，监狱可考虑引入脑力、文艺劳动，其产生的效益归监狱分配。②监区（分监区）内部的二次就业。罪犯在被录用到不同分监区后，由于不断有老犯刑释，老犯的所在岗位可以优先考虑已在监区（分监区）改造的罪犯，可采用竞争上岗的模式运行。

以上两级小范围择业的模式与目前现实社会的就业基本一致，如由于有二级就业的机会，使罪犯在不能申请自认为较为理想的岗位时，可以“先就业再择业”。在这一做法的基础上，加上民警的正确教育引导下，就有利于培养罪犯的正确的就业观，并为罪犯刑释后的就业打下基础。

2. “新员工就业”，从技能的培训开始。新犯被录用到一定的岗位后，为能尽快适应相应的岗位，应及时给新犯培训，并给予一定的实习期。并要求做到以下几点：一是指定师傅及学习内容；二是相应的考核期和相适应的待遇。总体上要求达到一定效果：罪犯在越短的时间里掌握要求达到的技能，将越早给予“转正”。从而使罪犯上岗时就能养成“在劳动中继续学习，学习中促进掌握更多技能，提高技能中促进矫正进步”的好习惯。

3. 给予更具激励效果的待遇，促进服刑人员更好地认识“劳动”的意义。一直以来，我国为改造表现好的罪犯减刑，都兼顾了罪犯的劳动表现，即减刑亦是激励罪犯认识劳动意义的一方面，但这点还不够。还必须从罪犯劳动报酬方面分析罪犯的劳动激励待遇。

在罪犯的劳动报酬的处理上，还可以尝试以下方式：一是分开处理罪犯亲友给罪犯提供的资金与罪犯自己通过劳动所得的报酬。为进一步让罪犯明确亲手劳动的意义，宜限制亲友提供的资金的使用。二是确定报酬额度、分配方式及发放形式。这一方面，在我国台湾地区，罪犯劳动的报酬设置原则是：“①待遇应至少足以激发成就动机，以维持正常的生产水准；②金额应依据作业的绩效而定；③最低薪资应至少在机构之起码的“社会福利水准”以上，以确保正常的工作力；④获取之薪应足以有利存款，以作为将来社会复归之用；⑤薪资的发放应兼顾机构及政治之实际状况。”以上几点值得我们借鉴与学习。参考值：同业工人工资的 1/2~2/3。分配方式方面，应该从罚金、生活支配费用、刑释安置金、各类保险金这四方面按恰当的比例进行分配。发放形式

方面，鉴于我国监狱的实际，宜以监狱代为管理执行。

罪犯劳动报酬还必须兼顾罪犯的劳动态度，考虑罪犯减刑的尺度，采取合理的劳动报酬进一步促进罪犯对劳动的认识，刑释后更好地融入社会。

4. “保障性退休”，矫正作用的延续。罪犯的刑释，犹如罪犯的“退休”，特别是长刑犯。服刑几年、十几年，若没有亲友的帮助，将变成一个几乎“一无所有”的公民，明显不利于其回归社会。但是，如果实行以上的劳动待遇，罪犯回归时，将能获得刑释安置金并保留各类保险。这样，便有利于罪犯融入监外的社会。

为了提高罪犯刑释后就业的机会，监狱还可以成立专门的罪犯就业指导中心，中心的主要任务就是通过建设、完善保障罪犯刑释后就业的有关制度，保障就业指导中心的有效运作，争取更多的罪犯能顺利就业。监狱可以从建立内部的“分析制度”、针对企业的“通报制度”和“招聘会制度”以及安置办的“联席会议制度”为内容的“四项制度”，根据社会和企业的动态，及时掌握培训的针对性，通过与安置点企业的联系，打消企业对招聘刑释人员的顾虑，进一步解决“浪子”们回归社会后的就业问题。

（三）进一步加强监狱民警队伍建设，建立高效项目管理团队

1. 有一个团结协作的领导班子，能做到政令畅通，管理上真正做到一级抓一级。

2. 有一支吃苦耐劳、勇于奉献的民警队伍，民警队伍有一股勇于创业的精神。

3. 有较为规范、较为完善的政工、生产、改造方面的管理制度，并能保障制度执行力的到位。

4. 能够充分利用经济杠杆的作用来调动民警职工的工作积极性。

5. 内部做大、做强的同时，善于抓住市场信息，扩大接单面，发展规模效应，形成一个比较好的良性循环。

二、讨论与思考

1. 罪犯劳动项目的选择必须体现改造的价值取向，其基本原则有哪些？

2. 简述罪犯劳动项目评估要求。

3. 罪犯劳动项目选择的一般程序是什么？

学习任务二 罪犯劳动技能培训

一、基本原理

罪犯劳动技能培训是指监狱帮助罪犯提高本岗位所需要的实际工作能力，使之胜任本岗位工作的一种有目的、有组织的培训活动。具体地说，就是在一定的政治、文化、技术、业务素质的基础上，按照岗位工作的要求，通过灵活多样的方式方法，有效地提高所有罪犯本岗位所需要的实际工作能力和操作技能，从而提高工作劳动效率的一种活动。它一般包括岗前培训、转岗培训和在岗培训三种形式。

从岗位培训的要领中可以看出，罪犯劳动技能培训的目的，就是为了尽快地使罪犯适应监狱企业生产特点的需要，掌握劳动技能，具备胜任本岗位习艺的文化技术水

平和能力，直接提高劳动生产率和工作效率。可见，岗位培训的目的，是岗位培训的本质特征的反映，也可以说是整个培训的出发点和归宿。为了实现目标，在制定岗位培训目的时，应考虑以下五个方面并提出相应的要求：

1. 岗位培训必须符合社会主义市场经济建设对劳动者的需要，符合从业人员岗位工作的要求，以及现有的培训条件。

2. 必须符合岗位培训的自身特点，而且是通过岗位培训所能实现的。

3. 岗位培训的目的必须能对整个培训过程起到“指针”作用，既具有鼓励性，又具有指导性。

4. 岗位培训的内容必须简明、具体且可以考核。

5. 能够形成目标体系。所谓目标体系，是由总体目的和具体目的构成的。总体目的分解为具体目的，通过实现具体目的来实现总体目的。岗位培训的总体目的就是要有效地提高所有工作人员岗位所需要的实际工作能力，使之能够胜任本岗位工作，具体包括以下两个方面：①使从业人员爱干、会干、肯干并具备干好本岗位工作的能力；②帮助从业人员的骨干在本岗位上成才。

为了达到总体目的，工作中要抓住四个要点。①要提高的对象是所有从业人员；②培训的着眼点是满足岗位的实际需要；③培训重在实践能力；④培养出来的人符合社会主义市场经济建设的需要。对不同的岗位还应根据总体目的提出具体的目的。具体目的必须体现“岗位规范”和岗位工作发展的要求。不同岗位的培训目的，应该有所侧重，常常从以下四个方面和三个层次考虑。

（1）四个方面是：①帮助岗位从业人员正确认识本岗位工作的职责意义、权利和要求，并能安心以至热爱本岗位工作，明确本岗位工作争取岗位成才的决心；②帮助岗位从业人员树立正确的职业观念，使其了解和遵守职业道德、劳动纪律和有关法律法规，并能用以指导自己的行为；③帮助岗位从业人员掌握必备的专业技术知识和实际工作能力，使之知道干什么、怎样干；④帮助从业人员树立自我提高的信心，掌握自学的方法，养成自学的习惯，自觉地按照岗位工作的要求去学习、提高。

（2）三个层次是：①帮助从业人员取得上岗资格；②使其能熟练地进行岗位工作，适应岗位工作发展的要求；③使其能成为本岗位的能工巧匠、多面手和“尖子”人才，具有开拓性、创造性，做出重要贡献。

实践证明，教育和培训的目的明确，才能找到行动的最佳路线，尽快达到目的；目标不明，就可能走弯路，甚至走错路。

罪犯劳动技能培训的办法是根据监狱企业罪犯劳动技能培训的各项基本要素，制订培训计划，采取岗前三级培训（指监狱、监区、分监区三级）、现场培训、特种工种、技术等级考试考核培训、技术讲座、技术操作竞赛等形式对罪犯进行培养和训练；有计划地组织罪犯参加与监狱企业生产特点相适应的自学考试，也是监狱对罪犯劳动技能培训的一个重要方面。

新入监罪犯岗前三级教育培训是罪犯劳动技能培训的重要方式之一，它基本涵盖了罪犯劳动技能培训的各个要素。岗前培训一般分三个阶段：①入监时接受监狱企业劳动项目的技术理论培训和安全生产教育；②分配到各监区后进行的技术操作实践培训和安全生产教育；③安置劳动岗位后的“传、帮、带”。

二、新入监罪犯岗位培训工作流程

（一）安置习艺劳动岗位

新入监罪犯一般需要接受为期3个月的入监教育，除了进行认罪服法、监规纪律、队列生活训练外，还必须对罪犯进行监狱企业生产项目、特点、主要工艺、安全生产等基本知识的理论教育。罪犯分配后，一般以监区为单位，根据监区劳动项目的复杂程度，确定培训时间，一般为2~3个月，根据本监区生产项目的需要，对罪犯进行技术操作的实践培训和本监区特点要求的安全生产教育。同时，分监区必须为其确立主管民警，开展个别谈话教育，全面了解罪犯的思想、道德、身心健康状况、性格特征、文化程度和个人特长等，必要时，必须进行新犯的危险性评估，从而为新犯的岗位的安排提供选择性的参考。并以此基本确立罪犯的劳动能力和所适宜的岗位。

新收押的罪犯，经过一段时间的入监教育分配到分监区后，分监区应给他们安置习艺劳动岗位。

习艺劳动岗位的安置，应根据习艺劳动任务、习艺劳动强度以及罪犯的个人素质（包括性格、体能、文化素质、能力倾向、特长、其危险性等级等）进行，确保罪犯的劳动与个人综合能力相适应，做到人尽其才，物尽其用。例如，女犯、未成年罪犯，适合强度比较低的习艺劳动岗位；身体素质好，文化程度较高的罪犯，适合强度较大、技术含量较高的习艺劳动岗位；以及危险度等级与监管安全要求的适应性等。

习艺劳动岗位确定后，再把他们编入相应的班组。

（二）上岗培训

习艺劳动岗位安置后，在罪犯上岗前必须进行岗位前培训，目的是使他们尽快适应并掌握岗位技能。一般来说，岗位培训的内容应该包括以下三个方面：①岗位工作的意义、职责、权利和要求；②职业道德、职业安全、习艺纪律和有关方针、政策、法律；③必备的专业知识、基本技能和自学方法，包括基本生产工艺、设备使用、维修、保养和消防设施的使用等。特殊工种和机械设备操作须持证上岗。

岗前培训的任务，应以实际操作为主：①学会操作技能；②掌握操作程序；③懂得安全生产知识；④明确习艺劳动对产品质量的要求。

岗前培训的方法：①师傅带徒弟法。即由懂技术的民警或职工直接教罪犯进行操作与练习；或者由懂技术的骨干罪犯或班组长在民警的指导下教他们进行操作与练习。②集中培训法。即在罪犯上岗前，由懂技术的民警对他们进行理论讲授，教他们实践操作。必要时，可聘请合作方工厂、企业的技术师傅或技校老师对他们进行指导。

岗位培训结束后，应进行考核，合格者由当地的培训中心发给上岗合格证。罪犯在未掌握或熟练岗位技能前，应当禁止罪犯单独上岗或独立操作。

训练情境

一、操作要领

针对当前罪犯刑期、犯罪性质等特点，应制订周密详尽的培训计划。从进入分监区开始，就分阶段组织罪犯进行培训，在规定的培训期，让罪犯有一个熟练的过程。同时，针对罪犯的文化水平和个体素质等差异，在培训方法上体现层次性，以满足不同层次罪犯的需要，杜绝培训的“一锅煮”的做法。

（一）做好计划组织

一般来说，罪犯岗位培训遵循下述流程：理论培训→实际操作培训→综合考核→上岗作业→跟踪指导，为了顺利实施培训计划，应责任到人，实施前要进行点名教育，向新犯及相关训练罪犯说明明确要求和期望。

做好周密的罪犯培训计划并形成书面文件，明确培训的时间和内容、相关负责人、培训方法、培训资料、考核方法、上岗标准。

（二）理论和实际操作相结合

新入监罪犯培训的内容一般包括：全面质量管理知识（ISO9000 质量体系基本知识）、安全知识及训练、操作指导、量具使用、物料分类标志、设备操作、设备点检（部位和方法）、常见故障排除等。

由于内容较多，所以要有计划、有步骤、有顺序地进行，除了安排上岗试做，一般还要利用罪犯的教育时间安排脱岗专题培训，理论和实际操作相结合，使罪犯达到与岗位相适应的应知、应会。

（三）进行书面和实际操作考核

岗位培训期间要对新编队罪犯的表现进行评价并书面化、公开化，培训后要组织必要的书面考试和实际操作考核，考试成绩透明化，考试后要进行有针对性的辅导，该“回炉”的要“回炉”。

（四）利用“传、帮、带”培训新罪犯

为了提高新编队罪犯的培训效果，要调动各种力量，尤其是发挥熟练罪犯“传、帮、带”的作用，建立完善的“传、帮、带”责任制，在重点保证安全的基础上，使新编队罪犯尽快掌握岗位作业技能，达到独立上岗的目标。从而使新编队罪犯尽快适应环境，融入班组。

为了提高罪犯的积极性，确保“传、帮、带”的效果，可以将新编队罪犯习艺表现、培训考试、业绩考核和负责“传、帮、带”的罪犯捆绑在一起，同奖同罚、荣辱与共。对“传、帮、带”成绩出色、方法独到的罪犯，要给予适当的奖励，体现责权利对等原则。

二、问题协调

1. 要保证罪犯在入监分监区进行岗前培训的时间。新入监罪犯岗前培训的部分内容是在入监分监区完成的，在进行政策法规、行为规范、内务卫生教育和队列、内务训练的同时，要做好岗前培训，并协调好与罪犯入监教育的其他内容的关系，为下一步到分监区进行岗前技术培训打好基础。

2. 要创新岗前培训方式。要打破以往概而统之的教育培训方式，在注重实效上下功夫。①拓宽培训范围，一些自身个人素质较高的、平时表现较好的罪犯可以作为班组长后备人选参加培训，为下一步班组长竞争上岗做好充分准备。②丰富培训内容，在岗前培训中注重加强监规纪律教育，通过明确班组长的职责任务，针对不同主题开展讨论等形式，提高履职认识，交流履职过程中的难题，共同探讨进一步加强班组建设的新方法、新思路。

三、实训规程

在岗前培训教育中，要根据本监狱的习艺劳动项目特点，采取请合作方技术人员授课和本监狱老师讲课相结合的方法，对罪犯进行相关生产项目理论方面的培训，让他们一入监就接受规范化、标准化的技术培训，这种培训方法要求：①监狱生产项目的针对性强。②职业技术培训要做到有计划性、系统性、全面性，缩短罪犯习艺过滤期。③在全封闭的入监分监区学习技术理论，有效地克服罪犯下队后才学习劳动技术的缺陷。

根据生产项目的需要，对关键生产环节有针对性地培养技术骨干，在罪犯中做好生产技术的“传、帮、带”工作。在缝纫加工、羊毛衫制作等习艺劳动中，在综合分析的基础上，把那些表现好、文化程度高、悟性较强的罪犯作为技术骨干进行培养，有针对性、有目的地给他们“开小灶”，让他们在短时间内成为熟练技术工，然后由他们辅导解决其他罪犯在习艺劳动中遇到的技术问题，使熟练掌握缝纫加工、羊毛衫技术由原来的半个月缩短到5~7天，真正做到了快、省、优、传、帮、带，建立良好的习艺劳动风气。

通过职业技术培训，优化劳动力资源，做到人尽其用。在监狱生产的实践中，最重要的就是如何管理好、使用好罪犯。要根据罪犯的现实表现、文化素质、悟性程度、身体条件等综合情况，与生产项目的技术含量、工艺要求、操作规程等综合情况相结合，在习艺劳动的实践中，贯彻人性化管理，做到人尽其才、人尽其用。

案例选编

一、某监狱罪犯劳动岗位培训教材内容

第一章：岗位培训基础知识。包括岗位培训的概念、目的和意义，岗位培训的内容和要求。

第二章：安全管理基础知识。包括安全生产的定义和意义、安全生产方针和任务、安全生产教育、监狱安全生产管理及事故危害、原因和责任分析及防范措施。

第三章：设备和工具的保养检修安全管理以及安全用电。包括识图知识及简单零件剖视、剖面的表达方法，设备管理、设备检修与安全、安全用电与节能。

第四章：质量管理基础知识。包括质量概述、全面质量管理、质量改进、现场质量管理、质量管理小组及统计技术与方法的应用。

第五章：锻压及岗位操作。包括锻造生产基础知识、扳手锻造各工序工步及要求，锻件常见疵病及其防止方法，锻造设备及其安全生产技术。

第六章：金工车间岗位操作规范。包括铣工的基础知识、金属加工及其设备、机床的合理使用与维护保养、扳手金加工各工序操作规范、文明生产与安全技术。

第七章：两用扳手生产工序及主要工艺。包括锻造基本工序及其工艺、两用扳手

各工序工步及要求、车间设备及其安全。

第八章：抛光操作工岗位规范。包括正确使用砂轮机，抛光工粗、精镶工岗位规范，文明生产与安全技术。

第九章：热处理岗位操作。包括热处理概述、各工序及其工艺要求、热处理主要工序的安全技术，主要热处理设备的安全技术。

第十章：电镀工艺及其岗位规范。包括电镀基本知识、活络扳手电镀生产工艺、环型线电镀生产介绍、主要电镀设备及安全技术。

第十一章：修造车间岗位操作。包括修造车间的一些大型设备介绍，车间内主要机械设备的安全操作规程、机加工作业规则、文明生产要求。

第十二章：服装加工工艺基础知识。包括服装的概念及材料基础知识，服装裁剪基础知识，服装缝制工艺基础知识及服装质量标准，服装加工常用设备的使用和保养。

第十三章：建筑工程安全。包括建筑工程安全概论，脚手架和施工设施安全，建筑机械。

讨论与思考

1. 在制定罪犯劳动岗位培训目的时，应考虑哪些相应的要求？
2. 简述新入监罪犯岗位培训的一般操作要领。

学习任务三　罪犯劳动定员、定岗、定额

罪犯劳动的定员、定岗、定额是监狱在有关生产组织过程中，罪犯作为劳动主体与工作地、生产指标的“三结合”。由于我国法律规定了有劳动能力的罪犯应当参加劳动，因此，从某种角度上讲，监狱对罪犯的劳动定员与定岗存在一定程度的因人设岗现象。这与现代企业因岗设人的要求是具有较大差别的。但监狱企业也要讲效益，按照一般的生产规律的要求，研究定额是前提，它可以使劳动者与设备、生产原辅材料等进行结合，从而产生定岗与定员问题。

罪犯劳动定额具有与一般生产单位不同的特点：①具有执法性，即必须与罪犯的劳动能力相适应，同时，还必须让具有劳动能力的罪犯参加劳动，即要有相适应的岗位；②具有矫正性，劳动作为教育矫正罪犯的手段，监狱在对罪犯进行劳动定额时必须进行相应的考虑；③需要体现公平性，一方面，要保护罪犯合法权益，另一方面，要规范罪犯劳动定额管理，以合理的劳动定额来考核罪犯的劳动。同时，制定劳动定额要以生产产品的难易为依据，以生产计划为基础，按一定的科学程序——综合平衡法——确定各项生产计划指标；再根据生产的产品和生产规程，按设备定员，用分析核算法定额。对罪犯的生产工种分配和劳动定额的确定要科学合理，应当根据他们的性别、年龄、体力、技术条件，按略低于社会同行业的定额标准适当确定，并注意发挥他们的特长，让他们有产可超，然后适度奖励，刺激他们习艺劳动的积极性。

一、劳动定额的定义

劳动定额，是指在一定的生产技术和组织条件下，为生产一定数量的产品或完成一定量的工作所规定的劳动消耗量的标准。劳动定额是组织罪犯进行生产的客观要求。在监狱企业里，罪犯劳动一般只从事某一工序的工作，企业内部的这种分工是以协作为条件的，要使这种分工在空间和时间上紧密地协调起来，就必须以工序为对象，规定在一定的时间内应该提供一定数量的产品，或者规定生产一定产品所消耗的时间。否则，生产的节奏性就会遭到破坏，造成生产过程的混乱。

罪犯的劳动定额，是指在一定的生产技术和劳动组织条件下，预先规定罪犯必要的劳动消耗标准，完成一定的产品量或工作量。

二、劳动定额的基本形式

劳动定额的基本形式有两种：

1. 时间定额。指在技术条件正常、生产工具使用合理和劳动组织正确的条件下，罪犯为生产合格产品所消耗的劳动时间。

时间定额=耗用时间数量/完成合格产品的数量。时间定额的单位：工日单位/产品单位。

2. 产量定额。指在技术条件正常、生产工具使用合理和劳动组织正确的条件下，罪犯在单位时间内完成的合格产品的数量。

产量定额=完成合格产品的数量/耗用时间数量。产量定额的单位：产品单位/工日单位。

时间定额和产量定额两者互为倒数关系。另外，还有一种看管定额，看管定额又称“操作定额”，是指一个罪犯或一个班组同时能看管机器设备的台数，或看管机器设备上操作岗位的数量。看管定额是一种特殊形式的产量定额，其基本原理是多机床管理，就是罪犯利用某一台机器设备的机动时间（如机床的自动走刀时间）去完成另一台或多台设备上手动时间的工作。机器设备的机动时间越长，工作手动操作时间越短，罪犯能够看管的设备台数就越多。因此，制定看管定额的前提条件是，每台设备的机动时间必须大于或等于罪犯看管其他设备所需手动时间的总和。

企业采用什么形式的劳动定额，要根据生产类型和生产组织的需要而定。产量定额主要适用于产品品种少的大量生产类型企业；看管定额一般由纺织企业采用。

三、劳动定额的制定原则

1. 劳动定额制定应根据现有的生产设施、技术条件和罪犯的劳动时间、熟练水平等客观实际，保持其科学性，合理性。

2. 劳动定额确定要确保在规定时间内，大多数罪犯均能完成或超额完成，严禁出现“超时、超体力”才能完成的高定额现象。

3. 应根据罪犯的性别、年龄、体质强弱、文化程度、技术水平以及将来刑释后就业的可能趋向等不同情况，适当地安排不同工种的劳动，制定合理的劳动定额。

四、劳动定额的作用

劳动定额是监狱企业管理的一项重要的基础性工作。在监狱企业的各种技术经济定额中，劳动定额占有重要地位。正确地制定和贯彻劳动定额，对推动企业生产的发展具有多方面的重要作用。

1. 劳动定额是监狱企业编制计划的基础，是科学组织罪犯进行生产劳动的依据。企业计划的许多指标，都同劳动定额有着密切的联系。例如，在制定生产计划时，必须应用工台时定额，以便把生产任务、设备生产能力、各工种劳动力加以平衡；在制订劳动计划时，要首先确定各类人员的定员、定额；在生产作业计划中，劳动定额是安排罪犯个人、班组以及车间生产进度，组织各生产环节之间的衔接平衡，制定“期”“量”标准的极为重要的依据；在生产调度和检查计划执行情况过程中，同样离不开劳动定额。在科学的组织生产中，劳动定额是组织各种相互联系的工作在时间配合上和空间衔接上的工具。只有依据先进合理的劳动定额，监狱企业才能合理地配备劳动力，保持生产均衡、协调地进行。

2. 劳动定额是挖掘生产潜力、提高劳动生产率的重要手段。劳动定额是在总结先进技术操作经验的基础上制定的，同时，它又是大多数罪犯经过努力可以达到的。因此，通过劳动定额，既便于推广生产经验，促进技术革新，巩固革新成果，又能促进一般的和后进的罪犯提高劳动技能水平。先进合理的劳动定额，可以调动广大罪犯的劳动积极性，充分挖掘其自身潜力，不断提高劳动生产率。

3. 劳动定额是监狱企业经济核算的主要基础资料。经济核算是企业管理中的一项重要的工作，它是实现勤俭办企业和加强企业经营管理的重要手段。每个企业都要对各项技术经济指标严格地实行预算。企业的经济核算，一方面要求生产更多更好的产品，以获得较好的效益；另一方面还要尽量节约生产中的活劳动和物化劳动的消耗，严格核算生产的消耗与成果，不断提高劳动生产率，降低成本，为企业提供积累。定额是制定计划成本的依据，是控制成本的标准。没有先进合理的劳动定额，就无从核算和比较。所以，劳动定额是企业实行经济核算、降低成本、增强积累的主要依据之一。

4. 劳动定额是衡量罪犯劳动表现、合理进行奖惩的重要依据。监狱必须把罪犯的劳动态度作为评定奖励的依据，做到多劳多得、少劳少得、不劳不得。劳动定额是计算罪犯劳动量的标准。无论是实行计时奖励制度，还是计件奖励制度，劳动定额都是考核罪犯技术高低、贡献大小、评定劳动态度的重要标准之一。没有劳动定额，就难以衡量劳动业绩，难以进行合理的分配。

训练情境

一、工作流程

（一）确定领导机构与职责

1. 劳动定额管理实行监狱、监区两级管理。

2. 监狱生产科或企业管理办公室负责全监罪犯劳动定额管理工作，主要职责是定期检查监督各监区劳动定额的执行情况。

3. 监区成立劳动定额考核小组，负责监区、分监区的劳动定额管理工作。劳动定额考核小组由监区主要领导担任组长，由监区分管生产、管教领导担任副组长，成员由监区财务、统计、内勤、分监区领导等人员组成，主要职责是执行本单位有关劳动定额管理制度，制定、修订产品及辅助生产劳动定额，并及时记录，建立台账。

（二）制定劳动定额的要求和方法

1. 制定劳动定额的要求。制定劳动定额，总的要求是“全、快、准”。“全”是指工作范围的要求，凡是需要和可能制定定额的工作都要定额。“快”是指时间上的要求，就是要简便、工作量小，能迅速制定出定额，及时满足生产需要。“准”是指质量上的要求，即定额水平要先进合理。如果定额水平不先进合理，即使制定定额很全很快，也不会发挥定额的积极作用。

所谓先进合理，就是制定的定额要在已经达到的实际水平基础上有所提高，在正常生产条件下，经过一定时期的努力，大多数罪犯可以达到，部分先进的罪犯可以超过，少数后进罪犯也能够接近以至达到的水平。这样的定额才能保证劳动生产率的提高。制定定额的水平过高或过低都是不对的。为了保证定额水平能够先进合理，在制定定额时，必须符合三条要求：

（1）确定一个产品或者一项工作的工作消耗，必须要有科学依据。科学依据是指设计文件、工艺文件、质量标准、过去定额完成情况的统计资料，以及同行业同工种在条件相似情况下的定额资料等。

（2）要总结和推广节约劳动的先进经验，挖掘提高劳动生产率的潜力，保证定额水平的先进性。

（3）要保证相同工作定额的统一和不同工作（包括不同生产单位、不同工种、不同产品）定额水平的平衡。

在制定定额时，“全、快、准”应全面要求，但在实际工作中往往有困难。因此，要根据不同情况采用不同的制定定额方法。

2. 制定劳动定额的方法。

（1）经验估工法：由管理人员、技术指导和技术操作人员结合以往生产实践经验，依据图纸、工艺装备或产品实物进行分析，并考虑所使用的设备、工具、工艺装备、原材料及其他生产技术和组织管理条件，直接估算定额的一种方法。这种方法确定劳动定额快、使用灵活、简便易行、工作量小、也便于修改。在实际生产中，一般在单件小批生产中以及在安排新产品试制或临时性生产任务时使用。

（2）统计分析法：这种方法是根据过去同类产品或类似零件、工序的工时统计资料，在分析当前组织技术和生产条件的变化的基础上来制定定额的方法。这种方法简单易行、工作量小，以比较大量的经济资料为依据，比经验估工法更能反映实际情况。凡是在生产条件比较正常、产品比较固定、品种比较少、原始记录和统计工作又比较健全的情况下，一般都可以用这种方法。

（3）类推比较法：以现有产品定额为基础，通过对类似产品或工序进行分析比较，采用类推方法确定出新的同类产品或工序的劳动定额。这种方法以生产同类型产品或完成同类型工序的定额为依据，经过对比分析、推算同系列的，具有明显的可比性。如果缺乏可比性，就不能采用类推比较法来制定定额。类推比较法含有经验估工法的成分，因为对比分析时，会含有凭主观经验估计和推算的成分。

(4) 工艺测算法：以工艺图纸和设备的操作速度为基础，确定各工序、部件的作业时间，换算成劳动定额。

二、操作要领

(一) 劳动定额制定的步骤

1. 根据样品或工艺单，由技术人员和试样人员一起测定产品定额，上报监区定额考评小组审定。

2. 定额考评小组根据上报的产品定额，组织小组成员进行理论评审和实践（试生产）评审进行确定。

3. 产品定额确定后，予以公示集中统一记录，并建立规范台账，统一保存。

(二) 劳动定额的执行

劳动定额制定以后，必须组织定额的贯彻执行。贯彻执行劳动定额要加强思想政治工作，要发挥骨干罪犯在定额管理工作中的模范带头作用；要加强定额考核分析工作，随时掌握罪犯达额情况和存在的问题，及时研究解决；要切实贯彻执行各种重要的技术组织实施，及时地鉴定、总结和推广合理化建议；还要把发动罪犯开展劳动竞赛密切结合起来；企业专业管理人员要深入现场调查研究，帮助罪犯达额，保证定额的全面贯彻执行。

为了保证劳动定额的贯彻执行和为制定、修改定额提供可靠的资料依据，分监区必须加强对定额完成情况的统计、检查和分析工作。

1. 要健全工时消耗的原始记录，分析工时原始记录的准确性。

2. 分析研究工时的利用情况。分监区工时利用情况，主要通过罪犯出工率及工时利用率两个指标来反映。工时利用的变化，影响着劳动生产率的高低。分析工时利用的目的，主要是总结工时浪费的原因，采取措施加以克服，以增加生产时间，缩短停工时间，增加有效工时，减少无效工时。

3. 分析工时定额的完成情况。从分析完成定额的情况着手，总结先进经验，找出影响定额贯彻的各种因素，以促进劳动生产率的提高，并进一步掌握工时消耗变动的规律，为制定和修改定额提供依据。

(三) 劳动定额的考核与检查

1. 劳动定额管理作为民警执法工作的一部分，监区必须将民警分管的分监区或小组的劳动定额完成情况、台账资料管理等列入民警日常工作考核，加强管理和检查，提高劳动习艺管理的执法水平。

2. 劳动定额管理列入基层单位年度考核范围，加强对劳动定额的制定、修改、公示、考核、台账以及劳动定额水平等检查与考核，促进基层基础的规范化建设。

3. 根据罪犯劳动定额完成情况，对罪犯实施奖惩考核。

三、问题协调

(一) 习艺劳动定额的修订

当现行定额在执行中发生下列情况，对劳动定额水平影响较大时，分监区应对现行定额提出修订要求：①产品结构改变；②原材料的材质、规格发生变化；③工艺规程变动和加工工艺方法改变；④设备和工艺装备变动；⑤生产劳动组织改变；⑥个别劳动定额与实际生产情况相差悬殊。

（二）习艺劳动定额的修订方法

1. 定期修正法。即以月、季或年度为期，对日常劳动中定额的准确性进行分析、考查，从统计的资料中和现实习艺劳动中寻找不足，予以修正。

2. 临时修正法。即根据分监区每个阶段的工作重点，对定额进行临时修正，以适应习艺劳动的需要。由于分监区罪犯经常发生变动，有新来的，有刑释需顶替的，对这些人应施行临时性定额，并随他们习艺劳动技能的提高而进行相应的调整。

实训规程

1. 以独立工序划分的习艺劳动项目的定额确定。有的习艺劳动项目划分为几个工序，每个工序相对独立，每道工序的定额要具体确定。例如，某监狱第七监区以服装加工为习艺劳动项目，其中，五分监区负责服装生产前道生产工序，即裁剪生产。该分监区该如何确定裁剪生产定额?

先对产品进行打样。一般服装裁剪生产都设有一个打样间，接到客户的订单后，先对产品进行打样，即叫一名熟练工人（或熟练罪犯）对产品进行试裁并计时，确定完成一件产品的时间，再按每天工作时间确定产品的定额。确定产品定额时，还可以根据经验估算法，对打样时间进行上下浮动，再确定该产品的具体定额。

2. 以流水线形式生产的习艺劳动项目定额的确定。例如服装加工，通过流水线形式组织生产。每个流水点定额的确定，通常采用工艺测算法。以一个能熟练操作设备的罪犯来操作该流水点的部件，民警在旁计时，再按工作时间确定定额。

讨论与思考

1. 罪犯劳动定额的基本特点及其制定定额的原则是什么？

2. 简述罪犯劳动定额的基本形式与制定方法。

3. 简述习艺劳动定额的修订与修正。

专题六　罪犯劳动现场管理

学习目标与任务

了解罪犯劳动现场管理的基本知识，能根据相关的知识和要求组织罪犯进行劳动，并进行有效的管理。

一、罪犯劳动现场管理的内容和原则

罪犯劳动现场管理，是指监狱根据国家的法律法规，对罪犯劳动现场的具体监管、组织过程。即对罪犯劳动的整个过程和环节进行有效的组织、部署、协调、监督和控制过程，罪犯劳动现场管理除管理的基本职能外，还具有法律强制性。罪犯劳动现场管理要体现以下原则：

（一）安全第一

监狱生产是监狱执行刑罚的重要手段之一，“惩罚和改造相结合，以改造人为宗旨”是监狱工作的基本方针，因此，确保一个安全稳定、秩序良好的劳动现场，是劳动现场管理的基本任务，是监狱各项制度落实和贯彻的前提。罪犯的劳动现场管理应确保罪犯在劳动现场严格遵守国家的法律法规和劳动场所的纪律，不发生逃跑、斗殴、自杀等各类影响场所改造秩序和人身安全的案件；确保罪犯严格遵守劳动纪律和生产流程等操作规程，不发生因公伤亡事故；确保不发生重大的火灾事故和群死群伤等重大案件。

（二）教育为本

罪犯劳动的最终目的是让罪犯接受劳动思想教育，培养正确的劳动观，使其在劳动中掌握一定的技能，为回归社会、重新就业创造条件。追求经济效益虽然也是监狱机关所极力希望达到的，但它不是罪犯劳动的目的。罪犯劳动的目的是教育矫治罪犯，因此，罪犯劳动现场应以教育为本，辅以效益。

（三）预防为主

罪犯劳动现场管理是动态的、全面的、全方位的状态，是一种以预防为主的现场管理活动，通过各级责任民警对生产现场进行经常性的检查，能有效地消除生产现场的各种不良现象，促使罪犯在劳动现场自觉地做好行为规范的自查、自纠工作，从而降低管理成本，提高管理效率。

（四）民警直接管理

罪犯的劳动具有法律强制性。因此，罪犯劳动现场管理必须坚持民警直接管理原则，从而确保罪犯劳动改造的顺利进行。

二、罪犯劳动现场管理的任务

1. 维护监狱的持续稳定和安全。无论是监管事故，还是生产事故，都与罪犯劳动现场管理有着密切的联系。有的事故直接发生在罪犯劳动现场，究其原因，主要是现场管理不到位，对罪犯直接掌控不力。有的虽然不是直接发生在罪犯劳动现场，但用于作案的工具、凶器等大多来源于罪犯劳动现场。因此，强化罪犯劳动现场管理，尤其是强化对生产工具、生产设施设备和物资的管理，有利于警察和罪犯人身安全的保护，有利于监狱的安全稳定。

2. 培养罪犯良好的劳动习惯，提高改造质量。通过一定的现场管理手段和方法的运用，强化罪犯劳动现场的管理，逐步培养罪犯的效率、效益意识，加强罪犯的劳动光荣感。从而让罪犯懂得只有通过劳动才能创造财富、创造价值的道理，学会尊重劳动、热爱劳动并养成良好的劳动习惯。

3. 创造积极向上、充满生机和活力的改造氛围。良好的工作环境能激发人的工作激情，有利于挖掘人的工作潜力，从而能达到事半功倍的效果。同样，整齐、布局合理、优美的车间环境对激发罪犯积极改造、早日走向新生能起到一定的助推作用。

4. 按照既定的规章制度、操作流程来组织生产。用科学的方法组织生产，使罪犯科学劳动，提高罪犯的劳动效率，在完成生产任务的同时，减少监狱通过延长罪犯劳动时间提高劳动强度的可能性。

三、罪犯劳动现场管理技术

（一）罪犯劳动现场作业和质量管理

罪犯劳动现场作业和质量管理，就是要根据罪犯劳动现场安全管理的要求，采取科学、有效的手段，对罪犯劳动过程中影响作业和质量的诸因素进行控制，科学调整工序，制定作业标准，理顺劳动过程中人、事、物的关系，形成科学、规范、顺畅的生产流程，提升安全管理水平，提高工作效率。

罪犯劳动现场作业和质量管理包括：对劳动现场人员的管理以及对现场设备和设施的管理。

（二）罪犯劳动现场的定置管理

定置管理是对物的特定的管理，是其他各项专业管理在劳动现场的综合运用和补充。定置管理就是要正确处理劳动现场中人（民警、罪犯以及现场的其他人员）、物、场所三者之间的结合关系。

1. 人与物的结合状态。可分为A、B、C三种状态：A状态是现场的工具和物品，摆放地点合理且固定，需要时能立即拿到；B状态是所需物品需要一定时间的寻找才能使用；C状态是物与现场生产活动无关，也可说是多余物。定置管理的任务就是消除C状态，不断改进和分析B状态，永远保持A状态。

2. 场所与物的结合状态。可分为A、B、C三种状态：A状态是良好状态，即场所具有良好的工作环境、作业面积、通风设施、恒温设施并且光照、噪音、粉尘等符合人的生理状况与生产需要，整个场所达到安全生产的要求。B状态是改善状态，即场所需要不断改善工作环境，场所的布局不尽合理，或只满足人的生理要求，或只满足生产要求，或两者都未能完全满足。C状态是需要彻底改造状态，即场所需要彻底改造，场所既不能满足生产要求、安全要求，又不能满足人的生理要求。

3. 人、物、场所与信息的关系。劳动现场中，人与物的有效结合，大部分需要借助于信息媒介物的指引、控制与确认。因此，信息媒介物的准确可靠程度直接影响人、物、场所的有效结合，如位置台账、平面布置图以及场所标志、物品名称（代号）等。

学习任务一　罪犯出收工管理

罪犯劳动的出收工管理，是罪犯劳动管理的重要组成部分，主要是指监狱人民警察根据刑罚执行制度中对罪犯生活区与劳动区相分离的要求，组织实施罪犯从生活区到劳动区的过程管理。

一、罪犯出收工管理的要求

1. 根据上级有关制度要求，结合实际，制定监区（分监区）出收工工作方案。方案主要内容包括：目的、民警到岗时间、民警人数、民警站位要求、民警检查要求、罪犯站位固定、突发情况处置预案、责任后果等。

2. 确保监区（分监区）罪犯及时、安全到达劳动现场。根据司法部《监管改造环境规范》的规定，罪犯生产区应与罪犯生活区相分离，确保罪犯每天安全往返于生活区与劳动区之间，这不仅是劳动正常进行的前提，也是保证罪犯改造质量的一个重要环节，通过加强和规范罪犯劳动的出收工管理，有助于强化服刑人员日常规范的养成。

3. 确保监区（分监区）罪犯及时、安全返回罪犯生活区。根据刑罚执行管理的要求，不允许罪犯不经检查将不宜携带的物品带出生活区，也不允许不经检查将各种工具、危险品、违禁品带入生活区，通过对罪犯劳动出收工过程的严格管理，预防和消除各类安全隐患。

二、罪犯出工管理

1. 执勤（带班）民警按规定着装、警容严整。

2. 集合、点名、检查。由主值班民警负责，其他民警协助完成。主值班民警下达集合口令后，罪犯迅速按平时规定的队形在指定的位置集合。主值班民警按“立正→向右看齐→向前看→报数”的顺序进行清点。集合完毕后，由主值班民警再次与其他值勤民警仔细核对罪犯出工人数、着装、胸牌等情况，并就内务卫生、一日情况进行简单讲评，对罪犯随身携带的物品进行严格检查，强调出工队列纪律等。

3. 队列行进。由主值班民警佩戴执勤标志，携带执勤器具、执勤记录本等，成长方形队列，在其他民警的共同参与下，列队前往劳动现场。队伍在行进的过程中，执勤带队民警要按照队列要求，下达“一二一，一二三四”的口令，以确保出工队列的整齐划一。同时，也可以用大合唱的形式，活跃出工队伍的良好气氛。

队列行进过程中，执勤带队民警的站位按照U形半包围布置。

4. 大门报数。队列出入大门，由执勤带队民警清点人数，向门卫值班民警报告，经签名登记允许后出入大门。

5. 任务布置。由监区主要领导或分管生产的领导对一天的生产任务进行布置或强调，特别是劳动安全、劳动纪律、劳动质量，应做到每日“必说”。

6. 有序到位。在值班民警带领下，罪犯进入劳动具体岗位，实施劳动。

三、罪犯收工管理

1. 集合、点名、检查。由主值班民警负责，其他民警协助完成。负责罪犯集合，仔细清点核对收工人数，检查劳动现场水、电、设备的维护情况，检查劳动工具的收缴情况、统一保管登记情况，特别是要严格检查每一个罪犯随身携带的物品，防止各类违禁品在收工时流入罪犯生活区域，同时，督促劳动车间门窗的上锁工作等。

2. 劳动小结。由监区领导或分管生产领导，对一天的劳动情况进行简要的讲评，指出存在的不足和应注意的问题。

3. 队列行进。与出工时的要求相同。

4. 大门报数。罪犯收工队列带至生活区大门时，主值班民警应在门卫值班民警的监督下，再次对收工队列进行点名报数，由门卫值班民警核对其与出工时人数是否一致，核对无误后，双方签名，然后由主值班民警带入生活区大门，直至带回监舍。

四、提高罪犯出收工管理成效的措施

罪犯劳动的出收工管理，不仅是罪犯劳动管理的重要组成部分，更是监狱安全防范的重要内容。因此，加强罪犯劳动出收工管理对于监狱机关发挥其职能的意义重大，必须高度重视，应当：①树立民警的管理意识；②加强民警的责任心教育，教育民警到岗尽职，防止因工作责任心不强而影响劳动现场的安全稳定，以及由此给集体和自己造成的不良后果；③提高民警的管理技能和效能；④进一步加强民警的警体技能训练，通过岗位练兵、岗位技能比赛等手段，不断提高民警的身体素质，以期在突发事件发生时能够以良好的身体素质处置；⑤加强对执勤（带班）民警的督查，监狱及上级有关部门要定期或不定期地开展对一线执勤（带班）民警的督查，检查民警是否严格执行有关制度，发现问题应及时指出并予以纠正；⑥加强民警出收工管理的制度建设和应急演练。目前，有些地方对于罪犯出收工管理的制度还不健全，主管部门应明确出收工管理的硬性规定，如罪犯出收工人数与执勤（带班）民警人数的比例、夜间加班时出收工的民警数等。各监区和分监区还应根据自己的实际情况，细化罪犯出收工时的应急措施，并开展应急演练。

训练情境

1. 某监区服装加工车间，罪犯收工时，对水、电、设备进行了检查，由于当天停水，没有发现有些水龙头没有关闭，至晚上水溢车间时才发现。幸好没有造成重大的经济损失。

分析：忽视收工后的劳动现场管理。收工管理中，忽视水、电的检查，给监狱财产造成损失。应当由专人在收工时负责对车间的水、火、电进行检查，防止出现重大问题。

2. 江南某监狱二监区150余名服刑人员，在4名民警的带领下，由生活区前往劳动区劳动，一名民警在队伍左侧，三名民警在队伍后方，当队伍经正常程序出生活区大门约30米时，服刑人员陈某突然冲出队列，向40米开外的道路跑去，企图强行脱逃，后被民警当场追回。

分析：此事件中，陈某强行脱逃的行为虽然没有得逞，但执勤民警应该从中吸取哪些教训？

第一，民警对陈某的思想动态掌握不明，在队列行进中未能很好地发挥服刑人员班组长的“包夹”作用。

第二，4名民警带队时所处的位置不正确。正确的位置是：主执勤民警在队伍的左前侧，负责整个出工队列的口号、队列前进节奏的掌控等。另三名民警所处的位置应该分是队列的右中侧一名、队列的左右后侧各一名，形成对整个出工队列的包夹状。

第三，前往没有外围墙的劳动区，出收工途中即使距离不远，也应该安排更多的警力执勤，如果监区（分监区）警力不足，可以申请上级机关在出收工时间段予以警力支持。

讨论与思考

1. 如何避免罪犯出收工时队列不整、秩序混乱情况的发生？
2. 队列行进过程中，值班带队民警的正确站位是什么？
3. 如何避免出收工中误报人数情况的发生？
4. 如何避免出收工中突发事件的发生？

阅读书目

1. 孙平：《监狱管理理论与实务》，中国政法大学出版社2004年版。
2. 腰明亮编著：《监狱安全生产管理》，中国政法大学出版社2006年版。
3. 戴艳玲：《中国监狱制度的改革与发展》，中国人民公安大学出版社2004年版。

学习任务二　罪犯劳动现场作业和质量管理

一、罪犯劳动现场作业和质量管理的要求

（一）充分考虑生产主体的特殊性

监狱生产的主体——罪犯存在着先天的素质缺陷以及不可选择性，为避免这一特殊性对产品质量的影响，要做到以下两点：

1. 在劳动现场作业和质量管理中，要根据生产劳动岗位的类型、技能要求、岗位职责，结合罪犯的刑期、劳动改造表现、身体素质、生产技能、心理特征，在生产岗位上予以合理分工，使有限的人力资源在合理的范围内进行优化调整，真正做到人尽其用。这不仅是提高产品质量的保证，也是矫治罪犯的重要组成部分。

2. 加强培训，提高技能。根据生产现场作业和产品质量的要求，针对监狱罪犯流动频繁的特性，开展多层次、多形式的培训，并使之日常化、制度化，以保证每个岗位上更新的人员能及时得到岗前培训和在岗培训，保证作业和产品质量。

（二）变事后的质量检验为事前的积极预防

目前，大部分监狱作业和质量管理的方法侧重于产品检验，即主要采取全检、抽检或用重点人、在重点部位进行检查的方式对产品进行检验。如用重点人（生产组长、质检员、总检等）对流水线的产品进行抽检，挑出不合格品，或者对成品进行检验，对不合格产品进行返工。这种方式对改进产品质量起到了一定的作用，但同时也加大了作业成本。作为对该方式的弥补，我们应做到：

1. 质量是生产出来的，不是检验出来的。加强过程管理，坚持按标准组织生产。包括：原材料和辅助材料标准、工艺工装标准、半成品标准、成品标准、检验标准等技术标准；产品工艺规程、操作规程、经济责任制等管理标准。按照产品生产的这条线，环环控制、层层设卡，使各作业处于可控状态。

2. 抓住影响质量的关键因素，设置质量控制点和关键点。控制点是生产现场在一定时期、一定条件下对需要重点控制的质量特性、关键部位、薄弱环节以及主要因素等。应对控制点采取特殊管理措施和办法，实行强化管理，使生产处于很好的控制状态，保证规定的质量要求。

二、罪犯劳动现场作业和质量管理的流程

1. 增强罪犯的质量意识。罪犯的质量意识淡薄，致使产品质量低下，不但造成了人力、财力的浪费，还损害了监狱的形象。因此，监狱要通过多种方式，使罪犯明确：讲究质量才能合格完成任务，有了质量才会有改造成绩，从而注重作业质量。

2. 明确质量责任制。罪犯劳动现场质量管理小组应根据监狱制定的质量管理目标、计划和措施，建立质量管理责任制，落实质量管理目标的实现。

3. 建立完善的作业标准和质量保证体系。它是保证劳动现场制造质量稳定的合格产品的关键，它可以把各环节、各工序的质量管理职能纳入一个统一的质量管理系统，形成有机整体，不断地按“策划——实施——监测——改进”（PDCA）的管理循环进行，使生产现场的质量问题做到自动发现、自动调整、自动改善、自动反馈，从而使现场质量管理工作制度化、经常化、标准化，使品质工作不断改进、不断提升、良性循环。

4. 严格执行操作规程，严明工艺纪律，认真做好生产控制与检验，保证产品合格，并使质量不断得到提升。

5. 合理组织生产，科学地设置生产岗位，掌握生产节奏，减少生产波动，使生产平稳进行。

6. 要研究物流规律，对各个环节任务明确、环环相扣、不脱节，以使物流顺畅地运行，保证生产的需要。

7. 要使设备正常运转，大力做好操作、维护、保养、检修等工作，绝不让设备问题拖生产后腿。

8. 要做好生产过程中的原始记录，台账、报表的记录、整理、传输工作。

三、罪犯劳动现场作业和质量管理的内容及方法

（一）对劳动现场人员的管理

1. 明确不同岗位对罪犯的能力需求，确保其能力是胜任的。可从教育、培训、技能和经验四个方面确定任职或上岗资格。实施资格评定，尤其对参与关键过程、特殊过程以及特殊工种工作的人员，应按规定要求或技艺评定准则进行资格认可，保证其具有胜任工作的能力。

2. 明确每个罪犯的职责和权限，确保每名罪犯了解相应层次的质量要求。

3. 外协人员在现场进行技术指导时，严禁其与服刑人员攀亲结友，严禁其为服刑人员传递各种信件、提供违禁物品。

(二) 设备（设施）的管理

1. 建立设备台账，并做出统计报表，按月、季呈报有关部门。

2. 设备操作要定机、定人，经培训合格后方可上岗操作，特种设备的操作人员持特种作业上岗证上岗，并在劳动改造科备案。

3. 各类设备必须制定安全操作规程，罪犯要严格按照操作规程进行作业，严禁私自拆卸设备安全防护装置、违章作业，确保正确使用设备（设施），并做好设备故障记录。

4. 制定设备维护保养制度，包括对设备的关键部位的日点检制度，确保设备处于完好状态。

5. 加强设备的日常维护和保养，定期检测设备的关键精度和性能项目，尤其是重点设备、关键设备的维护和保养，设备的维护和保养要贯彻“预防为主”的方针，防止设备事故的发生。

(三) 物料的管理（包括原材料、半成品、成品）

1. 对现场使用的各种物料的质量应有明确规定，在进料及投产时，应检查物料的质量，确保其符合要求。

2. 易混淆的物料应对其牌号、品种、规范等有明确的标识，确保可追溯性，并在加工流转中做好标识的移植。

3. 检验状态清楚，确保不合格物料不投产、不合格制品不转序。

4. 做好物料在储存、搬运过程中的防护工作，配置必要的工位器具、运输工具，防止磕碰损伤。

5. 物料堆放整齐，并坚持先进先出的原则。

(四) 作业方法与工艺纪律的管理

在罪犯劳动现场，组成各工序的作业的稳定性直接决定了产品品质的好坏。保证产品质量必须将作业标准化，现场中的作业标准包括：工艺流程图、作业标准书等。

1. 确定适宜的加工方法、工艺流程，选用合理的工艺参数和工艺装备，编制必要的作业文件，包括操作规程、作业指导书、工艺卡等。除组织罪犯学习外，还必须在各个区域张贴，罪犯必须严格遵守工艺操作规程，不违章作业，服从生产管理和技术指导。

2. 确保罪犯持有必要的作业指导文件，并通过培训或技术指导等活动，确保罪犯理解和掌握工艺规定和操作要求。

3. 提供工艺规定所必需的资源，如设备、工装、工位器具、运输工具、检测器具、记录表等。

4. 严格工艺纪律，坚持“三按”（按图样、按标准或规程、按工艺）生产，并落实“三自”（自我检验、自己区分合格与不合格、自做标识）、“一控”（控制自检正确率）要求。

（五）工作环境管理——“6S 管理法”

1. 整理。对劳动现场进行整理，清除垃圾和各种废弃物，破除“留之无用、弃之可惜”的观念。

2. 整顿。对现场的配置设施进行明确的标示，对各区域进行明确的区分和定位，使车间布局合理、秩序井然。

3. 清扫。将现场的油污、灰尘清除干净，同时检查设备的运行状况，发现问题应及时处理。

4. 清洁。制定具体的实施制度和考核细节，巩固以上活动成果。

5. 安全。建立完善的安全管理规章制度，将安全管理自始至终贯穿于整理、整顿、清扫过程中，创造明快、有序、安全的改造环境。

6. 素养。通过明确服刑人员的劳动规范、文明礼貌规范，规定着装要求、胸卡佩戴方式等，营造规范化的改造氛围。

（六）工具、器具管理

罪犯劳动现场罪犯能接触的一切锐顿器具，都必须建账设卡。刃具实行民警直接管理，随用随领、用完即收、随时检查；钝器实行日领日收、每日检查的制度。做到账、物、卡三对口。如果监狱主业生产属机械制造，劳动工具多而杂，从有利于监管改造和有利于生产管理两方面着手，在对所有车间劳动工具进行逐一摸排登记的前提下，将劳动工具按危险程度分为 A、B、C 三类，实行分类管理，责任到人，并进行明示。工具柜钥匙收工之前由值班民警检查并放置在固定位置，有效防止车间不安全事故的发生。

训练情境

一、训练与操作 1

某监狱劳动现场质量管理制度：

为了提高监狱经济的运行质量，确保罪犯劳动的顺利进行，使产品质量指标落实到实处，特制定本制度。

一、坚决贯彻质量方针和质量目标，严格执行各项生产管理制度。

二、各劳动岗位应有岗位责任制，关键岗位人员应经技术人员培训合格后持证上岗，各生产设备都应按操作规程使用，各工序应按工艺卡执行。

三、各车间依据生产通知单进行生产。

四、各车间严格贯彻执行生产工艺作业文件，做好工序控制。

五、保持生产环境整洁。

六、日常保养生产设备，保证满足生产需要。

七、不合格原材料不使用，不合格产品不转序。

八、具体细则：

（一）采购员

1. 负责搜集供方有关产品信息，为本厂的《合格供方名录》提供相关资料。

2. 确保采购产品的质量，对供方进行评价和选择，严格按合格供方名单采购产品，防止不合格品投入使用。

（二）检验员

1. 严格按检验标准和规定检验采购产品、过程产品和最终产品，并予以记录。

2. 对检验结果按要求填写检验报告。

3. 对过程进行监控，以提高产品检验合格率。

4. 正确使用和防护检验设备。

5. 及时传递和报告质量信息。

（三）销售员

1. 广泛进行市场调查，收集分析顾客对产品及服务满意程度的信息。

2. 确保交付顾客的产品符合规定要求，及时做好交付后的服务工作。

3. 负责与顾客的沟通。

（四）库房保管员

1. 严格执行库房的各项制度，熟悉保管物品的特性及应注意事项，确保物品不损坏、不变质。

2. 物资存放、保管做到科学管理，并坚持先进先出的发放原则。

3. 负责保管物资的验收、发放，收发物资要亲自检查、计量、摆放，特别要查对质量证明文件，不合格的不准入库，并做好记录。

4. 按规定进行盘点，保证账、物、卡相符，对数据的准确性负责。

（五）操作工

1. 严格按照车间生产工艺流程进行生产，并做好每班生产记录。

2. 严格按照产品质量标准进行生产，力争做到每半小时进行一次质量检查。

3. 严格按照设备使用说明和培训方法进行生产。

4. 及时准确地将设备运转状态反馈至机修工。

5. 如因操作原因出现与标准不符的要素时，按罪犯考核奖惩实施办法执行。

（六）机修工

1. 负责现场设备的维护工作，定期进行设备保养。

2. 及时发现设备存在的隐患，如发现异常现象，应立即停机维修，确保后续生产顺利进行。

3. 每天认真做好维修设备记录。

上道工序为下道工序把好关，下道工序为上道工序负好责，各岗位除需对本岗位工作严格把关外，同时应在本道工序开始前认真检查上一道工序是否存在产品质量问题以及是否存在造成产品质量问题的隐患，一旦出现产品质量问题，直接人员应承担直接损失，按规定予以惩罚。

阅读书目

1. [美] 弗雷德里克·泰勒:《科学管理原理》，马风才译，机械工业出版社 2007 年版。

2. 栾润峰:《精确管理》，东方出版社 2006 年版。

3. 孙爱民主编:《监狱执法管理工作创新与罪犯心理矫治及教育改造实用全书》，地质出版社 2004 年版。

4. 中国科技文化出版社编辑委员会:《新时期监狱长工作标准与监狱管理规范实务全书》，中国科技文化出版社 2007 年版。

5. 中国知识出版社编委会:《最新监狱管理内参实务全书》，中国知识出版社 2007 年版。

学习任务三　罪犯劳动现场定置管理

罪犯劳动现场的定置管理，是指为完成罪犯劳动任务，根据监狱生产活动的规律和目的，考虑罪犯劳动的安全、质量、效率等制约条件和物品自身的特点，划分适当的放置场所，确定物品在场所中的位置状态，明确人与场所、物品联系的信息媒介，使之达到最佳结合状态的一门科学管理方法。

监狱劳动现场的定置管理，既要遵循社会一般劳动的定置要求，又要根据监狱自身的特点，符合服刑人员强制管理的要求，为此，罪犯劳动现场定置管理要遵循以下原则：

第一，要符合教育矫治的强制性要求。罪犯是实施了一定犯罪行为的人员，刑罚惩罚是国家最严厉的防范手段，监狱作为国家的刑罚执行机关，具有维护场所安全稳定的重任。罪犯劳动工作地作为罪犯三大管理现场（生活现场、学习现场、劳动现场）之一，它的定置必须首先考虑管理安全的需要，能够使监狱人民警察依据良好的监狱管理硬件设施和科学的内外部环境布置，确保罪犯在劳动工作中接受劳动教育和思想矫治。

第二，要符合监狱生产安全的需要。没有安全就谈不上生产，定置必须以安全为前提：①在生产设备的布局、原材料的摆放、生产工具的固定等方面，都要根据罪犯的特点做到科学设置；②要特别注重符合消防安全的需要，罪犯劳动一般以集中劳动为主，作为人口密集型的劳动场地的布置，必须依据国家有关消防安全的法规，开辟应急消防安全通道，做到道路畅通、消防安全、有备无患；③符合环境保护和劳动保护的规定标准。

第三，要符合生产流程的需要。劳动设备、工器具、材料等物品的定置，要考虑所生产产品的特性、工艺和流程，尽可能避免迂回运输，使其具有生产劳动的便利性。

第四，要符合思想教育、习艺技能培训的需要。罪犯劳动的最终目的是通过劳动手段，让罪犯接受劳动思想教育，培养正确的劳动观，使其在劳动中掌握一定的技能，为回归社会重新就业创造条件。因此，在劳动工作地的布置过程中，要充分考虑罪犯接受劳动教育的特性，让罪犯一进入劳动场地，就能感受到党和政府对他们的关怀、要求和期望。

一、罪犯劳动现场定置管理的工作流程

1. 确定罪犯劳动现场定置管理的目标任务。①营造团结互助、士气高昂的现场氛围；②为罪犯提供规范、健康、和谐、优美的劳动改造环境；③罪犯劳动现场所有设备、物品科学定位，既要符合安全管理的要求，又便于劳动技能培训的开展；④对罪犯劳动现场进行科学的整理、整顿，保证罪犯劳动现场的人、物、信息达到最佳结合状态，提高生产效率。

2. 根据已选的劳动项目，对罪犯的劳动现场进行诊断，找出存在的问题及原因，设定方案，达到预定目标。①现场有哪些物品、工具需要定置，采用什么方法更方便、更安全；②研究罪犯的工作效率，检查作业中的不合理状态、人和物结合的不紧密状态以及生产、工作现场的无秩序状态；③查找不合理的工艺路线、运输路线；④不符合国家环境标准要求和罪犯改造安全要求的环境因素。

3. 设计劳动工作地定置管理图。根据习艺劳动项目、生产流程内容和提供厂房的面积，设计劳动子项目区域图，劳动设备摆放位置图，物流、人员和消防通道以及卫生间、谈话室、机修工具间、辅料房等设置定置管理图。在定置时，要做到：①单一的流向和看得见的搬运路线；②最大限度的操作方便；③最少的装运次数；④最短的运输距离，切实的安全防护；⑤最少的改进费用；⑥最大限度的灵活性和协调性。

4. 科学论证。邀请有关生产权威部门、行业主管部门和有实践经验的同志组成评估论证小组，对劳动工作地的布置设计平面图和定置管理图进行科学评估论证，修缮不足，以期达到尽善尽美。

5. 定置实施。按照定置设计的具体内容进行定置管理，即对生产现场的材料、机械、操作者、方法进行科学的整理、整顿，将所有的物品定位，按图定置，使人、物、场所三者结合状态达到最佳程度。

6. 定置考核。这是定置管理最后一个阶段。为了巩固已取得的成果，发现存在的问题，不断完善定置管理，就得坚持定期检查与考核工作。

二、罪犯劳动现场定置管理的方法

（一）定置图的绘制

1. 定制图的种类。定置图包括：习艺劳动区定置总图、区域定置图、库房定置图、办公室定置图、工具柜定置图和资料柜定置图等。

2. 定置图的绘制要求。

（1）定置图可按正视、俯视或立体示意图表示，要求做到简明、扼要、精练和完整。场所中需要定置物品的形状轮廓、尺寸比例、相对位置，应大致准确，区域划分清晰鲜明。

（2）固定设备和物品，用粗实线绘出；可移动设备和物品，用虚线绘出；区域界线，用细点划线绘出。

（3）定置图中所有定置物均用阿拉伯数字标示，并在明细栏中给出汉字对照表，标在图的右方或下方。

（4）罪犯劳动现场与工作无关的欲清理物品，不要在定置图上出现。同时，随着工作情况的变化，定置图也应随之修改，使其符合实际。

（二）罪犯劳动现场定置实施

1. 生产现场的定置。

（1）区域划分的定置要求。按生产运行区域和工艺流程对生产现场的划分进行定置，设立生产区、检验区、堆放区，确定各区域各种设备、工器具和材料的位置及存放区。

（2）设备的定置要求。生产现场内的设备、工具和仪器，要通过合理划分工序、机位有效配置（以物料流转快捷为原则，避免回流、混流），实行标准化、规范化定置。

（3）非运行物品的定置要求。对非运行的设备、备用品、废弃物（垃圾）、绿化区等确定定置区域，定置后不得随意变动。

（4）流动物品的定置要求。对周转工具、辅助材料、半成品、成品、待处理品等流动物品，要按区域分类定置摆放，用后及时清理、收回，以保证现场整洁、道路畅通。

2. 仓库定置管理。

（1）库房内储存的物品，均按物品类别存库，分区定置，按物资的品种、规格、型号、性能等因素区别存放，按“四号”定位（库号、柜号、层号、位号）“五五”摆放（按五个为一个记数单元进行摆放）的要求，做到“齐、方、正、直”，保证安全、领取方便，账、卡、物相符。

（2）成品存放要按产品系列划分区域，进行定置，并悬挂标识牌，要与待检、返工、报废品区别存放。

（3）易燃、易爆、有毒物品要进行特别定置。

（4）库房内通道畅通、温度适宜、清洁整齐，禁放与生产经营无关的物品。

3. 工具柜与资料柜的定置管理。

（1）工具柜内物品要按上轻下重、精密粗糙分开、取用方便、存放安全、互不影响的原则定置。

（2）工具柜内只允许存放工具、量具等与生产经营有关的物品。

（3）物品定置后，要依次编号，排列有序，号码与定置表标注相符。定置图表应贴在工具柜门背后。

（4）资料柜内的合同、工艺单、出入库单、检验记录、客户资料、文件和报表等要分类放置，按时、按序装订成册，资料每册有目录及顺序号，对应资料编上顺序号。

4. 劳动区办公室定置管理。

（1）办公室内各种物品要按规定摆放整齐，个人物品与办公物品分开存放。

（2）办公桌上可定置电话机、台历、茶杯、文具和电脑等，除办公时间外，一律不摆放文件、书报、资料等。

5. 对易燃、易爆、放射、有毒、异味、挥发性强的物品；安全帽、绝缘手套、安全标志牌、消防器材等安全用具；保密合同、工艺单等资料，要实行特别定置管理。

(1) 要有特别存放的场所，危险品必须定置在对人与生产设备不会造成危害的地方；消防器材位置要严格按定置图存放，符合消防管理的要求。

(2) 要有特别的物品标识，对危险品及其存放场所要悬挂规定的危险品标识牌或示意图等。

(3) 要有特殊的管理办法，如对易燃、易爆和有毒类的物品，要有专人管理，库房或柜门要上锁；消防器材的配置、定置和管理由生产经营科负责，消防器材的定置变动要得到生产经营科的同意。

训练情境

一、训练与操作一

某监狱一加工车间为节约成本，集中管理，在车间安排了过多的罪犯，造成劳动场地拥挤不堪，现场脏、乱、差，经常引发罪犯之间的矛盾，罪犯岗位不明确，少数罪犯四处串岗，货物和设备堆放不整齐，工具出入库房记录不清，数量不准确，工具管理不善，随意放置。

问题：根据范例提供的材料，解析应如何做好该车间的定置管理？

解析：

1. 清除与生产无关之物。对生产现场的物品进行整理，生产现场中凡与生产无关的物品，都要清除干净，防止误用、误送，腾出空间，创造整洁的劳动场所。

(1) 生产车间或工序现场不准摆放与本生产工序无关的原材料或其他物品，保持现场环境卫生、整洁，并有专人打扫。

(2) 对生产中产生的废料、废渣及时清理，并按环保要求，堆放在统一规定的地点或场所，能回收利用的应及时回收交材料库。

(3) 生活用具应集中存放在规定的物品柜内。清洁、整齐、优美的环境能带来良好的心情，使罪犯减少烦躁不安的情绪，认认真真地劳动改造。

2. 按定置图实施定置。

(1) 车间内应标明明显的区域界线，主要有人员通道、物流通道、生产资料存放处、生产工具保管室、卫生间、谈话室等辅助用房等，对服刑人员个人用品也要设置一定的储物柜。

(2) 物品的定置要与图相符，位置要正确，摆放要整齐，贮存要有器具。可移动物，如推车、电动车等，也要定置到适当位置。

(3) 生产车间或工序的设备分类安装摆放，并成条成线、整齐划一，各种设备要有明显标识。

(4) 各车间、工序要制定定置管理图，情况变化了的应及时修正定置管理图。

(5) 生产成品或半成品摆放要有序，并设有相应标识，限制原、辅料和成品的堆放高度。

(6) 维修工具摆放整齐有序，放在规定的工具箱内。民警要坚持亲自从工具库领出工具，发放给罪犯，并做好记录。要求落实工具的束缚管理，不能够束缚的，要求统一放置在民警能够目视到的地方。

(7) 要求罪犯遵守劳动纪律，坚守岗位，不串岗或擅自串区域，生产需要时应报告现场值班干警审批。

3. 放置标准信息名牌。放置标准信息名牌要做到牌、物、图相符，设专人管理，不得随意挪动。要以醒目和不妨碍生产操作为原则。

总之，定置实施必须做到：有物必分类、分类必定位、定位必标示、确保环境整洁、物流有序、安全文明。

二、训练与操作二

某监狱罪犯劳动现场定置管理制度

第一条　目标和原则

1. 规范现场物品放置秩序，创造整洁有序的环境。

2. 促进现场安全工作，消除安全隐患。

3. 避免因现场物品混乱而影响工作秩序，提高工作效率。

4. 提倡并推行“6S”。

第二条　定置范围

1. 区域定置：裁剪区、缝纫区、整理区、原料区、成品区。

2. 生产用品定置：原辅料、半成品、成品、回收材料、废旧包装等。

3. 操作用品定置：运输工具、计量器具、生产用具等。

4. 维修用品定置：工具箱、材料箱、备件箱等。

5. 清洁用品定置：扫帚、拖把、垃圾桶、毛巾等。

6. 操作记录用品定置：桌椅、台账、记录板等。

7. 劳保安全用品定置：更衣橱、消防用具等。

8. 生活用具定置：餐具、衣物等。

第三条　定置管理程序

定置管理按如下顺序进行：作业、动作分析，确定定置对象、定置点、定置数量、定置物负责人，绘制定置图，物品按图就位，检查考核。

第四条　定置管理的具体要求

1. 区域定置。按生产运行区域和工艺流程将生产现场划分为裁剪区、缝纫区、整理区、原料区、成品区。

2. 生产用品。

(1) 原辅料、半成品、成品、回收料要分类定置。

(2) 原辅料、半成品、成品按照规定分类标示，摆放整齐有序，留足通道。

(3) 空桶、废旧包装物分类定置，界线分明，排列整齐。

(4) 保持定置物品存放环境卫生，每日进行清洁。

(5) 定置区域严禁摆放不属于本区的非定置物品。

3. 操作物品。

(1) 工具箱，定置要方便、合理，并与环境保持和谐美观，箱内要有工具定置图，挂在醒目位置。图、号、物相符，数量准确，摆放整齐，消除与生产操作无关的器具。

(2) 运输工具按图就位，随用随推，用完就位。

(3) 计量器具标志清楚，摆放整齐，保持清洁，位置合理。

4. 维修用品。工具箱、材料箱（库）、备件箱，均有各自的定置图，并分类按图就位。箱（库）内物品的存放要整齐有序、清洁，无与定置无关的物品，保证定置物品的数量准确。

5. 清洁用品。拖把、抹布等放在清洁卫生工具间内，垃圾桶要定期清理，保持清洁。

6. 操作记录用品。桌椅排放位置符合生产管理的需要，台账应摆放整齐。

7. 劳保安全用品。

(1) 更衣橱内，衣物、鞋、帽要分类存放。

(2) 消防器具数量和定置位置要符合消防安全规定摆放整齐，有明显标记。

8. 生活用具定置要符合整洁、规范的要求。

第五条　检查与考核

1. 检查考核周期。监狱定置管理领导小组对各监区定置管理考核为每季度一次，各大队定置管理小组应每月进行自查。

2. 检查考核内容。

(1) 各单位加强劳动区定置管理工作，建立定时巡检制度，有定期检查考核记录。

(2) 现场区域划分必须与定置图相符；区域内的物品放置整齐规范；安全通道界线明确清晰。

(3) 一切与现场无关的东西，必须清理出现场，不许在现场存放。

(4) 加工过程中，加工产品不落地，材料、半成品、产成品整齐摆放在指定位置，不合格品与合格品严格区分，标志明显。

(5) 边角余料不乱堆、乱放，必须放在回收箱或垃圾箱内，一个批次生产任务完成后必须立即清理出现场。

(6) 不许在通道上作业，通道上无生产材料、周转箱和杂物。

(7) 工作结束后必须清扫缝纫设备及工作台，保证设备、工作台干净无积灰、无“黄袍”。

(8) 工作结束后必须对个人周边的卫生进行清理，保持地面清洁。

(9) 各类信息标志牌应按规定制作；每个操作者必须熟练正确使用各类信息标志牌。

(10) 库房应建立定置台账；库房、货架、货位必须用标志牌标记；货物必须按标准高度、宽度堆放整齐。

(11) 工具、量具必须按定置管理要求摆放，不得乱放。

(12) 生产厂房内无乱堆、乱放，无卫生死角。

(13) 工具箱、窗台、设备上洁净无物。

(14) 门窗无破损，玻璃洁净。

(15) 水池洁净，无长流水，下水畅通。

(16) 厂房周围清洁，不得有纸屑、痰迹、垃圾等，厂房周围走道平整，环境优美。

三、训练与操作三

某监狱三监区按照上级要求，拟将原从事室外劳动的150余名罪犯转入室内从事服装生产，所里提供该监区一座2800余平方米的旧仓库作为车间厂房（工作地），要求该大队在20日内完成对车间（工作地）的布置，并及时开工生产。

处置思路：

车间布置图

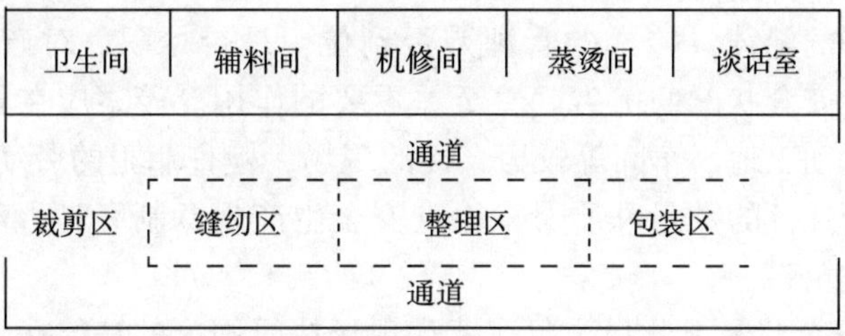

1. 根据服装生产流程，可将2800余平方米的工作地划分为三个主要区块：①前道区，主要存放原辅料和裁剪品，约300平方米。②中间区，主要安装缝纫机设备，约1700平方米。③后道区，主要用于整理、包装、蒸烫等，约500平方米。④在车间右侧设谈话室、机修工具室、辅料室、卫生间等，约300平方米。⑤右侧设车间大门，左侧设消防通道。

2. 在车间墙面上悬挂劳动纪律、生产操作规程、劳动产量完成表、定置管理图等。

3. 在车间四角悬挂音响设备，给窗户安装合适的窗帘，在卫生间等区域摆放合适的绿色植物和花卉盆景。

讨论与思考

1. 一车间在加工服装过程中，部分罪犯责任心不强，将半成品堆放在成品定置区。出货装车时，不少半成品被当作成品装车运走，给厂家造成了不良影响，也给监狱带来了负面影响。根据定置管理的理论，阐述应如何加强该车间的管理？

2. 如何做好监狱仓库的定置管理？

3. 如何做好监狱劳动现场工具柜和资料柜的定制管理？

4. 对罪犯劳动现场易燃、易爆、放射、有毒、异味、挥发性强的物品，应该如何做好定置管理？

阅读书目

1. 崔平：《现代生产管理》，机械工业出版社2007年版。

2. 王恒勤：《中国监狱劳教改革新论》，群众出版社2003年版。

学习任务四　罪犯劳动现场监督管理

罪犯劳动现场的监督管理，是指监狱依据国家法律法规，对罪犯劳动现场或某一特定环节、过程进行监视、督促和管理，确保劳动现场生产的正常运转和秩序的稳定。

一、罪犯劳动现场监督管理的内容

1. 民警直接监督管理。劳动改造是改造罪犯的三大手段之一，在组织罪犯进行生产劳动的过程中，需要警察进行劳动组织、安全检查、纪律检查、质量检查、总结讲评，这些活动都是面对面地进行，在直接管理中实施完成的。罪犯在生产劳动中需要严密的组织、严格的纪律。警察的管理是否到位，是否尽职，对产品的数量、质量、劳动效率的高低，安全状况的优劣起着至关重要的作用。警察应在具有充分安全保证的前提下深入到劳动工地、车间等较为直接的现场，检查罪犯的劳动纪律、劳动态度，掌握罪犯完成生产任务的数量和质量，检查安全生产规章制度是否落实，是否存在安全生产隐患和事故苗头。

2. 实施监管安全监督。监督罪犯在劳动现场执行国家的法律法规和劳动场所的纪律的情况。

3. 实施生产安全监督。监督检查罪犯的劳动纪律、劳动态度。掌握罪犯完成生产任务的数量和质量，检查安全生产规章制度是否落实，是否遵守操作规程，是否存在安全生产隐患和事故苗头，确保生产的顺利进行。

二、罪犯劳动现场监督管理的要求

1. 劳动现场监督管理中，民警要熟悉我国法律法规中有关罪犯劳动的规定，并结合具体情况贯彻执行。例如，认真参加相关法律法规知识学习；熟记民警一日管理工作规范和“十不准”“十严禁”等规定；遇到问题能依法严格处理；等等。

2. 全面监控与重点监控相结合，劳动现场监督管理中，民警要了解罪犯的思想、行为现状及其变化趋势，特别要掌握重点罪犯在劳动现场的思想和行为，进行早晚各一次的每日点评或适时的个别教育，要与换班民警进行相关情况的交接，掌握重点，防患未然。遇有重大问题，应及时处置并立即汇报上级。

3. 劳动现场管理民警应掌握较高的劳动技术水平，能及时发现违规行为并能亲自实践示范、指导罪犯作业和技能培训。

4. 劳动现场管理民警在现场监督管理中应坚持原则，办事公道，奖罚分明，富有开拓创新精神，具有良好的领导艺术和工作方法。

5. 劳动现场监督管理是全过程的、全方位的监督管理过程，坚决杜绝“脱管”现象。少数民警在现场监督管理中喜欢借故离开现场，认为离开一二分钟不会出什么事，而往往警力薄弱时，罪犯就会趁机“闹事”。

6. 劳动现场管理民警在劳动现场管理过程中要坚决制止过分依赖生产小组“班组长”的作用。实践中，少数民警会自觉或不自觉地过分依赖使生产小组“班组长”，让班组长替代检查产量、质量、分配劳动任务等，这不仅违反了民警直接管理的规定，还会引发罪犯间的矛盾，也是民警执法权的隐形转移，所以，应坚决予以制止。

7. 劳动现场管理民警在劳动管理过程中要避免追求“效益第一”的错误认识，以免偏离教育为本的目的。

三、罪犯劳动现场监督管理的方法

1. 进行现场巡视。现场巡视是劳动现场监督管理的核心内容，执行现场管理（带班）任务的民警必须坚持“科学、文明、严格、直接”的管理原则，正确履行职责。

（1）按规定每小时清点一次人数，并做好签名记录。

（2）不间断检查劳动工具，特别是刀、剪、利器、铁锤等固定情况。

（3）根据定置管理的要求，督促罪犯清理与劳动无关的物品；督促罪犯有序摆放劳动原材料和劳动物品。

（4）制止劳动现场罪犯不遵守劳动纪律、脱岗、串岗、大声喧哗、嬉笑打闹、睡岗等行为。

（5）制止罪犯在车间劳动时，着装不整、披衣、敞怀、赤足、赤背和无胸牌上岗。

（6）督促罪犯严格遵守操作规程，不违章作业，不偷工减料，不降低产品质量或故意生产次品，不私自转让或交易劳动成果，注意生产安全，保质保量完成劳动定额。

（7）检查劳动设备运转情况，指导罪犯正确使用设备，对生产设施和工具要勤擦拭、勤保养、不随便拆毁、不随意丢弃，督促劳教人员厉行节约，杜绝浪费。

（8）检查劳动现场卫生情况，确保劳动现场干净整洁。

（9）防范和处置劳动现场可能发生的斗殴、脱逃、自杀、违禁品流入（流出）等事件。

2. 每日检查罪犯劳动现场设施完好情况。包括门、窗、铁栏栅是否坚固，收工后厂房大门是否上锁等。

3. 落实互监包夹机制。为彻底消除管理的死角和日常巡查的时间差，通过罪犯联号互监包夹的形式来实现罪犯之间相互监督、相互帮助、互融互教、共同提高、共同进步的目的。罪犯联号互监包夹，是指以 2~4 名罪犯（一般为 3 名）组成的一个联号同行组，通过罪犯之间的相互监督，对重控罪犯落实包夹，从而达到罪犯严格遵守监规纪律，防范各类违规事件、监管事故发生的目的；每个劳动组以相邻岗位从左至右、从前至后的原则，确立 3 人为一个联号组（即所谓的“小联号”），不足或多于 3 人的，组成 2 人或 4 人联号组；每个劳动组一般确立 4~6 个联号组，并按照第一至第六的顺序对联号组进行编号，每个联号组设联号组长 1 名，表现较差的罪犯放在中间，联号组长安排在监区厂房主通道一侧，防止罪犯违规行为的发生。对一些信息员，规定在不流动时固定其区块和岗位，与相邻位置的其他信息员组成联号。

训练情境

训练与操作一

民警王某、张某、李某在二楼劳动现场执行带班任务，罪犯陈某因连续两天未完成劳动任务，民警王某指使罪犯组长林某去询问陈某未完成劳动任务的原因，陈某当即与组长林某发生争吵并相互推搡，民警王某发现两人争吵后立即赶过去处理，对陈某进行了严肃的批评和指责，陈某未做任何答辩，突然转身冲向未安装铁栏杆的窗户（铁栏杆因前两天需要修理正准备重新安装），实施跳楼，幸好楼层不高，陈某只受了轻伤。

思考：民警王某在带班过程中的行为是否适当？有哪些值得注意的地方？

分析：民警王某在带班过程中的行为不当，严重违反了民警直接管理的要求，造成了一定的后果，应当给予一定的纪律处分。

1. 进行现场巡视，及时发现劳动现场问题，并亲自处理。对陈某未完成劳动任务的原因，自己应亲自了解，而不能指派组长去了解，组长只能在民警的直接领导下协助民警做一定的工作，不能替代民警执行工作，过分依赖罪犯组长做工作，就有可能使组长成为民警的“拐棍”。

2. 每日检查罪犯劳动现场所设施完好情况。民警王某和其他带班民警，包括所在监区的领导，应及时修缮窗户的铁栏杆，对窗户损坏的后果和隐患应该有预见性，如果有困难可以寻求上级组织或领导帮助完成。

3. 劳动车间的门、窗是民警执勤的重点部位，在已知车间窗户损坏的情况下，民警要把窗户作为执勤的重点进行守护。

训练与操作二

某监狱罪犯劳动现场生产劳动规范

1. 听到开工或收工号令后，应立即按规定的时间集合。
2. 劳动中服从分工，积极工作。
3. 在劳动中不允许谈笑打闹，不允许睡觉。
4. 认真完成劳动定额任务，严格执行岗位责任。
5. 严格控制不合格率和物耗标准，对生产中出现的问题要如实、及时报告。
6. 按规定保管、使用劳动工具、劳动器材。
7. 严格执行作业标准，不违章作业、不违反操作规程、不违反劳动纪律。
8. 质检员认真负责，严格执行质量标准，操作者应服从质检员检查。
9. 未经警官批准，不准擅离工作岗位，如有类似情况，互监小组成员应及时报告。
10. 爱护机械设备、工具、器具和农作物。
11. 能够记背《安全操作规程》。

训练与操作三

范例1：罪犯魏某，在服装加工过程中从事打扣眼工作。魏某为了图方便，把打扣眼机上的安全栓私自拔掉，在打扣眼过程中，操作不慎，造成左手食指被打扣眼机打伤一节，针对此案例，民警应如何做好现场的监督管理工作？

范例2：罪犯周某因与其他罪犯争吵被罚了分，一段时间怨气很大，总认为自己争吵不是什么大事，而且没造成什么后果，民警对他的处罚过重了，周某就将怨气发泄到自己的劳动工具横机上，故意不按操作规程作业，使机针大量撞断。

分析思路：1. 监督罪犯遵守劳动现场的劳动纪律。

2. 监督罪犯按操作规程劳动。

训练与操作四

范例 1：2008 年底，监区某罪犯反映，有 3 名温州籍的罪犯准备了自制刀具和铁棒，预谋从劳动车间的仓库挖洞实施集体脱逃，民警了解这一情况后，迅速向上级反映，引起了监狱领导的高度重视，组织专案组破获了这一案件，阻止了一起严重的脱逃案件。

范例 2：2007 年 11 月 1 日，韦某某在劳动现场用剪刀实施自伤自残，严重扰乱了监狱正常的劳动秩序，性质恶劣，影响极差。

分析思路：1. 完善狱情监督机制，提高监督质量。

2. 劳动现场监督管理中，民警要了解罪犯的思想、行为现状及其变化趋势，特别要掌握重点罪犯在劳动现场的思想和行为，进行早晚各一次的每日点评或适时的个别教育，要与换班民警进行相关情况的交接，掌握重点，防患未然。遇有重大问题，应及时处置并立即向上级汇报。

讨论与思考

1. 什么是罪犯劳动现场的监督管理？
2. 罪犯劳动现场监督管理的内容有哪些？
3. 如何做好危险犯的劳动现场监督管理工作？

阅读书目

1. 杜中兴主编：《现代科学技术在监狱管理中的应用》，法律出版社 2001 年版。

2. 黄绍华、孙平主编：《监狱现场管理实训教程》，中国政法大学出版社 2006 年版。

3. 孙平主编：《监狱管理理论与实务》，中国政法大学出版社 2004 年版。

4. 腰明亮编著：《监狱安全生产管理》，中国政法大学出版社 2006 年版。

专题七　罪犯劳动劳务加工

学习目标与任务

掌握监狱加工业的概念及类型；了解监狱加工业的发展历史；熟悉监狱加工业的原则；掌握项目管理、客户管理、合同管理。

掌握加工业生产管理中的工具管理、劳动现场规范化管理；了解外协人员管理；掌握生产劳动中的劳动定额、生产计划、设备管理、仓库管理等。

监狱劳务加工是我国监狱经济的重要组成部分，随着改革开放的“对内搞活，对外开放”监狱产业结构从原来工业、农业为主的二元结构，逐步过渡到工业、农业和加工业的三元结构。20 世纪 90 年代，随着农场监狱押犯的增加，但土地资源没有改变的情况，出现了大量富余劳动力，农场监狱开展寻找出路，开始拓展劳务加工业。进入 21 世纪，司法部向全国监狱系统提出“全额保障、监企分开、收支分开、规范运行”的监狱经济体制改革，实行监企分开，JZ 省各监狱推行“主业减人增效，劳务加工业增人增效”，劳务加工业得到长足发展。自 2011 年开始，省属监狱系统根据司法部和厅局党委“坚决、果断、有序”退出高危行业生产项目的决策，紧紧围绕“调整促安全、转型谋发展”的总体思路，积极稳妥地退进高危生产工序和机械生产项目的退出工作，规范有序推进产业结构调整工作，于 2013 年底全面退出机械生产项目，转入以服装、箱包、帐篷等为主的劳务加工业。

学习任务一　监狱加工业的概念及类型

监狱加工业是监狱加工单位按照外协单位提出的要求，完成一定的任务后，外协单位接受加工单位完成的工作成果，并付给加工单位约定报酬的生产业务。监狱当前的加工方式分为纯加工、来料（件）加工、来样（图）加工等类型。

一、纯加工

外协单位（厂家）提供加工设备、技术、原材料和少量易耗生产工具，并负责产品经销；监狱加工单位提供场地、劳动力，通过组织生产完成外协单位委托的加工产品，主要收取人工费、管理费和少量成本费等报酬的生产项目。监狱加工业在 90 年代初多采用此种方式，如彩灯、水晶、橡皮筋等。

二、来料（件）加工

外协单位提供加工技术和原材料（配件），并负责产品经销；监狱加工单位提供场地、设备和劳动力，通过组织生产完成外协单位委托的加工产品，主要收取人工费、管理费、折旧费和利润等报酬的生产项目。当前服装、箱包、帐篷等劳务产品的加工都是此种加工形式。

三、来样（图）加工

外协单位提供加工样品，并负责产品经销；监狱加工单位提供场地、设备、劳动力和原材料，通过组织生产完成外协单位委托的加工产品，主要收取原材料成本、人工费、折旧费、管理费和利润等报酬的生产项目。早期工业监狱单位轴承、链条等外加工采用此种方式。

学习任务二　监狱加工业的发展概况

20 世纪 80 年代，为了贯彻“对外开放，对内搞活”，Z 省监狱系统利用富余设备与劳动力，开展承接机械加工等劳务加工项目。如 1983 年 Z 省劳改局批复某监、某机械厂关于委托加工防滑链工装协议，由某监委托某机械厂加工防滑链部分工装、模具和交叉链渗碳。而农场监狱单位，当时因人力、土地等原因，规定农场劳力定额为水田每人 7 亩，旱地、果园、茶园 8~10 亩，在当时情况下农场监狱罪犯主要在田地劳动上改造为主。

20 世纪 90 年代初，农场监狱押犯大量增加，而土地资源没有增加，出现了大量富余劳动，如 Z 省某农场一大队共有耕地 2800 亩，1986 年押犯 400 人，每个劳力可耕土地 7 亩；1993 年押犯达 810 人，人均可耕作土地仅 3.5 亩。人均耕作土地面积相对减少，而劳动力资源相对充裕，为解决劳动力充裕这一问题，农场监狱开始寻找出路，将富余劳动力从农业劳动向非农业劳动转移，产生出新的经济效益。当时在经济高速发展，城镇居民和农民收入大幅度提高的时代，一些地方加工业向劳动力廉价的地方转移，而农场监狱劳动力相对廉价，为农场监狱发展劳务加工和外役劳动，创造了条件。1993 年开始，各农场监狱因地制宜，依靠地处经济较发达沿海地区的地理优势，充分发挥土地、劳动力资源的独特优势，及时组织大批富余劳动力，发展投资省、风险少、见效快的加工业。当时各农场单位在安排劳务加工时，主要是调剂好雨天与晴天、农忙与农闲的时间，开展劳务加工劳动。后来部分农场监狱领导认识到，搞劳务加工不能光盯着犯人空余时间或拉长劳动时间，而是要在挖掘劳动力的潜力上动脑筋。而农场监狱劳动生产率普遍较低，潜在的剩余劳动力较多，完全可在农业中队抽出犯人成立劳务加工专业队，建立劳务加工基地，专门从事劳务加工生产，于是各农场监狱开展彩灯、水晶球、牛皮筋等纯手工劳动。劳务加工生产使一部分从事野外农业劳动的犯人转入室内劳动，有利于逐步实现农场向监狱化管理的过渡。同时当时农场监狱组织的劳务加工和外役劳动，相当一部分有支援国家建设、承担社会义务性质的任务。仅 1993 年 1 月 3 日至 12 日，Z 省某农场出动警力 2207 人次，投入 5 个农业大队的犯人 201 122 人，完成沪杭公路许巷段挑筑路基土方的工程任务，10 天时间创收入 51 万元。Z 省南片监狱两个监狱参加乌溪江引水工程，都是国家和地方的重点工程。

1993 年全省 5 个农场，在基本上没有投入的情况下，劳务加工共增加收入 350 万元。

1994 年司法部提出“关押犯人数字要从逐步调整监狱布局、减少农业劳改单位关押数，增加工业单位关押数考虑，加大关押犯人数量”。Z 省监狱根据司法部的要求大力发展劳务加工业，犯人劳动场所从大田向监内转移，农业富余劳动力向加工业劳动转移，Z 省某农场监狱为增强监狱发展后劲，发挥劳动力优势，通过多种渠道引进各种劳务加工项目，当时引进的主要项目有：节日彩灯、缝纫、001 天线、雨伞、纸扇、扬声器、拉链等 30 余种制作或加工项目。全省 5 个农场累计投资 658 万元，修建旧房 7340m^2，新建厂房 19 948m^2，把近 2400 名犯人从监舍内转移到监外生产区劳动。Z 省某农场通过负债经营，筑巢引凤，投入资金 400 多万元，新建了 8 幢 15 150m^2 的标准厂房。有的监狱还先后成立了珠泡厂、液针厂，实现了队办加工业向队办工业的过渡。1994 年全省 5 个农场全年劳务加工收入达 1000 万元以上。

20 世纪 90 年代的 Z 省劳改农场的劳务加工还处在开始发展阶段，当作一种“副业”。各农场单位对劳务加工都采取了提成奖励的办法，在利益驱动下，有的农业大队出现了重副业（劳务加工）、轻主业（粮食生产）的倾向，监狱农场所进行的劳务加工，大多是工价较低，积累能力较弱的项目。刚开始时一般每个劳动力每天的收入只有 10 元左右，低的仅四五元。后来通过几年的努力，劳务加工的发展方向，逐步立足于通过劳务加工，了解市场，进入市场，由简单出卖劳动力，转向自产自销的生产经营性转变，由加工纯劳动密集型产品向具有一定技术含量产品转变，提高劳务加工的档次和水平，提高经济效益。

1996 年省局决定建立农场队办加工业发展基金。基金按农场队办加工业收入的 4%提取，专项用于队办加工业的引进、厂房建设、设备购置和技术改造等，在“专项应付款——队办加工业发展基金”科目单独核算，专款专用。1997 年 4 月，出台《Z 省监狱管理局农场加工业暂行管理办法》，分别从承接项目，基金管理、劳动时间管理、基础管理等 10 个方面作了比较全面的规定，以此作为局今后指导加工业工作的主要依据。1998 年 9 月，省局出台《Z 省监狱企业劳务加工业财务管理暂行规定》，对劳务加工业的财务管理进行规定，明确劳务加工的资产管理，收入管理，成本、费用管理，财务监督，财务报告和财务评价等。1999 年本着“优化结构、扶强扶优”的精神，全面规划、优存劣汰，逐步培植一批适合单位的骨干加工企业，省局根据“强化基础、优化结构、提高素质、再创优势”的经济工作方针，提出在全省监狱开展“小而优、小而特、小而精”的特色产品或企业创建。并于 1999 年 6 月，在全省范围内开展加工业规范化管理中队考核评审评比。自 2000 年以后，全省各监狱企业均开展劳务加工，工业单位以机械劳务加工为主，农场单位以手工劳动及服装、箱包等为主。2000 年 4 月，省局出台《Z 省监狱管理局加工业暂行管理办法》，对加工业管理原则、组织管理、承接项目的管理、基金管理、劳动时间管理、财务管理、基础管理、文明生产管理、考核与奖励政策等进行规范，并提出引进加工项目，实行二级报告审查制度，即：在承接单位自审的基础上，填写监狱统一制订的“加工项目审批表”“加工项目环境影响报告表”和“商标使用权证明”等材料，经加工业管理职能部门会同狱政、法律顾问等部门复审，报监狱主管领导审批。审批材料作为财务、劳资部门核算劳务加工收入，提取劳务加工奖金、基金的依据。2001 年 9 年，省局出台加工业规范化管理考核评审细则，细则分为否定性指标和考核性指标两大部分。否定性指标包括不发生罪犯脱逃、凶杀、纵火等案、不发生质量设备安全等重大生产等共 3 项，必须全部达标，缺一不可。考核性指标包括经营管理、项目管理、质量管理、劳动时间管理、设备管理、定额管理、安全生产、文明生产、基础建设等共 9 项 24 条，分值为 100 分。局级规范化管理监区（分监区）达标单位必须达到 90 分以上，经局批准的达标单位奖励办法另定。考核期确定为一个年度。单项扣分如出现负分，应在总分中扣除。2002 年 7 月，为增强集团公司发展加工业的综合竞争能力，鼓励和引导加工业向“专、精、特、新”方向发展，推进加工业生产上规模、技术上档次、管理上水平的进程，努力提高加工业的经济效益，为了重点培育一批以分场（车间）为单位的加工业“小型巨人”。2003 年省局对省属工业监狱加工业提出“主业减员增效，加工业增人增效”的措施，即通过主业技术改造、降低非生产性人员的比例和政策激励主业减员等措施的落实，切实把富余劳动力从主业上、非生产岗位上减下来，充实到加工业生产中，尽快形成加工业的规模效益。至 2005 年底 Z 省监狱系统已形成了近 3. 8 万人，年产值 4. 66 亿元生产规模，形成了具有省地方工业特色的服装、箱包、五金等一批基础加工产业，加工业已成为集团公司重要获利行业和支柱产业。自 2007 年开始，省局在全省监狱开展安全生产标准化创建活动，截至 2012 年末，全省监狱系统 20 家单位均通过省安监局评审，获得安全生产标准化二级企业证书，安全生产标准化实现了全覆盖。Z 监狱系统是全国监狱系统率先实现安全生产标准化二级企业全覆盖的省份，也是 Z 省各省属企业中较早实现安全生产标准化管理的行业。

2008 年随着 Z 省监狱经济体制改革，实行监企分开，监狱企业对机械生产的厂房进行改造或新建标准劳务加工厂房。2009 年至 2013 年随着 Z 省监狱企业退出机械加工业，对监狱企业劳务加工厂房进行新建、改造、建设框架结构厂房，Z 省监狱系统全面转入劳务加工业。2009 年，省局在全省开展劳动现场规范化管理创建评比活动，要求达到劳动现场规范有序，周转区域划分合理，设施物品定置管理，仓储物资码放整齐，资料文件分类放置，场地空间充分利用，各类物品标识清晰，物流人流通道畅通，现场现物责任明确，厂区环境整洁优美，从业人员面貌一新，劳动效率明显提高，安全生产、产品质量得到保证的目标。2010 年在全省开展罪犯劳动现场规范化管理创优达标活动。2013 年起将增设特优监区的评定。特优监区省局进行授牌奖励。当年省 L 监狱五监区、N 市 W 监狱五监区被为 2013 年度罪犯劳动现场规范化管理“特优监区”。2018 年开展劳动改造现场规范化管理一至四星级监区，原达标监区、优秀监区、特优监区即为一、二、三星级监区。评为三星级监区 2 年及以上，得分 950 分及以上的，安装火灾自动灭火系统并通过消防部门验收，且考核得分排位前 5 名，评为四星级监区。2013 年 7 月，省监狱系统 D 集团开始对加工业实行“统一接单管理、统一客户管理、统一仓储管理、统一设备管理、统一资金和结算管理、统一考核管理”的加工业“六统一”管理。2014 年，全省监狱系统开始安装火灾自动报警系统、自动喷水灭火系统，至 2015 年，全省监狱系统实现罪犯劳动改造现场火灾自动报警系统、自动喷水灭火系统全覆盖。2016 年开始在劳动厂区内开展封闭式物流仓储用房改造。2020 年，根据局党委要求，由局劳安处牵头，联合狱政管理处和集团公司，整合劳动现场、生产现场、狱政管理现场等考评考核内容，重新制定形成《Z省监狱系统劳动改造现场规范化管理工作考评表（2020版）》。

学习任务三　监狱加工业的管理原则

监狱开展劳务加工业，必须坚持以下原则：

1. 坚持依法经营的原则。要严格按照《中华人民共和国监狱法》《中华人民共和国合同法》《中华人民共和国质量法》《中华人民共和国商标法》《中华人民共和国专利法》《中华人民共和国劳动法》《中华人民共和国会计法》等法律的规定，加强对加工业项目合同管理和现场管理，确保产品质量，严禁涉嫌制假和侵犯他人商标、专利等知识产权。

2. 坚持环境不污染原则。要认真贯彻执行《中华人民共和国环境保护法》，合理地利用自然环境，实行加工业可持续发展，不承接有环境污染、破坏生态平衡的加工项目。排放物的排放必须遵守国家有关规定。

3. 坚持监管和生产安全的原则。要严格把好项目引进关，不得承接危险系数大，超强体力的加工项目；罪犯生产区和生活区要彻底分离，按照有关规定属于监内危禁品的，不得带入监内使用；要重视劳动力保护，建立劳动时间、劳动定额管理制度，杜绝超时、超体力劳动。

4. 坚持效益优先原则。要优先安排效益好、批量大、稳定性好并符合国家产业政策的专业加工项目。提倡劳动手段机械化，原则上不承接低效益的纯手工加工项目。

5. 坚持协调发展的原则。要正确处理好加工业与监管改造之间的关系，坚持在监管安全和改造秩序稳定的同时，要把罪犯“三课”教育的技术课程内容与加工业的技术培训和发放实用技术证书工作结合起来，不断拓宽技术教育渠道，提高劳动者素质，促进改造质量和经济效益的提高；要正确处理好加工业与其它产业之间的关系，农业监狱要坚持稳定和加强农业，巩固和提高场办工业，大力发展加工业的指导思想，不断优化结构，促进农业监狱各业的协调发展。工业监狱要在搞好骨干主导产品的前提下，充分挖掘编余劳动力和设备的潜力，依托本企业的工艺、技术优势，发展对外加工，提高企业综合效益。

6. 坚持效益优先原则。要清理和筛选加工业项目，对效益好、市场潜力大、有发展前途及符合国家产业政策的专业性项目要优先考虑；对加工业务稳定的项目要优先考虑；对价格高、批量大的加工项目要优先考虑。

7. 坚持适度规模的原则。要大力提倡以大企业、大集团为依托，通过组建专业队，积极发展上档次、上规模、稳定性的加工项目。生产规模的设置一般为：专业中队人数在100~200人为宜；专业分队人数在40~100人为宜。

8. 坚持价格指导原则。加工专业队每个罪犯劳动日的加工价格原则上应按每个工人劳动日工资为基础，并适当考虑固定费用等因素确定。确定价格必须考虑为改造管理罪犯所支付的管理费用及财务费用和干警、罪犯两项人头经费等。季节性加工项目的价格酌情考虑。农场每年要根据不同性质的加工业务和增支因素，制定指导性价格，避免承接价格低、效益差的加工项目。

学习任务四　组织管理

Z 省监狱系统的劳务加工，省 D 集团公司在年初统一下达生产计划，各监狱按照计划要求完成生产任务。在具体的操作中，监狱确定一名领导分管全监加工业的生产经营管理，同时设立与生产发展规模相适应的专门管理机构和配备相应专职人员。管理和核算体制实行三级管理（监狱、监区、分监区）二级核算（监狱、监区或直属分监区）。

监狱分管领导负责主持制订年度工作计划和发展规划等重要事项，主持一定规模加工项目的洽谈和签约，负责审批加工项目的承接。

监狱各职能管理部门协助分管领导负责全监加工业的生产管理和协调全监加工业内外工作关系的工作机构，负责制订有关政策、措施和方法，做好生产的计划、组织、协调、控制、分析和考核等工作。分监狱、监区、分监区组织罪犯管理、劳动计划制订和实施、产品质量管理、设备管理、定额管理、安全文明生产和劳动绩效考核等，确保具体生产任务的完成。

学习任务五　项目承接

监狱加工业项目的承接是劳务加工的开始，包括劳动项目、客户管理和合同管理。

一、劳动项目

劳动（生产）项目是监狱为罪犯改造提供的劳动岗位和引进的生产项目，是监狱执行刑罚，发挥劳动改造效能，提高改造质量的内容。劳动（生产）项目包括引入和退出。监狱选择和确定罪犯劳动项目，应当遵守国家有关法律法规，符合国家产业政策，符合国家标准或行业标准规定的安全环保条件，遵照《监狱生产项目准入管理办法》，坚持有利于矫正罪犯恶习，有利于加强罪犯管理，有利于罪犯劳动技能培养，有利于环保和安全生产，有利于减时增效的“五个有利于”的原则实施生产项目准入。每个项目引进，劳动改造与安全生产部门都要进行劳动安全性、环保、经济效益、产品合法性以及项目适宜性等方面的科学评估，不符合条件的项目一律不得引进，并严格按照《监狱生产项目准入管理办法》的有关规定报批。

引进加工项目，实行二级报告审查制度，即在承接单位自审的基础上，填写监狱统一制订的“加工项目审批表”“加工项目环境影响报告表”和“商标使用权证明”等材料，经加工业管理职能部门会同狱政、法律顾问等部门复审，报监狱主管领导审批。

审批材料作为财务、劳资部门核算劳务加工收入，提取劳务加工奖金、基金的依据。

对承接加工项目要制订环境保护和工业卫生管理的规定。专业加工单位要制订环境保护管理和监测制度，劳动场所的噪声、粉尘与有害气体的控制和照明、降温、保暖等条件须符合国家有关规定；对罪犯按规定实行劳动保护，控制职业病和职业中毒的发生，定期给特殊工种人员进行体检，及时医治职业病。

1. 生产项目准入条件。

（1）监狱企业建设和引进生产项目应符合法律法规、国家标准或者行业标准规定的安全环保条件，并按照国家有关规定进行安全条件评价和环境影响评价。

（2）监狱企业建设和引进生产项目应当遵守国家有关商标、专利、质量管理的法律法规，做到证照齐全，手续合法。

（3）监狱企业建设和引进生产项目，生产场所应当设置在监狱的监管区域内。监狱应对生产项目的监管安全进行预评价。

（4）监狱企业建设和引进生产项目应进行经济效益评估，确保监狱企业正常持续经营，为罪犯提供稳定的劳动岗位。

（5）监狱企业建设和引进生产项目应优先考虑，适宜政府采购、订货和满足监狱系统内部需要的生产项目。

2. 严禁引进的生产项目。

（1）国家有关法律、法规、国家产业政策禁止和淘汰的生产项目。

（2）侵犯知识产权和生产假冒伪劣产品的生产项目。

（3）污染严重、治理难度大的生产项目。

（4）煤矿及非煤矿矿山开采、易燃易爆、危险化学品、有毒有害等具有较大安全风险或严重影响罪犯身体健康的生产项目。

（5）食品、药品加工类生产项目。

（6）其他不适宜改造罪犯工作的生产项目。

3. 项目引入的规定。省监狱企业集团公司的子公司负责引进生产项目的考察论证工作，撰写可行性研究报告。监狱对拟建设和引进的生产项目从是否适宜罪犯劳动，是否有利于劳动技能培训和监管安全、安全生产等方面进行评估，并将评估结论写入可行性研究报告。

（1）生产项目投资不超过 100 万、参加劳动罪犯不超过 100 人的一般生产项目，子公司应向监狱提交立项报告和可行性研究报告，由监狱审批，同时报省监狱企业集团公司和省监狱管理局劳动改造与安全生产监管处等职能部门备案。

（2）生产项目投资超过 100 万或参加劳动罪犯超过 100 人的较大项目，子公司报监狱批准并向省监狱企业集团公司提交立项和可行性研究报告. 省监狱企业集团公司应在接到立项申请后的 15 个工作日内，会同省监狱管理局劳动改造与安全生产监管处等职能部门对立项进行审批。

（3）生产项目投资超过 1000 万或参加劳动罪犯超过 500 人的重大生产项目，子公司应逐级上报，经省监狱企业集团公司和省监狱管理局劳动改造与安全生产监管处审核，报省监狱管理局研究决定，省监狱企业集团公司按省监狱管理局决定意见办理相关手续。

监狱企业立项申请审批通过后，方可与合作方签订协议（合同）。签定的项目协议（合同）正式文本内容应与立项申请的内容相一致，当协议（合同）内容出现较大变更时，应重新申请立项。项目协议（合同）内容应符合有关法律法规的规定，明确规定产品只在国内市场销售，加工承揽合同明确标注不承接出口产品加工业务条款。

4. 生产项目准入审核的主要内容。

（1）是否符合国家有关产业政策。

（2）是否符合环保、节能、安全生产和监管安全的要求。

（3）是否符合产业定位及技术先进性的要求。

（4）合作方的资信是否符合要求。

（5）是否适宜罪犯劳动技能的培训。

（6）是否有良好的经济效益。

（7）涉及商标的生产项目，是否有商标授权委托书。

（8）其他按规定需要审核的事项。

5. 审核时需提供的资料

（1）《生产项目准入审核表》。

（2）合作方营业执照复印件（加盖公章）。

（3）商标授权委托书。

（4）立项报告和可行性研究报告。

（5）工艺流程、新增设备明细资料。

（6）环境影响分析资料。

（7）安全生产条件及保障措施的说明。

（8）其他需要提供的资料。

二、客户管理

客户管理是加工业管理中的一个重要部分。对不同级别的客户按照不同的要求进行管理，建立有效的客户准入和退出管理机制，择优汰劣。

1. 客户分类。集团公司将客户划分为 3 个等级，即普通客户、重点客户、战略合作客户。

（1）普通客户。主要是指各子公司年加工收入达到 400 万元以上、未达到 1000 万元的客户。

（2）重点客户。指各子公司年加工收入达到 1000 万元以上、未达到 5000 万元的客户或者与集团公司下属 3 家以上子公司有合作关系，年总加工收入达到 3000 万元以上、未达到 1 亿元的客户。

（3）战略合作客户。指在集团公司下属单一企业有合作关系，年加工收入达到 5000 万元以上的或者与集团公司下属 5 家以上子公司有合作关系，年总加工收入达到 1 亿元以上的客户。

规范客户管理，可以夯实管理基础，提高标准化、规范化、精细化水平，确保企业规范运行。

2. 客户备案管理。实行加工业客户备案制度是加工业扶强扶优、淘汰落后，实现企业管理标准化、精细化的基础工作，是提升集团公司加工业市场竞争力，确保加工业规范、持续、科学发展的关键所在。集团公司加工业备案客户管理实行子公司具体负责、集团公司备案管理的机制。

（1）备案内容。①客户资料。即备案客户的名称、地址、法人、联系方式、注册资金、企业类型、经营概况等基础情况；②合作情况。即委托加工产品、产品涉及品牌、加工时间、投入从业人员人数、加工价格、加工现状等。③变更情况。如有备案客户委托加工的产品品种发生变化或者合作关系解除等变更情况的，需报集团公司备案。

（2）备案要求。①集团公司客户备案实行动态管理、定期更新、严格保密的机制；②已备案的客户，各单位每半年上报一次登记表，结合实际更新，确保备案客户资料数据的真实、准确。

（3）保密要求。集团公司及各子公司的客户资料特别是备案客户的资料信息要确保落实专人管理、严格保密。相关客户资料信息严禁泄漏，备案客户资料查阅实行审批登记制度，须由公司董事长或总经理批准同意方可查阅，未经许可不得查阅。查阅时应登记查阅时间、查阅内容、查阅人、批准人等情况。

（4）指导价标准。集团公司采集各子公司的日人均加工费情况的基础指标，根据地区差异和各子公司实际加工能力等情况，加权平衡，汇总发布。指标与生产统计报表的统计口径一致，具体指标为：①服装行业日人均加工费；②箱包行业日人均加工费。

认真做好加工业客户备案制度，有利于贯彻落实相关法律法规和产业准入制度，规范客户管理，提高服务质量，稳固客户群体；有利于整合集团公司客户资源，协调各子公司合力应对市场波动，抵御市场风险；有利于及时掌握和了解合作客户信息，避免集团公司内部同质竞争、低价竞争；有利于及时发现加工业运行中存在的问题，促进规范操作和廉政建设。

三、合同管理

劳动项目确立以后，监狱就要与生产厂家（协作方）签订合同，合同的签订要按照《中华人民共和国合同法》的规定，监狱统一制订规范的合同文本。

1. 加工合同书应具备以下主要条款。

（1）加工项目的名称、数量、质量、商标、包装。

（2）加工方式。

（3）原材料的提供以及规格、数量、质量。

（4）价格或酬金。

（5）履行的期限、地点和方式。

（6）验收标准和方法；结算方式、开户银行及帐号。

（7）违约责任。

（8）解决合同纠纷的方式。

（9）双方约定的其他条款等，每一条款应有明确和详细的要求，一般加工项目合同的谈判必须有 2 人以上参加。

监狱劳务加工合同范本：

××监狱与××企业产品加工合同

委托方（甲方）： 受委托方（乙方）：

地址： 地址：

负责人： 负责人：

联系方式： 联系方式：

甲方因生产安排需要，委托乙方代加产品，乙方同意完全按照甲方要求及供料生产。双方为维护自身利益，经自愿友好协商，就本加工事宜达成以下协议，以便共同遵守。

第一条 加工细则

1. 甲方委托乙方为其加工产品，加工产品款式品种、标准要求、质量数量、交货期限、原料使用等由甲方提供为准，乙方同意接受甲方委托及要求进行代工生产。

2. 每次生产前，甲方具体的委托加工订单，其一般条款由本合同规定，补充条款在订单中说明，经双方确认签字盖章或乙方实际着手试样生产时生效。

3. 委托加工订单的主要内容为加工的货物名称、数量、价格（含17%的增值税）、交货期、交货地点、开具增值税发票的资料以及具体的特定要求、违约责任等，订单约定与本合同约定相异的，以订单为准。

4. 委托加工单位附属本合同，符合本合同中的一般规定，为本合同不可或缺的附件。

5. 订单产品代加工价格确认，由甲方根据加工成本和利润，提出报价，经乙方签字盖章或实际着手试样生产时视为确认。

6. 甲乙双方根据每次不同型号的新产品，可就产品代加工价格进行再次协商确认。

7. 乙方优先安排人员完成甲方交代之生产任务，做到保质保量保时出货。

8. 甲方于订单代工产品验收无碍后与乙方结算该批合格产品成本的代工费用。

9. 甲方提供的原材料等由甲方来车送到乙方所在地，成品或者待检品由乙方送到甲方。

10. 本合同期暂为×月×日至×月×日。具体以甲方通知确定为准。

第二条 甲方责任

1. 按生产计划需要，分别下订单委托乙方为其代加工。

2. 向乙方提供有关代工产品所需的材料及信息等。包括款式、要求、数量、货期、原材料、模具、图样等。

3. 对乙方代加工行为进行指导及检查监督，提出意见和建议。

4. 按照详千乙方的代工标准进行验收产品。凡不能达到检验标准的，甲方有权要求乙方重新生产或赔偿损失。

5. 严守由履行本合同而知悉的乙方相关商业秘密。

6. 按时支付代工费用。

第三条 乙方责任

1. 接受甲方每次订单代工的安排。签订单后日内先行试样，经甲方确认后进行正式生产。

2. 严格按照甲方的委托内容及要求从事代加工活动。

3. 妥善保管甲方提供的原材料、模具、包装物及其他资料等，否则需照价赔偿。

4. 节省用料、维持生产原料损耗率在×%内。余料及其他资料在该次订单产品验收后，全部退还甲方。

5. 代工中出现疑问及时与甲方沟通，接受甲方的监督检查，并按照甲方的建议及意见及时调整。

6. 积极配合甲方的验收工作。凡不能达到检验标准的，有义务按照甲方要求重新生产或赔偿损失。

7. 严守由履行本合同而知悉的甲方相关商业秘密，不得将产品任何相关资料透露或转予第三方，不可授权第三方代为加工，亦不得利用甲方产品技术自行进行同类产品研发生产。

第四条 违约条款

1. 乙方未能按照甲方要求保质保量保时出货的，应承担违约责任，违约金为该订单产品总价值×%。

2. 甲方未能及时向乙方支付代工款的，甲方按照未付代工款每日×%的标准支付逾期违约金额。

3. 以上条款甲、乙双方必须遵守，凡违约者，按照合同或加工订单约定条款处罚，未尽之处，双方可另行协商。

4. 甲乙双方如有一方违约，除追究违约责任外，另一方有权终止本合同。且违约者需赔偿因其违约给对方造成的直接及关联损失。

第五条 其他

1. 因不可抗力因素：自然灾害、战争、国家政策以及其他不可抗力因素而造成的违约，双方均不予以追究，相应损失各方自负。

2. 本合同包括订单等有关文件在履行期间，如发生争议，双方可协商解决，协商未果的，任一方可向人民法院提起诉讼。

3. 本合同如有未尽事宜，双方可另行协商，在意见达成一致的基础上，进行书面补充修改。

4. 本合同一式两份，甲、乙双方各执一份，签字盖章即生效，具有同等法律效力。

甲方：　　　　　　　　乙方：

签约人：　　　　　　　签约人：

年　月　日　　　　　　年　月　日

2. 不得承接的加工项目。对存在下列情况之一者，不得承接加工生产，已承接的要限期整改或停止加工生产。

(1) 不利于监管安全者。

(2) 加工的产品有商标，而委托人不能提供商标使用权证明材料者。

(3) 加工费经常拖欠不能按时收回者。

(4) 安全生产不能充分保证（含生产加工易燃易爆和剧毒等危险品的），而又无相应的安全措施者。

(5) 环境污染严重、影响人身健康者。

3. 签订合同注意事项。首先要注意了解对方履行合同的能力，避免造成不应有损失，特别对一些特殊的加工项目，要有可靠部门或人事的介绍，防止意外事情发生；其次要准确和详尽确定加工产品的技术标准和质量要求；最后要明确合同双方违约责任违约金的比例等。

4. 合同档案管理。监狱要加强加工业档案管理。加工单位对在引进项目和生产过程中的合同、协议、电报、会议纪要、审批表等要设专档由专人负责，妥善保管。

学习任务六 生产管理

监狱加工业的生产管理，首先必须确保监管安全，为此监狱根据监管安全原则，实现罪犯生活区和生产区的彻底分离。生产区要做到环境整洁，地面平整，区域标志和警示标志明显，劳动现场推行定置管理，物料和车辆定置摆放。操作人员要严格遵守劳动纪律、操作规程和工艺纪律，按规定穿戴劳保用品。物品流动规范有序，劳动组织合理，按照工艺流程组织生产。

一、劳动工具管理

劳动工具是操作人员在生产过程中用来直接对劳动对象进行加工的物件，是劳动资料的基本的和主要的部分。

（一）劳动工具的分类

监狱对劳动工具的使用以确保监管安全为前提，为此监狱根据劳动工具的长度、重量、锋利程度等因素确定劳动工具的危险等级，分为A、B、C三类。

A类为危险程度极高的劳动工具，主要指长度在10厘米以上的尖锐型工具（如螺丝刀、大剪刀、中号剪刀）等、开封刃面的锋利型工具（如美工刀、裁床刀片）等、自重在300克以上的钝型工具（如榔头、电熨斗）等；

B类为危险程度中等的劳动工具，主要指长度在10厘米以下的尖锐型工具（如纱剪、电工笔）等或长度在10厘米~30厘米经过弯型处理的尖锐型工具（如弯头镊子）等、自重在100克~300克的钝型工具（如小型榔头）等；

C类为危险程度较低的劳动工具，主要指对人体伤害较轻的其他各类工具；对无法按上述标准确定危险等级的劳动工具，监狱统一认定危险等级。

（二）使用规定

A类（红色标识）危险程度极高，严禁极高危险等级、高度危险等级罪犯接触使用；B 类（黄色标识）危险程度中等，严禁极高危险等级罪犯接触使用；C 类（蓝色标识）危险程度较低，主要指被利用后会辅助产生危害的工具（如内六角）或对人体伤害极其轻微的其他各类工具。

（三）劳动工具“十统一”

为加强和规范罪犯劳动工具的管理，Z 省监狱管理局对劳动工具实行统一分级、统一品种规格、统一名称编号、统一钝化标准、统一配发回收、统一固定位置、统一牵制长度、统一清点要求、统一台账、统一易耗品管理等“十统一”管理。

1. 统一分级管理。严禁极高危险等级的罪犯接触使用 A 类、B 类劳动工具，严禁高度危险等级的罪犯接触使用 A 类劳动工具，对需临时性重点管控的罪犯接触使用的劳动工具应从严控制。

2. 统一品种规格。监狱以安全需要为前提，结合劳动生产实际需要，制定统一的劳动工具品种和规格清单，严禁采购使用清单外的劳动工具。对有特殊需要的，采用“专业化定制”，采购符合监狱安全需要的劳动工具。

3. 统一名称编号。监狱采用条形码（芯片）等方式实行劳动工具统一编号管理，做到一物一码。对内六角等成套使用配发的劳动工具实施成套编号。

4. 统一钝化标准。各类劳动工具在配发前经过统一钝化处理，大剪、中剪尖头至少截短 1 厘米尖角，刀头打磨成圆头，剪刀片之间开口一般应不超过 30°，剪刀片连接螺帽应打毛处理；纱剪尖头至少截短 0. 5 厘米，刀头一侧可开 0. 2 厘米以内的深小角；螺丝刀的刀杆套塑料管，刀头露出部分不超过 3cm；钻子头部长度不超过 1. 5 厘米；镊子头弯曲程度不少于 45°，弯头长度应不超过 3 厘米；气泵枪头截短至 5 厘米以内，并套塑料管；榔头等敲击工具一般采用橡胶制品。确因生产需要使用超标劳动工具的，应由监区提出申请，经监狱生产或劳安部门审核后，报监狱狱政管理部门审批同意。

5. 统一配发回收。监狱建立劳动工具配发、回收、报废制度，劳动工具的配发、回收、报废由监狱生产或劳安部门统一负责，严禁监区私自配发或报废处理劳动工具，严格控制监区劳动工具库存数量，努力实现“零库存”。因产品加工需要，确需厂家带入刀模的，监区建立《刀模管理记录本》，对刀模的入库数量、报废等情况进行记录，产品完成后刀模及时由厂方带回并作销帐处理。因监内施工维修需要，确需带入的工具，要建立工具清单，进监和出监时由监管大门管理民警和施工带领民警共同清点确认。

6. 统一固定位置。生产线上劳动工具的链条牵制固定位置统一设置在显眼处，劳动工具不使用时应放置在统一的显眼位置；机修工使用的流动工具箱（车）有自动落锁功能并确保随时处于锁闭状态，箱（车）内的劳动工具应实行牵制管理，流动工具车不使用时定点放置在民警执勤台附近或专用房内；库存的劳动工具统一放置在劳动工具专用柜内；劳动工具专用柜放置在专用房内，钥匙由民警保管。劳动工具的固定和拆卸应采用特殊专门工具。对闲置机器及时拆除所配置的劳动工具。

7. 统一牵制长度。监狱按照要求统一制作牵制链条，在链条牵制长度不超过 50 厘米的基础上应努力缩短长度，剪刀应双柄牵制。确因生产需要对链条加长使用的，由监区提出申请，经监狱劳安部门审核后，报监狱狱政管理部门审批同意。

8. 统一清点要求。监区执勤民警在每日中午、下午收工（所有罪犯离开劳动岗位）后，通过省局统一部署的劳动工具清点系统对劳动工具进行清点，监狱指挥中心对民警清点督查；罪犯劳动现场巡检信息员每 1 小时清点一次巡检区域内所有的劳动工具，并将清点情况及时向执勤民警汇报，由民警签字确认。清点时，重点检查劳动工具的数量是否帐物一致，牵制是否牢固，钝化是否达标，形态是否完整，使用人是否符合等情况。

9. 统一台帐管理。监区建立《罪犯劳动工具管理总帐本》，明确罪犯劳动工具总量及类型、品种、规格，做到帐物相符。建立《罪犯劳动工具清点》电子台帐，明确清点时间、清点数量、清点情况、清点责任人等情况；建立《罪犯劳动工具收发记录本》，明确劳动工具发放时间、罪犯领用人、罪犯使用人、发放民警、罪犯归还人、回收时间、回收民警等情况。流动工具箱（车）的发放、回收在《罪犯劳动工具收发记录本》中予以记录。

10. 统一易耗品管理。对机针、刀片、白碘油、胶水等易耗品纳入劳动工具管理，建立《易耗品管理记录本》，对领用、发放、回收、报废及库存数量等情况进行登记。对损坏的机针、刀片等零配件实行以旧换新，定期（一般每周一次）清理报废的零配件；对白碘油、胶水等易耗品应定量发放，使用完毕后及时回收。机针、刀片等库存零配件统一放置在劳动工具专用柜内；白碘油、胶水等库存易耗品应统一保存在危化口专用库房内。

做好工具的使用和管理工作。罪犯生产中使用的刀具、锐器及其它劳动工具，应建立登记卡片，实行专用，并指定专人负责集中保管，严禁将刀具等生产工具带入生活区。

二、劳动现场规范化

组织罪犯劳动是罪犯改造的基本内容，是实现监狱宗旨的主要途径。罪犯劳动现场是监狱改造罪犯的主要阵地，是教育挽救罪犯的重要场所，劳动现场规范化是根据罪犯劳动现场管理的需要，制定出一整套具体化、数据化、可操作性强的管理程序、管理制度和管理体系。将散落于各个规章制度中涉及车间基础管理的管理制度、工作标准、工作程序、考核办法等予以归纳整理、细化量化、优化固化。使操作标准数据化、操作流程明细化、考核标准体系化。劳动现场管理工作是一项综合性的工作，涵盖罪犯刑罚执行、现场管理、教育改造、劳动组织管理、劳动计划制订和实施、产品质量管理、设备管理、定额管理、安全文明生产和劳动绩效考核等。

2009 年省局开展劳动现场规范化管理工作评比活动，要求达到劳动现场规范有序，周转区域划分合理，设施物品定置管理，仓储物资码放整齐，资料文件分类放置，场地空间充分利用，各类物品标识清晰，物流人流通道畅通，现场现物责任明确，厂区环境整洁优美，从业人员面貌一新，劳动效率明显提高，安全生产、产品质量得到保证的目标。确定评比分等划分：得分总分 750 分以上且一、三大项得分率均达项目分 60%以上者，评定为合格；综合评分在 850 分以上的，评定为良好；综合评分在 950 分以上的，评定为优秀。并决定在 2010 年开展罪犯劳动现场规范化管理创优达标活动，要求在 2009 年评优活动的基础上监区创优率：2010 年达到 30%，2011 年达到 40%，

2012年达到50%；监区达标率：2010年达到70%，2011年达到85%，2012年达到95%以上，不达标监区必须限期整改达标。2011年省局进一步推进劳动现场规范化管理创优达标活动设立局级劳动改造现场规范化管理先进单位和先进个人等表彰奖项，引导劳动改造现场规范化管理工作的有序开展。2013年对《劳动改造现场规范化管理工作测评表（试行）》进行补充、完善，形成《Z省监狱系统劳动改造现场规范化管理工作测评表》。确立单位申报、考评与复评、等次划分、结果的评比方法和程序，并增增设特优监区的评定。特优监区按考评或复评为优秀监区总数的15%以内的比例择优确定。当年Z省L监狱五监区、N市W监狱五监区为2013年度罪犯劳动现场规范化管理“特优监区”。2018年开展劳动改造现场规范化管理一至四星级监区评比活动，原达标监区、优秀监区、特优监区即为一、二、三星级监区。得分800分及以上为一星级监区（原达标监区）；得分850分及以上为二星级监区（原优秀监区）；评为二星级监区两年及以上，得分900分及以上，且考核得分排位前10名，在硬件上符合已完全安装火灾自动报警系统并通过消防部门验收，完全实现生产作业区与仓储区有效分离，仓储区为单体建筑，劳动改造用房之间无搭建钢棚类建筑物等标准的可评为三星级监区（原特优监区）；评为三星级监区两年及以上，得分950分及以上的，安装火灾自动灭火系统并通过消防部门验收，且考核得分排位前5名，可评为四星级监区。2020年，根据监狱管理局党委要求，由局劳安处牵头，联合狱政管理处和集团公司，整合劳动现场、生产现场、狱政管理现场等考评考核内容，重新制定形成《Z省监狱系统劳动改造现场规范化管理工作考评表（2020版）》。因受新型冠状病毒疫情影响，省局未组织开展现场考核，为确保当年考核工作不断档，处室通过书面考核和随机视频抽查等形式，对各监狱申报的80个复评监区进行了考核，对星级监区考评工作（星级等次提升）暂停一年。

劳动改造现场规范化管理工作考评表（2020版）

考评类别	项目	内容和要求	考评方法	分值	得分
一、制度建设（140分）	健全制度（95分）	1. 建立完善的劳动现场管理制度，明确工作内容、责任落实、考核办法等，工作措施具体详细，推进有力。	制度不是以正式文件下发的扣5分；制度不完善的每项扣2分；查阅警务会等记录，不能反映工作力度、无措施、无结果、无进度的扣5分。	15	
		2. 建立劳动现场规范化目标管理年度计划，目标分解、检查考核等内容具体详细。	未按条块、责任人、推进时间、检查人等来分解计划的每项扣5分。	15	

续表

<table>
<tr><th>考评类别</th><th>项目</th><th>内容和要求</th><th>考评方法</th><th>分值</th><th>得分</th></tr>
<tr><td rowspan="7">一、制度建设（140分）</td><td rowspan="4">健全制度（95分）</td><td>3. 建立健全各类制度，至少应包括劳动管理、劳动报酬、设备电气管理、消防管理、定置管理、工具管理、劳动保护、仓库管理、危化品管理、危险作业管理、职业健康管理等。</td><td>制度不完善、内容空洞的每项扣2分。</td><td>15</td><td></td></tr>
<tr><td>4. 建立健全民警劳动现场管理岗位职责及罪犯重点岗位职责，且掌握情况良好。</td><td>岗位职责不清晰、不完善、不具体的每项扣3分；不熟悉相关内容的每人次扣2分。</td><td>15</td><td></td></tr>
<tr><td>5. 建立出收工管理、劳动改造任务分配、劳动改造成效考评、现场巡查、定置管理检查、劳动生产管理等每日劳动现场管理工作流程，民警掌握情况良好。</td><td>工作流程不清晰、不完善、不具体的每项扣3分；民警“应知应会”掌握不到位的每人次扣5分。</td><td>20</td><td></td></tr>
<tr><td>6. 新引进劳动项目按程序进行备案或审批。</td><td>未按程序进行备案或审批的扣15分。</td><td>15</td><td></td></tr>
<tr><td rowspan="2">日常检查考核（30分）</td><td>7. 各项工作定期检查，有效落实整改措施，实现闭环管理。</td><td>至少每季定期检查，整改不力、检查结果未实行闭环管理的每次扣3分。</td><td>15</td><td></td></tr>
<tr><td>8. 劳动现场管理工作需纳入监狱、监区工作目标责任制考核体系，发挥考核导向作用，推进有力。</td><td>未纳入工作目标责任制考核体系的扣5分，不能体现工作优劣的扣5分，不能及时兑现考核结果的扣5分。</td><td>15</td><td></td></tr>
<tr><td>文件与记录管理（15分）</td><td>9. 劳动现场各类台帐记录准确、清晰、完整，便于查找。</td><td>记录不准确或查找不便的每起扣2分。</td><td>15</td><td></td></tr>
</table>

续表

考评类别	项目	内容和要求	考评方法	分值	得分
二、罪犯劳动管理（130分）	罪犯劳动素养（50分）	10. 建立罪犯劳动行为规范（主要包括劳动纪律、定置管理、文明生产、操作规程等）并与罪犯劳动考核挂钩。	行为规范未与劳动考核挂钩的扣20分，考核不能体现优劣的扣10分；发现不遵守劳动行为规范的每人次扣4分；抽查不熟悉劳动行为规范内容的每人次扣2分。	25	
		11. 强化罪犯安全技能培训和劳动素养教育。	发现不掌握生产工艺的每人次扣2分。	25	
	劳动报酬管理（30分）	12. 严格执行罪犯劳动报酬管理制度，保护罪犯合法权益。	未制定劳动报酬管理实施细则的扣10分；劳动报酬管理中出现发放标准不一致、未足额发放、未按规定比例留存、未及时公布、罪犯未签字确认或非本人签字等情况的，每发现一起扣5分。	30	
	文化宣传（50分）	13. 劳动现场宣传内容上体现新时代要求，符合劳动改造需要且宣传到位，宣传标牌清晰有效。	劳动现场无宣传标牌的扣15分；劳动现场宣传内容未根据实际情况及时更新的，每发现一处扣5分；劳动现场宣传标牌破旧的每发现一处扣2分。	20	
		14. 及时公布劳动工种、劳动定额、劳动改造绩效等信息。	现场未公布的扣15分，公布不及时的扣3分。	20	
		15. 开展集体性劳动激励等活动，营造具有特色鲜明、积极向上的劳动改造氛围。	至少每月开展一次，未开展的每次扣2分。	10	
三、监管安全管理（145分）	劳动工具管理（45分）	16. 严格执行劳动工具领用、清点、回收、报废及日常检查制度。严格落实劳动工具统一分级管理、统一品种规格、统一名称编号、统一钝化标准、统一配发回收、统一固定位置、统一牵制长度、统一清点要求、统一管理台帐、统一易耗品管理的“十统一”要求。	未达到要求的每处扣2分。	30	
		17. 严格落实流动工具定人、定位、定岗、编号管理。	发现未落实的每处扣2分。	15	

续表

考评类别	项目	内容和要求	考评方法	分值	得分
	人数清点管理（40分）	18. 罪犯信息员每半小时清点一次，民警每一小时清点一次人数。	未落实定时清点每次扣2分。	30	
		19. 使用局统一部署的清点系统定时开展点名。	未部署使用的扣10分。	10	
	外协人员管理（30分）	20. 外来人员进出监管区应由民警带领并着监狱统一的区别服；外来人员应在民警带领下，在规定的时间和区域内活动。	外来人员没有民警带领每起扣2分，未着区别服每起扣2分，未在规定时间和区域内活动每起扣2分。	30	
	外来车辆管理（30分）	21. 禁止车辆在罪犯出收工时段进出监狱大门；禁止外来车辆每天17时至次日8时进入监管区；确需进入的，应经监狱分管领导批准；车辆进入监管区应安排民警随车全程监控，在指定位置停放，做到车头朝里、锁好门、关好窗、拔出点火钥匙交现场民警管理，加装龙头锁或轮胎锁，应严格挑选和限定装卸罪犯；车辆装卸货物结束后，对车辆进行检查的同时应清点罪犯人数，经核对无误，装卸罪犯离开后，才准驶离装卸区。	违反管理要求的每处扣2分。	30	
四、安全生产管理（220分）	设备管理（35分）	22. 严格落实设备管理制度，现场设备维修、保养到位。	设备维修、保养不到位或记录不全的每发现一起扣2分。	15	
		23. 设备、工装有序摆放。闲置设备应集中存放并设立明显标识。	未有序摆放的每处扣2分，闲置设备未集中存放的每台扣2分，未设立明显标识的每台扣1分。	10	
		24. 按规范配备防护罩、套、栏等，防护设施齐备、有效。	防护设施缺失或失效的每台扣2分。	10	

续表

考评类别	项目	内容和要求	考评方法	分值	得分
四、安全生产管理（220分）	电气线路管理（55分）	25. 规范接线，电气线路设置合理、整洁，临时接线及时审批，强、弱电有效分离，确保安全，各类导线集束整齐美观。	电气线路设置不合理或接线不规范的每处扣2分；桥架上有积尘的每处扣2分；强、弱电未有效分离的每处扣2分；临时接线未审批的每处扣2分；导线无集束的每处扣2分。	15	
		26. 服装、箱包车间和仓库按要求安装防坠落灯罩或LED灯，灯具完好率100%。	发现一处未安装的扣2分。灯具未及时修复的每处扣1分。	10	
		27. 不同介质管线，按《工业管道的基本识别色、识别符号和安全标识》（GB7231）规定实行分色管理，并注明介质名称和流向。	识别色、识别符号和安全标识不符合标准的扣2分；未标流向或流向标注错误的，每处扣2分。	15	
		28. 电气设备的金属外壳、底座、传动装置、金属电线管、配电盘以及配电装置的金属构件、遮拦等，均应采用保护接地或接零。	不符合规定的每处扣2分。	15	
	消防管理（95分）	29. 按规定配备消防设施、器材，日常管理到位。	配备不达标的扣10分，日常检查不到位的每起扣5分；消防器材失效的每处扣5分。	15	
		30. 按规定设置疏散通道、安全出口和消防车通道，通道畅通，标识、标线清晰，禁止占用、堵塞、封闭或设置障碍物。通道划分合理，主通道宽1.5米以上，辅助通道宽0.8米以上，机位间距设置合理便于人员进出。	通道、出口设置不符合消防要求的扣10分，占用、堵塞、封闭或设置障碍的每处扣10分，疏散指示标识错误的每处扣5分。通道划分不合理的每处扣3分，宽度不达标的每处扣3分，机位间距过小的每处扣2分。	35	

续表

考评类别	项目	内容和要求	考评方法	分值	得分
	消防管理（95分）	31. 严格按规定专库（柜）、专档、民警专人管理危险化学品。	未按规定储存的扣10分；账、物不符的扣5分；领用记录不齐的扣4分；使用不规范的每起扣2分；未落实民警专人管理的扣5分。	25	
		32. 禁烟控火，严格火源管理。	发现携带打火机、火柴等明火源的扣20分；发现有吸烟或烟头的扣20分；发现未经审批动火作业的扣20分。	20	
	应急预案演练（35分）	33. 应急管理预案齐全，责任落实到位。	监区未制定应急管理预案的扣10分；未开展消防业务学习的扣5分；未开展技能训练，不会扑救初起火灾的扣5分。	20	
		34. 按要求至少每月开展一次消防应急演练。	未开展演练的扣15分；演练次数每少一次扣3分；演练不规范的每次扣2分。	15	
五、职业健康与环境保护（170分）	劳动保护措施（30分）	35. 按要求配备、发放劳动防护用品。	未按标准配备、发放的扣5分；领用手续不齐的每次扣2分。	15	
		36. 作业人员按要求使用劳动防护用品。	未按要求使用劳动防护用品的每人次扣3分。	15	
	劳动时间管理（15分）	37. 严格落实罪犯劳动时间管理制度。	未按要求执行发现一起扣5分。	15	
	现场管控（70分）	38. 现场油、液、汽，无跑、冒、滴、漏等现象。	有跑、冒、滴、漏等现象的每处扣2分。	10	
		39. 地面平整，流水线及操作台下整洁有序、易于清理。	地面不平整的每处扣2分，流水线、台板下有卫生死角的每处扣2分。	15	
		40. 车间采光、通风良好，通风设施正常运行。	现场采光不好的扣5分；通风不良的扣5分。	10	

续表

考评类别	项目	内容和要求	考评方法	分值	得分
五、职业健康与环境保护（170分）	现场管控（70分）	41. 卫生间、开水房干净整洁，清洁工具、垃圾箱定置管理。	卫生间、开水房不整洁或有异味的扣2分；清扫工具、垃圾箱未定置管理的每处扣2分。	10	
		42. 严格罪犯水杯、雨披等管理，定置摆放。	发现罪犯个人物品超出规定要求或未定置放置的每处扣2分。	10	
		43. 落实劳动收工后30分钟内“回头看”。	未执行“回头看”的扣15分；执行不到位的每次扣2分。	15	
	室内外环境（30分）	44. 厂房外观整洁，外墙无裂痕，装饰无脱落；厂房内天花板、墙面无渗漏，地面、窗户无破损。	外观整洁，外墙无裂痕，未达要求的每处扣2分；天花板、墙面渗漏的每处扣2分；地面、窗户破损每处扣2分。	10	
		45. 室外道路平整，交通有序。	道路不平整的每处扣3分；交通标线不规范扣3分；车辆未有序停放的每起扣2分（仓储中心）。	10	
		46. 绿化美观，环境优美，卫生整洁。	室外绿化未及时修整的扣3分，有卫生死角的每处扣3分。	10	
	环境保护（25分）	47. 有效治理各类废水、废气等，达到环保要求。	污水未纳管或未有效治理的扣10分；未实现雨污分离的扣10分；未有效治理废气的扣3分；未对产品废料规范处置的扣5分。	10	
		48. 垃圾实行分类管理。	垃圾未分类的扣15分，垃圾分类不彻底的每处扣3分。	15	
六、区域定置管理（160分）	区域划分管理（70分）	49. 各作业、仓储、办公区域以定置管理照片（图）为标准，实行有效管理。车间定置管理总图（消防疏散图）、各类管理制度、操作规程清晰有效，便于对照。	定置管理照片（图）不能明确体现管理要求的扣10分；现场未按照片（图）管理的每处扣2分；悬挂位置不便于对照的扣3分。	25	

续表

考评类别	项目	内容和要求	考评方法	分值	得分
六、区域定置管理（160分）	区域划分管理（70分）	50. 合理划分各区域，区域牌、区域标线清晰，做到有物必有区，有区必有牌（线）。各类物品定置摆放，标识清晰、定位标线（定位点）明确。	区域牌、区域标线不明确的每处扣2分；无标牌或标牌错误的每处扣2分。物品无定置标识的，每处扣1分；无标线（定位点）的每处扣2分；物品摆放超出标线的每处扣2分。	25	
		51. 各类标识、标牌统一制作、美观整洁。	未统一制作的扣10分，普通纸张作为标牌的每处扣2分。	20	
	作业区域定置管理（45分）	52. 作业现场无不用或非急用的夹具、工具，无剩料等近期不用的物品，无私人物品；原辅材料、废弃品或不良品整齐摆放在规定区域，管理制度执行到位；作业现场整洁、整齐，物料、产品、设备无脏污；责任民警熟知并抓好生产管理“六要素”。	违反管理要求的每处扣2分；民警不熟悉相关内容的每人次扣2分。	30	
		53. 作业人员在规定区域内操作。	在规定作业区域内有其他作业劳动人员或其他作业设备的每处扣2分。	15	
	仓储物流定置管理（30分）	54. 仓储物品存放应符合安全距离的要求。	物品存放距墙0.3米、距地0.1米、距垛0.5米，物料堆放高度不超2米，未达到要求每处扣2分。	15	
		55. 仓储物品摆放有序，原辅料、半成品、待检品、返工品、成品等分类存放，做到产品不落地，产品状态标识清晰。	账、卡、物不相符的每起扣1分；产品直接落地的每处扣1分；成品、半成品、不合格、待处理等产品状态标识不清晰容易造成混淆的每处扣2分。	15	
	办公区域定置管理（15分）	56. 办公物品归类存放，标识清晰，便于查找管理。	办公材料无标识的扣2分；文件资料未分类存放、标识不清晰的每处扣1分。	15	

续表

考评类别	项目	内容和要求	考评方法	分值	得分
七、智能化应用（35 分）	消防联动智能化（15 分）	57. 积极推广消防智能联动报警系统。	手动报警信号未与指挥中心有效联动的扣 10 分，视频信号未与指挥中心有效联动的扣 5 分。	15	
	仓储物流智能化（10 分）	58. 引进现代物流技术手段，推行 ERP 及智能化管理方式。	未引进的扣 10 分；使用不正常的扣 5 分。	10	
	劳动工具管理智能化（10 分）	59. 积极推广使用条码或物联网技术智能化劳动工具管理系统。	未使用的扣 10 分；现场清点工具数量或规格品种与配置数量或现场分布显示不符的，每发现一处扣 2 分；劳动工具未配置条码（芯片）每发现一起扣 1 分。	10	
合计				1000	

三、外协人员管理

外协人员是指根据合同、协议进入监狱单位的劳务合作方技术人员、建设项目施工人员和为监所运送物资或提供服务，开展职业技术培训等相关人员。刚开展劳务加工时，监狱对外协人员进入监管场所并没有性别等限制，自 2010 年司法部“35 条”规定和省局“50 条”实施意见后，全省监狱系统开展全面清理异性外协人员。

外协人员进入监所分为临时性出入监所和阶段性出入监所，具体时限和要求由省局结合工作实际统一规定。

1. 进出规定。外协人员首次进入监所，主管单位须提供外协人员的身份信息及健康情况信息，连同主管单位与监所签订的相关合同协议复印件等资料，报监所相关业务部门及狱（所）政管理部门审核后，由监所分管监所安全的领导审批。监所应向其告知相关管理规定，并与其主管单位和本人签订安全、保密协议，明确相关责任。

监所根据警力配备和罪犯构成情况，严格控制每天进入监所的外协人员比例，特别是劳务合作方外协人员，比例应控制在合理范围。

外协人员进入监所必须着统一样式的标识服并佩带统一制作的监所内通行证。监所通行证有效期限最长不超过 1 年，到期应当重新办理。

外协人员进入监所必须进行人身及物品安全检查并登记，禁止任何人未通过门禁识别或者未验明身份并换发监所内通行证通过监所大门。禁止任何人携带移动通讯工具（为工作需要佩带的工作机除外）、现金和打火机、火柴等明火源以及其他违禁品进入监所。女性外协人员安全检查由女性警察负责。

外协人员每次进入监所时，必须进行严格的身份查验和人身及物品检查，重点检查证件是否真实、齐备，随身携带的物品是否违反规定，并认真做好登记。

监所为外协人员规定进出监所时间、划定活动区域。外协人员应当在指定的时间和区域内活动，不得与罪犯混用工作室（台）、更衣室、休息室、卫生间等场所。外协人员确因工作需要进入监管区域，必须有民警全程在场陪同。

外协车辆一般不得进入监管区域，确因工作需要进入监管区域的，按规定审批后，监所应严格按规定检查外协车辆和司乘人员，并认真做好登记。外协车辆进入监所后，应当由警察全程陪同，随车监控。驾乘人员停车时车头朝内、熄火、取下钥匙、关好车门，离开车辆时，应当在监护下在指定区域内容活动。车辆驶出监所前应当接受严格检查。

2. 禁止情形。

（1）曾在本监所服刑的人员。

（2）邪教人员。

（3）吸毒或有吸毒史的人员。

（4）患有严重传染性疾病的人员。

（5）与本监所罪犯有利害关系的人员。

（6）曾经违反过监所管理规定被带离监所的人员。

（7）其他不宜进入监所的人员。

3. 外协人员进入监所不得有以下行为。

（1）携带违禁物品或其他影响监管安全的物品进入监所。

（2）擅自离开监所划定的活动范围。

（3）非因工作原因与罪犯接触、攀谈。

（4）私下打听监所安全警戒的位置、功能及内部管理流程。

（5）为罪犯传递信息、物品，代为其购买物品、接受罪犯人员的物品。

（6）在监所内摄录像等影响监所安全的行为。

外协人员违反监所规定，由监所狱（所）政管理部门予以警告，并立即带离监所、收回监所内通行证和标识服，禁止再次进入监所。同时监所通报其主管单位，追究主管单位及其本人的违约责任。情节严重的，监所依照相关法律法规将其移送公安机关处理。对被带离监所的外协人员，监所及时将其身份、主管单位、违规行为等信息向省局报告。省局相关业务管理部门建立违规外协人员信息库，定期交换信息，禁止此类人员再次进入监所。

四、生产劳动

监狱加工业按照加工工序专业分类的要求，推行社会化大生产组织形式，建立“一分公司一业”“一车间一品”的生产格局。

（一）劳动定额

劳动定额是监狱编制劳动计划的基础，是科学组织罪犯生产劳动的依据，是生产组织单位经济核算的主要基础资料，也是衡量罪犯劳动表现、合理进行奖惩的重要依据。

劳动定额制定应根据现有的生产设施、技术条件和罪犯劳动人员的劳动时间、熟练水平等客观实际，保持其科学性、合理性。劳动定额要确保在规定的时间内，大多数罪犯均能完成和超额完成，严禁出现“超时、超体力”才能完成的高定额现象。

劳动定额管理实行监狱、监区两级管理。劳动改造管理办公室（企业管理办公室）负责罪犯劳动定额管理工作，主要职责是定期检查监督各监区（分监区）劳动定额的执行情况。监区成立劳动定额考核小组，主要职责是执行监区有关劳动定额管理制度，制订、修订产品及辅助生产劳动定额，并及时记录，建立台账。

1. 制定劳动定额的要求。

第一，确定一个产品或者一项工作的工作消耗，必须要有科学依据。科学依据是指设计文件、工艺文件、质量标准、过去定额完成等情况的统计资料，同行业、同工种在条件相似情况下的定额资料等。

第二，总结和推广节约劳动的先进经验，挖掘提高劳动生产率的潜力，保证定额水平的先进性。

第三，保证相同工作定额的统一和不同工作（包括不同生产单位、不同工种、不同产品）定额水平的平衡。

2. 制定劳动定额的方法。

（1）经验估工法。由管理人员、技术指导和技术操作人员结合以往生产实践经验，依据图纸、工艺装备或产品实物进行分析，并考虑所使用的设备、工具、工艺装备、原材料，直接估算定额的一种方法。这种方法确定劳动定额快，使用灵活、简便易行、工作量小，也便于修改。在实际加工中，一般在单件小批量生产中、在安排产品试制或临时性生产任务时使用。

（2）统计分析法。是根据过去同类产品或类似零件、工序的统计资料，再分析当前技术和生产条件的变化来制定定额的方法。这种方法简单易行，工作量小，以占有大量的经济资料为依据，比经验估工法更能反映实际情况。凡是生产条件比较正常、产品比较固定、品种比较少、原始记录和统计工作又比较健全的情况，一般可以用这种方法。

（3）类推比较法。以现有产品定额为基础，通过对类似产品或工序进行分析比较，采用类推方法确定新的同类产品或工序的劳动定额。这种方法是生产同类型产品或完成同类型工序的定额为依据，经过对比分析，推算出同系列的定额，具有明显的可比性。

（4）工艺测算法。以工艺图纸和设备的操作速度为基础，确定各工序、部件的作业时间，换算成劳动定额。一般在产品试制时多采用此种方法。

根据劳动定额，监区、分监区要根据产品特点、从业人员体力、劳动技能的差异性和劳动时间管理要求，综合分析产能、业务量和盈亏平衡等因素，科学合理制定劳动、原材料、能源消耗等定额，合理安排生产作业计划，制定并实施生产月度计划及日作业计划，做好生产调度，力求实现均衡有序生产，在每日生产后，要做好分析和讲评。

（二）劳务加工生产计划

劳务加工生产计划是指对劳务加工生产方面的策划，是企业在计划期内加工生产产品的品种、数量、质量、生产期限、生产能力、生产手段、生产步骤等方面的构思和打算，是对劳动定额的深化。劳务加工生产计划分长期生产计划和年度生产计划。

1. 年度生产计划是指执行期为一年的生产计划。是企业年度方针目标的重要项目，是主管部门对企业自身业绩考核的重要依据。

以服装加工为例，根据服装产品的特点，年度计划生产的产品，季度跨度较大，产品品种的变化会影响工艺装备的应用及操作工的技术熟练程度，每一个品种，操作人员都会有一个适应的过程，为此年度计划的制订应注意这一因素。

年度生产计划下可划分为季度生产计划、月度生产计划、周生产计划。季度生产计划是年度生产计划的分解，也是完成年度计划的基础。月度生产计划是年度生产计划和季度生产计划的分解，月度生产计划具有一定的灵活性，一般会依据客户的需求和市场的变化做出相应的调整。周生产计划是月度生产计划的分解，每周定出生产计划，确保月度计划的完成。

2. 长期生产计划。是指超过一年以上的生产计划，是以年为滚动期，是企业长期发展的规划。

（三）流水线

根据加工业的生产特点，除单纯手工外，大多数都采用流水线作业。下面以服装加工业为例，常见的流水线分为两种：①固定式，指加工对象固定，操作人员与生产工具按程序对加工物进行流水作业。例如服装工业裁剪车间的划样、拖布、开刀、分包等工序，均属固定式流水作业；②移动式，指操作工和工具设备固定在一定位置上，而加工对象按照流程移动作业。如服装的缝纫、锁扣、熨烫、包装等工序都属于移动式流水作业。

生产流水线，必须遵循下列原则：

1. 顺向流程，按程序作业。在生产过程中要避免倒流水或交叉传递。

2. 就近组合，减少传递时间。流水线的主流和支流组合部位靠近。如做衣领与装衣领、做袋口与装袋口等组合要方便传递。

3. 节拍均衡，流水畅通。最佳的生产流水线，应该使每一道工序都能做到既不脱节也不积压。

节拍是流水线上连续出产前后两件产品的间隔时间。它是流水线及其他一切设计计算的出发点。计算公式如下：

平均节拍=计划有效时间/计划期的产品量。计划有效时间是指计划期时间扣除生产过程中的设备调试和操作工生理需要的休息时间以后的纯生产时间。

例 1：某生产流水线，规定工作时间为 8 小时（即 480 分钟），有效工作时间为 7 小时，计划每日生产 200 件服装，求生产平均节拍。

年均节拍=（480-60）/200=2.1（分钟）

例 2：某小组 50 人，每天有效工作时间为 7 小时，单件产品工时定额为 20 分钟。求该组每天应该完成产品多少件？

日产量=小组人数×有效工作时间/单件产品工时定额=50×420/20=1050（件）

例 3：某小组有效工作时间为 7 小时，生产某服装的计划日产量为 200 件，每件产品的工时为定额为 84 分，求应配备多少人员？

定员＝计划日产量×工时定额/有效工作时间＝200×84/420＝40（人）。

4. 动态管理，随时调整。流水在进行的过程中，可能会出现瓶颈工序，出现节拍不匀或质量薄弱环节，这时就要根据实际及时协调、疏导、调整，确保更有效地运转。

（四）质量管理

牢固树立“质量第一，用户至上”的观点，加工单位要建立产品加工质量管理网络，关键工序要建立质量控制点；重点专业加工单位要建立质量保证体系，制订和完善工艺操作规程，严格执行工艺纪律，经常性开展 QC（质量控制）小组的活动。

（五）设备管理

设备管理是通过有关机器设备的计划、组织及一系列管理制度和措施，确保技术上准确选购设备，经济上合理采购设备、应用上有效使用设备，充分发挥和提高设备的合理利用率，并通过精心维护、修理设备，保证设备正常运转，从而维护正常的生产秩序，保证设备处于最佳状态，使企业取得长期的，最佳的经济效果。设备管理分为技术管理和经济管理。设备的技术管理包括设备的采购与验收、安装与调试、使用与维护、改造与更新。设备的经济管理，则包括设备投资、维修费用，折旧与更新改造资金的筹措，积累和支出等。

当前劳务加工中如服装加工中，设备主要有生产设备、动力设备、传导设备、运输设备和维修设备等。下面以服装加工为例，作一简要说明。

1. 生产设备。在裁剪车间有原料预缩机、拖布机、裁布机、环形带刀等；在缝纫车间有高速平缝机、包缝机、锁眼机、钉扣机及各类专用设备，在熨烫车间有各种类型的蒸汽熨烫机及吸风烫台等。

2. 动力设备。用于生产电力、热力、风力或其他动力的设备。如发电机、蒸气锅炉、空气压缩机等。

3. 传导设备。指用于传送电力、热力、风力、其他动力和液体、气体的各种设备，如输电线路、上下水道、蒸气传导管等。

4. 运输设备。指为进行加工而进行运输的设备。如传导带、运输车、搬运车等。

5. 维修设备。用于维修设备和工具各种机器设备。如工具箱、成套工具等。

设备要注意节能性、配套性、环保性、灵活性和安全性。设备采购要建立购置主要设备的审批制度，建立主要设备总台帐；建立设备总台帐和分台帐，做到帐卡物相符；加工单位要建立设备保养和维修制度，确定人员负责，定期按规定进行保养，主要设备要建立技术档案，做到一机一袋。

服装设备，特别是高效率的专用设备的作用与服装生产效益具有相当密切的关系。先进设备比手工作业的效率高出几十倍。以裁剪为例，如 2 个人开展裁剪作业，采用 CAD 计算机自动裁剪装置，裁剪一般品种每天可以裁剪 8000～10000 件，而用一般手推式电剪刀裁剪，每天只能裁 400～500 件。

（六）安全生产

建立加工业安全生产管理网络和安全生产制度，定期开展安全生产检查；加工单位要制订安全生产规章制度和安全操作规程。重视上岗前培训工作，培训内容包括安全生产、基本生产工艺、设备使用、维修、保养知识等，岗前培训面达100%。特殊工种上岗操作须持上岗操作证，上岗操作机械设备须持设备操作证。监所对承接加工项目要制订环境保护和工业卫生管理的规定。专业加工单位要制订环境保护管理、监测制度，劳动场所的噪声、粉尘与有害气体的控制和照明、通气、降温、保暖等条件符合国家有关规定；对罪犯按规定实行劳动保护，控制职业病和职业中毒的发生，定期给特殊工种人员进行体检，及时医治职业病。

（七）仓库管理

仓库是储存物料的主是场所，是各种材料存放和供应的中心。仓库管理主要包括物料入库存前的准备、验收、保管、发货、清仓盘点等工作。

1. 收货。物资入库要办理入库验收手续，货物点收是收货的第一道工序，是由仓库收货人员与运输人员或运输部门进行货物的交接工作，检查货物的数量是否准确。收货人员要对货物名称、数量、尺寸、标志、包装等内容进行检查，以确保合格，只有当单据、数量和质量验收无误后，详细记录物资型号、规格数量和质量等情况，如发现品种、规格、数量、质量、单据有不符合规定的，应立即查明原因，报告主管部门及时处理。

2. 存放。货物入库后，要根据不同的物理、化学特性及体积大小、包装情况等予以保管，以保持好货物原有的质量水平和使用价值，防止由于不合理保管所引起的物品磨损、变质、流失等现象。物料保管做到不缺、不损、不变质、不混号以及账、卡、实物和资金四部分相符。应用现代化管理技术和ABC分类控制法等先进方法，制定合理仓库库存定额，提高仓库管理水平。

3. 发货。发货是生产部门或物料需求单位提出要求，由仓库管理员根据领料凭证对相应的货物进行清点、搬运，然后发货，领料、发货要有明确程序和批准权限，手续要规范齐全。仓库的物料发放一律要有凭证。发料时应注意：一是严格核对领料凭证，确认发货的品种，如规格、颜色等，仔细核对，防止出错；确保发货的数量准确无误，既不多发，也不少发。二是实行送料制，由仓库供应人员按计划实行定期、定量、定点送货上门。

4. 补料。凡工废、料废、超定额等要求补领材料时，必须经过审核批准，才予以补料。

5. 退料。实行退货和核销制度。退货的范围通常包括“生产任务完成或工程竣工节余下来的材料；计划调整、技术改造剩余或不需要使用的物料；发出的材料规格、质量不符或不需要使用的物料；发出的材料规格、质量不符或错发的材料；边角余料中可以继续利用的材料等。退料方式一般有实物退料和转账退料两种。同时仓库部门要会同车间对本月消耗的原材料，按计划完成程度和消耗定额进行核销，以避免生产资料的浪费和物料消耗情况失真。

（6）盘点。根据管理的需要和物料的性质，对物料需进行盘点。盘点一般采取定期检查、不定期检查和永续盘点三种方法。盘点的内容是检查账面数与实存数是否相符，及时掌握库存的变动情况；检查各类货物有无超储、变质和损坏；检查仓库设备和安全设施有无损坏等。发现问题要查明原因和责任，对于超储积压的货物要做出处理。

（八）统计工作

按照统计法规和上级部门要求，及时准确编报加工业报表。做好产值、增加值、加工收入、产量、工时、原材料、能源消耗、设备利用、质量状况等基础统计工作。

监狱劳务加工从业人员为罪犯，他们普遍具有文化程序低、恶习较多、整体素质较差、世界观和价值观偏离等标志性的特征，经济效益这一经济活动中的重要杠杆因素很难发挥应有的作用，这就要求监狱企业的管理者要更加重视向管理要效益，走一条管理先行、以质促量、均衡发展的道路。

拓展训练

组织学员实地参加监狱、监区劳务加工场所，了解劳务加工从项目、合同、生产及出库的全过程，并根据收获，对劳务加工的情况作出梳理。

专题八　罪犯劳动智慧管理

学习目标与任务

熟悉传统的监狱劳动现场人数清点、工具管理方面的基本做法；掌握信息化、物联网背景下监狱劳动改造中人数清点、工具管理、生产统计等方面智慧管理的手段与方法；了解运用先进科学技术提升监狱劳动改造车间生产效能的主要路径。

案例导入

罪犯刘某某，2004 年 9 月 29 日因盗窃罪被浙江某市人民法院判处有期徒刑 2 年 3 个月，于 2006 年 8 月从某监狱刑满释放。2007 年 11 月 16 日，因抢劫罪、盗窃罪被某市人民法院判处有期徒刑 7 年 6 个月，后投入浙江某监狱服刑，2008 年 6 月调往新疆某监狱服刑，于 2013 年 5 月 12 日刑满释放。2014 年 7 月 8 日，因抢劫罪、强奸罪被某市人民法院判处有期徒刑 8 年 8 个月，2014 年 9 月 18 日投入某监狱服刑改造。

2014 年 11 月 28 日早上，有罪犯向民警反映罪犯刘某某早上打扫卫生时明显拖拉、动作缓慢，不配合组长安排，情绪反常较激动。出工后，副监区长陈警官找该犯谈话，谈话期间该犯不经意间讲了一句“本来我应该在青春医院”的话，遂引起陈警官的警觉。

监区民警当即对其劳动现场劳动岗位进行突击搜查，发现其岗位牌上的蝴蝶夹破损（蝴蝶夹的一边夹子柄不见）。监区民警立即到监内对该犯的物品进行清查，在该犯的枕头内共搜出铁丝 7 根（长约 3 厘米~7 厘米不等，粗约 1 毫米），其中一根正是蝴蝶夹的夹子柄。另发现笔记本一本，民警仔细查阅该犯的记载内容，发现该犯在笔记本中画了一副有两块“墓碑”的图，其中写着“芳 04”“涛 15”，并有“我一直活在痛苦与煎熬之中，某天我会来找你的”文字记载。

监区长立即将此情况向监狱领导汇报。为进一步查明违禁品的来源和动机，监狱立即成立专门调查小组，对该犯实施隔离审查。在审讯小组的强大政策攻势与思想教育下，该犯交待，想通过自伤自残的方式逃避改造或达到调疆的目的，分流至监区后，曾企图将纱剪带入监内，因联号包夹、剪刀牵制、工具定时清点等原因无法实施。近期采取收集回形针、岗位牌的蝴蝶夹柄、线毛刷子的铁丝等手段，趁收工前民警和其他罪犯不注意时含在舌头下，躲过民警收工搜身，回到监房后到厕所洗脸时将物品吐出藏在口袋，于就寝前整理衣物时将铁丝穿插在枕芯、垫被中，待数量、时机成熟时再实施自伤自残。

思考题

1. 针对“三进宫”且有边疆改造史罪犯，应该如何监管？
2. 此案例中，有很多值得总结与借鉴的地方，请举一反三。
3. 通过此案例，现场民警在清监时应重点关注哪些环节？

学习任务一 劳动人数智能清点

一、罪犯劳动人数清点的传统方法

在2010年以前，全国很多监狱罪犯劳动现场，对劳动人数的清点采用人工清点方法，每半个小时由监督岗或事务犯清点一次人数，然后由民警审核签字，且有专门的人数清查本以备上级检查。此类清点方法，有利有弊。有利方面，一是民警可以腾出时间管理生产上的其他事务，把工作重心放在生产效能提升、矛盾排查与问题化解上；二是由于采用点人头方法，不会轻易打乱罪犯的劳动情绪和生产节奏；三是由于以小组或连环包夹人员为单位进行人数清点，一般准确率高，且速度快。不利方面，一是由于每天清点人数过于频繁，容易使有的时间段人数清点流于形式；二是由于清点全靠人的责任心，如何保证每次都清点到位，很难去考核与印证；三是由于罪犯活动空间较大，容易给人数清点造成一些假象（如有的罪犯利用人数清点时间差，从事违法违规活动）。

二、罪犯劳动人数清点的智能方法

随着监狱信息化建设的不断推进，罪犯劳动现场人数清点不断向智能、集约方向发展，且清点过程全程留痕，清点准确到位。

（一）刷条形码清点人数

人数清点采用刷条形码技术，主要是借鉴了商品流通、信息录入与价钱结算技术，通过在罪犯胸牌上粘贴条形码，通过手持扫码机操作，便于后台及时掌握现场劳动人员信息。使用条形码技术清点罪犯劳动人数，是对传统手工清点人数的一次全新改进，但在使用中发现有着一些局限性，如条形码容易损坏、抗污性差、读取距离短等。最初，个别监狱试点条形码技术，是把人数清点与工具清点一并进行探索。2012年，某监狱自主开发了条形码扫描罪犯人数及劳动工具清点系统；2013年，刷条形码清点人数与工具在部分监狱单位推广。如2013年9月30日，中国政府采购网上有一则关于某某监狱罪犯点名和劳动工具管理系统项目的公开招标公告，招标内容为某某监狱罪犯点名和劳动工具管理系统项目（软件及硬件设施），其中软件主要包括人员清点、工具管理、人员与工具混合清点、短信审批、系统管理五大功能模块；硬件设施主要包括无线路由器、无线条码扫描手持设备、无线条码扫描枪、VGA延长器、安装辅材、光电转换设备、交换机等。某某监狱公开招标采购的就是条码扫码软件及硬件设施。

（二）芯片感应清点人数

芯片感应清点系统是一项易于操控、简单实用的应用技术，其终端设备以安卓系统为基础，通过内置芯片感应的模式实现对劳动人员的清点，较扫码读取方式更为便捷、环保。系统数据的读取无需光源，可根据人员劳动位置设置有效识别距离，既可避免因距离过远导致的批量感应，也可规避因距离过近导致的同步感应，能有效解决清点过程中的误报现象，提高系统实用性。此系统重点设备配置无线发射器，清点数据在系统后台同步更新，无需手动上传，且数据反馈及时，附带报错功能，能有效提高清点效率，减少基层民警工作量。2018 年后，芯片感应清点系统在全国很多监狱得以推广应用。

图 8-1　用手持机对罪犯胸牌芯片进行扫描的方法清点人数

学习任务二　劳动工具智慧管理

一、罪犯劳动工具分类

罪犯劳动工具根据使用场景不同，大致可以分为三类：

1. 位置固定的劳动工具。即生产用的劳动工具（如服装加工用的剪刀、打孔用的锤子等），它固定在缝纫机桌板或其他生产用器械上，不能被取下来，更不允许带离工位。此类工具，需要实时监测其是否在工作台面。

2. 每天借还的生产工具。此类工具通常置于车间工具柜或工具房（如农业生产用的工具、部分工业单位的操作工具等），每天上班时发放，下班时回收。2010 年以前，很多监狱采用此方法对罪犯劳动工具进行管理。

3. 零星使用的特殊工具。此类工具通常置于工具仓库，使用时借出，用完后归还。常见的是维修机器时需领用的临时工具（如螺丝刀、扳手等），使用人一般很明确，且规定了领取和归还流程，限定工具使用范围等。

二、罪犯劳动工具传统管理

由于罪犯群体中案由、刑期、籍贯、性格等构成的错综复杂性，使得罪犯劳动现场监管存在着很多的不确定性，因劳动工具管理不当引发监管安全事件或罪犯利用劳动工具从事违法违规活动屡有发生。

以往，由于没有对罪犯劳动工具进行固化链接、全程监管或智能处置，且主要采用人工清点、检查与登记方式，故在现实监管中留下了很多弊端，主要表现在：一是因劳动工具发放回收工作繁杂，占用大量时间，导致管理效率低下；二是因劳动工具种类繁多，管理缺乏精细与规范，导致安全监管困难；三是劳动工具被带走后，无法实时追踪去向，且难以有效监控，造成安全隐患较大；四是由于采用人盯人、人管人的方法，容易存在工具漏盯情况，出现管理上的疏忽。

2005~2006 年，由于全国发生多起罪犯用劳动工具行凶事件，很多监狱开始对罪犯劳动工具进行链化与改进处理。如一些监狱用 60 厘米长的铁链对生产用剪刀进行固定，对剪刀尖头进行钝化处理等。

为加强对罪犯劳动工具的管理，2012 年某省很多监狱本着“安全第一、合理配置、动态管理、直接监控”的原则，按“分量更轻、数量更少、牵制更短、尖头更平”的要求，对劳动工具实行“六统一”即统一工具名称、统一工具规格、统一工具编号、统一工具数量、统一牵制长度、统一管理台账。2018 年以后，某省的“六统一”变更为“十统一”，新增“统一分级管理”“统一固定位置”“统一钝化标准”“统一清点要求”。

三、罪犯劳动工具智能管理

（一）劳动工具智能管理主要目标

1. 实现劳动工具管理信息化，预防监管安全事故发生。
2. 加强对民警履责监督，减少安全监管问题，堵住劳动工具管理漏洞。
3. 提高民警工作效率，降低人为失误，减轻现场民警的工作压力。
4. 劳动工具智能化盘点，快速完成工具清点、统计、分析等工作。
5. 实现对劳动工具的实时检查，避免罪犯私自藏匿、调换、拆卸劳动工具。

（二）劳动工具智能管理实施路径

据人民网 2012 年 2 月 15 日报道，自 2011 年 4 月开始，S 省监狱管理局在该省 B 监狱全国首创试点服刑人员劳动工具电子芯片智能化管理。据介绍，B 监狱对全监 8 个从事劳务加工分监区的劳动工具逐一摸排，分级分类编号，登记录入，然后根据危险程度，为每件工具加带电子芯片，建立翔实的劳动工具管理数据库；监狱每个劳务车间周界安装 RFID 读卡装置，该装置可以自动搜索车间内佩戴胸卡的服刑人员信息；每位服刑人员的胸卡和劳动工具报警芯片相互绑定，服刑人员胸卡和劳动工具被带出限定区域，会引发值班室声光报警器报警，劳动工具智能管理系统就会显示何种工具、何时被带出了限定区。[1]

2018 年以后，为全面推进“智慧监狱”建设，全国很多监狱通过和社会企业的战略合作，开发了一套劳动工具智能管理清点系统，实现了劳动工具信息智能识别、数据自动采集、工具实时监控、定时自动清点、归位智能报警、遗失雷达搜寻等功能。

2018 年，Z 某大型监狱开发了劳动工具智能管理系统为例，该系统具有以下几个特点：

---

〔1〕 台建林、马艳玲：“陕西监狱劳动工具智能化管理”，《法制日报》2012 年 2 月 14 日，第 5 版。

1. 便于民警实时掌握劳动工具使用状况。该系统实现了劳动工具类别编号数据同步读取功能，不使用时，民警管理界面显示“正常”；使用时，民警管理界面显示“使用中”；劳动工具超过 20 分钟未归位，系统提醒劳动工具“未归位”，并进行自动报警。

图 8-2　罪犯劳动工具使用状态实时显示

2. 将四大功能集成到一个执勤平台上。该系统将固定工具定位、工具柜工具定位、定向定位搜寻、数据实时共享等功能集成在民警执勤台上，现场执勤民警只要打开使用管理界面，就能清晰了解车间所有劳动工具情况，只需适时检查测试工具的完整性，就能全面掌控车间劳动工具使用情况。

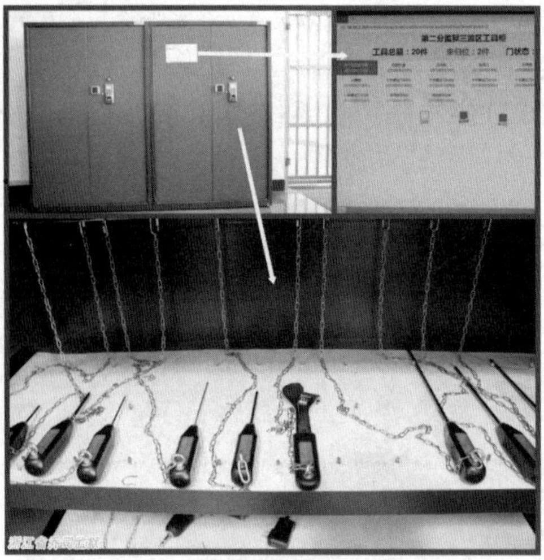

图 8-3　罪犯维修用劳动工具固化链结

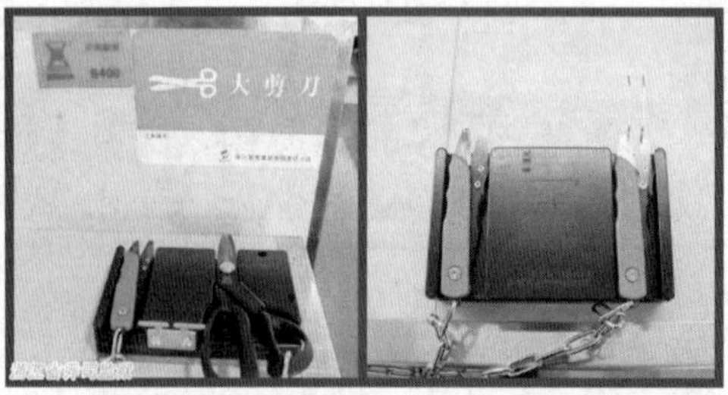

图 8-4　罪犯生产用劳动工具固化链结

3. 能确保劳动工具的使用安全。该系统改变原有单纯依靠人工清点现状，实现了劳动工具实时监控，定时自动清点。由于配置了专用流动工具箱，且采用伸缩牵制链条，劳动工具安全系数大大增加，能有效避免使用中突发事件发生。

图 8-5　罪犯小型劳动工具箱

2021年，作为“C省监狱劳动工具管控项目试点示范建设单位”，C省两家监狱生产车间试点部署智能工具管理系统，此系统由H科技有限公司负责研发，主要建设内容包括智能工具柜建设、工位固定工具智能化管理、服刑人员无纸化电子点名、搭建智能工具管理软件平台等，该项目于2022年4月通过有关部门的验收。

案例选编

F公司成立于2013年6月，是一家国家认证的高新技术企业。该公司开发了一系列监狱安防系统，其中之一便是监狱劳动工具智能管控系统。此系统采用物联网与定位技术相结合，用于监管场所劳动工具定位管理、劳动工具的实时检测报警和在线化清单，能实现劳动工具管理智能化，预防监管安全事故的发生，减轻民警工作压力，提高工具管理效率。

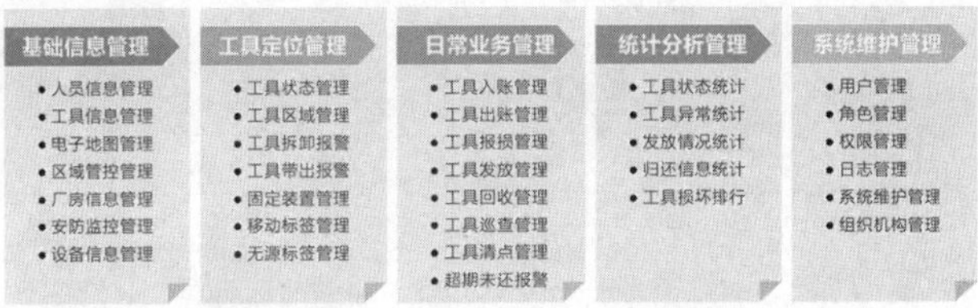

图8-6 F公司开发的监狱劳动工具管控系统界面

F公司开发的监狱劳动工具管控系统具有很多功能。如软件平台提供车间工位地图显示，在电子地图显示工具位置，当某个工具断链后该点位即发出报警功能，通过电子地图可快速感知工具报警位置；劳动工具绑定一个电子标签，入库时读卡系统会直接读取劳动工具信息，入库完成后，通过电子地图即可在库房图上显示工具的位置信息；劳动工具与电子标签通过一个断链监测线进行连接，当出现断链、脱链报警时，会在电子地图显示报警点位置、状态及其他自定义信息等。

学习任务三 生产业务智慧管理

一、生产过程智能管理

2010年以后，为提升监狱企业的智能化、信息化管理水平，很多省份监狱企业主导开发或自主开发了一套生产管理软件或系统。如2012年，Z省某监狱下属企业委托X公司，研发了适合自身特点的两个软件即《生产管理软件》和《固定资产管理软件》，经过多次沟通协调、安装调试，两款软件于当年6月试运行。2016年，J集团有限责任公司（简称“J集团公司”）主导开发了一套涵盖合同管理、客户管理、采购管理、生产管理、仓储管理、财务管理、质量管理、设备管理、业务报表和系统预警等模块的生产管理信息系统（简称“ERP 系统”），先在集团公司下属 4 家监狱企业试点，2017 年 12 月底在省属监狱企业全面推广。下面以 JZDL 集团公司 ERP 系统为例，对监狱生产过程智能管理作一列举式说明：

（一）业务流程图

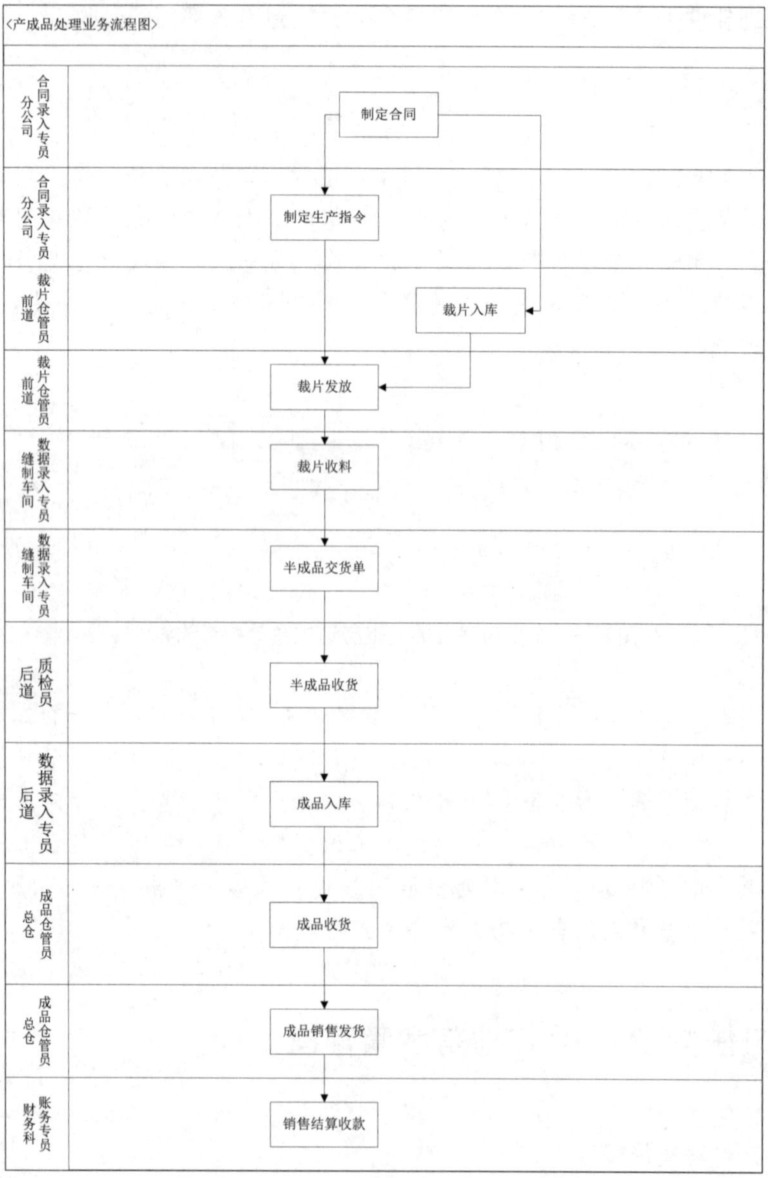

（二）业务操作内容

1. 产成品业务操作

1.1 制定合同

1.1.1 维护客户档案：把新客户的资料录入系统

操作路径：【系统管理】-【基本档案】-【客户档案】

1.1.2 维护成品档案：把客户新的款号资料录入系统

操作路径：【系统管理】-【基本档案】-【产成品档案】

1.1.3 制定合同

操作路径：【合同管理】-【合同台账】

1.2. 制定生产指令

操作路径：【生产管理】-【生产指令】

1.3. 裁片入库

操作路径：【库存管理】-【裁片】-【裁片入库】

1.4. 裁片出库

操作路径：【库存管理】-【裁片】-【裁片出库申请】

1.5. 半成品入库

操作路径：【库存管理】-【半成品】-【半成品入库单（新）】

1.6. 成品入库

操作路径：【库存管理】-【产成品】-【成品入库单】

1.7. 销售发货

操作路径：【销售管理】-【销售发货单】

1.8. 销售结算收款

操作路径：【业务财务】-【销售结算收款】

2. 面辅料业务操作

2.1. 维护物料清单：新的面辅料分类信息录入系统

操作路径：【系统管理】-【基本档案】-【存货分类】

2.2. 制定代购订单：有代购材料就要制定代购订单

操作路径：【采购管理】-【代购订单】

2.3. 面辅料入库

操作路径：【库存管理】-【客供代购料】-【客供代购料入库】

2.4. 面辅料出库

操作路径：【库存管理】-【客供代购料】-【客供代购料出库】

3. 机物料业务操作

3.1. 维护物料档案：新的机物料信息录入系统

操作路径：【系统管理】-【基本档案】-【物料档案】

3.2. 制定请购单

操作路径：【采购管理】-【请购单】

3.3. 制定采购计划

操作路径：【采购管理】-【采购计划】

3.4. 制定采购订单

操作路径：【采购管理】-【采购订单】

3.5. 采购入库

操作路径：【库存管理】-【采购物料】-【采购入库】

3.6. 领料申请

操作路径：【库存管理】-【采购物料】-【普通领料】

3.7. 领料处理

操作路径：【库存管理】-【采购物料】-【普通领料出库处理】

3.8. 采购发票

操作路径：【业务财务】-【采购发票】

4. 车间业务操作

4.1. 车间人数维护：把每天出工人数按照小组录入系统，系统会自动计算人均产值

操作路径：【生产管理】-【车间人数维护】

4.2. 制定派工单：每天制定一张派工单，记录每个小组每天的任务，计算各小组生产完成率

操作路径：【生产管理】-【生产派工明细单】

4.3. 录入完工单：分时段记录各生产小组的产量

操作路径：【生产管理】-【生产完工单】

4.4. 录入后道工序完工单

操作路径：【工序管理】-【后道工序完工单】

（三）部分业务操作页面演示

下面以成品入库和车间人数维护为例，作一演示说明：

1. 关于成品入库

操作路径：【库存管理】-【产成品】-【成品入库单】

操作：在“成品入库单”界面，点【根据合同新增】按钮

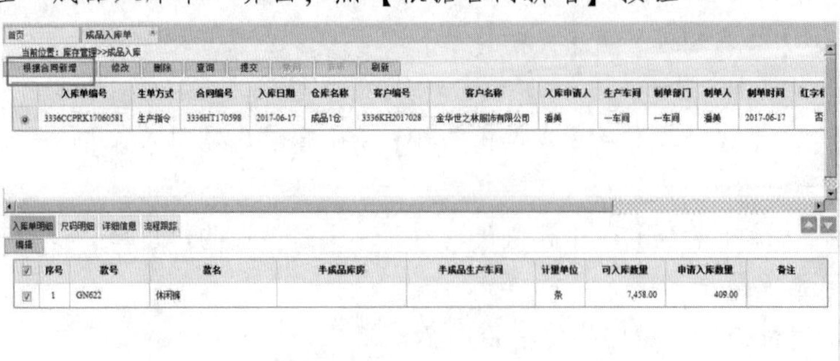

在弹出界面输入“客户名称”，点【查询】按钮

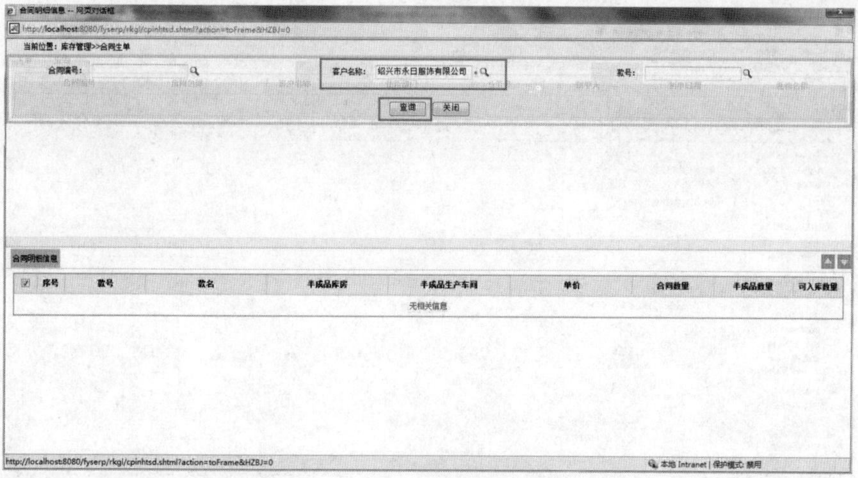

选择成品入库的合同及生产车间，点【生单】按钮

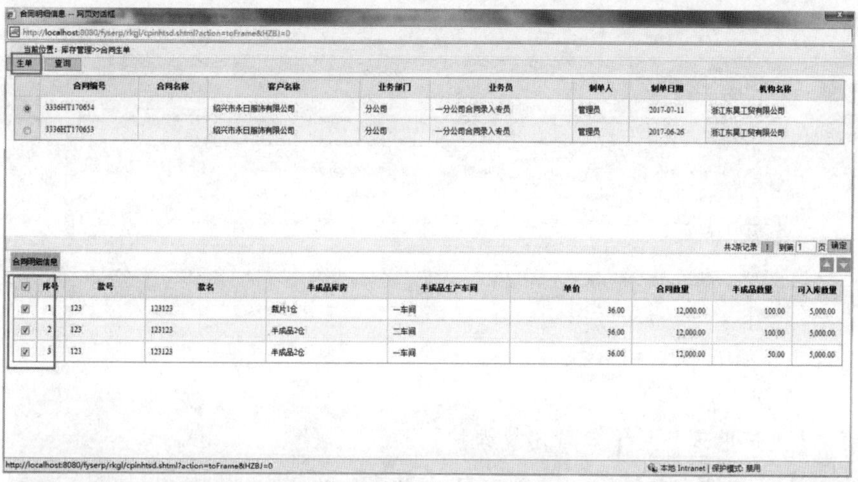

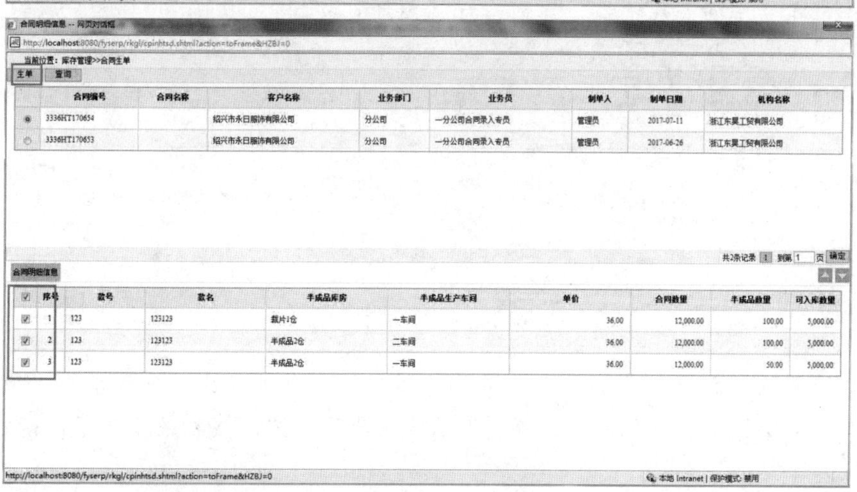

点“生单”按钮后回到成品入库编辑界面，选择“仓库名称”和“生产车间”，输入入库数量、选择生产线，点【保存并提交】按钮，成品入库申请完成；

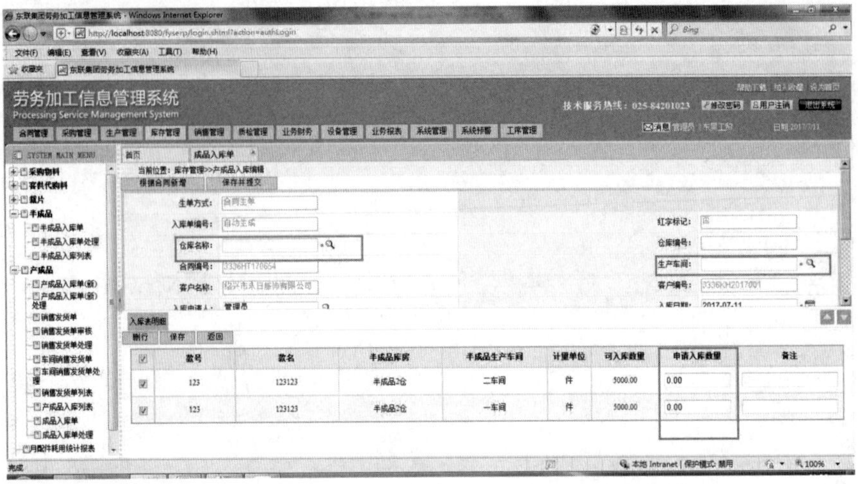

在【库存管理】-【产成品】-【成品入库单处理】点【确认入库】按钮，成品入库完成。

2. 关于车间人数维护

路径：【生产管理】-【车间人数维护】

操作：在“车间人数维护”界面，点【新增】按钮；

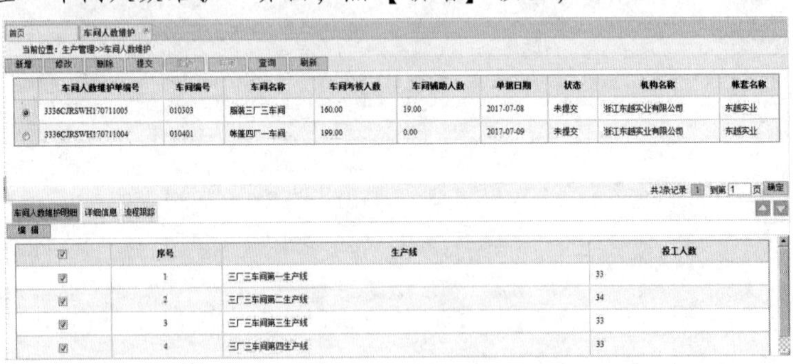

在以下界面，系统会默认登录人员的所属部门，也可以选择分管车间，填写单据日期、车间辅助人数、其他人数，填写每条线的投工人数，然后点【保存】按钮；

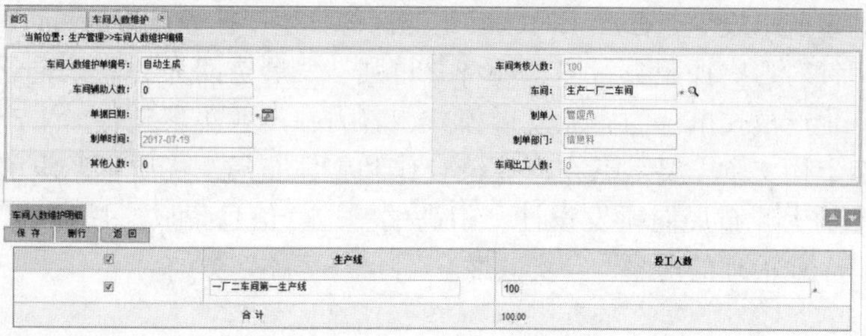

点【提交】按钮，人数维护完毕。

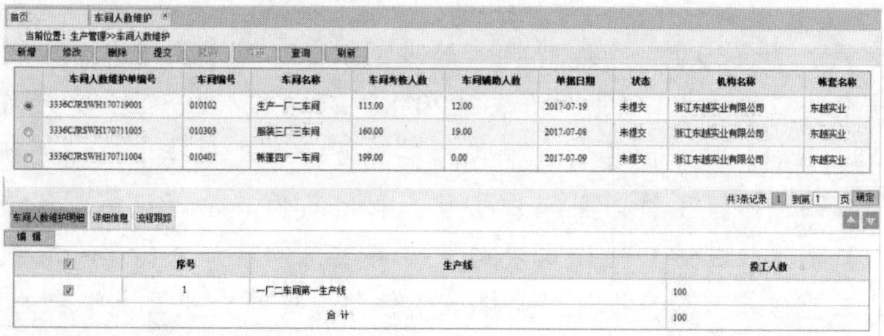

二、生产场域智能革新

当前，社会发展日新月异，工业创新的步伐永不停息。在生产领域，各种新机械、新工艺、新材料层出不穷，这为监狱企业车间技术改造提供了无限可能。着眼长远，与时俱进，积极引入智能化生产设施或管理软件，于监狱企业而言已是形势所迫。

（一）对车间生产流程进行智能化改造

针对一些市场需求广阔的监狱生产项目，社会上各种规格与功能的前置、中间与后道智能化、改进版生产设施不断推陈出新。监狱企业若能及时引入各类智能、高效生产机械，适时对生产车间进行智能化改建，有利于生产项目的优化调整，有利于生产效率的稳步提升，不断提高监狱企业的竞争力。如 2019 年 8 月，D 省某监狱引入 AGV 智能无人驾驶叉车，通过远程调度，能实现叉车无人安全驾驶、货物自动上下架、自动化运输和远距离配送，实现了仓储与物流的智能化管理；2020 年，G 省某监狱引入能够一次性操作三至四道以上工序的劳动智能设备，真正做到了减时增效、减员增效。

（二）对生产管理系统进行智能化升级

监狱企业要紧跟时代科技潮流，积极借鉴社会成功企业的治理经验，对生产管理系统进行智能化升级改造。如通过引入 WMS 电子仓储管理系统，借助集合条码管理，实现货物自动分配、智能引导出入库等功能，不断提高监狱企业原料库、成品库和辅料库的管理效能；通过对生产管理软件或操作系统进行优化升级，实现生产、管理、销售模块应用、数据集成、预警分析的便捷与高效。2018 年以来，华东很多监狱开发了劳动工时测算系统，管理者通过秒表测时的办法，得出服装加工每个工序、每个部件、每个产品的操作时间，得出相应的工时数据，建立相应的基础数据资料库和产品工时数据库，再综合考虑各监区和各条流水线生产能力、劳动熟练程度等因素，设定订单系数，确定流水线生产标准工时，确定监区每日生产任务量等。

实践中，针对那些押犯数量多、经济总量强、发展空间大的监狱企业，应改变生产品种较少、生产模式单一的企业发展模式，着力在产业集聚整合、生产规模效应和管理成本优势上做文章。要重点在产业链合作和整体布局，优质生产线前后道工序建链、补链，推动生产布局向研发设计、中高端制造、信息集成应用等环节上下功夫，不断增强监狱企业治理的前瞻性与实效性。

案例选编

2018 年 8 月，为促进企业智能化技术改造，Z 省政府办公厅出台《关于推动工业企业智能化技术改造的意见》(浙政办发〔2018〕83 号)，提出三大主要任务：一是实施“十百千万”智能化技术改造行动，包括实施万企智能化技术改造诊断计划，实施千项智能化技术改造示范项目，实施百项智能制造新模式示范应用，实施分行业智能化技术改造；二是推动关键共性技术攻关取得突破，包括加快传感和在线检测技术开发应用，实施工业强基工程，推动工业技术软件化，提高企业云上平台的质量和效益；三是强化技术服务体系建设，包括培育工业信息工程服务商，建立智能化技术改造评价标准体系等。其他省份也出台了一些类似的指导性、纲要性、扶持性实施意见。如 2020 年 7 月，山东省工业和信息化厅编制并出台《山东省传统产业智能化技术改造三年行动计划（2020—2022 年）》，提出了强化组织领导、强化财税支持、强化产融结合、强化项目管理、强化专业服务、强化人才建设、强化要素保障、强化国际合作等八条举措，为山东省传统产业智能化技术改造提供了规划图。2022 年，江苏省出台《江苏省制造业智能化改造和数字化转型三年行动计划（2022—2024 年）》，提出十项重点任务与六大保障措施，并明确相应的责任单位。这些举措为当地监狱企业智能化改造升级提供了强大的政策支持与精神动力。

专题九 罪犯劳动保护

学习目标与任务

通过本单元的学习，使学生掌握罪犯劳动保护的基本内容，保护罪犯身体安全和健康是罪犯的基本权利，了解并掌握罪犯劳动保护的法律法规、制度以及各种保障和保护措施。

案例导入

某监狱机械加工车间，主要生产设备为金属切削机床（车床、磨床、钻床、冲床等），同时，车间还安装了桥式起重机，配备了1辆叉车。根据近几年的事故统计资料，大部分事故为机械伤害和物体打击，其中，2005年内发生冲床断指的事故共有4起。

思考：1. 简述在金属切削过程中存在的主要危险因素。

2. 为杜绝或减少冲床事故的发生，应该采取哪些有效的安全措施？

3. 简述防止触电的安全措施。

分析：

1. 金属切削过程中存在的主要危险因素有：

（1）机械伤害。①机械设备旋转部位（齿轮、联轴节、工具、工件等）防护设施或防护装置失效，人员操作失误或操作不当等可能导致发生咬、绞、切等伤害；②机械设备防护不到位，工件装夹不牢固，操作失误等造成工件、工具或零部件飞出伤人；③机械设备之间的距离或设备活动机与墙、柱的距离过小，活动机件运动时造成人员挤伤；④切削加工时，长屑、断屑或短屑防护不当造成割伤或崩伤；⑤冲剪压作业时由于防护装置失灵、人手误入冲剪压区等造成伤手事故；⑥机械设备上的尖角、锐边等可能造成划伤；⑦检修过程中防护措施不到位，人员配合失误，未佩戴合适的防护用品等，都有可能导致机械伤害和物体打击。

（2）触电。①设备漏电，未采取必要的安全技术措施（如保护接零、漏电保护、安全电压等）或安全措施失效导致人员触电；②操作人员的操作失误，或违章作业等可能导致人员触电。

（3）起重伤害。起重设备质量缺陷、安全装置失灵、操作失误、管理缺陷等因素均可引起起重机械伤害事故。

（4）火灾。机械设备使用的润滑油属于易燃物品，在外界火源的作用下可能引起火灾。电气设备故障、电线绝缘老化、电气设备检查维护不到位等，也可能引起电气火灾。

(5) 车辆损坏。

(6) 噪声。

(7) 振动。

(8) 高处坠落。

2. 为杜绝或减少冲床事故的发生，可以采取以下安全措施：

(1) 应选择安全性能好的冲压设备。

(2) 在冲压设备上安装安全防护装置：固定栅栏式或活动栅栏式防护罩，双手按钮式或双手柄式操作的安全装置，光线式、感应式等安全防护装置，安全连锁装置，等等。

(3) 工具模具的选用、安装合适，防止其飞出伤人。

(4) 冲压者应严格执行操作规程：工作前，仔细检查并进行试车；设备运转时，严禁将手或手指伸入冲模内放置或取出工件，在冲模内取放工件须使用手用工具；冲模安装调整、设备检修，以及需要停机排除各种故障时，都必须在设备启动开关旁挂警告牌；工作结束时，关闭电动机，直到设备全部停车；清理设备工作台面，把脚踏板移到空挡或锁住。

(5) 加强对机械设备的检查、维护、保养工作，发现机械设备有问题，及时进行维修。

(6) 加强对操作人员的安全教育，提高操作者的安全意识。

3. 防止触电的安全措施主要有：①接零、接地保护系统；②漏电保护；③绝缘；④安全电压；⑤屏护和安全距离；⑥连锁保护。

学习任务一　罪犯劳动保护概述

一、罪犯劳动保护的概念

罪犯劳动保护，是指监狱在依法组织罪犯劳动生产过程中对罪犯的安全和健康进行保护的法律法规、制度、各项保障和维护措施的总称。包括安全生产和卫生规程，对特殊罪犯的特殊保护，罪犯劳动时间和休息时间，职业病防治等规定。具体是指罪犯在劳动过程中改善劳动条件、消除事故隐患、预防事故和职业危害时所采取的各种组织措施和技术措施等。劳动保护是实施安全生产、保障劳动者健康的重要手段。对罪犯开展劳动防护知识的教育，有利于监狱的安全生产和监管安全，有利于罪犯的健康，有利于保障罪犯的合法权益，也是现代文明监狱的内在要求之一。

二、对罪犯实行劳动保护的原因

(一) 实行罪犯劳动保护是罪犯的合法权益

根据《中华人民共和国宪法》的有关规定和安全生产方针，监狱和管理人员都必须采取各种组织措施，为罪犯劳动者提供良好的劳动环境和劳动条件，尽量防止因生产过程中存在危险因素和致病因素而使其受到人身伤害，以保障罪犯的合法权益，避免人力、物力和财力不应有的损失。罪犯劳动保护是罪犯人权的重要组成部分，是以法治管工作的重要内容。监狱要给罪犯提供良好的工作环境，按规定给罪犯发放劳动保护用品和保健食品，设置安全防护设施，积极预防和治疗各种职业病。劳动保护是人力资源保护中最核心的部分，也是满足罪犯劳动者的安全需要、激发其劳动热情的必要方面。

（二）实行罪犯劳动保护有助于罪犯劳动力的发挥和运用

劳动者在劳动过程本身存在的一些不安全、不卫生的因素，如果不及时加以防止和消除，就易发生职业危害和工伤事故，损害劳动者的人身安全和健康，甚至危及劳动者的生命。对劳动过程的组织行为的一些不安全、不合理的因素如不及时改正，也都会对劳动者的安全和健康造成危害，最终影响劳动生产的正常进行。例如，延长劳动者的劳动时间，造成劳动者过度疲劳，积劳成疾；劳动者劳动技能没有达到上岗的要求而仓促上岗，发生工伤事故；等等。重视劳动保护，达到劳动保护与安全生产的要求，要做到：执行国家有关劳动保护的法律法规的规定，监狱的劳动安全设施必须符合国家规定的标准，监狱要为罪犯提供符合国家规定的劳动安全卫生条件和必要的劳动防护用品，监狱管理人员不得违章指挥、强令冒险作业，不得有危害罪犯生命安全和身体健康的行为，对未成年犯和女犯实行特殊的劳动保护。严格执行有关的法律法规和规章制度，保证劳动场所的生产安全。

对罪犯实行劳动保护是党和国家的一贯政策，是监狱一项重要的工作。改善劳动者的劳动条件，保证所有劳动者的生命安全和身体健康，调动罪犯的劳动生产积极性并加强思想政治工作，做好劳动保护，排除各种不安全、影响劳动者健康的因素，消除罪犯生产劳动中的安全隐患，保护他们的合法权益，使他们安心改造，早日回归社会。

（三）罪犯劳动保护是监狱工作的一项政策

我国对罪犯贯彻惩罚和改造相结合、教育和劳动相结合的原则。监狱对罪犯除依法监管外，还要根据改造工作的需要，组织罪犯从事生产劳动。《中华人民共和国监狱法》第 72 条规定："监狱对参加劳动的罪犯，应当按照有关规定给予报酬并执行国家有关劳动保护的规定。"这条规定一方面明确了监狱在组织罪犯进行劳动生产活动中，罪犯必须同我国普通劳动者一样，受国家有关劳动法规的保护，他们在从事劳动生产中的安全和健康同样要得到保证。另一方面说明，罪犯劳动保护是保障罪犯的合法权益的重要方面，也是监狱工作的一项重要政策，应当引起高度重视。

（四）罪犯劳动保护是对罪犯实施劳动改造的条件

对罪犯实施劳动改造，就是把有劳动能力的罪犯组织起来，强制他们参加生产劳动，使其矫正恶习，逐步养成劳动习惯，成为守法公民。如果他们在劳动过程中，经常发生伤亡事故或身体健康受到较大的危害，就不能达到劳动改造的目的，反而使罪犯对参加劳动生产产生抵触情绪，从而影响劳动改造。由此可见，只有保护罪犯在劳动生产过程中的安全和健康，才能调动他们劳动的积极性和主动性，达到劳动改造的目的。当然，对罪犯实施劳动改造，要具备多种条件，做多方面的工作，罪犯的劳动保护只是其中的一个重要方面。

（五）罪犯劳动保护是监狱生产顺利进行的保证

在监狱生产中，不安全的因素是多方面的，有的是主观的，是管理方面的问题，如监狱领导的官僚主义、对安全工作抓得不紧、罪犯在劳动过程中进行破坏等，这些都是妨碍安全的直接和间接的原因。这些不安全的因素，通过人们的努力，采取各种措施，有的可以控制，有的可以预防。因此，在生产过程中，切实加强劳动保护工作，尽可能地消除各种不安全、不卫生的隐患，实现安全生产，才能保证生产的顺利进行。一旦发生人身伤亡事故，就会打乱正常的生产秩序，影响生产的顺利进行。

三、对罪犯实行劳动保护的方法

对罪犯实行劳动保护，以国家法律法规和制度为依据，监狱相应的规章制度和具体措施为内容。保护劳动者在生产劳动中的安全与健康，保护劳动力再生产的顺利进行，改善劳动条件，化危险为安全、有害为无害、无序为有序、脏乱为整洁，实现安全、文明生产。劳动保护工作，因行业不同，有各自特点和任务，监狱生产从以下三个方面积极地开展工作：

1. 保障生产过程中的人身安全。防止工伤事故和职业病发生，这是我国劳动保护工作的核心。监狱在组织罪犯参加劳动生产的同时，执行劳动保护法律和规定，严禁违反法律法规及制度规定的不负责任、不重视生产安全和危害罪犯人身安全的行为，为罪犯创造良好的劳动条件，保护罪犯的人身安全和健康。

2. 合理确定罪犯生产时间和休息时间，保障罪犯的休息权。《中华人民共和国宪法》《中华人民共和国劳动法》等法律法规对劳动者的休息权、劳动者的工作时间和休假制度作出明确的规定。在此基础上《中华人民共和国监狱法》对罪犯劳动时间、休息时间也作出相应法律规定，是为了保证劳动者权益并使劳动力能得到恢复，保持充沛的精力投入再生产。监狱罪犯劳动时间因特殊情况需延长或缩短，必须经过必要程序在合法合规的情况下进行。擅自加重罪犯劳动强度的做法违反法律法规，侵害罪犯合法休息权，不仅给罪犯带来不必要的痛苦，而且还会给监狱安全生产带来隐患。

3. 对女犯和未成年犯的特殊劳动保护。根据女犯和未成年犯的生理特点，在劳动中给予特殊劳动保护，这是我国劳动保护的一项重要任务。女子监狱和未成年犯管教所对他们要采取特殊措施，实行特殊的劳动保护，避免过早、过重劳动，防止其身体受损害。

学习情境

一、监狱建立劳动保护制度

劳动保护法规是为了保障劳动者的安全健康，根据国家“安全第一、预防为主，群防群治”的安全生产方针。我国全国人大常委会颁布了《中华人民共和国劳动法》《中华人民共和国职业病防治法》《中华人民共和国消防法》《中华人民共和国环境保护法》《中华人民共和国建筑法》等多部涉及劳动保护和安全生产内容的相关法律。国务院颁发了《建设工程安全生产管理条例》《国务院关于防止厂、矿企业中矽尘危害的决定》《生产安全事故报告和调查处理条例》和《国务院关于特大安全事故行政责任追究的规定》等条例，公安部、劳动部、卫生部颁发了有关防火、防爆、卫生、电气、交通等方面的安全标准和规范规程。所有这些具有法律效力的有关劳动保护的法律法规，都是我国劳动保护工作的法律依据，是做好劳动保护工作的法律保障。凡是玩忽职守、违反法规而发生重大伤亡事故，造成严重后果的责任者，应该受到法律法规的制裁和处理。为了使上述有关劳动保护的法律法规得到贯彻执行，监狱还必须因地制宜地制定相应的规章制度。一般分为两类规章制度：①生产行政管理制度。如安全生产责任制度、安全教育制度、安全生产的监督检查制度、工伤事故的调查分析处理制度等；②安全技术制度。如安全技术措施制度、安全技术操作规程等。

二、监狱采取安全技术措施

安全技术是指在生产过程中，为了预防伤亡事故，保障罪犯人身安全和改善劳动条件所采取的各项技术措施的总称。监狱生产是现代化大生产的组成部分，罪犯是运用现代化的机器设备进行劳动的。这些设备大部分具有高速、高温、高压等特点，如果设计不合理，使用者对其操作规程认识不足或操作不当，就容易发生事故，导致设备损坏和人身伤害。此外，各种不同的行业也有不同的生产特点，不同的企业也有不同的生产要求。因此就产生了各种安全技术，如电气技术、起重技术、锅炉压力容器安全技术、防火防爆技术、焊接技术、化工原料运输技术、地下施工技术等，这些技术是针对各种具体问题的。在监狱中，不同产品的生产工艺过程、劳动对象、生产操作方法和生产的外界条件，各有不同的特点，如果不认识和掌握这些特点，也会引起意外事故，危及罪犯安全。因此，任何监狱在任何时候，都要从监狱的生产条件出发，根据各个生产环节的特点，采取各种措施，保证生产的安全。这些，正是安全技术所要解决的问题。

从事不同行业的监狱生产，所面临的安全技术问题也是不同的。比如，机械行业和其他加工装配行业，使用的机器设备、电器设备、动力锅炉等生产手段比较多，因此，特别需要注意各种有关的安全技术问题；煤炭行业和其他采掘行业，特别是那些在地下作业的矿井，在生产过程中，容易发生片帮、冒顶、瓦斯爆炸、跑车等危险，因此，需要加强这方面的防护措施；建材、化工、冶炼行业，高温是一个突出的特点，需要注意防止爆炸和燃烧的危险。比较突出、比较有普遍意义的安全技术主要有：

1. 机器设备的安全技术。机器设备是一个现代工业企业经常使用的生产设备。每个监狱都应当加强这方面的安全技术工作，以免在使用机器设备的过程中发生事故。

2. 电气安全技术。电气作为能源被广泛地应用于生产的各个领域，在生产过程中，因设备设施及管理、操作等问题导致触电而发生伤亡的事故时有发生，因此用电安全也是安全生产的重要内容。

3. 动力锅炉和受压容器的安全技术。许多监狱使用蒸汽动力，都是由各种型号的锅炉供应的。这些锅炉的工作压力一般都比较高，如果不注意安全，一旦发生爆炸，就会使生命安全和国家财产受到严重威胁。

除了上述几方面的安全技术外，每个监狱还必须根据自己的生产特点，采取相应的其他安全技术措施。例如，冶炼生产中容易发生砸伤、碰伤和轧伤，农业生产中容易发生农药中毒等，都应有相应的安全技术措施。有些生产环节繁重的体力劳动比较多，罪犯体力消耗比较大，容易引起工伤，也需要技术革新，减轻体力劳动强度。

三、监狱工业卫生

工业卫生，是为了改善劳动条件，避免有害有毒物质危害劳动者，防止发生劳动者中毒和患有职业病而采取的技术组织措施的总称。它主要解决对劳动者健康的威胁问题。

根据《中华人民共和国职业病防治法》第2条规定，职业病是指企业、事业单位和个体经济组织等用人单位的劳动者在职业活动中，因接触粉尘、放射性物质和其他有毒、有害因素而引起的疾病。劳动者在从事生产活动中，机能状态和健康水平可能受到各种因素的影响。生产工艺过程、劳动过程、劳动组织和外界环境中的职业因素对劳动者的健康和劳动能力产生一定毒害而引起的疾病，称为职业中毒。职业毒害的种类，目前，常见的重要职业毒害的种类，按其一般特性可分为：

1. 与生产过程有关的毒害。①化学因素及物理化学因素，主要有生产性毒物、生产性粉尘、放射性元素等；②物理因素，主要包括不良气象条件、电磁辐射、噪音、震动等；③生物学因素，主要是指某些微生物或寄生虫等。

2. 与劳动过程有关的职业毒害。①过长的作业时间；②过大的作业强度；③不合理的劳动制度；④不合理的劳动组织（如工作时间非常混乱等）。

3. 与工作场所的条件有关的毒害。①废料、垃圾未及时清理；②缺少防尘、防毒、防暑的各项设备，或设备不完善；③缺少通风、采暖设备，或虽有设备但效能不好；④照明有缺陷；⑤安全防护设备上有缺陷等。

上述这些毒害，如果不采取相应措施，就有可能引起多种职业病，如职业中毒、尘肺（包括煤肺）、热射病和热痉挛、日射病、职业性皮肤病、电光性眼炎、职业性白内障、职业炭疽、职业性森林脑炎等。所以，监狱在组织罪犯劳动的过程中，必须认真严肃地对待工业卫生方面的工作，尽可能地避免罪犯在参加生产劳动中患上各种职业疾病和职业中毒。

案例选编

某监狱环境保护管理规定

一、防治污染

1. 为加强环境保护，开展“三废”综合治理，应建立监狱安全环保组织体系，日常的环境管理工作由安全管理部门负责。

2. 凡有废水、废渣、废气及噪声排放的车间、部门，应根据《中华人民共和国环境保护法》所规定的“谁污染，谁治理”的原则，积极改善环境，做好综合治理，符合排放标准后，方能进行排放。

3. 凡涉及环保的新建、改建、扩建工程项目，有关设计、施工部门应提出防止该工程对环境影响的报告书，经上级有关部门审核批准后，方能进行设计或建设。其中，防治污染和公害的设施必须与主体工程同时设计、同时施工、同时投产。

4. 外购设备的排污、除尘等指标必须符合国家的有关规定。凡排污超过国家规定标准的，必须同时选用防止污水、烟尘的辅助设施。

5. 对自行设计、制造生产的产品、设备、排污设计，经过鉴定，必须达到国家规定的标准。

6. 本监狱有毒、有害废水，必须经过净化处理，达到国家标准后始得排放。

7. 生产过程中产生的超过国家规定的噪声、振动，要限期采取消隔、吸声、防振等措施。

8. 定期开展废水监测。

二、管理

1. 对易跑、冒、滴、漏的设备要加强管理，及时组织检查、修理。部门修理不了的，应及时上报设备管理部门，采取处理措施，防止污染。

2. 对“三废”及噪声治理设备，各单位由设备管理人员负责管理保养，定期检修，确保环保设备设施正常运行。未经安全设备处同意而擅自拆除治理设备或装置的，追究有关人员和部门领导的责任。

3. 安全设备处、行政等有关部门应经常检查疏通各类地下管道和化粪池、小便池等。发现管道淤塞及池便外溢时，应及时采取治理措施。

4. 行政管理部门应搞好监狱绿化，净化空气，种植花草树木，保持生态平衡。

三、经费来源

1. 每年从本企业改造资金中拨出一定比例的经费作为环保经费，由安全管理部门统筹安排，编报计划，专款专用。

2. 省、市环保部门向本监狱收取的排污费中70%返回到企业后，应作治理污染费四、奖罚

1. 凡在防治污染、综合利用、环境保护方面做出显著成绩的部门和个人，按企业奖惩规定，给予一定的奖励并与经济责任制挂钩。

2. 对违反环境保护管理规定并屡教不改者，予以批评并按《中华人民共和国环境保护法》有关规定处理。

学习任务二 罪犯劳动现场生产安全防范

案例导入

某年某月某日，某监狱进行火灾事故应急响应演练。

思考：火灾应急程序应包括哪些内容？

分析：

火灾应急程序的内容。

1. 监狱可能出现的火灾种类。

2. 明确可能发生火灾的装置、设备或场所及火灾的后果。

3. 确定各种火灾的灭火方式和使用的消防器材。

4. 监狱重点消防部位的消防器材配备（地点、型号、数量等）。

5. 火灾应急机构及有关人员——总指挥、特殊作用人员（消防队员、急救人员、点验员、危险物品处理专家等）、一般人员的职责。

6. 火灾初起时立即采取的措施（报警、急救、火势控制、保护现场）。

7. 对内警报、对外通报和联络（应急机构、执法部门、邻居、公众、媒体等）。

8. 疏散组织，不同风向时的疏散路线。

9. 重要记录和设备的保护及危险物品的处理。

10. 灭火过程中应急人员应佩戴的防护用品。

11. 应急期间的必要信息：装置布置图、危险物质数据、程序、作业指导书、联络电话号码等。

12. 火灾现场监管安全事项。

一、罪犯劳动现场安全生产的概念

罪犯劳动现场安全生产，是指监狱在有关安全生产法律法规规章制度文件规范指导下采取各种安全生产技术和措施提供安全生产条件、消除安全隐患，在组织罪犯劳动生产过程中，保护生命和健康安全、财产安全，保证监狱劳动生产正常进行，促进改造罪犯质量和劳动生产率不断提高的一切活动及措施。根据《中华人民共和国安全生产法》第3条规定，我国安全生产方针为“安全第一，预防为主、综合治理”，从源头上防范化解重大安全生产风险，我国制定了一系列的安全生产法律、法规、规章和标准。规范监狱企业安全生产管理，减少监狱内伤亡事故发生，这就需要在完善安全生产法律体系的同时，监狱各部门的领导和监狱民警强化安全生产的意识，切实履行安全生产的责任，从严管理安全生产工作。

二、监狱安全生产教育

监狱安全生产教育有三种形式：即新入监犯人三级安全教育、特种作业人员安全培训和经常性安全教育。

（一）新入监犯人三级安全教育

三级安全教育是指对新入监罪犯进行监狱（厂级）、监区（车间级）、岗位（工段、班组）三级安全生产教育和岗位安全教育，教育时间根据有关规定和从事劳动难易及危险程度确定，它是监狱企业安全生产教育制度的基本形式。对新入监的罪犯和从事新工种、新设备操作的罪犯，必须经安全生产教育，考试合格后方可上岗操作，并由监狱安全生产管理部门发给监狱统一印制的“××监狱安全生产三级教育证书。”

1. 监狱（厂级）安全培训内容。监狱（厂级）生产培训内容应当包括：

（1）本单位安全生产情况及安全生产基本知识。

（2）本单位安全生产规章制度和劳动纪律。

（3）从业人员安全生产权利和义务。

（4）有关事故案例等。煤矿、非煤矿山、危险化学品、烟花爆竹、金属冶炼等生产经营单位厂（矿）级安全培训除包括上述内容外，应当增加事故应急救援、事故应急预案演练及防范措施等内容。

2. 监区（车间级）安全培训内容。监区（车间）级岗前安全培训内容应当包括：

（1）工作环境及危险因素。

（2）所从事工种可能遭受的职业伤害和伤亡事故。

（3）所从事工种的安全职责、操作技能及强制性标准。

（4）自救互救、急救方法、疏散和现场紧急情况的处理。

（5）安全设备设施、个人防护用品的使用和维护。

（6）本车间安全生产状况及规章制度。

（7）预防事故和职业危害的措施及应注意的安全事项。

（8）有关事故案例。

（9）其他需要培训的内容。

3. 岗位（工段、班组）安全培训内容。班组级岗前安全培训内容应当包括：

（1）岗位安全操作规程。

（2）岗位之间工作衔接配合的安全与职业卫生事项。

（3）有关事故案例。

（4）其他需要培训的内容。

罪犯在本生产经营单位内调整工作岗位或离岗一年以上重新上岗时，应当重新接受监区（车间）和岗位（班组级）的安全培训。生产经营单位采用新工艺、新技术、新材料或者使用新设备时，应当对有关从业人员重新进行有针对性的安全培训。

（二）特种作业人员安全培训

特种作业，是指容易发生事故，对操作者本人、他人的安全健康及设备、设施的安全可能造成重大危害的作业。特种作业教育是指对接触危险性较大的特种作业人员，如电气、超重、焊接、司机、锅炉、压力容器等工种的工人所进行的专门安全技术知识培训。特种作业人员必须通过脱产或半脱产培训，并经过严格考试合格后，才能准许操作。这种培训至少每年一次。根据《特种作业人员安全技术培训考核管理规定》，规范特种作业人员的安全。特种作业人员必须经专门的安全技术培训并考核合格，取得《中华人民共和国特种作业操作证》（以下简称《特种作业操作证》）后，方可上岗作业。

1. 特种作业范围：①电工作业；②焊接与热切割作业；③高处作业；④制冷与空调作业等。另外，在新工艺、新技术、新设备、新产品投产前，也要按新的安全操作规程，教育和培训参加操作的岗位工人和有关人员。

2. 特种作业人员必须具备以下基本条件：

（1）年满 18 周岁，且不超过国家法定退休年龄。

（2）经社区或者县级以上医疗机构体检健康合格，并无妨碍从事相应特种作业的器质性心脏病、癫痫病、美尼尔氏症、眩晕症、癔病、震颤麻痹症、精神病、痴呆症以及其他疾病和生理缺陷。

（3）具有初中及以上文化程度。

（4）具备必要的安全技术知识与技能。

（5）相应特种作业规定的其他条件。

3. 特种作业的培训与考核。特种作业人员应当接受与其所从事的特种作业相应的安全技术理论培训和实际操作培训。

（1）特种作业学员必须在严格的指导下从事实际操作，严禁单独上岗操作。

（2）特种作业指导人对特种作业学员实习期间的培训负有全面的责任。

（3）特种作业学员每半年接受一次相关工种的安全技术考核，经考核合格后，可继续从事特种作业的工作。

（4）持有学员证满 12 个月的人员，所在部门及个人应向监狱提出正式参加特种作业安全操作证的申请。

（5）申请特种作业取证人员，备齐培训所需的材料，按时间要求参加相应工种培训。

（6）安全培训主要培训法律、法规、操作标准、事故案例和有关新工艺、新技术、新装备等知识。

（7）特种作业人员经过培训考核合格后，由主管部门下发《特种作业操作证》。

（8）《特种作业操作证》每 3 年复审 1 次。有下列情形之一的，复审或者延期复审不予通过：①健康体检不合格的；②违章操作造成严重后果或者有 2 次以上违章行为，并经查证确实的；③有安全生产违法行为，并给予行政处罚的；④拒绝、阻碍安全生产监管监察部门监督检查的；⑤未按规定参加安全培训，或者考试不合格的；⑥具有其他规定情形的。

（9）有下列情形之一的，考核发证机关应当撤销特种作业操作证：①超过特种作业操作证有效期未延期复审的；②特种作业人员的身体条件已不适合继续从事特种作业的；③对发生生产安全事故负有责任的；④特种作业操作证记载虚假信息的；⑤以欺骗、贿赂等不正当手段取得特种作业操作证的。特种作业人员违反第④⑤项规定的，3 年内不得再次申请特种作业操作证。

（三）经常性安全教育

经常性安全教育，要在生产过程中自始至终坚持。一般的教育方法是民警班前布置、班中检查、班后总结，使安全教育制度化。重点设备或装置大修，应进行停车前、检修前和开车前的专门安全教育，安技部门应配合主管部门和检修单位进行教育，以确保安全检修。监狱集中力量确保安全检修。对重大危险性作业，作业前施工部门和安技部门必须按预定的安全措施和要求，对施工人员进行安全教育，否则不能作业。另外，还要进行必要的“离岗安全教育”“复工安全教育”等，以确保安全生产。经常性的安全教育是安全控制的有效措施，经常性的安全教育有多种形式。

1. 利用班前班后会强调安全注意事项。民警在班前会上，进行较为透彻的危险点分析，向罪犯讲清危险点在哪里，并将其落实到人，要有专人对工作上的危险点进行控制、监督；在班后会上，要及时总结劳动中的得失和危险之处，提醒罪犯在以后的劳动中注意克服。

2. 熟记安全规程。根据罪犯的劳动岗位，发放相关专业的安全规程，做到人手一册，要求熟记安全条款，并随时进行现场考问抽查。

3. 安全检查。养成劳动前和劳动中主动检查是否符合安全要求的良好习惯。

4. 及时沟通，把好安全检查关。分监区主管民警和罪犯生产班组长、安全员应每天开安全生产碰头会，民警及时了解查明罪犯班组反映的安全情况。在每项技改工作中，详细制定施工方案、审批表、验收单、技术报告等，做好验收总结工作，从组织措施、技术措施、安全措施等方面予以确保，消除危险源和危险点，严把安全检查关。

5. 监区召开事故现场会，有针对性地进行安全教育。监区就本部门发生的事故及时召开事故现场会，进行讨论，分析造成事故的原因及教训，提出整改方案。让每名罪犯记住事故原因和教训，预防和减少事故的再次发生，认真制订并落实预防事故措施和安全技术措施计划。

6. 加强宣传，开展竞赛。组织开展安全技术交流，在班组与班组、个人与个人之间，开展安全生产竞赛活动，强化安全生产无小事的思想意识，采取办墙报、写简讯、电视媒体宣传报道、发放安全用电知识和有关法律、法规知识的小册子等有效形式，大力宣传安全活动，树立关爱生命、热爱健康的思想意识。

案例选编

枣庄监狱实现安全生产18周年〔1〕

枣庄监狱牢固树立安全首位意识，坚决贯彻上级工作部署，提高安全生产组织管理水平，实现疫情防控和生产安全一体推进，实现安全生产18周年。

不断完善责任机制。及时调整监狱安委会、消防安全委员会及双体系建设机构，完善安全生产权责规定，制定安全生产工作任务分工和全员安全生产责任清单，逐级签订安全生产目标责任书，实行安全责任实名制和一票否决制，层层传导责任压力。修订完善安全管理制度49项并汇编成册，制定34类工种技术操作规程和消防设施、设备操作规程，修订涵盖8个专项预案、16类现场处置方案的综合预案。严格劳务加工项目准入条件，加强加工项目环境影响、生产条件、保障措施等方面的综合安全评估，确保符合国家产业政策和环保标准。

持续推进双体系建设。不断完善安全风险管控体系，结合季节性特点和加工生产特点，围绕人、物、环境和管理，每季度对所有作业活动和设备设施逐项进行安全评估，判定风险等级。坚持完善安全隐患排查整治体系，围绕消防安全、用电安全、危化品管理、生产现场管理等重点，经常性组织警务督察、综合检查和专项检查，共排查整改各类问题隐患逐条登记分列归类整理。加强生产管理，落实规范化操作规程，专业安全技术人员组织服刑人员安全培训并跟班指导，值班干警现场巡查安全规程落实情况。严格落实危化品专库存放、专人管理、专人领用等制度，堵塞安全漏洞。加强应急体系建设，完善安全事故应急处置预案，坚持监区每月、监狱每季度开展演练，推进与驻地消防救援、气象等部门联动，有效纳入地方应急管理体系。

---

〔1〕“枣庄监狱实现安全生产18周年”，载“澎湃政务：枣庄司法”，m. thepaper. cn/baijiahao_17655813，最后访问日期：2023年6月13日。

造浓厚文化氛围。加强安全生产法规宣传贯彻，开展“安全生产月”和《安全生产法》宣贯等活动，监狱主要负责人、分管负责人和安全管理干警等各个层级分别讲好“开工第一课”，不断提升全员安全素质。制定年度安全培训计划，定期组织安全管理人员及中层主要负责人常态化接受安全培训，重点部位人员全部持证上岗。邀请安全生产专家通过视频教育等形式开展技术操作、消防自救、职业病防治等知识培训。用好育新网、广播站、育新报等媒介加大宣传力度，利用每周三学习日抓好服刑人员安全法规以及安全知识、安全技能应会必会宣传教育，积极营造浓厚安全生产文化氛围。

学习情境

一、建立安全生产技术保障

（一）安全生产技术的分类

罪犯在从事生产劳动过程中，为预防各类事故发生所采取的各种技术措施，称为安全生产技术。安全生产技术因产业的性质与使用的机器设备的性质不同而多种多样，一般按以下两种性质分类：

1. 按产业性质来分，有煤矿安全生产技术、冶金安全生产技术、化工安全生产技术、建筑安全生产技术、运输安全生产技术等。

2. 按机器设备性质来分，有电气安全生产技术、起重安全生产技术、锅炉与受压容器安全生产技术、焊接安全生产技术、机械安全生产技术等。安全生产技术不论从产业性质还是从机器设备性质来分，都应根据它的自身特点，研究它的固有规律，采取预防手段，保证安全生产、保证人身安全、保护国家财产。

（二）安全生产技术的任务

安全生产技术的基本任务是：

1. 分析生产过程中引起伤亡事故的原因，采取各种安全技术措施、改善劳动条件、消除事故隐患、预防事故发生。

2. 收集整理各种资料信息，及时制定有关安全生产的制度、规程、标准，并确定专门的安全生产人员。

3. 编写对罪犯进行安全生产教育和安全技术宣传的材料，负责对罪犯进行全员培训。

二、安全生产组织保障

建立安全生产管理体系。为保障监狱生产过程的安全，监狱必须建立健全的安全生产管理体系。在该体系中，首先，监狱要成立安全生产领导小组，组长由监狱“一把手”担任，负责对全监狱安全生产工作进行统一管理和协调；其次，要设置安全生产专门机构，日常指导和监督全监狱各部门、各环节的安全生产工作；最后，各监区或分监区都要配备专职或兼职安全生产管理人员（必须由监狱人民警察担任），负责该监区或中队的安全生产工作。每个生产班组也必须指定安全员，督促、检查本班组的安全生产工作。所有专职或兼职安全生产管理人员，必须具备安全生产专门知识，具有领导安全生产和处理一般事故的能力，要有高度的责任心和事业心。这样才能形成监狱、监区、班组多级管理体系，形成全监狱的安全生产工作层层有人负责、事事有人管理的局面。

三、安全生产制度保障

（一）安全生产责任制

安全生产责任制，是监狱生产最基本的一项管理制度，也是安全生产规章制度的核心。它根据“管生产的必须管安全”的原则，对监狱的各级领导、职能部门、管理罪犯劳动的人民警察、工程技术人员和从事劳动生产的罪犯在生产过程中应负的安全责任，明确地加以规定。有了这个制度，安全生产劳动才能从组织领导上统一起来，才能使监狱的安全生产工作真正地做到责任到人、齐抓共管的局面。

（二）安全生产检查制度

安全生产检查是指为保障监狱生产安全，对易于或可能发生危险事故的生产场所部位进行检查的专门活动。安全生产检查制度是发动全体管理人员和罪犯检查隐患、消除不安全因素的好办法。通过检查，互相促进，做到及时发现问题，堵塞漏洞，保证安全生产。

安全检查的方式依据不同的分类方式可分为：定期检查和不定期检查、专业检查和群众性检查、全面检查和专题检查。这些检查应形成制度，在一般情况下，要求监狱每季度检查一次，生产班组结合周末清扫组织检查，每个罪犯每天上岗前自检一次。安全生产检查的内容主要有：①从思想和管理方面人手，查思想、查制度、查纪律；②检查安全技术措施执行情况，如设备的安全装置和工业卫生设备是否良好；③安全操作规程制度的执行情况，生产设备特别是电气、运输、锅炉、受压容器和安全作业工具是否定期检修；④个人防护用器的正确使用情况是否符合安全要求等。

（三）安全生产教育制度

为了更好地贯彻执行安全生产的各项制度和安全技术操作规程，增强每个罪犯的安全生产意识，必须经常性地开展安全生产教育，使安全生产教育制度化。开展安全生产教育应该从经常性的安全生产教育、新入监罪犯和调动工作岗位罪犯安全生产教育、特殊危险工种罪犯的安全生产教育三方面进行。

经常性的安全生产教育，就是要求带班的管理人员和负责安全的有关人员经常运用各种形式讲解和宣传安全生产制度、操作规程，制定切实可行的安全生产措施，表扬安全生产中表现好的罪犯，查找隐患，杜绝违章作业，随时警惕事故的发生。

新入监罪犯的安全生产教育应与上岗培训一并进行，使罪犯在掌握基本技能的同时，熟悉工作环境，了解操作设备的性能、保险装置、安全知识；知道劳动现场的具体要求，易发生事故的部位和安全措施；能够按规定要求使用各种防护用品；等等。调动岗位的罪犯的安全生产教育要同新入监罪犯一样进行，待达到上岗的各项要求后，才准其独立上岗操作。

对从事特殊危险工种的罪犯，要进行严格的训练和考核，考核合格者可发给特殊工种操作证书，无证的绝不能从事特殊危险工种作业。

除上述主要制度以外，各监狱可根据本单位实际需要制定制度。所有这些制度对监狱生产过程中的安全、稳定都起着重要作用。

四、安全生产责任追究

当监狱在工作指导思想上存在严重偏差，对安全生产重视不够、措施不力时，安全事故就会发生。为了杜绝重大事故，教育全体管理人员和从事生产的各类人员，对生产安全事故负有责任的有关单位和个人应追究其相应的责任。

根据有关法律、法规和制度的规定，对生产安全事故负有责任的有关单位和个人可能承担的责任有民事责任、行政责任、刑事责任三种。承担民事责任的方式主要有排除妨害、消除危险、赔偿损失等。承担行政责任的方式有两种：一是行政处分，二是行政处罚。行政处分是行政机关内部，上级对有隶属关系的下级违反纪律的行为或者是对未构成犯罪的轻微违法行为给予的纪律制裁，具体方式有：警告、记过、记大过、降级、降职、撤职、留用察看、开除。行政处罚是行政机关因行政相对人违反了行政法规而给予的法律制裁，具体方式有：警告、罚款、没收违法所得、没收非法财物、责令停产停业、暂扣或者吊销许可证和执照、行政拘留等。承担刑事责任是行为人实施刑法规定的犯罪行为所产生的法律后果。刑罚是实现刑事责任的基本方式，它分为主刑和附加刑。主刑分为管制、拘役、有期徒刑、无期徒刑和死刑；附加刑主要有罚金、剥夺政治权利、没收财产等。

在监狱中承担生产安全事故的责任人，一般指监狱的主要负责人、直接主管人和直接责任人员。这三类人均是对生产安全事故的发生负有直接领导责任或主要责任的人员。此外，监狱的主管上级领导和各级负有安全生产监督管理职责的部门领导和工作人员，对发生的安全生产事故也应当承担领导责任和管理责任。一旦发生生产安全事故，在处理完事故之后，对发生事故的责任要进行科学的分析，对有关责任人必须予以严肃处理。触犯法律的，应依据有关法律规定进行民事和刑事处罚，未触犯法律的，应当依照有关规定予以行政处分或行政处罚。

训练情境

一、问题解决

1. 监狱对安全生产认识不足问题的解决。对安全生产重要性的认识问题，上至监狱领导，下至每一位民警、罪犯，对监狱安全要牢固树立“安全第一”的思想，从维护监狱安全稳定这个大局出发，认识搞好安全工作的极端重要性。①正确处理安全生产与其他工作的关系。监狱领导应站在“安全是监狱工作的前提”的高度来重视安全生产工作，安全生产工作不只体现在文件上，还要体现在实际工作中。②正确处理安全与经济效益的关系。当安全与效益发生矛盾时，要重安全、再重效益。③监狱应维护罪犯的合法权益，关心罪犯的身心健康，爱护罪犯劳动力。应消除不正确认识的存在，解决监狱安全生产工作的最大隐患。

2. 监狱生产现场管理隐患问题的解决。全国监狱工伤死亡的人员中，由于生产现场管理不善造成的事故就占86%，是目前监狱安全事故发生的最主要因素。监狱生产现场管理的好坏直接关系到安全生产状况的好坏。监狱应长期坚持生产现场管理的有关制度规定，逐项落实管理措施，提高生产现场管理水平，整顿现场管理，消除安全生产带来的诸多隐患。

3. 安全生产管理制度不健全问题的解决。监狱安全生产管理制度应按监狱安全生产工作的实际，及时制定调整，结合监狱特点和自身实际进行系统、有机的消化吸收，形成一套行之有效的制度、办法。适应监狱安全生产管理制度和《中华人民共和国安全生产法》的新要求，对安全生产工作中出现的新情况、新问题认真研究，具体制定整改措施，安全工作不留死角。

4. 监狱安全生产条件差问题的解决。监狱布局调整后，监狱逐步从一些安全生产风险较大的行业退出，但是，还有一些从事高危行业生产的监狱没有完全掌握安全生产工作规律，没有采取有针对性的防范措施，特别是部分新上项目和劳务项目，人为地导致安全生产隐患。尤其是当前劳务加工劳动中，人员密集，物品堆放较多，罪犯活动空间少，场地有限，特别要注意火灾等事故的发生。监狱只有加大科技投入，加大安全生产条件改善，才能提高安全系数。监狱不能挪用安全投入资金，同时，要加大监狱安全生产投入，改善监狱安全生产条件。

5. 监狱安全生产监督管理机构不健全问题的解决。按照《中华人民共和国安全生产法》的要求，设置安全生产机构。监狱对安全生产管理人员设置有效的激励机制和约束机制，明确责、权、利。在监狱体制改革实施监企分开的过程中，把安全生产监管职能与监狱企业齐抓共管，使监狱安全生产工作受到重视和加强；按照《中华人民共和国安全生产法》的相关规定，结合监狱管理体制的特点，依法接受当地安全生产管理机构的监督检查，完善事故报告及善后处理机制。

二、案例分析与讨论

某监狱服装车间发生重大火灾事故，重伤3人，直接经济损失达五十余万元。该厂房是一栋三层钢筋混凝土建筑。一楼为裁床车间，内用木板和铁栅栏分隔出一个库房。库房内总电闸的保险丝用两根铜丝代替，穿出库房顶部并搭在铁栅栏上的电线没有用套管绝缘，下面堆放了2米高的布料和海绵等易燃物。二楼是手缝和包装车间及办公室。三楼是成衣车间。车间实施封闭式管理，唯一的上下楼梯平台上还堆放有杂物；楼下4个门，2个被封死，1个用铁栅栏与厂房隔开，只有1个供罪犯上下工进出，全部窗户外都安装了铁栏杆。

起火原因是库房内电线短路时产生的高温熔珠引燃堆在下面的易燃物。起火初期火势不大，有罪犯试图拧开消火栓和用灭火器灭火，但因不会操作未果。火势迅速蔓延至二楼、三楼。一楼人员全部逃出。二楼、三楼约三百多名罪犯，慌乱逃生。由于要下楼梯、拐弯、再经通道才能逃出厂房。路窄人多，浓烟烈火，致使人员中毒窒息、严重灼伤，造成重大事故。

经调查确认以下事实：

1. 该车间电工无证上岗，车间长期超负荷用电，电线、电器安装不符合有关安全规定的要求。

2. 监狱平时未对罪犯进行安全防火教育培训。发生火灾时，未指挥罪犯有序撤离。

3. 多处违反消防安全规定。对于消防部门所发的“火险整改通知书”，未认真整改，留下重大火灾隐患。

试根据上述材料：

1. 分析火灾的直接原因、造成重大人员伤情的主要原因和间接原因。

2. 根据有关法律法规，提出处理建议。

3. 提出整改措施。

分析：

1. 直接原因是库房电线短路引燃易燃物而蔓延成灾。一楼裁床车间内设置库房，用可燃物（木板）隔开，加之厂房平时没有安全防火教育培训，罪犯自救能力差，是火灾迅速蔓延扩大的主要原因。违反消防安全一系列规定（如安全出口、疏散通道等），使得发生火灾时，罪犯无法迅速撤离，是造成重大人员伤情的主要原因。

主要原因：

（1）监狱没有履行安全生产职责，在不符合安全生产的条件下进行生产；平时缺乏安全管理及安全教育。

（2）监督部门没有履行安全监督管理职责。在消防整治小组发出“火险整改通知书”后，没有督促及时整改。

（3）消防部门派出的整治小组，在检查该厂火险中，虽然发了“火险整改通知书”，但督促整改不力。

2. 处理意见：

（1）根据《中华人民共和国安全生产法》和《中华人民共和国消防法》的有关规定，追究监狱主要负责人的法律责任或行政责任。

（2）根据《中华人民共和国安全生产法》和《中华人民共和国消防法》的有关规定，追究监狱相关负责人、管理人员及其他从业人员的法律责任或行政责任。

（3）根据《国务院关于特大安全事故行政责任追究的规定》，追究监管监督部门负责人和有关主管人员的法律责任或行政责任。

（4）根据《中华人民共和国安全生产法》第 77、78 条和《中华人民共和国消防法》的有关规定，追究消防整治部门的法律责任或行政责任。

3. 整改措施：

（1）监狱从上到下教育民警与罪犯树立“以人为本、安全第一”的思想，履行各自的安全责任。

（2）安全生产监督管理部门及消防主管部门应按照有关法律、法规的规定，对监狱的安全生产和防火情况进行有效的监督检查。不符合安全生产条件时，不予进行生产。

（3）应按照有关法律法规标准规定的要求，在开工前具备安全生产条件，并经有关部门批准后，方可从事生产。

（4）应按照有关法律法规标准规定的要求，加强安全管理和安全教育培训，提高所有人员的安全素质。

案例选编

QS 监狱安全生产规定

一、安全意识与安全行为

1. 安全生产，人人有责。各有关人员必须加强法制观念，认真贯彻执行党和国家有关安全生产、劳动保护的法律、法令、法规。严格遵守安全技术操作规程和各项安全生产规章制度。

2. 积极参加各项安全生产活动。主动提出改善劳动条件、防止伤害事故的建议或意见，出现不安全因素及时汇报。

3. 对不符安全要求，有严重危险的厂房、生产线、设备、设施等，有权向上级报告。遇有严重危及生命安全的情况，有权停止操作，并及时报告领导处理。

4. 操作人员未经三级安全教育或考试不合格者，不准参加生产或独立操作。电气、起重、冲压（剪）、木工平刨、车辆的驾驶、锅炉、压力容器、焊接（割）、登高架设，爆破等特种作业人员，均应经安全技术培训和考试合格，持特种作业许可证操作。外来参观学习人员，应接受安全教育，由有关人员带领。

二、生产现场

1. 进入作业场所，必须按规定穿戴好防护用品。要把过长（拖过颈部）的头发放入帽内，操作旋转机床时，严禁戴手套或敞开衣袖（襟），不准穿脚趾及脚跟外露凉鞋、拖鞋，不准赤脚赤膊，不准系领带或围巾。尘毒作业人员在现场工作时，必须戴好防护口罩或具面，在能引起爆炸的场所，不能穿能集聚静电的服装。

2. 操作前应检查设备或工作场地，排除故障和隐患，确保安全防护、信号连锁装置齐全、灵敏、可靠，设备应定人、定岗操作，对本工种以外的设备，须经有关部门批准，并经培训后方可操作。

3. 工作中应集中精力、坚守岗位，不准擅自把自己的工作交给别人，二人以上共同工作时，必须有主有从，统一指挥，工作场所不准打闹、睡觉和做本职工作无关的事，严禁酗酒者进入工作岗位。

4. 凡运转的设备，不准跨越、横跨运转部位传递物件；不准触及运转部位；不得用手拉、嘴吹残屑，不准站在旋转工件或可能爆裂飞出物件、碎屑部位的正前方操作、调整、检查、清扫设备，装卸、测量工件或需拆卸防护罩时，要先停电关车；不准无罩或敞开防护罩开车；不准超限使用设备；工作完毕或中途停电，应先切断电源，才准离岗。

5. 修理机械、电气设备前，必须在动力开关处挂上“有人工作，严禁合闸”的警示。必要时设人监护或采取防止意外接通的技术措施。警示牌必须谁挂谁摘，其他工作人员禁止摘牌合闸。一切动力开关在合闸前应细心检查，确认无人检修时方准合闸。

6. 一切电气、机械设备或及装置的外露可导电部分，除另有规定外，必须有可靠的接（零）地装置保护其连续性。非电气工作人员不准装修电气设备和线路。使用Ⅰ类手持电动工具必须绝缘可靠，配用漏电保护器、隔离变压器，并戴好绝缘手套后操作。行灯、机床、钳台局部照明应用安全电压，容器内和危险潮湿地点不得超过12V。

7. 行人要走指定通道，注意警示标志，严禁贪近道跨越危险区，严禁攀登吊运中的物件，以及吊物、吊臂下通过或停留，严禁从行驶中的机动车辆中上、跳下、抛卸物品，车间内不许骑自行车。在厂区路面或车间安全通道上进行土建施工，要设安全遮拦和标记，夜间设红灯。

8. 高处作业、带电作业、禁火区动火、易燃或承载压力的容器内、管道动火施焊、爆破作业、有中毒或窒息危险的作业，必须向安全办办理申批手续，并采取可靠的安全防护措施。

三、设备、设施

1. 安全、防护、监测、信号、照明、警戒标示、防雷接地等设施，不准随意拆除或非法占用，消防器材、灭火工具不准随便动用，其安放地点周围，不准堆放无关物品。

2. 对易燃、易爆、有毒、放射和腐蚀等物品，必须分类妥善存放，并设专人管理。易燃易爆等危险场所，严禁吸烟和烟火作业。不得在有毒、粉尘作业场所就餐、饮水。

3. 变电室、配电室、液化气站、空压机房、锅炉房、油漆房、危险品库等要害部位，非岗位人员未经批准严禁入内。在封闭厂房（空调、净化部）作业和深夜班、加班作业时，必须安排两人以上一起工作。

4. 生产过程产生有害气体、液体、粉尘、渣滓、放射线、噪声的场所或设备设施，必须使用防尘、防毒装置和采取安全技术措施，并保持可靠有效，操作前应先检查和开动防护装置、设施，运转有效方能进行工作。

5. 搞好生产作业环境和安全卫生，保持厂区、车间、库房的安全通道畅通，现场物料堆放整齐、稳妥、不超高，及时清除工作场地的粉尘、料和工业垃圾。

6. 新安装的设备、新作业场所及经过大修或改造后的设施，需经安全验收后，方可进行生产作业。

7. 严格交接班制度，重大隐患必须记入值班记录，末班下班前必须切断电源、气（汽）源，熄灭火种，检查、清理场地。

8. 发生重大事故或恶性未遂事故，要及时抢救，保护现场，并立即报告领导、主管部门和上级部门。

9. 各类操作人员除遵守以上内容外，还必须遵守本工种安全操作规程。

学习任务三　罪犯劳动人身安全

案例导入

某月某日某时，罪犯王某在生产车间劳动，因违章作业，致使其被机器压伤后截肢，造成重伤。

思考：王某违章操作是否构成工伤？

分析：《监狱法》第73条规定："罪犯在劳动中致伤、致残或者死亡的，由监狱参照国家劳动保险的有关规定处理。"司法部的《罪犯工伤补偿办法（试行）》第7条规定："罪犯在下列情况下致伤、致残或死亡的，应当认定为工伤：（一）从事日常劳动、生产或从事监狱临时指派或同意的劳动的；（二）经监狱安排或同意，从事与生产有关的发明创造或技术革新的；（三）在紧急情况下，虽未经监狱指定，但从事有益于监狱工作或从事抢险救灾救人等维护国家和人民群众利益的；（四）在劳动环境中接触职业性有毒有害因素造成职业病的（职业病种类、名称按国家有关规定执行）；（五）在生产劳动的时间和区域内，由于不安全因素造成意外伤害的，或者由于工作紧张突发疾病死亡或经第一次抢救治疗后全部丧失劳动能力的；（六）经监狱确认其他可以比照因工伤、残或死亡享受工伤补偿待遇的。"

王某的行为系在劳动场所、劳动时间内完成监狱布置的生产任务，该行为是劳动行为，具有劳动性质，在监狱劳动中受伤就应该认定为工伤。

一、事故与工伤事故

（一）事故与工伤事故的概念

"事故"是指在一定条件下发生的、使人身受到伤害或机器设备受到损毁的意外的随机事件。"工伤事故"是指在工作时间、工作区域范围内受到外力作用而发生的与生产（工作）有关的伤害事故（包括人身伤害、中毒、中暑等）。罪犯工伤事故指罪犯在从事生产劳动中或在生产领域内，因生产原因发生的伤亡事故。一般包括急性中毒事故或罪犯虽不在生产劳动岗位，但由于监狱生产设备或劳动条件不良而引起的伤亡。

（二）因工伤亡事故和非因工伤亡事故的区别

因工伤亡事故是罪犯在劳动工作时间、生产岗位上发生的与生产或工作相关的人身伤害事故，包括轻伤、重伤、死亡、急性中毒等。只有同时具有以上三个基本要素，才能认定为因工伤亡事故，缺少任何一个要素都属非因工伤亡事故。

二、罪犯伤亡事故发生的因素

罪犯在生产劳动中发生伤亡事故的因素是多方面的、复杂的。例如，生产环境存在着对罪犯安全不利的因素，可能引起伤亡事故的发生；工具、机器设备、工艺过程、操作方法有缺陷，可能引起伤亡事故的发生；罪犯在劳动过程中心理或生理状态受到影响，可能引起伤亡事故的发生；自然突变和罪犯人为破坏以及其他难以预料的特殊情况也可能引起伤亡事故的发生。

一般把事故因素分为直接因素和间接因素两种。直接因素概括为五个方面：①机械作用。由于外力的机械作用而引起的事故种类很多。②化学物质作用。许多化学物质作用于皮肤、粘膜、中枢神经、呼吸器官、血液等可引起多种伤害和中毒。③热作用。包括由于直接或间接接触高温物体所引起的灼伤、烫伤，由于低温缺乏保暖设备和措施所引起的冻伤。④爆炸作用。机械、化学和热效应的联合作用可引起伤亡事故。⑤电流作用。包括由于接触带电物体，电流通过人体而引起的电击和电伤。

除上述直接因素以外，还有某些间接因素。例如，在高温环境，人的注意力降低，反应速度迟缓，精确度降低，出汗多，人体导电性增加；在低温环境，手脚冻僵，动作不灵活；工作地点通道照明不足或不合理，影响视力，妨碍行动；强烈而持续的噪声、震动，影响人的注意，听不清楚音响的信号；作业场所粉尘弥漫，影响视线；劳动时间长，劳动者过度疲劳，精力不足，瞌睡；等等。上述种种因素都可能促成伤亡事故的发生。

三、工伤事故的分类

1. 工伤事故按伤害性质主要可分为：①机械伤。由于机械力作用造成伤亡事故，如机械轧伤、绞伤、冲剪伤、割伤、撞伤等。②化学伤。由于接触酸碱等化学物品而引起的化学灼伤。③温度伤。由于接触火焰、高温或低温物而造成的烧伤、烫伤或冻伤。④电击伤。由于接触带电部分而引起的电击或灼伤。

2. 工伤事故按其伤害程度可分为：①轻伤。一般是指伤害较轻，达不到重伤事故范围的伤害事故。②重伤。因工伤造成残废或局部残废。③多人事故。一次事故同时伤及 3 人或 3 人以上的事故。④死亡事故。是指当场死亡或经医治无效而死亡的事故。

学习情境

一、工伤事故的报告

罪犯在劳动过程中发生了工伤事故，应根据国务院《生产安全事故报告和调查处理条例》和国家有关部门的有关规定进行及时报告。报告的方法和要求是：

1. 罪犯凡在休工满一个劳动日以上的轻伤事故，由监区长组织带工监狱人民警察、安全技术员等有关人员进行调查分析原因，拟订改进措施，指定专人限期贯彻执行。同时，认真填写事故报告，在事故发生后 2 天内报监狱安全技术部门。

2. 如发生多人重伤、死亡事故时，最先发现的人员应立即报告监区长，监区长应立即报告监狱领导和安全技术部门，迅速组织抢救，并保护好现场。监狱领导应立即将事故概况（包括事故发生时间、伤亡人数、伤亡程度、事故简要经过和原因）用电话、电传或其他快速办法向监狱局及有关部门报告，在监狱党委领导下，由监狱长组织有关部门成立调查小组迅速进行调查，调查后，必须确定事故原因，拟定改进措施，提出对事故责任者的处理意见，写出事故调查处理专题报告，上报监狱局及有关上级部门。对于一次死亡 3 人以上的重大事故和一次死亡 10 人以上的特别重大事故的调查处理报告，还要同时报送司法部及国家有关部门。

3. 各监狱基层单位对砂轮破碎、工具零件飞出、吊运断绳、倒塌、触电、火警、爆炸等性质恶劣、情节严重但侥幸没造成伤亡的重大未遂事故，必须立即报告安全技术部门（火警、爆炸等同时报告消防部门），严肃认真地组织调查处理。

4. 监狱安全技术部门应定期填写伤亡事故报告表，经监狱领导审批后报上级主管部门。

5. 各级领导应对工伤事故的调查、报告的正确性和及时性负责。如果有隐瞒不报、虚假或者故意延迟报告等情况，除责成补报外，责任者应受到处理，情节严重的还要追究刑事责任。

二、工伤事故的调查分析

对罪犯生产劳动过程中的工伤事故，必须进行认真的调查分析，只有从思想、管理和技术上查明事故的真实原因，才能采取切实有效的改进措施，防止重复事故的发生。工伤事故的调查分析，是一项复杂细致的工作，各级领导和安全技术人员只有深入现场，依靠群众，做好耐心细致的工作，才能查清事故的真正原因。工伤事故的调查分析一般要经过以下步骤：

1. 询问伤员。只要伤员的体质及心理状态许可，就应当尽早让伤员自己叙述或回忆事故发生的经过，以及导致事故的原因。如果伤员处于不能提问的状态，那么一旦恢复正常状态，就应尽早询问。

2. 询问事故现场的人证（目击者）。对事故现场的人证，应当分别仔细询问事故发生的有关情况。证人的证词中有任何互相矛盾的地方，应当立即调查核实以便找出真正原因。

3. 检查现场。事故现场各种物品的位置和摆设，如工具、设备、用品的位置和一切异常状况都要立即记录下来，对于较为复杂的事故环境，应绘制现场图或摄影，以备进一步调查时使用。

根据上述调查的结果，如果被调查者采取合作的态度，取得的结果又合理准确，便可以得出事故原因的结论。

三、工伤事故结果的处理

根据发生事故的主要原因，单位必须及时做出处理。①要采取针对性改进措施，一般应包括：排除危险或致险物；提供预防事故的保护装置；制定预防事故的新规定、新制度，避免类似事故再度发生。②要分析事故责任，对造成事故的责任者进行处理。对严重违反安全生产制度和劳动纪律的罪犯，要依法惩处；对工作不负责、严重失职，以致造成严重事故的监狱人民警察，也必须追究责任，情节特别严重的，以党纪国法论处。事故责任分为：

1. 监狱管理人员及领导责任：①不及时发出指令；②指令错误；③发生事故人员对规范或指令不理解；④个人安全装备不全（安全带、护目镜、安全帽、面罩等）；⑤误用工具或未提供安全工具或设备；⑥装备未事先检查；⑦方法错误；⑧计划错误；⑨仓促行事。

2. 发生事故罪犯本人的责任和其他罪犯的责任：①不愿意劳动而进行破坏；②已提供适当工具但不使用；③面具、护目镜、安全帽等安全装备不使用；④不适当地使用工具或设备；⑤使用不安全的工具或设备；⑥和他人打闹或嬉戏；⑦故意不遵守指令或操作规范；⑧思想不集中；⑨技术不熟练；⑩个人身体体质不良；操作时个人身体位置不对；操作方法错误；由于他人的动作造成（互相配合不好）事故。

3. 监狱工伤事故报告。事故发生的调查、处理最终要写出详细的报告，报告的内容包括：①对事故的记录（时间、地点等）；②有关伤员的各种材料；③事故发生经过记录；④工伤种类及性质（受伤部位、致残手段等）；⑤事故原因及责任分析；⑥对事故责任者的处理意见或决定；⑦提出避免类似事故再度发生的建议和措施。

总之，在生产过程中发生意外事故时必须认真对待，严肃处理，坚持“三不放过”，即事故原因分析不清不放过，事故责任者和其他人没有受到教育不放过，没有制定出防范措施不放过，一定杜绝类似事故再次发生。

四、预防伤亡事故发生的措施

绝大多数伤亡事故可以预防和避免。利用现有技术条件，不断改善罪犯劳动条件，消除不安全因素，控制伤亡事故，预防伤亡事故的安全技术措施：

1. 改进生产工艺过程，实行机械化、自动化。机械化、自动化不仅是发展生产的重要手段，也是安全技术措施的根本途径。

2. 正确地安装设备安全装置。安全装置包括防护装置、保险装置、信号装置和安全色标四种。

3. 定期或不定期地对设备进行预防性的机械强度试验及电器绝缘检验。

4. 严格遵守技术操作规程，对机器设备进行维护保养和有计划的检验。

5. 工作地点的合理布置与整洁。工作地就是罪犯使用机器设备、工具及其他辅助设备对原材料和半成品进行加工的地点。完善工作地组织与合理的布置工作地点，并经常保持整洁，不仅能够促进生产，还是保证罪犯安全与健康的必要条件。

6. 个人防护用品的供应。个人防护用品是为了在生产中预防事故、保护罪犯身体安全健康所采取的一种辅助措施。一般在已采取的主要措施仍不能消除有害影响时才采用。

7. 制定与贯彻安全技术操作规程，普及安全技术知识，遵守劳动纪律。

五、事故处置流程

1. 事故发生。当监狱发生安全生产事故，监狱安全生产第一责任人或分管领导接到事故报告后，应当立即启动应急预案，或者采取有效措施，组织抢救，防止事故扩大，减少人员伤亡和财产损失。监狱需要当地人民政府和有关部门支持、帮助的，应即向当地人民政府和有关部门报告。事故发生后，所在监区、分监区和有关人员应当妥善保护事故现场及相关证据。因抢救人员、防止事故扩大以及疏通交通等原因，需要移动事故现场物件的，应当作出标志，绘制现场简图并作出书面记录，妥善保管现场重要痕迹、物证。事故现场，必须经事故调查组同意，才能清理。省局接到事故报告后，应组织相关部门的人员立即赶赴事故现场，组织事故救援。

2. 事故报告。对工伤事故发生后，现场值班民警应立即向所在监狱主要领导或分管领导报告；监狱主要领导或分管领导接到报告后，应当于1小时内向局分管领导或安委会办公室及驻监狱检察室报告，并请检察部门对现场死亡人员作出鉴定；经医院抢救死亡的，由医院出具死亡证明。市属监狱还应立即报告当地司法局。省局安委会办公室接到报告后，在2小时内向省安全生产监督管理局报告，并通报局办公室、政治部、劳动保障处、狱政管理处、工会和纪委检察室等部门。报告的形式先电话，后电传。

事故报告包括以下内容：①事故发生的具体单位（监区、分监区）的概况；②事故发生的时间、地点以及事故现场情况；③事故的简要经过；④事故已经造成或者可能造成的伤亡人数和初步估计的直接经济损失；⑤已经采取的措施；⑥其他应当报告的情况。

3. 事故调查。事故发生后，由局、事发监狱的安全生产、政工、劳动保障、狱政、纪委监察、工会等部门及驻监检察室的人员组成事故调查组，组长由省局指定。市属监狱还应有当地司法局的人员参加调查。必要时，还可邀请有关专家参与调查。事故调查组成员应当具有事故调查所需要的知识和专长，与所调查的事故没有直接利害关系，并遵守事故调查组的纪律，保守事故调查的秘密。事故调查组履行以下职责：①查明事故发生的经过、人员伤亡情况及直接经济损失；②查清事故发生的原因；③认定事故的性质和事故责任；④提出对事故责任者的处理建议；⑤总结事故教训，提出防范和整改措施；⑥提交事故调查报告。事故调查组有权向有关单位和个人了解事故有关的情况，并要求其提供文件、资料等。事故调查中需要进行技术鉴定的，事故调查组应当委托具有国家规定资质的单位进行技术鉴定。技术鉴定所需时间不计入事故调查期限，技术鉴定费用，由发生事故的监狱支付。事故调查组应在自事故发生之日 60 日内，提交事故调查报告；特殊情况需延长事故调查报告期限的，须经省安全生产监督管理局批准。事故调查报告包括以下内容：①事故发生单位的概况；②事故发生的经过和事故救援情况；③事故发生造成的人员伤亡和直接经济损失；④事故发生的原因和事故性质；⑤事故的责任认定以及对事故责任者的处理建议；⑥事故防范和整改措施。

4. 事故结案。事故调查报告经事故调查组全体成员签名后，连同《Z 省监狱系统重大伤亡事故结案审批表》和其他调查取证材料一并报省局结案。结案材料必须装订成册，一式四份，每册包括下列主要材料：①封面：上款是“×·×”（指事故日期）“××××”（事故类别）事故结案材料，下款是监狱全称和申报日期；②目录：按材料顺序排列，并注明页码；③《Z 省监狱系统重大伤亡事故结案审批表》；④调查组的事故调查报告；⑤调查组成员首次会议签名表；⑥检察机关的尸体检验证明或送医院抢救后出具的死亡证明；⑦旧现场照片和事故现场图；⑧调查询问笔录，必须由被询问人签名按指印；⑨善后处理的协议书；⑩对有关责任人的处理决定；⑪其他有关证明材料，包括身份证、特种作业人员操作证等。省局在收到事故结案材料后，应当听取调查组的汇报，分析事故原因、性质、责任是否查清，事故责任人的处理是否到位，事故防范整改措施是否落实，事故善后处理工作是否完结等. 确认无疑后，在 15 日内批复结案。

5. 责任追究。1996 年 7 月 1 日，省局印发《Z 省监狱管理局关于罪犯工伤死亡待遇处理的暂行规定》（Z 监〔1996〕22 号，规定：1. 罪犯因工死亡由监狱负责处理丧葬事宜，丧葬费由监狱掌握使用，标准为 600 元。2 . 罪犯因工死亡，发给一次性抚恤费 3000 元。3. 罪犯因工死亡后，对直系亲属确有生活困难的，视情一次性发给生活困难补助费（包括直系亲属来监狱的往返旅费）等 2000~5000 元。罪犯工伤死亡费用列人生产成本。

事故发生后，要进行责任追究。有下列情形之一的，应当追究肇事者或有关人员的责任：①由于玩忽职守、违章指挥而造成事故的；②由于有章不循、违章冒险作业而造成事故的；③发现有发生事故危险的紧急情况，不立即报告，不积极采取措施，因而未能避免事故或减轻伤亡和损失的；④由于不服从管理、违反劳动纪律、擅离职守或擅自拆除安全防护装置等而造成事故的。

有下列情况之一的，应当追究有关领导和有关人员责任：①由于缺少必要的安全生产规章制度和操作规程，操作者无章可循，造成事故的；②对操作者不按规定进行安全技术教育，或操作者未经考试合格就上岗操作，造成事故的；③由于设备无安全防护装置，长期严重失修，超负荷运行，作业环境不安全又不采取措施，造成事故的；④对事故隐患熟视无睹，不认真采取措施，致使事故发生的；⑤违章指挥，强令操作者冒险作业，造成事故的；⑥由于不及时消除事故隐患，改善劳动条件，造成事故的；⑦由于新建、改建、扩建工程中未做到“三同时”，造成事故的；⑧对安全生产管理部门以及有关部门提出的整改意见执行不力，限期内不整改，造成事故的。

有下列情形之一的，应当从重处理有关人员：①对发生的事故，隐瞒不报、虚报或故意拖延报告的；②在事故调查中，隐瞒事故真相，弄虚作假，干扰正常调查，甚至嫁祸与人的；③事故发生后，由于不负责任，不积极组织抢救或抢救不力，造成更大经济损失和伤亡的；④事故发生后，不认真吸取教训，采取防范措施，致使同类事故重复发生的。

对于违反的民警职工的处理，按照《Z省监狱管理局安全生产责任事故处理暂行规定》执行；服刑人员按《Z省罪犯考核奖惩办法（试行）》执行。参与事故调查的人员有下列行为之一的，依法给予处分；构成犯罪的，依法追究刑事责任：①对事故调查工作不负责任，致使事故调查工作有明显或重大疏漏的；②包庇、袒护负有事故责任的人员或者借机打击报复的。

案例选编

案例一

某监狱企业，制定了如下安全管理制度：安全生产责任制度、安全生产教育培训制度、安全生产检查制度、防爆设备安全管理制度、危险品管理制度、重大危险源管理制度。

思考：该监狱的安全生产管理制度是否健全？如不健全，请补充？

分析：缺少以下制度：安全操作规程制度，应急预案制度，动火制度。

案例二

某监狱安全生产例会制度

为及时传达和贯彻上级领导的指示和文件精神，分析监狱安全生产动态，解决安全生产中存在的问题，决定安全生产重大事项等，决定推行定期召开监狱安全生产工作例会制度，具体规定如下：

1. 会议由监狱分管安全生产的副监狱长、监狱企业总经理牵头，由劳动改造与安全生产科、三大队负责落实，时间一般定在每月上旬，月度安全生产与经济工作两个例会一起召开。

2. 参加人员为监狱安全办成员、监狱企业职能科室及所属生产单位的负责人、专（兼）职安全员等。

3. 会议主要程序：

(1) 传达上级指示或文件精神，分析安全生产动态。

(2) 各责任制单位安全生产工作汇报。

(3) 研究解决安全生产中存在的问题，提出整改措施，落实责任人和整改期限。

(4) 制定安全生产重大事项，布置下步安全生产工作重点。

(5) 监狱领导总结讲话。

4. 严格实行签名制度，因故不能参加会议者，必须向安全委员会主任或副主任说明理由，经同意后，才能指定其他领导参加。

5. 各责任制单位根据单位实际，定期（监区每月1次，分监区每月2次）召开安全生产例会，及时传达和落实安全例会会议精神。

学习任务四 罪犯劳动卫生

案例导入

某监狱车间主要从事制鞋生产，根据市场需求加工订单产品需要冬鞋夏制反季节操作，有一道工序从包裹里取填充物料，因为短绒飘飞，毛絮容易沾到头上、身上，没有安全防护的情况下还容易吸入呼吸道，夏季车间温度高，毛絮更易沾汗水打湿的身上，个别人皮肤过敏引起身体不适，被称做最脏的工序。再有制鞋粘合的“粘热熔胶”工序中胶水有刺激性又粘手，如果防护不当时间长手指容易受伤。由于单位资金紧缺，舍不得花钱安装必要的防尘设备，使生产区灰尘和有害气体浓度超标。车间防暑降温系统安装不到位，厂方提供的劳动防护用品不合格，所以严重危害值班干警及罪犯身体健康，影响劳动积极性，为此劳动安全卫生监察机构根据反映进行调查，根据调查结果对该厂进行了经济处罚，并责令其停产整改。

思考：通过该案例，谈谈罪犯劳动保护工业卫生制度建设对罪犯劳动改造的良性促动。

一、罪犯劳动卫生的概念

罪犯劳动卫生指监狱在罪犯劳动中为了改善劳动条件，保护罪犯劳动者的健康，避免有毒、有害物质的危害，防止患上职业病和职业中毒而采取措施的总称。

1. 职业危害因素：

(1) 化学因素。这是引起职业危害最为常见的有害因素。例如，有机化合物（如苯、汽油等)，化学农药（如杀虫剂、杀菌剂)，高分子化合物（如合成橡胶、塑料等)，以及刺激性与窒息性气体。

(2) 物理因素。例如，生产过程中的高温、高压、高湿，各种强烈的辐射、振动，生产性噪音，各种电磁波（如X射线、微波)。

(3) 生物因素。主要是医疗、生物等行业中出现的职业危害，如各种病毒的侵袭、感染等。

(4) 劳动组织和劳动制度因素。如工作时间安排过长、劳动强度过大导致劳动者疲劳无法恢复。由于长时间重复一种不良动作，导致劳动者个别器官或人体系统的失调，造成慢性病。

(5) 劳动环境因素。如噪声过大、粉尘含量过高、照明不足、防暑降温设施不良等，都会造成长期处于此环境下工作的劳动者受到慢性伤害。

2. 引起职业病的原因。职业病指罪犯长期从事有职业危害因素的工作而引起的疾病。我国列入劳动保护的有 18 种职业病：①职业中毒；②尘肺；③热射病和热痉挛；④日射病；⑤职业性皮肤病；⑥电光性眼炎；⑦职业性白内障；⑧职业性难听；⑨振动性疾病；⑩潜涵病；⑪高山病和航空病；⑫职业性炭疽；⑬放射性疾病；⑭职业性森林脑炎；⑮煤矿井下滑囊炎；⑯布氏杆菌；⑰煤肺；⑱炭黑尘肺。对上述职业病患者应实行劳动保险，但更重要的是对职业病的预防。

学习情境

一、防止职业病和职业毒害的措施

1. 组织措施。各级政府职能部门和生产部门应组织安全、卫生监督网，强化监察，保障劳动者的生产环境符合安全标准和卫生标准。

2. 技术措施。改革旧工艺，采用新技术，将有毒有害因素与操作者隔离，尽量采用仪表控制、远距离操作，采用通风、回收、净化的方法防尘防毒，采用合理的厂区规划与恰当的照明等。

3. 医疗措施。按期普查，以预防为主，对患职业病罪犯及时进行治疗。此外，还应改进劳动制度，有的岗位可以实行轮换制。

二、监狱劳保用品的管理与使用

根据劳保用品特殊要求管理，既要遵守行业规范，又要遵守司法部的规章，监狱劳保用品既涉及犯人劳动保护，也是监狱安全管理的重要内容。

三、防护用品和保健食品

防护用品和保健食品是保护罪犯在生产过程中安全健康的一种辅助措施，是根据工种劳动条件、有毒有害物质危害程度，发给不同防护用品和不同等级保健食品的原则确定的。它不是一般的生活福利待遇，必须严格按照规定的发放范围、原则和标准执行。

训练情境

一、问题思考

1. 如何正确判断与识别劳动环境的危险因素和职业伤害危险因素？

2. 怎样训练监狱基层干警掌握保护罪犯劳动安全所需的基本知识和基本技能？

3. 如何提高防范职业健康事故的发生能力和处置能力，怎样确保监狱干警和罪犯在劳动过程中的人身安全？

二、案例分析

某监狱在狠抓劳动生产的同时，关心罪犯的身体健康状况，某分监区根据电子线圈劳动小组在焊接过程中产生的烟尘被人吸入后会产生不良影响的问题，为每个岗位配备了一台小型的排风扇，使在焊接过程中产生的烟尘被及时抽走，避免其对罪犯身体造成伤害；针对从事焊接工种容易造成眼部疲劳的问题，由车间带班干警每天定时组织罪犯做两次眼睛保健操，确保每名罪犯以健康身心投入改造。监狱在组织罪犯生产劳动的过程中，监区针对手加工劳动的特点，采取了一些改善服刑人员劳动环境的重要举措。通过在生产车间播放相声笑话、健康知识、规章制度以及轻松音乐等，使罪犯在劳动之余既能得到身心放松，又能掌握安全生产知识。同时，为罪犯营造出一个规范、健康、和谐、轻松的劳动改造环境，从而有效促进罪犯改造质量的提高。

三、管理制度

某监狱劳动保护用品管理规定

为了加强监狱企业劳动防护用品的管理，保障劳动者在生产过程中的安全与健康，确保安全生产，特制定本程序。

本规定所称个人劳动保护用品，是指各类操作人员使用的安全帽、安全（绝缘）鞋、劳保服、防护眼镜、防护手套、防尘（毒）口罩等个人劳动保护用品（简称“劳保用品”）。

一、管理

1. 劳动保护用品的发放和管理。应按国家规定免费发放劳动保护用品，不得收取或变相收取任何费用。

2. 劳动保护用品应实行招标采购。招标前，应查验劳动保护用品生产厂家或供货商的生产、经营资格，验明商品合格证明和商品标识，以确保采购劳动保护用品的质量符合安全使用要求。

3. 劳动者应正确使用劳动防护用品，妥善爱护，负责保管，不得任意改制、转让或出售。

4. 一人进行多工种作业的，按从事的主工种标准发放防护用品。

5. 脱离生产（工作）岗位满6个月的劳动者，所发放防护用品的使用期应相应延长。

6. 调离监狱企业的劳动者，要将防护用品交还单位，单位给予移交证明。

7. 外单位来监狱企业的培训人员、实习生的劳动防护用品，由委托单位自行解决。

8. 合同承包作业的劳动防护用品，原则上都应自行解决，如有特殊情况，自己无法解决的，经主管安全生产的监狱领导批准后，可适当发给或折价代购。

二、发放程序

1. 严格执行上级规定的标准与原则，不得随意扩大发放范围和提高标准。

2. 防护用品的发放必须凭证建卡，填写领料单，经本部门负责人签字，由劳安科审核、登记，凭证到劳保库领取。

3. 新员工进厂凭三级安全教育卡，老员工变换工种凭调令单，到劳安科换卡后发放劳动防护用品。

4. 各部门如因特殊需要增加防护用品，由使用单位提出申请，报劳安科经监狱主管领导批准后，办理发放手续。

5. 根据生产发展和安全、文明生产的需要，对现行防护用品的发放标准的改进建议，一般由监狱主管领导审核，报监狱长审批同意后执行。

三、考核

1. 对发放、节约使用劳动保护用品做出成绩者，给予表扬；对任意扩大发放范围和标准，无故损坏防护用品者，要求赔偿或给予处罚。

2. 对不正确使用防护用品或不使用防护用品者，视情节轻重，给予通报批评，情节严重者给予行政处罚。

学习任务五　罪犯劳动时间安排

案例导入

某监狱从事来料加工，因为产品订单生产时间紧任务重，为此监狱安排罪犯每天加班两个小时，劳动定额提高20%。

思考：你认为能否让罪犯超时、超额劳动？依据是什么？

一、罪犯劳动时间的概念

劳动时间也称工作时间，劳动时间是指劳动者为履行劳动义务，在法定限度内应当从事劳动或工作的时间。它的长度由法律直接规定，或由劳动合同依法约定。其表现形式分别有工作小时、工作日和工作周三种，工作日是工作时间的基本形式。在监狱，罪犯劳动时间特指罪犯依法在狱内必须用来完成其应完成的劳动改造生产任务和其他劳动任务所需要的时间。

二、罪犯劳动时间的特性

1. 强制性。一方面，罪犯入监后，通过一定的入监教育和劳动技能培训，强制他们参加必要的劳动，并保证足够的劳动时间和一定的劳动强度，充分保证劳动效果，让他们付出艰辛的体力达到劳动的要求，才能发挥劳动改造的真正作用，才能从思想上触动罪犯灵魂深处的根深蒂固的鄙视劳动的恶习，树立新的人生观、价值观和劳动观。

2. 法定性。罪犯劳动时间必须符合我国有关法律、法规的规定，保障他们的合法权益，保证他们的休息时间和接受教育、参加各种学习所必需的时间，不允许超过法定劳动时间、随意延长劳动时间或滥行加班加点。

学习情境

由于劳动者所从事的工作性质各异，各自分工有别，因而从事不同的劳动所需的工作时间并非完全相同，通常将劳动时间划分为标准劳动时间和特殊劳动条件下的特殊劳动时间两类。

一、罪犯劳动时间的规定

（一）标准劳动时间

标准劳动时间是指由国家法律规定的，在通常情况下一般劳动者从事工作所需要的时间。标准劳动时间的确定应该根据本国的政治、经济发展的状况和生产力发展水平等因素，一般来说，发达国家的标准劳动时间短于发展中国家的标准劳动时间。《中华人民共和国劳动法》第 36 条规定："国家实行劳动者每日工作时间不超过八小时、平均每周工作时间不超过四十四小时的工时制度。"《中华人民共和国监狱法》第 71 条第 1 款规定："监狱对罪犯的劳动时间，参照国家有关劳动工时的规定执行；在季节性生产等特殊情况下，可以调整劳动时间。"这样，实际上已经从法律上规定了罪犯在狱内组织参加生产劳动的标准时间。

（二）特殊劳动时间

《中华人民共和国监狱法》第 71 条第 1 款规定："……在季节性生产等特殊情况下，可以调整劳动时间。"也就是说，在确保罪犯在狱内各项活动正常进行的前提下，在劳动时间总量控制的条件下，监狱可以根据自身的生产特点、气候特点等，遵循季节性、特殊性的原则，适当调整劳动时间，即执行特殊劳动时间。特殊劳动时间有以下几种：

1. 缩短劳动时间。缩短劳动时间是指在法律规定的特殊条件下，罪犯的劳动时间短于标准劳动时间。监狱常见的特殊劳动条件下缩短劳动时间的有以下几种情况：从事有毒、有害等劳动；在恶劣天气下从事劳动；夜间从事的某些特殊劳动；罪犯思想波动太大，进行针对性集体教育时；未成年犯依法从事的一些劳动；等等。

2. 延长劳动时间。延长劳动时间是指在法律规定的特殊条件下，罪犯的劳动时间超过标准劳动时间。这种劳动时间主要适用于受自然条件和技术条件限制的季节性、突击性比较强的劳动岗位的罪犯。如从事农业、砖瓦等生产的监狱，延长劳动时间是对某一时段来计算的，平均劳动时间必须遵照法律规定的标准劳动时间，只是对这一时段劳动时间作一定的调整。延长劳动时间必须在确保罪犯安全生产和教育学习时间的前提下进行，并要履行一定的审批程序。

根据司法部《关于罪犯劳动工时的规定》，延长劳动时间必须在确保罪犯安全生产和教育学习时间的前提下进行，并要履行一定的审批程序。监狱生产单位需要延长劳动时间，须提前拟定加班计划，经监狱狱政、劳动管理部门审核，报监狱长批准，方可实施。

在下列特殊情况下，延长劳动时间可以不受上述规定时间的限制：

（1）发生自然灾害、事故或者因其他原因，威胁生命健康和财产安全，需要紧急处理的。

（2）生产设备、公共设施发生故障，影响生产和公众利益，必须及时抢修的。

（3）农忙季节需要抢收抢种的。

组织罪犯加班的监狱生产单位，事后应当安排罪犯补休，确实不能安排补休的，根据延长劳动时间的长短，支付一定数量的加班费。夜间加班至 23 时以后的，应安排夜餐。

在法定节假日安排罪犯劳动，根据延长劳动时间的长短，支付高于平常加班的加班费。夜间加班至23时以后的，应安排夜餐。

罪犯加班费用，从生产成本中列支。

3. 不定时劳动时间。不定时劳动时间是指在法律规定的特殊条件下，罪犯每日劳动起止时间不固定的劳动时间。这种劳动时间主要适用于劳动范围或生产条件不能受固定时间限制的劳动岗位的罪犯。由于实行这种劳动时间不利于对罪犯的日常管理和教育，所以监狱很少采用。

（三）罪犯休息时间

1. 罪犯休息时间。休息是每个国家公民应享有的权利，罪犯也应享有这个权利。罪犯休息时间是指罪犯按照有关法律规定不必直接从事劳动生产，而由监狱统一组织安排其他活动和他们在规定范围内自己支配的时间。休息时间除了能保障罪犯有充分的睡眠和休息用以消除疲劳，保障罪犯有足够的精力继续投入生产劳动和接受改造，还起着保障罪犯有一定的休闲时间参加各种有益活动和学习知识、学习技术，不断提高罪犯改造质量的作用。

2. 罪犯休息时间的法律规定。

（1）工作日内的间歇休息时间。工作日内间歇休息时间是指罪犯在工作日内享有的劳动期间休息时间。工作日内的间歇休息时间由各监狱根据季节或生产经营实际情况而决定，一般罪犯每劳动4个小时，休息时间为1~2个小时，最低不得少于半小时，并保证用餐。

（2）工作日间的休息时间。工作日间的休息时间是指罪犯在一个劳动日结束后至下一个劳动日开始时的休息时间。工作日间的休息时间应以保证罪犯体力和劳动能力能够恢复为标准。我国法律虽然没有明确规定工作日间的休息时间，但根据《中华人民共和国劳动法》第36条的规定，国家实行劳动者每日工作时间不超过8小时，平均每周工作时间不超过44小时的工时制度。所以，罪犯劳动日间的休息时间一般应不少于16个小时。对于工作日间的休息时间，监狱在保证罪犯睡眠时间的前提下，可以组织罪犯进行学习和开展集体活动，但不允许从事其他体力劳动。实行轮班制的监狱，其班次必须平均轮换，不得让罪犯连续劳动两班次。

（3）休假日。休假日是指罪犯劳动满一个工作周之后的休假时间。通常监狱应安排在星期六、星期天休息，对于有些监狱，在生产经营的特殊情况下，可根据实际需要安排罪犯在周内的其他时间补休。参照《中华人民共和国劳动法》第38、39条的规定，应保证罪犯每周至少休息一日。对于一些因生产特点不能实行《中华人民共和国劳动法》第36、38条规定的，经有关部门批准，可以实行其他工作和休息办法。

（4）法定节假日。法定节假日是指法律规定劳动者用于开展纪念、庆祝活动的休息时间。在我国，根据《全国年节及纪念日放假办法》第2条的规定，全体公民放假的节日：新年、春节、清明节、劳动节、端午节、中秋节、国庆节。监狱也必须执行本法的规定，在上述节假日停止罪犯劳动，但可以组织罪犯开展各种有益活动。

二、罪犯劳动作息时间

《中华人民共和国劳动法》规定的劳动者休息休假权益，监狱都必须参照执行，监狱再根据各地的实际情况制定监狱罪犯劳动作息时间表，遵照执行。

讨论与思考

1. 劳动任务与监管改造的关系如何协调？
2. 劳动任务与学习任务二者关系如何协调？

学习任务六　罪犯劳动保险

案例导入

原告吴某原系被告某监狱服刑犯人，2000 年 1 月，原告在服刑劳动过程中因工受伤，同年 3 月，被告自行为原告做伤情鉴定，确定原告的伤情构成七级伤残。原告出狱后不久即诉至法院。原告认为，根据《中华人民共和国监狱法》第 73 条的有关规定，即“罪犯在劳动中致伤、致残或者死亡的，由监狱参照国家劳动保险的有关规定处理”，原告应获工伤赔偿金为 12 万余元，现自愿只要求赔偿 8 万元。

被告某监狱辩称，原告在服刑期间劳动中受伤并构成伤残七级伤残属实，但原告和被告之间不存在劳动关系，不应按照正常的工伤标准确定赔偿数额。只能依照国家司法部颁发的《罪犯工伤补偿办法（试行）》（以下简称《补偿办法》）的规定给予原告补偿，即刑满释放时发给一次性伤残补偿金，七级伤残发 12 个月的其本人劳动酬金和基本生活费，原告服刑期间每月收入为近 500 元。

法院判决：

南京市栖霞区人民法院受理本案后，经审查认为原告所主张的法律关系中双方主体不是平等的民事主体，《中华人民共和国监狱法》第 73 条规定由监狱处理，应当是明确了处理的主体为监狱，《中华人民共和国监狱法》没有规定当事人对监狱处理不服可以向人民法院起诉，也未规定当事人可以直接向人民法院起诉，因此，人民法院直接受理此案缺乏法律依据。同时，原告在服刑劳动过程中因工受伤致残属实，应给予补偿，《补偿办法》是司法部于 2001 年颁发的，当时国家没有统一的工伤补偿规定，2004 年 1 月 1 日国务院颁发的《工伤保险条例》生效，《补偿办法》规定的标准滞后且较低。经法院做双方工作，双方进行庭外协商并达成和解协议，由被告给予原告一次性补偿。为此，原告向法院申请撤诉，法院经审查裁定准予原告撤诉。

法官评析：

栖霞区法院龙潭法庭庭长认为，该案虽以双方当事人达成庭外和解、原告撤诉而告终，但所涉及的相关问题值得思考。如何完善此类纠纷的处理机制，同时促进监狱加强管理、规范处理，是很有必要的。罪犯与监狱之间不属于《中华人民共和国劳动法》所调整的劳动关系。因此，不能认定罪犯和监狱之间存在劳动关系。而根据《中华人民共和国行政诉讼法》的相关规定，罪犯劳动中因工受伤，也不能认为是行政机关侵犯了其人身权、财产权。此外，罪犯在劳动中因工受伤，也不属于民事侵权造成的人身损害赔偿纠纷。罪犯在劳动中受伤，一般是由于罪犯自己行为不慎，未注意到安全，或是监狱未提供到位的安全设施和措施。鉴于双方是实施劳动改造与接受改造的关系，因此监狱不能构成侵权人，双方之间更不是雇佣关系。当然，罪犯在劳动中因第三人侵权行为致伤，或者监狱干警故意或重大过失致使罪犯伤亡，则可适用人身损害赔偿这一法律关系，明确赔偿责任。因此，在目前法律规定的条件下，人民法院直接受理罪犯工伤补偿纠纷，既缺乏法律依据，也不符合我国《中华人民共和国民事诉讼法》第 108 条的规定。

服刑罪犯在劳动改造中的工伤事故，时有发生。如不能依法给予工伤补偿，就会直接影响到和谐改造关系的构建，进而影响到整个社会的和谐。在监狱服刑的罪犯发生工伤后，罪犯及其亲属往往以《工伤保险条例》为依据计算补助金，而监狱则以《补偿办法》为依据计算补助金，月补助标准后者比前者高出 850～1600 元。一方面，罪犯及其亲属与监狱有较大分歧，导致与监狱纠缠不休；另一方面，监狱民警对罪犯工伤补偿法律依据理解不透，释疑说理工作不到位，导致上访事件不断。当务之急是从立法上予以完善，首要的是在《中华人民共和国监狱法》中对罪犯工伤补偿作出比较明确的规定。同时，现行的《补偿办法》没有规定服刑罪犯不服补偿的救济途径，不具体也不完善，直接导致罪犯工伤既不能依据民法要求赔偿，又不能依据《中华人民共和国劳动法》主张工伤保险，也不能依据《中华人民共和国国家赔偿法》来主张赔偿。因此，应当尽快出台、完善罪犯工伤补偿办法。[1]

一、罪犯劳动的社会保险的概念

所谓社会保险，是指由国家依法建立的，使劳动者在年老、患病、伤残、生育和失业时，能够从社会获得物质帮助的制度。劳动保险实际上是“劳动的社会保险”的简称。1995 年 1 月 1 日起施行的《中华人民共和国劳动法》将劳动保险改称为“社会保险”。

社会保险是由国家依法建立的，具有强制性和社会性。社会保险既是一种社会保障，又是基于法律强制性的规定而建立的对劳动者的社会权益的保障，是国家对劳动者履行的社会职责，又是保护劳动力维护社会稳定的一种措施。罪犯在监狱服刑期间也依法享受一定的社会保险待遇。《中华人民共和国监狱法》第 73 条明文规定：“罪犯在劳动中致伤、致残或者死亡的，由监狱参照国家劳动保险的有关规定处理。”这里的“劳动保险”就是指社会保险，这条规定明确了罪犯享受社会保险的范围及执行的标准。按照有关规定，应对罪犯在劳动中病、伤、死亡等给予一定的物质帮助，消除罪犯的后顾之忧，调动罪犯改造和劳动生产的积极性，将党和国家对罪犯改造的政策落到实处。既能体现党和国家对罪犯所实行的人道主义政策，也有利于保障罪犯的合法权益。

---

[1] 奚建荣：“关于构建罪犯工伤、医疗纠纷案件处理机制的研究”，载《犯罪与改造研究》2007 年第 11 期。

二、罪犯社会保险的原则

根据《中华人民共和国监狱法》第73条的规定，罪犯在劳动中致伤、致残或者死亡的应参照国家劳动保险有关规定处理，在执行过程中必须贯彻以下原则：

（一）罪犯的社会保险必须坚持有利于对罪犯改造的原则

监狱工作的最终目标是把罪犯改造成为守法公民和自食其力的劳动者。而强制罪犯参加生产劳动是实现这一目标的一项重要手段。如果忽视社会保险工作，或执行国家社会保险条例有误差，罪犯该获得的物质保障没有获得，该解决的困难没有解决，有可能增加组织罪犯参加劳动生产的难度，影响劳动生产效果，从而影响对他们改造的效果。因此，监狱在做这项工作的过程中，必须考虑到监狱最终目标的实现，为改造工作服务，使罪犯确确实实感到党和国家是在挽救他们，给他们一条悔过自新的光明大道。

（二）罪犯的社会保险必须贯彻按国家法规制度执行的原则

对罪犯执行的社会保险的范围和标准，是根据国家的经济发展水平和我国监狱承受能力决定的。随着我国经济发展水平的提高，监狱承受能力的增强，罪犯社会保险水平也相应提高。在现阶段，罪犯的社会保险只能做到基本保障。所以，各监狱在执行罪犯社会保险时，应从解决罪犯的实际困难，消除他们的后顾之忧出发，正确地把握有关条例、规定的内容，既不扩大和提高范围和标准，也不缩小和降低范围和标准，将这项工作做好、做细，保障罪犯的合法权益。

三、罪犯因工伤残和患职业病保险的规定

罪犯因工伤残和患职业病保险，是指罪犯在狱内参加生产劳动的过程中负伤和患职业病，暂时或永久丧失劳动能力时，在医疗、生活等方面获得帮助的社会保险项目。其特征如下：

1. 罪犯因工伤残和患职业病保险的发生与罪犯在狱中劳动有直接联系。一般是罪犯在劳动过程中因不安全或不卫生等因素而造成负伤或患职业病而丧失劳动能力，监狱对其生活和医疗给予一定保障，并且保障的程度高于非工伤或患病。

2. 罪犯因工伤残和患职业病保险实行“无过错补偿”的原则。凡是罪犯在劳动过程中发生任何工伤、中毒等事故，不论事故责任归于监狱还是罪犯本人，均应由监狱给予一定的补偿和保障。

3. 罪犯因工伤残和患职业病保险的标准应根据法律、法规的强制规定执行。如保险的范围、待遇、具体办法等均按法律、法规的强制规定处理，任何监狱不允许擅自降低标准。

4. 罪犯因工伤残和患职业病除生活和医疗给予保障外，确永久丧失劳动能力或无法继续在监狱服刑，根据我国法律规定，经有关机构审批，可办理保外就医。

学习情境

一、罪犯发生工伤或患职业病后监狱的处置

罪犯发生工伤或患职业病后，监狱应当采取措施，罪犯因工负伤，监狱应当及时

抢救治疗。治疗期间，实行劳动报酬制度的，照发本人劳动酬金。省（区、市）监狱管理局应当建立罪犯工伤补偿基金，作为对因工伤亡的罪犯提供经济补偿的资金来源。罪犯工伤补偿基金的征集管理办法，待商有关部门后另行制定。该办法未出台前，罪犯工伤补偿费用由各监狱在生产成本中列支。

二、罪犯劳动的工伤认定范围

根据司法部《罪犯工伤补偿办法（试行）》第7条规定，罪犯在下列情况下致伤、致残或死亡的，应当认定为工伤：①从事日常劳动、生产或从事监狱临时指派或同意的劳动的；②经监狱安排或同意，从事与生产有关的发明创造或技术革新的；③在紧急情况下，虽未经监狱指定，但从事有益于监狱工作或从事抢险救灾救人等维护国家和人民群众利益的；④在劳动环境中接触职业性有害因素造成职业病的（职业病种类、名称按国家有关规定执行）；⑤在生产劳动的时间和区域内，由于不安全因素造成意外伤害的，或者由于工作紧张突发疾病死亡或经第一次抢救治疗后全部丧失劳动能力的；⑥经监狱确认其他可以比照因工作、残或死亡享受工伤补偿待遇的。

二、由监狱作出罪犯的工伤结论认定

罪犯在劳动过程中发生伤、残或死亡事故，罪犯所在监区应当及时向监狱提出工伤申请报告。监狱应当在收到报告的30日内完成调查取证工作，作出是否定为工伤的决定，并通知罪犯本人或家属。

三、罪犯工伤的鉴定

罪犯因工负伤，由监狱组织生产安全、劳动管理和医疗部门的人员按照国家有关标准和程序，对因工伤残罪犯的劳动能力和伤残等级进行鉴定，包括劳动功能障碍程度和生活自理障碍程度的等级鉴定，

劳动功能障碍分为十个伤残等级，最重的为一级，最轻的为十级。

生活自理障碍分为三个等级：生活完全不能自理、生活大部分不能自理和生活部分不能自理。

罪犯对鉴定结论不服的，可以向监狱的上级机关申请重新鉴定，监狱上级机关应当委托当地省级劳动鉴定委员会或聘请有关专家进行重新鉴定，重新鉴定后的结论为罪犯劳动鉴定的最终结论。向监狱上级机关申请进行重新鉴定的费用由申请人承担。

四、罪犯工伤的评残标准

罪犯工伤评残标准，依据《职工工伤与职业病致残等级》执行。

五、罪犯因工伤残等级待遇

罪犯因工负伤医疗终结后，按照确定的伤残等级享受下列待遇：

1. 因工伤残的罪犯，被评残为一至四级的，服刑期间，劳动酬金照发。办理保外就医、假释和刑满释放手续的，发给一次性伤残补助金。标准为：一级伤残相当于36个月、二级32个月、三级28个月、四级24个月的本人劳动酬金加基本生活费。

2. 因工伤残的罪犯，被评残为五至十级的，服刑期间，安排适当的劳动，按规定享受相应的劳动酬金待遇。刑满释放时，发给一次性伤残补助金。标准为：五级伤残相当于16个月、六级14个月、七级12个月、八级10个月、九级8个月、十级6个月的本人劳动酬金加基本生活费。

六、罪犯因工伤残后的治疗

罪犯因工负伤，治疗未终结就已刑满释放的，应继续在指定医院治疗。治疗终结后，按规定评定伤残等级，发给一次性伤残补助金。

七、罪犯因工死亡丧葬的处理

罪犯因工死亡的，由监狱负责处理丧葬事宜，丧葬费用由监狱负担。罪犯因工死亡，发给直系亲属一次性死亡补助金。标准为：相当于 48 个月的本人劳动酬金加基本生活费。有供养直系亲属的，根据供养人数，酌情增发，增发数额最多不超过 12 个月的本人劳动酬金加基本生活费。罪犯因工死亡，监狱最多负责 3 名参加丧葬的亲属的食宿、交通费。

八、罪犯因工伤残的认定范围及标准

1. 罪犯因工伤残的认定范围。罪犯因工伤残的认定可参照《劳动保险条例》第 11 条及有关部门的规定。一般包括：参加监狱安排的岗位劳动或临时组织的生产任务劳动而造成的负伤、残疾或死亡；因在狱中所从事的劳动性质而造成的疾病（符合规定的职业病名单），以及由此造成的疾病或死亡；因监舍等建筑物质量很坏，没有及时修理而倒塌，造成罪犯负伤、残疾或死亡；因紧急情况下从事对监狱有益的工作而造成的负伤、残疾或死亡；在监狱等劳动区域内参加劳动时，遭受非本人所能抗拒的意外灾害而造成的负伤、残疾或死亡；等等。

2. 罪犯因工伤残和患职业病的确认。罪犯因工伤残，由国家规定的劳动鉴定部门根据《职工工伤与职业病致残等级》进行鉴定，并出具证明。

参照《劳动保险条例》及其有关规定，罪犯因工残疾可分三种：①完全丧失劳动能力，生活不能自理。②完全丧失劳动能力，生活基本可以自理。③完全丧失劳动能力，还能从事某些工作。罪犯因工伤残的等级确定，必须在规定期限内向政府有关部门申请，特殊情况下可以适当延长上报期限。受理部门对工伤认定并作出规定后，发给《工伤认定通知书》。

罪犯职业病的诊断，可按照卫生部颁发的《职业病诊断与鉴定管理办法》及《职工工伤与职业病致残等级》进行，凡被确诊患职业病的罪犯，职业病诊断机构应当发给《职业病诊断证明书》。

九、罪犯因工伤残及患职业病的有关待遇

罪犯在狱内因工伤残及患职业病的待遇规定：

1. 罪犯病、伤期间，仍在狱内执行刑罚，丧失劳动能力的，可不参加生产劳动；尚能从事某些劳动工作的，应对其岗位进行调整，从事轻便劳动。

2. 罪犯病、伤期间，生活费仍由监狱承担，对特殊病、伤，生活上应予以照顾，不允许因没有参加生产劳动而降低其生活待遇。

3. 罪犯在狱中实行医疗全保险制，因工伤残及患职业病，所有医疗费用全部由国家、监狱负担。如果外诊住院，各项费用（如伙食费、挂号费、手术费、住院费和药费）也由国家、监狱负担。

4. 罪犯因公伤治疗未终结就要离开监狱（如办理保外就医、假释、刑满释放），应继续在指定医院治疗，医疗费用应由国家、监狱负担。治疗终结后，按规定评定伤

残等级，并发给一次性伤残补助金，其标准可参照企事业单位职工的有关待遇执行，确因伤病不能自己回家的，监狱应派车由监狱人民警察送回。

5. 罪犯在狱内因工死亡时，为料理丧事而发生的费用由监狱承担，监狱应给其年迈配偶或未成年子女发放一次性死亡补助金，其标准可参照企事业单位职工的有关待遇执行。

训练情境

一、对罪犯工伤补偿的认识问题

监狱服刑罪犯在劳动改造中发生工伤的事件时有发生，罪犯或其亲属因为不能接受监狱对工伤补偿的处理意见，进行上访的事件也时有发生。服刑罪犯在劳动中常常对致伤、致残或者死亡补偿产生分歧，对工伤原因和罪犯工伤补偿的法规、法理依据等认识有分歧等。产生这种情况，一是因为罪犯及其亲属存在误解；二是由于监狱处理此项工作的民警对罪犯工伤补偿的法规、法理依据理解不透，依法说理解释工作没做到位。因此，监狱具体处理此项工作的民警必须对“罪犯工伤补助金”的法规、法理依据有较准确的认识，进而做好对工伤罪犯或其亲属的解释工作。

二、不认定为工伤的有关情节

由下列行为造成负伤、残疾或者死亡的，不应认定为工伤：①自杀或自残；②打架斗殴；③酗酒；④违反监规纪律；⑤犯罪；⑥蓄意违章或故意损坏生产工具；⑦经监狱确认不应认定为工伤的其他行为。

三、罪犯工伤的善后处理问题

应妥善处理罪犯工伤的善后工作及罪犯工伤补偿。掌握罪犯工伤补偿的法规依据，做到有理、有利、有据，处理过程中有理有节。针对工伤罪犯或其亲属对监狱处理意见的异议，应耐心予以解释。罪犯工伤与企业职工工伤相比，有以下本质上的不同之处：①造成罪犯工伤与企业职工工伤的劳动前提具有本质的区别。②罪犯工伤补偿与企业职工工伤补偿的目的、作用不同。③罪犯与企业职工和各自所在单位的关系不同。④罪犯与企业职工的各自所在单位的性质有本质的区别。

学习任务七 特殊罪犯的劳动保护

案例导入

某监狱安排王某（17 周岁）到锅炉房干司炉工作，被王某拒绝。这样一来，监狱认为王某虽然未年满 18 周岁，但身体健壮，有力气从事一些体力劳动，王某不服从分配，给监狱的工作造成不良影响。于是，对王某提出批评并记过处分。王某不服，认为对其调整的工作，属于国家规定禁止未成年工从事的范围，因此，提出申诉，要求撤销处分，安排其力所能及的工作。

思考：监狱的做法是否合法，王某的诉求是否应予以支持？应当怎样处理？

分析：罪犯王某年仅17周岁，属于未成年工，依法应受到特殊保护。可以安排王某的工作，但工作范围不能违反劳动部《未成年工特殊保护规定》第3条第8项和第17项的规定，即用人单位不得安排未成年工从事矿山井下及矿山地面采石作业和锅炉司炉等工作，王某拒绝监狱安排上述工作是正当的，应予支持；监狱因王某不服从分配而作出对其记过处理的决定是错误的，应立即纠正。《中华人民共和国劳动法》第64条明确规定："不得安排未成年工从事矿山井下、有毒有害、国家规定的第四级体力劳动强度的劳动和其他禁忌从事的劳动。"第95条规定："用人单位违反本法对女职工和未成年工的保护规定，侵害其合法权益的，由劳动行政部门责令改正，处以罚款；对女职工或者未成年工造成损害的，应当承担赔偿责任。"

一、劳动保护与安全生产的要求

执行国家有关劳动保护的规定，监狱的劳动安全设施必须符合国家规定的标准，监狱要为罪犯提供符合国家规定的劳动安全卫生条件和必要的劳动防护用品，监狱管理人员不得违章指挥、强令冒险作业，不得有危害生命安全和身体健康的行为，对未成年犯和女犯实行特殊的劳动保护，严格执行有关的法律法规和规章制度，保证劳动场所的生产安全。

二、对哪些罪犯进行特殊劳动保护

一是对女犯的特殊劳动保护，二是对未成年犯的特殊劳动保护，以下分别论述：

（一）女犯特殊劳动保护

1. 女犯特殊劳动保护的概念。女犯特殊劳动保护有广义和狭义之分。广义上是指根据女犯的生理特点，在劳动保护方面，女犯所应享有的一切劳动权益保护；狭义上是指根据女犯的生理特点，在劳动安全卫生方面采取的不同于男犯的劳动保护。本节所指的是狭义上的概念，这与我国《中华人民共和国劳动法》中的"女职工特殊劳动保护"的意义完全一致。对女犯实行特殊劳动保护，充分地体现党和国家对女犯的特殊关怀，对女犯在服刑中的安全和健康的保障，也体现了我国劳动改造制度的完善和科学。对女犯实行特殊劳动保护，要保障女犯在劳动过程中的安全与健康，减少有害因素和不安全因素的威胁，减少妇女病、职业病和伤亡事故的发生。

2. 女犯特殊劳动保护的特征。女犯特殊劳动保护是罪犯劳动保护工作的一个组成部分，除具有一般劳动保护的特征外，还具有自身的特征：

（1）女犯特殊劳动保护具有明显的女性性别需要的特性。女性在身体结构、骨骼结构、呼吸、血液循环等方面与男性不同，导致女性在体力和耐力上差于男性，使其在同一劳动强度下，尤其在重劳动强度下，女性的负担要比男性的大，这使其在工作强度上逊色于男性而需要得到全社会的关怀和理解。因此，女犯特殊劳动保护具有女性性别需要的特性。

（2）女犯特殊劳动保护具有不同于男犯的特殊保护特性。由于女犯在生理机能上不同于男子，在保护劳动者合法权益的宗旨上，要采取有别于男子的特殊保护，尤其针对女犯在月经期、更年期身体的特殊变化，更应加强对女犯的特殊劳动保护，禁止从事某些不利于健康的工作。

(3) 对女犯特殊劳动保护具有保护下一代的特殊意义。女性担负着生育下一代的重任，对于一些女犯，如果她们刑满释放，走向社会，很有可能要担负生育重任。因此，为使她们有能力完成这一重任，保证下一代健康成长，就更需要对这些女犯进行特殊劳动保护。

(二) 未成年罪犯特殊劳动保护

由于监狱存在年满16周岁未满18周岁的未成年罪犯，对于这部分未成年罪犯，除了对他们实施监管教育改造之外，根据我国法律规定，可以适当地安排其从事与年龄相当的劳动项目和承担一定的劳动任务。但是，未成年罪犯虽已年满16周岁，能够参加工作，但仍属未成年人，其身体和智力尚未发育成熟。为了有利于青少年的健康成长，必须在劳动过程中对其安全和健康采取特殊保护措施，以适应其生理发育和知识增长的需要。安排其劳动的要求：

1. 适应未成年罪犯的身心健康发展。未成年正处于生长发育时期，可塑性很强。如在工作环境良好、设备先进、良好的工作条件下工作，则有助于未成年罪犯的身心健康发展。反之，如在一个环境差劣、设备不完善、工作条件差的情况下工作，则对未成年罪犯身心健康发展不利。

2. 尊重未成年罪犯的人格尊严。未成年人在劳动过程中，首先要保护其生命健康等人格权利，当此权利受到侵害时，未成年工的生命健康将不能得到保护。所以，在劳动过程中，应尊重未成年工的人格尊严，同时采取预防措施，以保护未成年工的人格尊严。

3. 保障未成年罪犯的特殊权益。未成年工之所以特殊于成年工，在于自身机体特点及其担负任务的不同，所以应保障未成年工的特殊权益，同时也是保障未成年工群体的需要。

4. 保护和教育相结合。未成年工正处在生长发育时期，求知欲很强，渴望学习，渴望知识，希望接受再教育，以增长知识来满足工作的需要。监狱不但应教给他们文化科学技术知识，还应教给他们劳动安全卫生知识，教育是手段，保护是目的，以保护其在劳动过程中的安全健康。

学习情境

一、女犯特殊劳动保护

(一) 女犯特殊劳动保护的法律规定

根据我国《中华人民共和国监狱法》第72条的规定：“监狱对参加劳动的罪犯……执行国家有关劳动保护的规定。”所以，监狱应对女犯予以在劳动过程中的特殊劳动保护，与我国女职工同样待遇。

(二) 对女犯特殊劳动保护

1. 对女犯在劳动过程中的特殊劳动保护。

由于女犯的生理特点，决定了不应分配女犯担负特别繁重的体力劳动和有害女性生理机能的工作。专家实验证明，妇女负重 20 公斤以内，子宫颈位无明显变动，超过 20 公斤时，子宫颈下降，停止负重后恢复负重前的位置，当负重 30 公斤以上时，出现明显的暂时性子宫下垂、子宫位移。因此，我国

《女职工劳动保护特别规定》附录“女职工禁忌从事的劳动范围”第 1 条规定：“女职工禁忌从事的劳动范围：（一）矿山井下作业；（二）体力劳动强度分级标准中规定的第四级体力劳动强度的作业；（三）每小时负重 6 次以上、每次负重超过 20 公斤的作业，或者间断负重、每次负重超过 25 公斤的作业。”上述这些规定对女犯在劳动过程中同样适用。

2. 对女犯生理机能变化过程中的特殊劳动保护。对女犯生理机能变化过程中实行特殊劳动保护是十分必要的，有些有毒有害工种，如果防护不好，会严重损害妇女的生理机能，如影响月经和生育机能等。女性生理机能变化过程中的劳动保护，一般是指女性的月经期、孕期、生育期、哺乳期“四期”的特殊保护。女犯在狱中，应该做好月经期的特殊保护，月经是健康妇女的正常生理现象，月经来潮时出现的生理变化，使正常的生理防御能力暂时被破坏，若不注意卫生，很容易引起各种妇女病。另外，月经期间，因女性机体活动能力发生一定的变化，生理波动也较大，使她们的劳动能力有所下降。所以，我国对妇女经期特殊劳动保护制定了相关的法律和规定，参照《中华人民共和国劳动法》第 60 条规定，不得安排女职工在经期从事高处、低温、冷水作业和国家规定的第三级体力劳动强度的劳动。

《女职工劳动保护特别规定》附录“女职工禁忌从事的劳动范围”第 2 条规定：“女职工在经期禁忌从事的劳动范围：（一）冷水作业分级标准中规定的第二级、第三级、第四级冷水作业；（二）低温作业分级标准中规定的第二级、第三级、第四级低温作业；（三）体力劳动强度分级标准中规定的第三级、第四级体力劳动强度的作业；（四）高处作业分级标准中规定的第三级、第四级高处作业。”《女职工劳动保护特别规定》第 3 条还规定：“用人单位应当加强女职工劳动保护，采取措施改善女职工劳动安全卫生条件，对女职工进行劳动安全卫生知识培训。”

女子监狱应设专门的卫生室，并配备温水箱、冲洗器及洗涤设备等，以保证她们特殊生理期的安全和健康。

二、未成年犯的特殊劳动保护

（一）什么是未成年工

未成年工在我国是指年满 16 周岁未满 18 周岁的未成年人。未成年工特殊劳动保护，是指根据未成年工的生长发育特点和其接受义务教育的需要，对其在劳动关系中所应享有的特殊权益的保护，包括限制就业年龄、限制工作时间、禁止从事某些作业、定期进行健康检查等特殊劳动保护。

未成年工与童工不同，二者以法定最低就业年龄为界，在此年龄之上的为未成年工，在此年龄之下的为童工。使用童工是非法行为，要受到法律制裁，只有特殊行业经批准才能招用童工。未成年工就业为法律所允许，但因其仍是未成年人，所以应对其进行特殊保护。

（二）法律法规有关规定

《中华人民共和国未成年人保护法》确立了对未成年工进行特殊劳动保护的基本原

则。《中华人民共和国未成年人保护法》第61条规定："任何组织或者个人不得招用未满16周岁的未成年人，国家另有规定的除外。招用已满十六周岁未成年人的单位和个人应当执行国家在工种、劳动时间、劳动强度和保护措施等方面的规定，不得安排其从事过重、有毒、有害等危害未成年人身心健康的劳动或者危险作业。"《未成年工特殊保护规定》第3条对未成年工禁忌从事的劳动范围作了较细致的规定；第4条则对患有某种疾病或具有某些生理缺陷的未成年工所禁止从事的劳动范围作了详细规定。《中华人民共和国劳动法》第58条第1款规定："国家对女职工和未成年工实行特殊劳动保护。"第64条规定："不得安排未成年工从事矿山井下、有毒有害、国家规定的第四级体力劳动强度的劳动和其他禁忌从事的劳动。"《中华人民共和国劳动法》及《未成年工特殊保护规定》则对有关特殊保护的具体范围和措施作了详细规定。根据有关法律的规定，关于未成年人罪犯的特殊劳动保护，主要包括以下几方面的内容：①禁止未成年工从事某些禁忌劳动；②对未成年工的使用和特殊保护采取登记制度；③定期进行健康检查。

（三）不安排未成年罪犯从事以下范围的劳动

1. 《生产性粉尘作业危害程度分级》国家标准中第一级以上的接尘作业。

2. 《有毒作业分级》国家标准中第一级以上的有毒作业。

3. 《高处作业分级》国家标准中第二级以上的高处作业。

4. 《冷水作业分级》国家标准中第二级以上的冷水作业。

5. 《高温作业分级》国家标准中第三级以上的高温作业。

6. 《低温作业分级》国家标准中第三级以上的低温作业。

7. 《体力劳动强度分级》国家标准中第四级体力劳动强度的作业。

8. 矿山井下及矿山地面采石作业。

9. 森林业中的伐木、流放及守林作业。

10. 工作场所接触放射性物质的作业。

11. 有易燃易爆、化学性烧伤和热烧伤等危险性大的作业。

12. 地质勘探和资源勘探的野外作业。

13. 潜水、涵洞、涵道作业和海拔3000米以上的高原作业（不包括世居高原者）。

14. 连续负重每小时在6次以上并每次超过20公斤，间断负重每次超过25公斤的作业。

15. 使用凿岩机、捣固机、气镐、气铲、铆钉机、电锤的作业。

16. 工作中需要长时间保持低头、弯腰、上举、下蹲等强迫体位和动作频率每分钟高于50次的流水线作业。

17. 锅炉司炉。

未成年工患有某种疾病或具有某些生理缺陷（非残疾型）时，用人单位不得安排其从事以下范围的劳动：

1. 《高处作业分级》国家标准中第一级以上的高处作业。

2. 《低温作业分级》国家标准中第二级以上的低温作业。

3. 《高温作业分级》国家标准中第二级以上的高温作业。

4. 《体力劳动强度分级》国家标准中第三级以上体力劳动强度的作业。

5. 接触铅、苯、汞、甲醛、二硫化碳等易引起过敏反应的作业。

(四) 对未成年工的健康检查

由于未成年工正处于身体发育时期，因此，定期的身体检查可以及时了解未成年工的身体状况，以保证其健康。根据《未成年工特殊保护规定》第 6 条的规定，监狱应按下列要求对未成年工定期进行健康检查：①安排工作岗位之前；②工作满 1 年；③年满 18 周岁，距前一次的体检时间已超过半年。对未成年罪犯定期进行健康检查。未成年罪犯的健康检查，应按《未成年工特殊保护规定》所附《未成年罪犯健康检查表》列出的项目进行。监狱应根据未成年罪犯的健康检查结果安排其从事适合的劳动。对不能胜任原劳动岗位的，应根据医务部门的证明，予以减轻劳动量或安排其他劳动。

(五) 对未成年罪犯劳动使用和特殊保护实行登记

未成年罪犯劳动，除符合一般用工要求外，还须向劳动行政部门办理登记。劳动行政部门根据《未成年罪犯健康检查表》《未成年罪犯登记表》，核发《未成年罪犯劳动登记证》。未成年人须持《未成年罪犯劳动登记证》上岗。未成年罪犯劳动登记制度，使劳动行政部门得以对未成年罪犯特殊保护措施的贯彻情况进行跟踪监管，有利于未成年工的健康成长，它体现了党和政府对青少年的关怀与爱护。

(六) 职业安全卫生教育、培训

未成年罪犯上岗前，监狱应对其进行有关的职业安全卫生教育、培训。

讨论与思考

1. 为什么对女犯和未成年犯要进行特殊劳动保护？

2. 未成年犯劳动保护的特殊规定有哪些？

专题十　罪犯劳动绩效管理

学习任务一　罪犯劳动考核与奖惩

学习目标与任务

了解并掌握罪犯劳动考核与奖惩的基本内涵和主要内容。

案例导入

2004年11月，刑释人员李某、陆某和假释考验人员邓某等纠合在一起多次商量抢劫小车，并密谋抢后将车主杀害。12月6日晚10时许，李某、邓某、陆某等携带猎枪和尖刀等作案工具，驾车窜到F市某大酒店后巷，将途经该处的高某劫持到别处，用透明胶纸捆绑后，活埋于预先挖好的土坑内，致使高某窒息死亡。然后将高某的宝马735型小轿车（价值人民币106.488万元）开走销赃，得款16万元。2005年8月30日，F市中级人民法院以抢劫罪判处李某、邓某、陆某三人死刑。

主犯一：李某，1975年8月出生，1997年1月29日因抢劫罪被判刑10年。服刑期间获表扬6次，获监狱级改造积极分子2次，获省级改造积极分子1次，减刑3次计4年1个月。罪犯普遍认为李某是“醒目仔”。该犯于2002年8月1日获准减刑出监。

主犯二：邓某，1976年9月出生，1999年4月16日因抢劫罪判刑6年6个月。服刑期间获表扬5次，获监狱级改造积极分子2次，省级改造积极分子1次，服管服教。2003年4月24日获准假释，考验期至2005年3月21日。

主犯三：陆某，1977年9月出生。累犯，曾经犯抢夺罪、交通肇事罪等。1999年2月4日因抢劫罪判刑7年。服刑期间获表扬6次，获监狱劳动能手1次，获监狱级改造积极分子1次，获省级改造积极分子1次，共减刑2年10个月。具有一定的管理能力。2002年9月22日获准减刑出监。

思考：“宝马劫杀案”三名主犯在服刑期间改造表现都较为突出，都获得过行政、刑事奖励，提前释放或获准假释。他们出监后如何纠集在一起？是什么原因使他们重新犯罪、走上不归路？

狱内表现与社会现实表现得如此不对等，不能不引起我们对现行的罪犯考核评价制度的科学性和现实意义的深思！

一、罪犯劳动考核与奖惩的基本内涵

（一）罪犯劳动考核的内涵

罪犯劳动考核是指监狱机关按照一定标准，采用科学的方法对罪犯劳动过程中所表现出思想、行为及劳动成果进行考查和评定的管理活动。罪犯劳动考核是罪犯考核的重要内容，罪犯考核的内容分为思想改造和劳动改造两个部分。思想改造主要考核罪犯认罪伏法、遵守监规监纪、政治思想文化技术学习、生活卫生等方面的表现；劳动改造主要考核罪犯劳动态度、劳动产量、产品质量、材料消耗、文明生产等方面的表现。罪犯考核结果直接作为对罪犯实施行政、刑事奖惩的主要依据。

罪犯的劳动考核是罪犯劳动管理的一项重要工作，它是对罪犯在劳动过程中所表现出的状态的一种判断，是强化了的硬性措施，它是保证罪犯正常从事生产劳动、完成生产任务的必要手段。

罪犯的劳动考核在罪犯劳动管理中发挥着重大作用，具体如下：

1. 对罪犯劳动进行考核有利于提高罪犯的劳动效率和改造质量。劳动考核一般是通过计分制直接表现其结果，数字高低直接与罪犯的待遇挂钩，由于其清晰度高、透明性强，考核结果容易被罪犯接受和理解。监狱机关及监狱人民警察也往往会从计分的高低上判断罪犯改造表现的好坏，并与其能够获得的减刑、假释等报偿性权利挂钩，因此，罪犯为了达到这一目的，往往会加倍努力劳动，通过生产产品的数量和完成任务的状况，具体体现自己的劳动积极性，让监狱机关和监狱人民警察能切实感受到自己思想的转化，并由此判断出该罪犯已获得一定的改造效果的状态，提高监狱人民警察对其劳动考核的分值，达到获得报偿权利的机会。从这一点上看，对罪犯劳动进行考核确实提高了劳动生产率。此外，由于产品实体具备了可观性和可验性，罪犯在劳动中也会端正自己的劳动态度，认认真真地工作，仔仔细细地操作每一步骤，这又能使罪犯的思想和心理得到矫正，提高改造质量。关于这一点，主要表现在两个方面：

（1）劳动考核提高了教育改造工作的质量。罪犯劳动考核的结果一方面反映了罪犯的劳动熟练程度和水平，另一方面也反映罪犯在劳动中的态度、思想意识，也就是说，罪犯劳动考核的记录，反映了劳动改造和教育改造两个方面的结果。因此，认真做好劳动考核工作，可提高教育改造工作的质量。

（2）劳动考核为罪犯获得其他法定权利提供依据。对罪犯进行考核的目的就是判定罪犯的改造表现，将改造表现与这些可能实现的权利挂钩，比如获得减刑、假释、监外执行、奖励、劳动报酬等法定权利。监狱机关对罪犯劳动进行考核的结果，正是监狱机关保障罪犯的这些法定权利的重要依据。

2. 罪犯劳动考核是对罪犯劳动过程的全程评价。每一项考核结果都是针对罪犯劳动过程的真实表现作出的，其中，能否遵守劳动纪律，能否遵守操作规程是重要的评定依据，是监狱人民警察对罪犯悔过程度的判断依据之一。其作用主要表现在两个方面：

（1）有利于罪犯自我约束。任何一个有悔过意识的罪犯都会通过一定的表现来表达这种意识，而遵守劳动纪律、认真从事生产劳动是其悔改意识的主要行为表现。因此，做好罪犯劳动考核工作，能约束罪犯的劳动行为，督促罪犯主动服从管理，从而达到正常生产秩序的稳定，从根本上约束罪犯劳动过程的行为。在劳动过程中，各项制度、规章等都有明文规定。罪犯很清楚如果出现错误行为，考核结果就差，影响其获得其他法定权利，甚至会受惩罚，这是一般罪犯在入狱期间不希望发生的事情。因此，大多数罪犯会主动约束行为，服从劳动纪律。而那些投机取巧、偷懒怠工的罪犯一旦真正受到惩罚，也会约束自己的行为。

（2）有利于罪犯之间互相监督。由于劳动考核都有直观、真实的记录，它直接反映了一个罪犯或一个罪犯劳动团体的改造成果。罪犯之间对各自的考核结果也心知肚明，但由于根据规定，获得优秀考核结果的罪犯才能得到相应的权利。因此，罪犯间会产生竞争、互相监督劳动过程等行为，甚至主动批评不恰当的行为，极大地激发了罪犯的上进心和荣誉感，发挥正面作用。

3. 对罪犯进行劳动考核有利于经济效益的提高。监狱生产与其他社会生产一样都要核算成本、衡量经济效益。生产产品的数量、质量、原材料耗费、设备损耗，都与长期的经济效益相关，罪犯在劳动过程中直接与这些项目接触，他们对原材料的耗费情况、生产产品的数量和质量、工具及设备的使用状况等，都会直接影响经济效益。通过劳动考核，可以督促罪犯严格定额消耗原材料，合理使用工具及设备，保证完成任务和产品质量，提高监狱生产的经济效益。

（二）罪犯劳动奖惩的内涵

罪犯劳动奖惩是指监狱机关根据《中华人民共和国监狱法》及其他有关法律法规的规定，按照一定的标准和程序，对罪犯在一定时期内的劳动改造表现进行综合考查和评定，然后根据考评的结果给予罪犯奖励或惩处的一项基本的刑罚执行制度。它是我国行使监狱职能、惩罚与改造罪犯的重要手段。科学合理地实施罪犯劳动奖惩，对于调动罪犯劳动改造的积极性，稳定监管改造秩序，提高劳动改造质量，具有十分重要的意义。

二、罪犯劳动考核的主要内容

罪犯劳动考核，是监狱及其民警对罪犯的劳动改造所进行的考查和评定。这是监狱的一项经常性工作，对正确地执行刑罚、促进罪犯劳动改造具有重要意义。《中华人民共和国监狱法》第56条规定："监狱应当建立罪犯的日常考核制度，考核的结果作为对罪犯奖励和处罚的依据。"罪犯劳动考核与奖惩之间有着极为密切的联系。劳动考核是对罪犯实施奖励和处罚的依据，劳动奖惩是对罪犯进行考核的结果。所以，在实践中，往往将二者合并使用，称之为罪犯劳动考核奖惩制度。

罪犯劳动考核是罪犯考核的重要组成部分。罪犯考核主要包括以下几个方面的内容：①思想改造方面。这是罪犯考核的重点，主要考查罪犯认罪态度、悔改程度以及坦白交代余罪和揭发检举他人违法犯罪行为的情况等。②接受思想、文化、技术教育等方面。主要考查罪犯学习的态度、学习成绩、学习效果以及遵守学习纪律、完成作业情况等。③遵守监规纪律方面。主要考查罪犯对监规纪律和狱内各种规章制度的遵守情况。④劳动生产方面。主要考查罪犯的劳动态度和完成生产任务、遵守劳动纪律和操作规程的情况，以及在节约原材料等方面的表现。

我国监狱在改造罪犯实践中创造了一套切实可行的罪犯考核方法，主要包括：

1. 平时考核与定期考核相结合。即对罪犯的改造表现进行日记载、周检查、月小结、季评比、半年评审、年终鉴定。这是我国监狱长期实行的一种有效的罪犯考核方法，在实践中收到良好的效果。

2. 民警考核与罪犯评议相结合。所谓民警考核，是指监狱民警深入罪犯学习、劳动和生活现场，认真地观察、了解罪犯的日常表现，并定期对罪犯的改造表现作出评定。这是一种最基本的考核方法，是直接管理原则在罪犯考核工作中的体现。所谓罪犯评议，即首先由罪犯个人根据考核的标准自行对照检查，然后由罪犯小组进行评议，并将评议结果报民警审核。这种方法的优点在于：可以激励罪犯进行自我教育、自我约束和相互监督，并且有利于民警对罪犯的改造表现作出客观公正的评价。

3. 定性分析与计分考核相结合。长期以来，我国监狱对罪犯的考核基本上是采用以定性为主的方法。此种方法比较简单，很难对罪犯的改造表现作出比较精确的评定。

罪犯考核激励机制贯穿于罪犯改造全过程，对科学改造罪犯、促进监狱安全稳定具有重要作用。三十多年来，监狱在建立健全罪犯考核激励机制方面积累了丰富经验，主要经历了四个阶段：

第一，查评考核阶段。此阶段主要以查评法和罪犯汇报考核法为基础，在一定时期内，通过罪犯自我检查、小组评议和监狱人民警察评审等程序，评审罪犯改造表现。特点是：评审手段依靠定性手段，评审依据为主观印象。优点是考核仅能为监狱人民警察控制，缺点是评议结果易受感情影响，存在较大的主观因素，对罪犯的激励与约束作用效果较差。

第二，百分考核阶段。1990 年司法部在总结各地监狱对罪犯的考核制度的基础上进行改革，制定了《关于计分考核奖惩制度的规定》，简称百分考核制。其具体内容是：将罪犯的考核内容逐项分解为认罪服法、监规纪律、“三课教育”（思想、文化、技术教育）、生活卫生和劳动态度、劳动质量、劳动消耗、劳动纪律和安全文明生产等方面的具体指标和要求，每项指标都确定有一定的分值，合计为 100 分。

此阶段是以记事考核法（对罪犯正反典型事例记载在簿，加以肯定和否定的考核方法）为基础，以司法部推行的百分考核办法为依据，确定了思想改造和劳动改造的考核指标，总分为 100 分，实行奖分和扣分制度，以分兑现减刑等。优点是：能为奖惩提供详实的材料，用分体现奖惩依据，具有较强的直观性和量化性。不足之处在于：不能反映表现一般罪犯的改造情况，考核内容不够全面和客观，思想改造难以考核，导致罪犯只注重劳动改造考核，而忽视思想改造和其他方面的考核；奖分和扣分受警察主观因素影响大；为追求平等而忽略了考核中的区别对待；加分与减分具有累加性，所得分数并不是悔改程度和真诚改造的充分体现。

第三，计分考核阶段。此阶段以《关于计分考核奖罚罪犯的规定》为依据，经过修改完善，实行只扣分不奖分，每月评嘉奖，半年评表扬，年终评积极分子或记功等，并以此作为呈报减刑的依据，直接说明改造效果。此考核制度有效地避免了加分的弊端，在规范罪犯改造行为、评价罪犯改造绩效、调动罪犯改造积极性、稳定改造秩序方面发挥了积极作用。但是，随着监狱工作的发展进步，其局限性（操作性差、实际效果不足等）逐渐显现：考核内容不够全面和科学，实际操作中仍然过于侧重罪犯劳动绩效考核；因受减刑比例限制，罪犯考核奖励也实行比例限制；考核实行“年度制”，一年内未获得奖励的罪犯改造成绩将被视为“归零”；等等。不但有失公平，而且容易挫伤部分罪犯的改造积极性，导致激励和约束机制作用大打折扣。

第四，达标累进制考核阶段。此阶段从 2007 年 5 月开始试行。制定罪犯改造达标条件，实行月考核，只要罪犯达到规定的评奖条件，就可以获得相应的奖励。此制度细化了罪犯考核内容，完善了劳动改造考核方式，完善了奖惩种类、条件和程序，取消了年度考核期限制，实行不限期累积成绩计奖。这种考核制度更为科学和公平，但不足之处是达标的标准难以统一和细化。

三、罪犯劳动奖惩的主要内容

罪犯劳动奖惩主要包括行政奖惩、刑事奖惩和物质奖励。

（一）行政奖惩

行政奖惩是监狱运用期望理论激励罪犯改造的手段，它介于计分考核与刑事奖惩之间，是联系二者的桥梁和纽带。从目前全国来看，在对罪犯实施行政奖惩的过程中，各监狱同样存在着标准不同、尺度不一的问题，因此，要科学、有效地发挥行政奖惩的作用：①要统一完善和制定适应当前监管形势的行政奖惩种类和标准，尤其是惩处罪犯的具体标准。应当准确清晰地划分警告、记过、禁闭、严管、加戴戒具、单独监禁的具体情形，以法律为准则，建立统一的惩处条例，从而消除缺乏规范、执行随意、严而无度的传统弊病，以发挥足够有效的威慑和惩戒力度，达到转化思想、鞭策改造的功能。②要主动与计分考核挂起钩来，使监狱对罪犯行政奖惩的依据数字化，通过建立统一的罪犯计分考核评估体系，达到行政奖惩的统一性，同时缩短行政奖励评定的间隔，变半年、年度评定为月度、季度评定，充分体现行政奖惩激励的过程性和及时性。③要紧密与刑事奖惩挂起钩来，在这里，我们还是强调统一性的问题，就是统一每个行政奖惩在兑现刑事奖惩中所体现的价值。例如，同样一个年度监狱表扬奖励，在有的省市监狱可减刑 3 个月，在有的省市监狱则可减刑 6 个月甚至 1 年；再如，一名罪犯因违规受到禁闭处分，有的监狱规定在此之后 1 年之内不得减刑，有的监狱则规定在此之后 2 年内不得减刑，严重影响了监狱整体执法的严肃性和一致性。所以，制定一个“以分计奖，以奖减刑”的统一规范显得尤为重要。

（二）刑事奖惩

刑事奖惩是在押罪犯（尤其是长刑犯）十分关注的、无时不想、无时不议的话题，这就要求我们尽快完善有关法律制度，真正做到依法、科学。①要改进和完善减刑制度：细化法律关于减刑起始时间的规定，增加减刑起始时间的档次划分，并对每个档次的起始时间加以明确规定；适当缩短减刑的间隔期，同时，相应地缩小每次减刑的幅度，避免出现无刑可减的情况，采用“大目标，小步走”的方法，使罪犯始终在希望中改造；增加“依据死缓犯在缓期考核期间的表现予以决定是否延长其考验期”的制度，促使该类罪犯在死缓执行期间认罪悔罪，遵规守纪，积极改造。②要提高假释适用力度。鉴于假释具有诸多的优越性，近年来，国内一些法律专家、学者及司法工作者都主张在适用范围和条件下尽量提高假释适用率，倡导采用社会危害相对论的观点，积极适用假释制度，建议将部分余刑较短、符合条件的罪犯尽量予以假释，这样可以使罪犯从监狱生活到社会生活有一个逐步适应的过渡阶段，有利于推进监狱行刑的社会化。③制定科学合理的加刑制度，与当前减刑制度配套使用，适当延长那些主观恶习深、无悔改表现，特别是那些长期违反监规、抗拒改造的罪犯的刑罚执行期限，应用正负强化激励理论，多方面调动罪犯改造的积极性，促进罪犯加速改造。④要结合老、弱、病、残等弱势服刑群体的自身改造实际，制定符合他们的关于减刑条件、幅度和程序的专门规范，并作为减刑制度的基本内容之一予以明文规定，以体现法律对弱势群体考核奖惩的公平性。

(三) 物质奖励

为适应市场经济形势，更好地运用奖惩手段改造罪犯，从主观意识上调动罪犯的改造积极性，物质奖励这一措施逐渐被监狱采用。为使其更好地发挥作用：①要推广实行罪犯低工资制。从监狱的经济承受能力、社会经济发展现状出发，制定罪犯低工资制试行的原则办法，按照罪犯从事劳动的苦、脏、累、险程度和技术水平高低、贡献大小及改造表现好坏评定罪犯的工资，按月发放，计入其“生活大账”，这样既能激励罪犯的劳动改造，发展监狱经济，又能获取良好的经济效益和社会效益，体现社会主义人道主义原则。②要与其他考核奖惩激励机制配套使用。如在“百日安全竞赛”等各类劳动竞赛、专项活动中评出优胜个人，在给予行政奖励的同时，给予一定的物质奖励，综合运用多种奖励手段，发挥改造罪犯的综合效应。③要与罪犯检举、揭发行为密切联系。细化对罪犯检举揭发的考核内容，制定相应的物质奖励标准，充分调动罪犯靠拢政府的积极性和主动性，同时，也使激励罪犯汇报犯情的方式方法更加隐蔽，不易被他犯察觉，从而有效弥补其他奖励手段存在的弊端。

学习任务二 罪犯劳动报酬

学习目标与任务

了解和掌握罪犯劳动报酬的基本概念、内涵、实施依据及操作标准，并知晓罪犯劳动报酬的分配原则及科学运用。

案例导入

某省率先在监狱进行罪犯劳动报酬制度改革试点工作。按照这项新的制度，该省监狱系统每月发放罪犯劳动报酬二百多万元人民币，每名参加监狱强制性劳动的罪犯可以根据劳动绩效获得十几元到三百元不等的劳动报酬。

罪犯劳动还可以领“工资”，该省监狱系统这一改革举措引起了广泛的争论。不少人认为强制性劳动本就是国家对服刑罪犯进行改造的手段之一，是对其所犯罪行的一种惩罚，无酬劳动是“天经地义”。但一些专家学者却认为，给罪犯发放劳动报酬是推行人性化管理的重要举措，也是与国际行刑管理接轨的必要，他们甚至认为这一改革措施对我国监狱管理改革具有里程碑意义。

孙某入狱已经3年多了，他用“史无前例”这个词向记者描述监狱实行的罪犯劳动报酬制度，他至今清楚地记得第一次领到劳动报酬的具体日子。他说：“刚开始听说这事既好奇又怀疑，第一次拿到钱时十分激动，觉得难熬的监狱生活好像有点曙光了。”因为家中贫困，在监狱里孙某成为无接济、无书信、无会见的“三无人员”。今年10月，做车工的孙某拿到全大队最高“工资”267元。他的工作就是操作电动缝纫机，一天有五六百件衣服从他手上过。他告诉记者：“以前都是靠监狱的‘三无’人员基金以及其他犯人的资助生活，老是向别人伸手，人就特别自卑。现在凭自己的劳动每月都有二百多元的收入，再也不用向别人伸手，觉得自信多了。”

该省监狱实施罪犯劳动报酬管理8个月来成效显著，先后收到罪犯家属二千多封来信，盛赞这一人性化监管改造的新举措。

该省监狱内的服刑罪犯中大约有1/3来自贫困家庭，给在狱中服刑的亲人每月接济一二百元，对这些家庭来说是一笔不小的负担。一些因没有家庭接济生活特别困难的犯人，为得到“经济援助”，被迫给那些经济条件好的犯人当“马仔”，替他们料理日常生活、完成生产任务，甚至充当他们的打手，严重影响监管秩序。

因抢劫罪被判刑11年的罪犯杨某说：“以前总是认为劳动是被迫的，大家都想方设法逃避劳动，装病不出工，工作时不停喝水、上厕所、说话，脑子里总在琢磨别的事。现在什么都不想，就想多劳动多拿报酬，人也觉得踏实。”10月份，杨某给家里寄回去380元钱，这也是自他1996年入狱来的第一次，家里人收到这笔汇款时，怎么都无法相信。

该省某监狱副教导员告诉记者，以前罪犯对劳动的抵触情绪很强烈，犯人劳动时也不安心，闹事时有发生，监狱安全险情不断，民警压力非常大。实现劳动报酬制后，不少罪犯开始踏实工作，生产纪律空前好转，当“马仔”的现象大为减少，监狱安全大大提高。11月份与3月份相比，罪犯违规率下降了36%，有些监狱的“严管队”和禁闭室已连续几个月没有进过一名违规抗改的罪犯。该省监狱管理局测算，若按每个罪犯家庭每月要接济狱中罪犯200元计算，劳动报酬制度的实行每年可为罪犯家属减轻经济负担二千多万元。

据介绍，在重新犯罪的犯人中，有相当一部分是因为出狱后几个月内没有找到工作，因生活无着落而重新犯罪。该省监狱系统将罪犯每月劳动报酬的40%存入他们的账户，在犯人刑满释放时一次性发放给他们，这意味着每名犯人在出狱时都将有一笔数量不等的积蓄，这将大大减少因一时生活无着落而重新犯罪的情况。罪犯们在获得一定数目的劳动报酬的同时，劳动技能也得到提高，为他们日后走出高墙到社会上谋生培养了一技之长。监管干部告诉记者，当地工厂对技术工人的需求十分迫切，那些技术熟练的罪犯在出狱后深受厂家欢迎，一些企业甚至主动与监狱方面联系，希望推荐有一技之长的刑满释放人员。

思考：该省监狱罪犯劳动报酬制度有何优缺点？

一、罪犯劳动报酬的基本原理

在联合国 1955 年第一届预防犯罪和罪犯待遇大会“罪犯应获得公平的劳动报酬”决议的推动下，罪犯有偿劳动逐渐被世界各国普遍接受。《中华人民共和国监狱法》颁布前，我国一直按照“假定工资”制度，以饮食、被服、医药等实物形式，对罪犯实行有偿劳动。1994 年《中华人民共和国监狱法》颁布实施，其中，第 72 条规定：“监狱对参加劳动的罪犯，应当按照有关规定给予报酬……”这一规定，明确了我国罪犯有偿劳动制度，使罪犯劳动报酬以法律形式确定下来。

北京市《关于给予罪犯劳动报酬的暂行规定》中，对给予劳动报酬的范围、条件以及分配原则和分配办法都作了明确的规定，监狱中凡是直接从事生产劳动的罪犯；为保证生产劳动正常进行，从事生产管理、设施维修和维护劳动现场秩序的罪犯；在食堂、卫生和其他服务性岗位劳动的罪犯，都在给予劳动报酬的范围。

二、罪犯劳动报酬的基本特征

对罪犯劳动报酬的概念，有多种不同的解释：①“假定工资说”，认为罪犯劳动报酬是直接用于罪犯伙食、被服、医药等的实物支出。这是《中华人民共和国监狱法》颁布以前，我国监狱一直沿用的解释。②“生产工资说”，认为罪犯劳动报酬是监狱根据罪犯为监狱生产所作贡献的大小而给予的货币或实物，这里提出了根据生产贡献按劳取酬的思想。对生产工资说，还存在两个方向的分歧，一个是坚持实物的工资性质；另一个是主张实物工资货币化，变“暗工资”为“明工资”。③“奖励说”，认为罪犯劳动报酬是监狱根据罪犯在劳动改造和生产中的改造表现和劳动数量与质量所给予的一种物质奖励。

罪犯劳动报酬的改造机制本质决定了它具有以下特征：

（一）公平原则的变异性

罪犯劳动报酬的改造机制本质和人权保障的需要，决定了罪犯劳动报酬的公平原则具有一定的变异。在内部公平方面，要兼顾脑力和体力的差异，还要对老病残犯予以保障，既要体现按劳分配，还要避免过分悬殊；在外部公平方面，不仅要体现同行业劳动价格的平衡，还要考虑社会大众的接受程度；在竞争公平方面，要给每名罪犯以劳动和获得劳动报酬的机会，不宜过度建立劳动机会竞争和优胜劣汰机制。

（二）报酬关系的非契约性

监狱与罪犯之间的劳动关系，不是雇佣关系，而是依法确立的强制劳动关系，因此，监狱向罪犯支付劳动报酬不具有契约性，不能用有关社会劳动关系的法律、法规进行调解，而要按照有关罪犯劳动关系的法律、法规、制度执行。监狱可以根据刑罚和改造罪犯的需要，变更罪犯的劳动岗位，变更罪犯的劳动报酬关系，而不需要与罪犯协商，更不需要建立契约和变更契约。因为，罪犯劳动报酬关系是建立在刑罚和改造罪犯特别是强制劳动的基础之上的。

（三）价格的非谈判性

一般劳动报酬，往往由雇佣双方协商劳动报酬的具体额度；而对于罪犯劳动来说，由于其劳动的依法强制性、改造目的性和非经济效益性，加之监狱生产对罪犯劳动力的不可选择性，决定了罪犯劳动价格的非谈判性。罪犯不能与监狱就劳动报酬的额度进行讨价还价，也不能自由选择不同报酬的劳动岗位，只能严格执行有关规定。

（四）获取的非机会性

分享工资理论提出了劳动者工资与企业利润联系的工资分配思想。但是，由于市场竞争和经营管理带来的机会性利润或亏损的存在，不利于罪犯正确认识劳动的价值，且其与罪犯劳动不具有直接相关关系，因此，罪犯劳动报酬不宜实行分享工资制，不应参与由供求关系和经营性因素带来的机会性利润或亏损的分享或分担。

（五）经济效益淡化性

一般劳动报酬以效率和效益为导向，追求的是经济效益最大化；而罪犯劳动报酬作为一种改造机制，虽然也要求提高效率和效益，但最终目标是为了改造罪犯，因此，在报酬的结构、组成和发放形式上，与一般劳动报酬存在较大差异。它要体现对罪犯劳动权益的保障；要调动罪犯劳动的积极性；要促进罪犯对劳动价值进行直观感悟。

（六）报酬的非自由支配性

一般劳动报酬，是以货币形式支付给劳动者的，由劳动者自由支配，自主决定各种开支的比例；而监狱的刑罚和改造性质，决定了罪犯劳动报酬具有非自由支配性。对于生活费开支，要由监狱按实物量标准进行控制，不能省吃俭用，也不能奢侈浪费；对于医药费支出，不能有病不医或小病大医；对于货币性报酬，要按监狱规定比例，进行积累或使用；即使个人消费部分也要限制额度，且应接受监狱的教育和引导，不能过度消费。

学习情境

一、罪犯劳动报酬标准的确定

罪犯劳动既有社会劳动的一般性质，又有其刑罚改造的特殊性质。因此，在罪犯劳动报酬计发制度设计过程中，既要符合经济规律要求，吸收各种工资理论的科学成果，还要考虑其特殊性，体现罪犯劳动报酬的本质和特征，充分发挥改造机制的作用。

劳动报酬标准是指单位时间的劳动报酬数额，它可以按小时、日、周、月、年规定，是劳动报酬水平的基本标志。在社会企业中，工资标准的确定方法一般包括工资调查和数学测算两大类。前者通过采集、分析当地同行业的工资标准数据，参照确定本单位的工资标准；后者根据本单位以前年度的工资状况和当期工资增减计划，采用系数、比例、倒扣、盈亏平衡等经济数学方法，来确定工资标准。根据罪犯劳动报酬的本质和特征，考虑罪犯劳动报酬作用的充分发挥，充分体现社会公平，保障罪犯权益，罪犯劳动报酬标准的确定一般应采取工资调查的方法，在进行标准调整时，也可以辅以数学测算法。

采用工资调查法确定罪犯劳动报酬标准，不能简单照搬当地社会同行业企业的工资标准，要考虑罪犯劳动报酬的特殊性，进行必要的增减调整。①要分析当地社会同行业企业的工资构成，扣减生产要素工资等非直接劳动工资；②要分析当地社会同行业企业的工资形式，增减因市场供求关系或经营性因素等形成的机会性工资；③要从罪犯劳动力的不可选择性出发，根据罪犯劳动力综合素质，进行一定比例的调整。另外，还要考虑罪犯劳动时间的问题，进行必要的等比调整等。总之，要去除非直接劳动因素形成的非直接劳动工资，使罪犯劳动报酬标准准确体现罪犯的直接劳动价值。

我们可以综合确定罪犯劳动报酬标准：

罪犯劳动报酬标准=当地社会同行业企业工资标准±前述非直接劳动工资调整额度

这里，如果调整后的罪犯劳动报酬标准低于当地社会最低保障工资，则应当执行当地社会最低保障工资。

二、罪犯劳动报酬的构成

罪犯劳动报酬既包括用于罪犯生活的实物，也包括直接付给罪犯的货币，也就是说，罪犯劳动报酬由实物和货币两部分构成。

实物报酬是用于罪犯恢复体力和脑力的，保障罪犯基本生活需要而发生的吃、穿、用、住、医等方面的开支。具体讲，它包括目前监狱罪犯生活费中除日用品补助费（即零花钱）以外的伙食费、被服费、医疗费、杂支费、水电费、防疫费、生活设施用具购置费等开支项目，另外，它还应该包括食物制作人工费、监舍和食堂用房折旧费等。

货币报酬是以货币形式发放给罪犯的劳动报酬，它是罪犯劳动报酬总额扣除实物报酬后的部分。由于原来在罪犯生活费中列支的日用品补助费（即零花钱）是以货币形式支付给罪犯的，因此也应该将其作为货币劳动报酬。

按照保障罪犯权益和创造良好刑罚改造环境的要求，罪犯的基本生活实物支出，必须由监狱统一管理和使用，即罪犯劳动报酬的实物部分，统一由监狱按照标准和有关规定，以实物形式支付，因此，不存在过多的计发制度设计问题。而发挥罪犯劳动报酬的功能和作用，特别是改造作用，关键在于货币劳动报酬的计发。下面重点研究货币报酬的计发问题。

三、货币劳动报酬的计发制度设计

（一）货币劳动报酬标准的确定

货币劳动报酬是罪犯劳动报酬总额扣除实物报酬后的部分，因此，其具体标准可以按如下公式确定：

货币劳动报酬标准=罪犯劳动报酬标准-实物劳动报酬标准

其中，罪犯劳动报酬标准，按前述工资调查法或数学测算法核定；实物劳动报酬标准，根据有关监狱基本支出经费标准中的罪犯生活费标准，扣除自用品补助费（即零花钱）、食物制作人工费、监舍和食堂用房折旧费等核定。

这里，如果货币劳动报酬标准为负数或者较小，则说明罪犯实物支出标准过高，应考虑降低标准，以适应社会平均基本生活水平，体现社会公平；如果数额过大，则说明实物支出标准过低，应考虑提高标准。同时，要分析罪犯劳动报酬标准中，是否有机会性暴利和生产要素报酬等非直接劳动工资尚未扣除。

（二）货币劳动报酬计发方式选择

计件工资、计时工资、岗位工资和技术等级工资是直接生产人员获得劳动报酬的最基本形式。目前，监狱罪犯多数从事直接一线生产劳动，因此，可以根据生产工艺组织形式，选择这四种形式之一作为货币劳动报酬计发的基本形式。①对产品数量能够单独准确计量，并且产品数量能准确反映劳动量支出的工种，可以采用计件工资；②对产品数量受流水线或管理人员有效控制，或产量处于次要地位的工种，可以采用计时工资；③对专业化、自动化程度较高的流水作业工种，可以采用岗位工资；④对技术复杂程度比较高、劳动差别比较大、分工比较粗及工作物不固定的工种，可以采用技术等级工资。

这四种基本形式具有各自的优点，但也存在各自的缺点。如计件工资，它能够从劳动成果上准确反映实际付出的劳动量，不仅激励性强，而且比较公平，能够促进工作方法改进，提高劳动生产率，但它也容易产生片面追求数量，忽略质量、物耗、安全和不爱护机器设备等问题。计时工资，它能够促进技术水平和出勤率的提高，但容易产生不能准确反映劳动强度和劳动量以及“干多干少一个样、干好干坏一个样”的问题。因此，有必要辅以薪点工资或绩效工资，以弥补它们的缺点和不足。对于年功序列工资，是建立在增加员工凝聚力和忠诚度基础上的，体现的是年功资历，如果在罪犯劳动报酬计发中采用，论资排辈，显然是不适宜的。对于职务等级工资和年薪制，主要适用于管理人员和经营者。按照直接管理的原则，罪犯不从事管理岗位，因此，这两种形式也不适宜在罪犯劳动报酬计发中应用。

（三）货币劳动报酬计发方式设计

针对不同生产工艺组织形式下的不同劳动岗位，确定适宜的计发方式组合形式，就是计发方式设计。为发挥各种计发方式的优点，弥补缺点和不足，在各岗位的计发方式设计上，应实行结构工资制度。也就是根据生产工艺组织形式，选择计件工资、计时工资、岗位工资和技术等级工资之一作为基本计发形式，在此基础上，辅以薪点工资和绩效工资。

货币劳动报酬=基本工资×薪点工资率×绩效工资率

其中，基本工资是采用计件工资、计时工资、岗位工资或技术等级工资形式确定的工资；薪点工资率是该岗位人员的薪点与标准薪点的比率，具体薪点是在劳动技能、劳动责任、劳动强度和劳动条件等岗位因素点数评价和技术等级、学历素质、工龄年限、工种等个人因素点评价的基础上确定；绩效工资率是绩效考核结果与绩效标准值的比率，具体绩效考核指标应包括基本工资计酬对象以外的各种劳动要求，如出勤、消耗、安全、设备、纪律、环境、文明生产等。

这是货币劳动报酬计发的基本模型，在具体设计上，要针对不同岗位的特点进行适当调整。一般情况下，罪犯劳动岗位可以分为直接生产、辅助生产、勤杂服务和辅助管理四大类。对于直接生产岗位，要尽可能采用计件工资，在薪点评价上，要突出技术等级；在绩效考核上，要突出消耗、安全、设备等。对于辅助生产岗位，要尽可能采用计件工资和计时工资，在薪点评价上，要突出劳动责任、劳动强度和劳动条件；在绩效考核上，要突出出勤、安全、纪律、环境、文明生产等。对于服务勤杂岗位，要尽可能采用计时工资和岗位工资，在薪点评价上，要突出劳动责任、劳动强度、劳动条件；在绩效考核上，要突出出勤、安全、纪律、环境、文明生产等。对于辅助管理岗位，要尽可能采用岗位工资和技术等级工资，在薪点评价上，要突出劳动责任和工种等；在绩效考核上，要突出出勤、安全等。

目前，北京市关于罪犯劳动报酬具体的分配办法是：①按件计酬；②按效益计酬；③按劳动技能确定专业技术等级，按等级计酬；④按超定额累计计酬；⑤按岗位计酬。

四、罪犯劳动报酬的支付和使用

罪犯劳动报酬的非自由支配性，决定了它的支付和使用的特殊性。

（一）实物报酬的支付和使用

实物报酬主要用于生存和发展，用于罪犯在监狱内恢复和保持脑力体力，用于保持身体健康。为避免过度开支、奢侈浪费或过度节俭、损害权益，实物报酬必须由监狱集中管理，即由监狱按照规定的标准以实物形式向罪犯支付。

（二）货币报酬的支付和使用[1]

罪犯劳动报酬作用的发挥，关键取决于货币劳动报酬。因此，监狱要正确管理和引导货币劳动报酬的支付和使用，要根据刑罚和改造罪犯的需要，针对不同罪犯的具体情况，明确用途，进行积累，并从改造罪犯的角度出发进行教育和引导。

1. 进行受害补偿积累。对于附带民事赔偿而尚未赔偿的罪犯以及给他人造成直接伤害的罪犯，要将他们的货币报酬的一部分或全都积累起来，用于完成法定赔偿，或引导其对受害人和受害人家庭进行补偿。

2. 进行家庭补助积累。对于家庭收入微薄、生活困难的罪犯，要将他们货币报酬的一部分或全部积累起来，定期寄回家中，补贴家用。

3. 进行就业资金积累。将货币报酬的一部分或全部积累起来，待刑满释放后用于重新创业的启动资金。

4. 开展社会捐助活动。引导罪犯从劳动报酬的自由支配部分中，拿出一部分奉献爱心，用于希望工程等社会捐助活动。

5. 引导自由支配报酬的使用。对罪犯进行消费观念和生活观念教育，引导他们恰当支配和使用劳动报酬的自由支配部分，避免奢侈浪费和过度消费。

在货币劳动报酬的支付和使用中，要针对不同罪犯的具体情况，确定劳动报酬的积累和使用方案，既可以按比例进行积累和使用，也可以全额逐项积累和使用。

拓展训练

罪犯劳动报酬科学实施探讨

一、正确实施罪犯劳动报酬必须立足于我国国情，考虑我国经济发展的现状

虽然我们可以借鉴国外的有益经验，但不能照搬有些国家的做法。我国当前仍属于发展中国家，农村和城市都存在大量的贫困人口及失业人口。因此，罪犯劳动报酬标准的确立一定要慎重把握，不宜定得太高，否则国家难以承受，也会因社会公平问题而对公众产生负面影响。另外还需注意，在我国，狱中服刑的罪犯，其伙食费、服装费、医疗费等基本生活费用都由国家财政拨款统一支出，罪犯无需自理，因此，劳

〔1〕张海兵：“论罪犯劳动报酬”，载《中国监狱学刊》2008年第5期。

动报酬实际上是罪犯在已经获得上述实物消费以后额外得到的，这与有些国家的情况是不一样的，因此，在确定罪犯劳动报酬的标准时应考虑这一因素。

二、正确认识罪犯劳动实物报酬存在的必要性

罪犯的生活费必须以实物形式支付，这是由监狱刑罚和改造罪犯的特殊需要所决定的。罪犯被集中关押、集中管理，这种集中决定了他们的生活必须按照监狱的统一规定执行。如罪犯的服装要统一，罪犯的被服要统一，罪犯要定期体检，罪犯伙食要达到实物量标准，罪犯的住所要集中，等等，这是监狱文明和进步的要求，体现了对罪犯的基本生存权益的保障。也就是说，实物报酬的存在是必需的，并将长期存在下去，这是罪犯劳动的特殊性所决定的，主张实物报酬完全货币化的理论是行不通的。

三、正确处理罪犯劳动报酬与计分考核的关系问题

罪犯劳动报酬与罪犯计分考核，具有共同的管理基础，如定额管理、质量管理等，也具有共同的管理指向，都是为了调动罪犯的改造积极性。但是，它们是改造罪犯的不同手段，因此不能相互取代，也不能相互叠加，更不能按计分折算报酬，简单处理劳动报酬的发放。因为罪犯劳动报酬体现的是价值（分配）关系，反映的是劳动成果，借以使罪犯感悟劳动的价值和意义，而计分考核体现的是罪犯的改造成绩，如果劳动报酬简单地按计分折算发放，势必会使劳动报酬成为计分考核的附属物，成为改造成绩的反映，而通过劳动成果促进罪犯感悟劳动价值的改造作用将难以发挥。当然，也不能将二者简单割裂开来，比如在计算绩效工资时，可以引用计分考核的结果，但必须剔除非劳动考核的内容。

四、罪犯劳动报酬的实施必须紧密结合罪犯的具体情况和特点

罪犯劳动既有社会普通劳动者共有的属性，也有自身的特殊性，因此，在罪犯劳动报酬给付的标准、原则、比例、用途、管理、发放等方面，都须考虑罪犯劳动的特殊性和罪犯群体的特点。从劳动报酬给付的标准看，罪犯的劳动报酬额普遍低于本国同行业、同工种普通社会劳动者工资的数量，这是各国的普遍做法。

此外，罪犯劳动报酬的管理和发放可采取有别于普通劳动者的一些特殊形式。这也是许多国家和地区通行的做法。例如，美国联邦监狱产业有限公司要扣除犯人劳动报酬的50%，用以赔偿受害人、支付孩子的抚养费以及法庭的罚款等，但是不扣除监狱犯人的膳宿费用。在我国澳门地区，囚犯之薪俸在无任何债务情形下由监狱代为存放于囚犯账户，囚犯有权每月从中收取一定数额的钱作为狱内零用钱。倘若囚犯有如下义务：①抚养家庭；②对被害人作出损害赔偿；③缴纳罚金及司法税。则其报酬之半数归于其家庭，报酬的1/4用于按上述顺序偿还其债务，剩余部分则存放于其账户。我们可以考虑借鉴上述国家和地区的做法，把罪犯劳动报酬分为几大部分，采取不同的管理和发放形式。例如，分为生活补助金、家庭救济金、就业储备金等几个部分：生活补助金用于罪犯在狱中生活必需品的支出，家庭救济金用于生活困难的罪犯家属的必要支出，这两部分可以按月定期发放。就业储蓄金由监狱按月提取，在罪犯服刑期间代其保存管理，在其释放时一次性发放，用于罪犯在出狱初期的基本生活费用。此外，可考虑在罪犯劳动报酬中抽取一定的比例，用于建立受害人赔偿基金，由专门机构集中加以管理，对社会上的犯罪受害人进行赔偿，这样可以增加罪犯的赎罪意识，同时对受害人群体进行帮助和安抚。

五、借鉴其他国家的做法，逐渐探索罪犯自愿劳动模式

目前的罪犯劳动模式无疑具有强制性质，这种强制性劳动的模式也具有其必要性和合理性。但是，如果在条件成熟的时候，实行自愿劳动的模式，则更能体现罪犯在劳动中的主体性地位，更有利于实现罪犯的再社会化目标。可以说，自愿劳动模式的建立，将使我国监狱文明走向一个新的高度。而罪犯劳动报酬制的推行，有助于发挥利益导向作用，引导和激励大多数罪犯自愿参加劳动，这就为罪犯劳动由强制劳动向自愿劳动转变提供了一定的条件。当然，自愿劳动模式的建立，还需要其他条件的配合，短时间内，我国尚不具备这样的条件，但在理论上展开对这个问题的探讨还是有一定意义的。

学习任务三 罪犯劳动考核制度及操作实务

学习目标与任务

了解和掌握掌握当前监狱通用的罪犯劳动考核奖惩制度及实施办法。

2021 年司法部对监狱关于罪犯的考核工作出台了新的规定如下：

监狱计分考核罪犯工作规定

第一章 总 则

第一条　为正确执行刑罚，规范监狱计分考核罪犯工作，根据《中华人民共和国监狱法》等有关规定，结合实际，制定本规定。

第二条　计分考核罪犯是监狱按照管理和改造要求，以日常计分为基础、等级评定为结果，评价罪犯日常表现的重要工作，是监狱衡量罪犯改造质量的基本尺度，是调动罪犯改造积极性的基本手段。

第三条　监狱计分考核罪犯工作应当坚持党对监狱工作的绝对领导，坚持惩罚与改造相结合、以改造人为宗旨的监狱工作方针，坚持依法严格规范，坚持公平公正公开，坚持监狱人民警察直接考核和集体评议相结合。

第四条　计分考核自罪犯入监之日起实施，日常计分满 600 分为一个考核周期，等级评定在一个考核周期结束次月进行。

第五条　监狱应当根据计分考核结果给予罪犯表扬、物质奖励或者不予奖励，并将计分考核结果作为对罪犯实施分级处遇、依法提请减刑假释的重要依据。

第六条　监狱成立计分考核工作组，由监狱长任组长，分管狱政管理的副监狱长任副组长，有关部门负责人为成员，负责计分考核罪犯工作的组织领导和重大事项研究。监区成立计分考核工作小组，由监区长任组长，监区全体民警为成员，负责计分考核罪犯工作的具体实施。

监狱的狱政管理部门承担计分考核工作组日常工作，监区指定的专职民警负责计分考核工作小组日常工作，监区管教民警负责罪犯日常计分和提出等级评定建议。

第七条　监狱计分考核罪犯工作实行考核工作责任制，“谁考核谁负责、谁签字谁负责、谁主管谁负责”，监狱人民警察及相关工作人员在职责范围内对计分考核罪犯工作质量终身负责。

省、自治区、直辖市司法厅（局）对计分考核罪犯工作承担指导责任，监狱管理局承担监督管理责任。

第八条　监狱计分考核罪犯工作应当依法接受纪检监察机关、人民检察院、社会团体和人民群众的监督。

第二章 日常计分的内容和标准

第九条　日常计分是对罪犯日常改造表现的定量评价，由基础分值、日常加扣分和专项加分三个部分组成，依据计分的内容和标准，对达到标准的给予基础分，达不到标准或者违反规定的在基础分基础上给予扣分，表现突出的给予加分，符合专项加分情形的给予专项加分，计分总和为罪犯当月考核分。

第十条　日常计分内容分为监管改造、教育和文化改造、劳动改造三个部分，每月基础总分为100分，每月各部分日常加分分值不得超过其基础分的50%，且各部分得分之间不得相互替补。

第十一条　罪犯监管改造表现达到以下标准的，当月给予基础分35分：

（一）遵守法律法规、监规纪律和行为规范；

（二）服从监狱人民警察管理，如实汇报改造情况；

（三）树立正确的服刑意识和身份意识，改造态度端正；

（四）爱护公共财物和公共卫生，讲究个人卫生和文明礼貌；

（五）厉行节约，反对浪费，养成节约用水、节约粮食等良好习惯；

（六）其他遵守监规纪律的情形。

第十二条　罪犯教育和文化改造表现达到以下标准的，当月给予基础分35分：

（一）服从法院判决，认罪悔罪；

（二）接受思想政治教育和法治教育，认识犯罪危害；

（三）接受社会主义核心价值观和中华优秀传统文化教育；

（四）参加文化、职业技术学习，考核成绩合格；

（五）接受心理健康教育，配合心理测试；

（六）参加监狱组织的亲情帮教、警示教育等社会化活动；

（七）参加文体活动，树立积极改造心态；

（八）其他积极接受教育和文化改造的情形。

第十三条　罪犯劳动改造表现达到以下标准的，当月给予基础分30分：

（一）接受劳动教育，掌握劳动技能，自觉树立正确劳动观念；

（二）服从劳动岗位分配，按时参加劳动；

（三）认真履行劳动岗位职责，按时完成劳动任务，达到劳动质量要求；

（四）遵守劳动纪律、操作规程和安全生产规定；

（五）爱护劳动工具和产品，节约原材料；

（六）其他积极接受劳动改造的情形。

第十四条　罪犯有下列情形之一，经查证属实且尚不足认定为立功、重大立功的，应当给予专项加分：

（一）检举、揭发他人违法犯罪行为或者提供有价值破案线索的；

（二）及时报告或者当场制止罪犯实施违法犯罪行为的；

（三）检举、揭发、制止罪犯自伤自残、自杀或者预谋脱逃、行凶等行为的；

（四）检举、揭发罪犯私藏或者使用违禁品的；

（五）及时发现和报告重大安全隐患，避免安全事故的；

（六）在抗御自然灾害或者处置安全事故中表现积极的；

（七）进行技术革新或者传授劳动生产技术成绩突出的；

（八）省、自治区、直辖市监狱管理局认定具有其他突出改造行为的。

罪犯每年度专项加分总量原则上不得超过300分，单次加分不得超过100分，有上述第一至五项情形的不受年度加分总量限制。

第十五条　罪犯受到警告、记过、禁闭处罚的，分别扣减考核分100分、200分、400分，扣减后考核积分为负分的，保留负分。受到禁闭处罚的，禁闭期间考核基础分记0分。

第十六条　对因不可抗力等被暂停劳动的罪犯，监狱应当根据实际情况并结合其暂停前的劳动改造表现给予劳动改造分。

第十七条　对有劳动能力但因住院治疗和康复等无法参加劳动的罪犯，住院治疗和康复期间的劳动改造分记0分，但罪犯因舍己救人或者保护国家和公共财产等情况受伤无法参加劳动的，监狱应当按照其受伤前3个月的劳动改造平均分给予劳动改造分，受伤之前考核不满3个月的按照日平均分计算。

第十八条　罪犯入监教育期间不给予基础分，但有加分、扣分情形的应当如实记录，相应分值计入第一个考核周期。

监狱应当根据看守所提供的鉴定，将罪犯在看守所羁押期间的表现纳入入监教育期间的加分、扣分，并计入第一个考核周期。

第十九条　对下列罪犯应当从严计分，严格限制加分项目，严格控制加分总量：

（一）职务犯罪罪犯；

（二）破坏金融管理秩序和金融诈骗犯罪罪犯；

（三）组织、领导、参加、包庇、纵容黑社会性质组织犯罪罪犯；

（四）危害国家安全犯罪罪犯；

（五）恐怖活动犯罪罪犯；

（六）毒品犯罪集团的首要分子及毒品再犯；

（七）累犯；

（八）因故意杀人、强奸、抢劫、绑架、放火、爆炸、投放危险物质或者有组织的暴力犯罪被判处十年以上有期徒刑、无期徒刑以及死刑缓期执行的罪犯；

（九）法律法规规定应当从严的罪犯。

第二十条 对老年、身体残疾、患严重疾病等经鉴定丧失劳动能力的罪犯，不考核劳动改造表现，每月基础总分为100分，其中监管改造基础分50分，教育和文化改造基础分50分。

第三章 等级评定

第二十一条 等级评定是监狱在日常计分基础上对罪犯一个考核周期内改造表现的综合评价，分为积极、合格、不合格三个等级。

等级评定结果由计分考核工作小组研究意见，报计分考核工作组审批，其中积极等级的比例由计分考核工作组确定，不得超过监狱本期参加等级评定罪犯总人数的15%。

第二十二条 罪犯在一个考核周期内，有下列情形之一的，不得评为积极等级：

（一）因违规违纪行为单次被扣10分以上的；

（二）任何一部分单月考核得分低于其基础分的；

（三）上一个考核周期等级评定为不合格的；

（四）确有履行能力而不履行或者不全部履行生效裁判中财产性判项的；

（五）省、自治区、直辖市监狱管理局明确不得评为积极等级的情形。

第二十三条 罪犯在一个考核周期内，有下列情形之一的，应当评为不合格等级：

（一）有违背宪法关于中国共产党领导、中国特色社会主义制度言行的；

（二）有危害民族团结或者国家统一言行的；

（三）有歪曲、抹黑中华优秀传统文化、革命文化和社会主义先进文化言行的；

（四）有鼓吹暴力恐怖活动或者宗教极端思想言行的；

（五）宣传、习练法轮功等邪教的；

（六）以辱骂、威胁、自伤自残等方式对抗监狱人民警察管理，经警告无效的；

（七）受到两次以上警告或者记过处罚的；

（八）受到禁闭处罚的；

（九）有三次以上单月考核分低于60分的；

（十）省、自治区、直辖市监狱管理局明确应当评为不合格等级的情形。

第二十四条 对本规定第十九条所列罪犯，在积极等级评定上应当从严掌握。

第四章 考核程序及规则

第二十五条 计分考核工作组、计分考核工作小组研究考核事项时，作出的决定应当经三分之二以上组成人员同意后通过。

对不同意见，应当如实记录在案，并由本人签字确认。

第二十六条 日常计分实行“日记载、周评议、月汇总”。监区管教民警每日记载罪犯改造行为加分、扣分情况，计分考核工作小组每周评议罪犯改造表现和考核情况，每月汇总考核分，不足月的按日计算。

第二十七条 对罪犯加分、扣分，监区管教民警应当以事实为依据，依法依规提出建议，报计分考核工作小组研究决定。

对罪犯违规违纪行为事实清楚、证据确凿，且单次适用分值2分以下的扣分，监区管教民警可以当场作出决定，并报计分考核工作小组备案。

对单次适用分值5分以上的加分、10分以上的扣分和专项加分，由计分考核工作小组报计分考核工作组审批。

第二十八条　罪犯同一情形符合多项加分、扣分情形的，应当按照最高分值给予加分、扣分，不得重复加分、扣分。

第二十九条　罪犯通过利用个人影响力和社会关系、提供虚假证明材料、贿赂等不正当手段获得考核分的，应当取消该项得分，并根据情节轻重给予扣分或者处罚。

第三十条　罪犯在监狱服刑期间又犯罪的，取消已有的考核积分和奖励，自判决生效或者收监之日起重新考核；考核积分为负分的，保留负分，自判决生效或者收监之日起继续考核。

第三十一条　罪犯暂予监外执行期间暂停计分考核，自收监之日起继续考核，原有的考核积分和奖励有效。因违反暂予监外执行监督管理规定被收监执行的，取消已有的考核积分和奖励，自收监之日起重新考核；考核积分为负分的，保留负分，自收监之日起继续考核。

第三十二条　罪犯在假释期间因违反监督管理规定被收监的，取消已有的考核积分和奖励，自收监之日起重新考核。

第三十三条　罪犯因涉嫌犯罪被立案侦查的，侦查期间暂停计分考核。经查证有违法犯罪行为的，侦查期间的考核基础分记0分；经查证无犯罪行为的，按照罪犯立案前3个月考核平均分并结合侦查期间的表现计算其侦查期间的考核分；立案前考核不满3个月的按照日平均分计算。

罪犯因涉嫌违规违纪被隔离调查的，参照执行。

第三十四条　罪犯因办案机关办理案件需要被解回侦查、起诉或者审判，经人民法院审理认定构成犯罪的，取消已有的考核积分和奖励，自收监之日起重新考核；考核积分为负分的，保留负分。但罪犯主动交代漏罪、人民检察院因人民法院量刑不当提出抗诉或者因入监前未结案件被解回的，保留已有的考核积分和奖励，自收监之日起继续考核。

办案机关或者人民法院认定不构成犯罪、经再审改判为较轻刑罚或者因作证等原因被办案机关解回的，保留已有的考核积分和奖励，并按照解回前3个月考核平均分计算其解回期间的考核分；解回前考核不满3个月的按照日平均分计算。

第三十五条　除检举违法违纪行为、提供有价值破案线索等不宜公示的情形外，罪犯加分、扣分、每月得分和等级评定结果应当及时在监区内公示，公示时间不少于3个工作日。

第三十六条　罪犯对加分、扣分、每月得分和等级评定结果有异议的，可以自监区管教民警作出决定或者公示之日起3个工作日内向计分考核工作小组提出书面复查申请；本人书写确有困难的，可由他人代为书写，本人签名、按捺手印予以确认。计分考核工作小组应当进行复查，于5个工作日内作出书面复查意见，并抄报计分考核工作组。

罪犯对计分考核工作小组的复查意见有异议的，可以自收到复查意见之日起3个工作日内向计分考核工作组提出书面复核申请；计分考核工作组应当进行复核，于5个工作日内作出书面复核意见，并及时抄送人民检察院。计分考核工作组的复核意见为最终决定。

第三十七条 罪犯转押的，转出监狱应当同时将计分考核相关材料移交收押监狱，由收押监狱继续计分考核。

第五章 考核结果运用

第三十八条 一个考核周期结束，计分考核工作小组应当根据计分考核结果，按照以下原则报计分考核工作组审批：

（一）被评为积极等级的，给予表扬，可以同时给予物质奖励；

（二）被评为合格且每月考核分均不低于基础分的，给予表扬；

（三）被评为合格等级但有任何一个月考核分低于基础分的，给予物质奖励；

（四）被评为不合格等级的，不予奖励并应当给予批评教育。

一个考核周期结束，从考核积分中扣除600分，剩余考核积分转入下一个考核周期。

第三十九条 监狱决定给予罪犯表扬、物质奖励、不予奖励或者取消考核积分和奖励的，应当及时在监区内公示，公示时间不得少于3个工作日，同时应当及时将审批决定抄送人民检察院。

第四十条 监狱根据计分考核结果除给予罪犯奖励或者不予奖励外，可以依照有关规定在活动范围、会见通信、生活待遇、文体活动等方面给予罪犯不同的处遇。

第四十一条 监狱对罪犯的计分考核结果和相应表扬决定及有关证据材料，在依法提请减刑、假释时提交人民法院和人民检察院。

第六章 考核纪律和监督

第四十二条 监狱人民警察及相关工作人员在计分考核罪犯工作中有下列情形之一的，依纪依法给予处理；构成犯罪的，依法追究刑事责任：

（一）捏造事实、伪造材料、收受财物或者接受吃请的；

（二）打招呼说情或者施加压力，干预计分考核的；

（三）超越职责范围或者未经集体研究决定，为罪犯计分考核的；

（四）隐匿或者销毁罪犯检举揭发、异议材料的；

（五）因故意或者重大过失导致计分考核台账或者资料遗失、损毁的；

（六）故意延迟登记、错误记录或者篡改计分考核台账或者资料的；

（七）违反计分考核议事规则，个人或者少数人决定计分考核事项的；

（八）拒不执行或者擅自改变集体决定事项的；

（九）借集体研究之名违规办理罪犯计分考核的；

（十）其他违反法律法规的情形。

第四十三条 监区在计分考核罪犯工作中应当严格执行各项制度规定，每月至少召开一次计分考核罪犯工作会议，总结计分考核工作，评价管教民警工作，规范和改进工作行为。会议情况应当及时报告监狱。

第四十四条　监狱应当定期或者不定期开展计分考核罪犯工作检查，每季度至少召开一次计分考核罪犯工作会议，听取计分考核工作组工作汇报，总结和改进计分考核工作。会议情况应当及时报告监狱管理局。遇有重大或者共性问题，应当分析研判、提出意见建议，向监狱管理局请示或者报告。

第四十五条　省、自治区、直辖市监狱管理局应当加强对监狱计分考核罪犯工作的监督管理，及时研究解决计分考核罪犯工作中的重大政策和群众反映强烈的问题，每半年至少开展一次抽查检查，督促整改问题隐患。重大工作情况应当及时向司法厅（局）请示或者报告。

第四十六条　省、自治区、直辖市司法厅（局）应当加强对监狱计分考核罪犯工作的指导，每年至少听取一次监狱管理局的专题汇报。

第四十七条　省、自治区、直辖市司法厅（局）党委（党组）、监狱管理局党委和监狱党委以及监区党组织应当将计分考核罪犯工作纳入重要议事日程，加强领导和监督，纪检监察部门履行监督责任，用好监督执纪“四种形态”，依纪依法追究责任。

第四十八条　监狱应当定期向人民检察院通报计分考核罪犯制度规定及工作开展情况，邀请人民检察院派员参加计分考核罪犯工作会议，听取意见建议。

第四十九条　监狱对人民检察院在检察工作中发现计分考核罪犯工作有违法违规情形提出口头或者书面纠正意见的，应当立即调查核实。

对纠正意见无异议的，应当在5个工作日内予以纠正并将纠正结果书面通知人民检察院；对纠正意见有异议的，应当采取书面形式向人民检察院说明情况或者理由。

第五十条　监狱纪检部门应当在监狱会见室和监区设置举报信箱，及时受理罪犯及其亲属或者监护人反映的计分考核问题。

第五十一条　监狱应当根据狱务公开有关规定，向社会公众公开计分考核内容和工作程序，向罪犯亲属或者监护人公开罪犯考核情况及对结果有异议的处理方式。

监狱应当通过聘请社会监督员、召开罪犯亲属或者监护人代表会等形式，通报计分考核工作，听取意见建议，自觉接受社会监督。

监狱应当注重发挥罪犯互相教育、互相监督作用，通过个别谈话等方式，了解掌握情况，听取意见反映。

第五十二条　监狱应当按照档案管理有关规定，固定保全计分考核罪犯的各类台账资料，确保计分考核罪犯工作全程留痕，防止篡改、丢失或者损毁，做到专人专管、专档备查。

第五十三条　省、自治区、直辖市司法厅（局）、监狱管理局和监狱应当依法保障监狱人民警察在计分考核罪犯工作中的正当履职行为，对受到恶意举报、污蔑、诽谤的监狱人民警察，应当及时调查澄清，并依法追究相关人员责任；对工作实绩突出的监狱人民警察，应当及时给予表彰奖励。

第五十四条　省、自治区、直辖市司法厅（局）、监狱管理局和监狱及其工作人员在计分考核罪犯工作中有违反本规定行为的，应当视情节轻重，对相关责任人员依纪依法进行处理；构成犯罪的，依法追究刑事责任。

第七章 附则

第五十五条　省、自治区、直辖市司法厅（局）应当根据本规定，结合本地区情况，制定计分考核工作细则，并报司法部备案。

第五十六条　本规定所称“以上”、“以下”，包括本数；所称“不满”，不包括本数。

第五十七条　本规定自2021年10月1日起施行。司法部《关于计分考核罪犯的规定》（司发通〔2016〕68号）同时废止。

认真研读上面司法部《监狱计分考核罪犯工作规定》，讨论以下几个问题。

1. 日常计分内容有哪几个部分组成？

2. 日常计分基础分包括哪几个部分？每月基础分满分是多少？各部分满分　分别是多少分？需要达到哪些标准才能拿到基础分满分？

3. 监狱有哪些情形会给予罪犯专项加分？监狱什么情况会给予罪犯日常加扣分？

4. 计分考核的结果怎么对罪犯等级评定？每个等级会得到什么奖励？等级评定和奖励怎么在减刑假释中得到体现？

一、当前罪犯劳动考核奖惩实务操作中存在的问题

1. 单纯地以“分”计奖，造成罪犯功利性改造的现象，诱发罪犯之间的矛盾。以“分”计奖，激发罪犯对“分”的重视，使之自觉约束日常行为，减少了违规行为的发生，从一定程度上说，罪犯重视“分”的分量，就是重视改造。但是，单纯以“分”来刺激罪犯改造，产生的弊端不容忽视，造成功利性改造的现象十分突出，有的甚至到了斤斤计较的地步，这激化了罪犯之间的矛盾，给监管安全埋下了隐患。

2. 忽视改造群体与改造个体的差异，形成改造中强势群体和弱势群体的对立。在罪犯群体中，由于存在着年龄因素、身体状况、智力体能、技能以及工种等差异，形成了改造中的强势群体和弱势群体，在平等的竞争环境下，处于不平等的地位。有的罪犯由于工种特殊，或者掌握技能熟练，每月可以得分较高；有的罪犯年老体弱，只能干辅助性或者打扫卫生等轻体力劳动，每月得分很低，差距之大可以想象。强势群体的罪犯优越感增强，看不起弱势群体的罪犯，有的甚至故意辱骂他们，间接导致两大群体的对立，弱势群体自卑感增强，自杀倾向极为明显。

3. 执行标准上的不统一，动摇了部分罪犯群体的稳定，导致罪犯思想上的波动。某监罪犯分为两部分，即压力机生产监区和劳务监区。长期以来，奖励政策明显向主业监区倾斜。而劳务监区有1/3的罪犯是主业监区“淘汰”下来的，他们劳动时间长、耗费体力大，但得到的“待遇”却不如主业监区的罪犯，这直接诱发部分罪犯不安心劳动，与主业监区罪犯攀比，产生嫉恨心理。有少数罪犯“托关系”“走门路”，不愿意到劳务监区改造，罪犯思想一直处于波动状态，由此影响到罪犯群体的稳定。

4. 罪犯分级处遇制度的缺陷。我国监狱现行的对罪犯实行分级处遇制度过于简单，不能最大程度地体现罪犯改造情况的差异性，不能充分调动罪犯改造的积极性，这主要是因为现行的分级管理，依据的是罪犯服刑时间长短和粗略的改造表现来定级，服

刑时间达到要求，没有重大违纪、能完成劳动任务就予晋级，而且，四个级别的处遇差距也不大，缺乏公平性、科学性。

5. 监狱目标与社会目标不协调。“将罪犯改造成为守法公民”，这是《中华人民共和国监狱法》的规定，也是监狱工作的法制目标，更是社会对监狱工作的需求目标。现实的状况是监狱的一切工作就是实现“四无”（无罪犯脱逃、无狱内重大案件、无罪犯非正常死亡、无重大安全生产事故），监管工作的考核与奖惩从上到下几乎都是在围绕这“四无”来进行，实现了“四无”，也就提高了监管改造质量。至于是否将罪犯改造成为守法公民，就显得空洞和遥远了。

二、对策与建议

（一）完善考核模式，增强激励效能

监狱现行的累进达标制考核方式，是对原有计分考核制度的完善和发展，在考核理念、考核方式和考核内容上都有较大的突破，显示出较强的易操作性和科学性。但这种考核方法仍存在考核不精确、易受警察主观因素影响等问题。面对复杂多变的罪犯，如果用简单、统一的标准去考核评价，其公正性、科学性和合法性显然是不足的。累进达标制考核应当进一步细化和量化：①细化考核内容。要坚持区别对待和易于操作的原则，科学界定罪犯分类标准，对不同类型的罪犯制定不同的考核标准。具体内容包括认罪悔罪、日常生活、教育学习、劳动生产等四个方面。②完善考核方式。建立科学的罪犯评价体系，除按照日记载、周评议和月小结方式考核外，还应实行动态标准管理，将考核标准分为若干类和若干级。根据罪犯年龄、文化程度、智力状况、健康状况等分类，可设为老病残类、新犯类、重点罪犯类、短刑犯类等。每类罪犯都设有若干个考核标准级别，级别越低，考核达标标准要求越高，反之，达标标准要求越低。罪犯可通过改造成绩的累积，由低级别向高级别升级，罪犯如果违纪或改造达不到要求，可相应降低考核级别（即提高考核标准，从严考核）。在考核标准设计上，可分为否定性标准（如罪犯认罪悔罪、遵守监规纪律等）和一般性考核标准（如行为规范、生活卫生、学习教育、劳动生产等），否定性标准采取定性考核，一般性考核标准采取量化考核。③实行“倒扣制”。即罪犯如果违纪，除当月扣分外，视情节可能撤销部分已累计的成绩或现已享有的某种优惠待遇。④规范考核程序。如通过开发罪犯考核电脑软件来完善和规范罪犯考核工作流程及审批权限。⑤完善监督程序。除采取狱务公开监督方式外，还应引进罪犯申请复议、申诉程序，充分接受罪犯监督。同时，要加强警务督察制度的落实，逐级督察，确保罪犯考核激励制度的公平与公正。

（二）完善处遇机制，增强激励力度

扩大处遇级差，丰富处遇内容，通过增设罪犯的开放、半开放处遇，进行劳动种类变更、娱乐权限调控、会见和通信次数的增减等，使罪犯考核体系与罪犯改造的全过程密切关联，充分发挥各种激励措施的作用；建立集法律、行政、教育等手段于一体的累进考核制度与累进分级处遇制度相结合的激励长效机制，随时依据罪犯表现决定晋级、降级，并相应变更其所享受的待遇和自由程度，使罪犯处遇随其本身的改造表现处于变动状态。

（三）逐步完善考核奖惩制度

实现定性考核与定量考核有机结合。在对罪犯进行考核时，要做到科学、合理、

公正。所谓科学，就是对五项规范进行细化和量化，制定切实可行的细则，尽量避免民警的“自由裁量权”，减少民警奖惩时的随意性。对有定额工种的罪犯，要从完成的定额、工件的质量和技术含量、苦脏累程度等方面进行加、扣分，鼓励罪犯参加技术革新、降低能耗。对无定额的罪犯，要从完成任务的质量、工时、劳动强度、风险责任等方面进行考量，合理划定档次和奖励分标准。对于少部分没有生产任务的罪犯，要从改造态度、罪犯意识、文明礼貌、生活卫生等角度进行量化，制定合理可行的奖励等次，既要鼓励他们积极改造，又要树立他们改造的信心。

（四）不断创新考核方法，实现分类考核与分块考核

结合不同的改造群体，要适应考核的需要，进行合理、合法、合情的变更和创新。①将强势群体与弱势群体分开考核。②分块考核。监区劳动任务不同，定额也不同，合在一块考核，有失公正，罪犯矛盾较为突出。如监区对罪犯的劳动进行合理分块，奖励分按人均划拨，既避免了罪犯之间的攀比，又体现了公正。③针对从事同种劳动或劳动强度相差不大的罪犯，采取相对平衡的考核办法。

（五）强化执法监督，实现公正文明执法与廉洁执法的有机结合

对罪犯进行考核是一项严肃的执法行为，这不仅涉及罪犯的切身利益，也涉及民警的公正文明执法和廉洁执法。要保证考核的公正、准确，必须做到：①建立完善的考核监督体系，确立考核民警责任制，监区主管考核民警对“计考”办负责。②畅通罪犯申诉渠道，允许罪犯和罪犯家属以合理的方式申诉。③定期邀请监狱纪委、驻监检察室参与到罪犯的奖励评定、工种调配、档次划定等执法程序中来。④对民警故意违反考核奖罚制度的行为，如随意加、扣分、关键岗位调配不当、擅自加奖励分等，必须及时查处，确保执法严肃，做到廉洁公正。

专题十一 罪犯劳动教育

学习任务一 罪犯劳动心理分析

学习目标与任务

了解罪犯劳动心理的基本理论，熟悉罪犯劳动心理状态，掌握影响罪犯劳动心理的因素。

一、罪犯劳动心理的基本原理

《中华人民共和国刑法》《中华人民共和国刑事诉讼法》和《中华人民共和国监狱法》等法律明确规定，依法被判处刑罚的罪犯，在服刑期间凡有劳动能力的，应当参加劳动生产。监狱组织有劳动能力的罪犯参加劳动生产是监狱的法定职责，也是罪犯应当履行的法定义务。司法实践中，罪犯劳动改造、狱政管理和教育改造共同成为我国监狱改造罪犯的三大基本手段，是培养罪犯热爱劳动思想意识、树立正确劳动观念、端正劳动态度、学会劳动技能、养成劳动习惯、珍惜劳动成果，成为遵纪守法、自食其力的有用人才的保障。监狱组织罪犯劳动，不同于社会劳动生产，是带有一定的强制性的。罪犯在劳动生产活动中，由于受到劳动生产环境、本人劳动态度和劳动能力以及其他罪犯的劳动行为影响和民警管教的方式方法等影响，必然会产生相应的与劳动场所环境有关的一系列心理活动，形成相应的劳动心理，如积极劳动心理、消极劳动心理等。科学的心理观认为，心理是人脑的机能，是物质的产物。人脑不能够自行产生心理，人的心理内容往往来源于客观现实，人的心理是对客观现实的一种主观反应。

罪犯心理，主要是罪犯在服刑期间受监管场所环境因素影响而产生和存在的一种特殊心理现象，它是刑罚惩治这一法律措施作用于罪犯时所产生的心理效应。罪犯在劳动过程当中，呈现出的心理现象主要包括：心理过程、心理状态和个性心理。具体包括感觉、知觉、情感、注意、记忆、意志等影响罪犯心理产生、变化、发展的各种因素。

二、罪犯劳动心理特征

《中华人民共和国监狱法》第 4 条规定："监狱对罪犯应当依法监管，根据改造罪犯的需要，组织罪犯从事生产劳动……"第 7 条第 2 款又专门规定，罪犯必须参加劳动。第 69 条则规定："有劳动能力的罪犯，必须参加劳动。"上述法律规定表明，参加劳动是罪犯的一项法定的义务，监狱组织罪犯依法参加劳动生产是具有强制性的。由此，罪犯在服刑当中参加劳动，既带有严厉的强制性，也具有一定的惩罚性。加上罪犯服刑前的心理状态不一，对监狱组织的劳动生产的态度不同，表现出了不同的心理特征。

（一）厌恶心理

入监后，一部分罪犯虽然出自劳动人民家庭，但是由于受好逸恶劳、贪图享乐等错误思想意识的影响，缺乏正确的劳动观，看不起劳动、看不起劳动人民。在监狱劳动改造活动当中，时常从言谈中表露出轻视劳动人民、歧视劳动改造的态度，经常散布不满言论，厌烦、厌倦、抵触劳动。从行为上表现为：不积极参加监狱、监区组织的各种劳动生产，劳动过程中消极散漫，怕苦、怕累、怕脏，出工不出力等，难以确保劳动对罪犯的教育改造效果。

（二）抗拒心理

在监狱、监区组织的劳动生产活动中，有些罪犯思想上片面或是错误地认为，监狱的劳动就是为了惩罚，让其吃苦头、出苦力，是一种痛苦、报复。加上实践中，的确有个别监狱、监区因为劳动生产任务重，或受季节性劳动的影响，存在超时间、超体力、超强度劳动的现象；或受经费制约、经济利益驱动，一味地强调劳动的利润效益，唯利是图，把监狱办成企业，把罪犯当作廉价劳动力、挣钱的工具，导致高压下的劳动。由此，一些罪犯产生了抵触、抗拒劳动的心理，经常畏惧劳动改造、逃避劳动生产。抗拒心理严重者，特别是在劳动生产大忙季节，往往会千方百计泡病号、无病呻吟、小病大养，甚至自伤自残、越狱脱逃。还有的罪犯公然宣称：宁可违纪关禁闭，也不参加劳动。以致严重破坏了生产秩序和监管秩序，严重削弱了监狱劳动改造的效果。

（三）热爱心理

主要是指监狱收押的本身就出自劳动人民家庭，劳动态度比较端正，积极认罪悔改，入狱前一直从事劳动生产，有一定的劳动技能技术的罪犯的心理表现。他们能够正确认识自己的犯罪危害，真心悔过自新、痛改前非，具有希望通过自己的劳动来弥补自己犯罪给社会、受害人造成损害的积极心理，愿意在服刑期间以劳动的汗水来洗刷自己的罪恶，获得心理上的安慰，弥补给社会、被害人造成的损失。持此种心理的罪犯往往能够以积极的劳动态度主动参加监狱、监区开展的劳动教育和组织的各种劳动生产活动，他们吃苦耐劳、踏实肯干，劳动教育与劳动改造的效果较好。

（四）从众心理

这是一些平时生活自主能力差、依赖性较强、缺乏主见的罪犯在劳动生产活动中的心理表现。他们在监狱组织的日常劳动教育、劳动生产活动中缺乏主见，喜欢随波逐流，人云亦云。对于各种劳动生产活动、思想观念、劳动态度，往往是别人咋样就咋样，跟着大家、跟着感觉走。在行为上，表现为别人咋干自己就咋干，既不冒尖，也不落后，完成劳动任务便罢，往往不能够真正从思想上认识劳动光荣、劳动伟大的意义，影响劳动改造效果的正常发挥。

（五）无所谓心理

这是指在监狱、监区组织的劳动教育、劳动生产活动中，罪犯的思想行为极不端正，混刑度日，“日落西山，减刑一天”。他们缺乏正确的劳动观，对监狱组织的劳动教育抱无所谓的态度，“你说你的，我做我的”。在行为上，表现为混一天算一天，得过且过。特别是某些暴力犯、刑期太短或者刑期过重的罪犯，常常内心感到减刑、假释无望，以致失去改造的信心，悲观沮丧，破罐子破摔，一切听天由命。在错误的劳动态度、扭曲的劳动心理的引导下，这部分罪犯对劳动教育往往应付差事，敷衍塞责；对劳动生产活动消极被动，敷衍了事。

三、影响罪犯劳动心理的因素

（一）罪犯劳动者的人格

在心理学中，人格有时往往和个性同义。我国《大百科全书——心理卷》和《大百科全书——教育卷》都指出：人格也称个性。人格是构成一个人的思想、情感及行为的特有模式，这个独特模式包含了一个人区别于他人的稳定而统一的心理品质。人格的本质特征主要体现为：①独特性；②稳定性；③整体性；④功能性。人格的结构则包括：①气质；②性格；③认知风格；④自我调控。从心理学角度来看，罪犯劳动者的人格亦不例外，在监狱服刑改造期间，一方面作为社会人，其具有常人的人格、人格特征和人格结构。另一方面，因为受到刑罚处罚，在服刑改造环境下又会出现罪犯特有的心理。由于罪犯人格的变异，导致其相应的心理变化，以致在服刑期间不能够以正常的心态正视现实生活，特别是不能够面对监狱、监区组织开展的劳动生产、教育改造等活动。他们对劳动教育、劳动生产等往往怀有抵触、对抗心理。在认知上，缺乏正确的劳动观，劳动态度不端正，好逸恶劳思想严重；在情感上，对劳动产生消极、厌倦情绪，千方百计逃避、抗拒劳动改造；在意志上，消极消沉，萎靡不振，经不起劳动锻炼，难以承受各种挫折、磨难、打击，遇事就打退堂鼓；在行为上，缺乏积极果敢，消极被动，或是软磨硬抗，混刑度日，甚至公然抗拒。罪犯不良的人格，直接影响其劳动改造的态度，影响监狱劳动改造的效果。

为此，监狱、监区可以奥尔波特的特质理论、卡特尔的人格特质理论和艾森克的“外倾性、神经质、精神质”人格三因素模型，对新入监的罪犯进行心理分析和心理矫治。亦可采用德国心理学家斯普兰格（E. Spranger，1928）的方法，依据人类社会文化生活划分的六种人格形态，对存在心理问题的各种罪犯进行人格测验、价值观分析和行为矫正。

（二）罪犯劳动生产的环境因素

人类的生存、发展离不开客观环境。同样，一切劳动活动的开展，都离不开一定的环境场所。监狱、监区组织罪犯依法进行劳动教育、劳动生产活动时，也要根据劳动活动的内容、性质、规模、方式方法等，选择安排在合适的场地开展。例如，农业生产劳动多在开放的野外处所环境作业，工业生产多在封闭、半封闭的厂房车间环境进行，服务加工生产劳动多在流动分散的环境进行。从心理学原理来看，人的主观心理的形成，总是要受到所处的客观环境因素的影响，这是对客观外界刺激的一种能动反映。马克思和恩格斯指出：“意识一开始就是社会的产物，而且只要人们还存在着，它就仍然是这种产物。"[1] 人的心理或意识是随着语言的发生、发展而发生、发展的，也是随着社会实践的丰富而日益丰富发展的。就监狱、监区罪犯劳动实践而言，劳动生产的环境也直接、间接、或多或少地影响着罪犯的心理。

1. 照明与色彩对罪犯劳动心理的影响。科学研究表明：视觉获得信息占全部感觉信息的83%，视觉是获得外界信息的最主要通道。从心理学角度来看，当多种感觉通道提取信息发生矛盾时，人们总是对视觉信息作出反应。例如，照明对罪犯劳动者的影响表现为照明光性质对辨认颜色的影响：人对颜色的辨认受照明光谱能量分布的影响，在能量分布均匀、显色指数高的照明光下，由于物体颜色失真小，颜色辨认的错误少，劳动效果好。照明强度对视觉作业绩效的影响表现为：随着照明水平的提高，作业绩效的改进变得越来越小。也就是说，照明水平提高所得到的效益随着照明水平的增高而递减。照明有最佳水平，到了最佳水平后，如果继续提高，作业绩效反而有所下降。颜色对罪犯劳动心理的影响表现为：从人的视觉角度看，不同颜色会使劳动者产生不同的空间知觉。例如，"后退色"（蓝色等）能造成空间扩大的感觉，给人以"凹进"的感觉；"前进色"（棕色等）能造成空间缩小的感觉，给人以"凸出"的感觉。色彩的心理作用能影响到我们的温度知觉，例如，把蓝绿色归为冷色，把红橙色归为暖色，这是颜色的冷暖效应（cold and warm effect of color）。色彩还影响到人的重量知觉，如"重色""轻色""稳固色""动摇色"等。再就是颜色对生理心理的影响表现为：不同颜色会使人的某些生理过程发生不同的变化，例如，红橙等暖色能提高人的兴奋水平，并有助血压升高和脉搏加快的作用，而青蓝绿等冷色则有使人趋向宁静，有降低血压、减缓脉搏的作用。德国科学家经实验证明，环境色彩对劳动生理疾病有一定的治疗功能。监狱、监区劳动生产场地环境色不宜多，不可采用太艳丽的色彩。颜色浓度不能过深，明度不宜过低。厂房顶棚和侧墙可采用浓度低、明度高的颜色。顶棚一般采用白色或乳白色、浅黄、淡黄、淡灰等反射系数大的颜色，可以增加来自上侧的反射光。墙面颜色的浓度和明度与顶棚一致，或比顶棚深一点，墙面避免采用深暗色。地面的颜色可以采用浓度和明度中等、反射率较小的颜色。墙面、地面的色调选择要和机器设备相协调，如在高温作业宜采用冷色调，低温作业宜采用暖色调，常温作业的冷、暖、中色调可任意选用，以使得罪犯在劳动当中心理感觉舒适、愉快、放松，从而提高劳动生产效率。

2. 噪声与大气环境对罪犯劳动心理的影响。一般情况下，噪声在80分贝以上即对情绪产生影响，在100分贝以上则对身体产生影响，超过70分贝的噪声就掩盖了工作中的正常信号。从监狱劳动生产实际来看，过于嘈杂的环境容易使罪犯心情烦躁、情绪不稳、注意力分散，难以安心生产，影响劳动生产效率。噪声严重的，还会对罪犯身心健康造成损害，引发生产事故。另外，如果监狱组织罪犯长期处在被一氧化碳污染的大气环境中，会使罪犯劳动者大脑及神经系统受到刺激，引起劳动者注意力不集中。若长期接触氯、二氧化硫等，罪犯劳动者就会出现眼病和呼吸系统疾病，并伴有

---

[1] 马克思，恩格斯，列宁，斯大林著编：《马克思恩格斯全集》（第23卷），人民出版社1972年版，第202页。

神经衰弱和消化不良等，严重影响劳动效率。温度对劳动者的影响也不容忽视，人的心理感觉舒适温度为23℃~26℃。实验证明，当环境温度达到85℃时，不用1小时，劳动者就会出现恶心、抽搐等生理反应，严重的还会引起虚脱。温度超过32℃时，中枢神经系统调节能力减弱，需要高度注意及精细工作的效率即开始受影响。在低温下持久工作，劳动者就会呼吸急促、注意力不集中，产生否定情绪等。

因此，监狱在组织罪犯从事劳动生产过程中，一定要注意环境因素对罪犯劳动心理的影响，通过积极营造良好、适宜的劳动环境，调动罪犯的积极性，提高劳动安全系数，提高劳动改造效率。

（三）管教民警的工作方式方法

监狱、监区组织罪犯开展劳动生产，总是离不开管教民警的管理教育。由于罪犯劳动者是一个由特殊的劳动个体组成的特殊的劳动群体，他们往往劳动态度消极，劳动观念不端，缺乏劳动习惯，缺乏劳动技能，对劳动生产多有抵触、对抗情绪。管教民警在对罪犯进行劳动教育、劳动生产的过程中，所采用的方式方法，显然会直接或间接地对罪犯劳动者的心理产生各种影响。

1. 严厉强制法。即管教民警一味用严格的要求、严厉的态度、严肃的口吻，不分罪犯劳动者的年龄大小、体力强弱、身体好坏以及掌握劳动技能情况和熟练程度，要求罪犯毫无条件、简单地服从命令，绝对地听从指挥，罪犯若稍讲条件、稍有违抗，便严厉处罚。这种简单粗暴的做法极易引起罪犯产生对监狱组织的劳动教育和劳动生产的抵触、抗拒心理。严重时会激化矛盾，导致罪犯不服管教、不服安排、抗拒劳动。有的罪犯在农忙季节、任务繁重时期，宁可故意违纪而被关禁闭，也不愿参加劳动生产。还有的罪犯甚至铤而走险，用自杀、自伤自残或脱逃等方式逃避、抗拒劳动生产。

2. 因人而异法。即管教民警在组织罪犯劳动生产时，能够深入罪犯三大现场，掌握“四知道”，熟悉了解罪犯劳动力的基本情况，例如，罪犯的劳动态度是否端正，劳动观念是否正确，劳动技能是否熟练，以及每个罪犯劳动者的年龄大小、刑期长短、犯罪目的动机、改造表现好坏、捕前职业、身体健康状况等，因人而异，区别对待，依法合情合理安排监督罪犯的劳动生产活动。这种以人为本的做法，能够赢得罪犯对管教民警的敬佩、尊重、服从心理，自愿自觉积极参加劳动教育和劳动生产。

3. 应付差事法。即管教民警工作责任心不强，缺乏敬业精神，不能够认真依法履行职责，得过且过，不敢严格大胆管理，害怕罪犯报复。工作中往往放不开手脚，畏畏缩缩，敷衍塞责，罪犯愿干就干，要求到了就行，罪犯干得好坏无所谓，只要不出事，不惹麻烦就行。对劳动生产中罪犯违规违纪现象不及时批评处理，对劳动表现好的罪犯也不表扬，并标榜“以人为本”“文明执法”的幌子，这种不负责任的做法会损害管教民警的良好形象，损害国家法律的尊严，助长一些消极抗改罪犯的讨价还价、软磨硬扛、逃避劳动、混刑度日的心理。

案例实训

下面是××省第×监狱在押罪犯刘××劳动心理转化过程的材料，请结合本案，用有关心理学与罪犯劳动心理原理进行分析。

××省第×监狱在押罪犯刘××，男，汉族，1972 年 7 月出生，广东省江门市人，高中毕业。2008 年 6 月因为贩毒、强奸犯罪被广东省江门市中级人民法院依法判处有期徒刑 18 年，现在××省第×监狱服刑改造。

该犯出生于干部家庭，父母亲均在政府机关工作，从小娇生惯养，在家里一直被爷爷、奶奶宠着，父母亲则由于工作忙，几乎无暇顾及。高中毕业后，高考落榜，整天无所事事，混天度日。后来，经不住朋友哥们花天酒地、灯红酒绿的拉拢诱惑，遂参与了贩毒、强奸犯罪行为，被捕入狱。入监服刑后，刘××觉得自己刑期长，看不到希望，于是破罐子破摔，怕苦怕累，软磨硬扛，经常找各种各样的理由借口逃避劳动，有时甚至抗拒劳动。

入监改造半年后，监狱民警发现该犯表现消极，对前途悲观失望，对同监罪犯冷淡，关系紧张，对监狱组织的劳动生产抵触心理较强。有几次，竟然故意泡病号、违纪来逃避劳动。还暗地里对其他罪犯公然叫嚣："宁可关禁闭，也不愿去出工劳动。"针对刘犯的改造表现情况，管教民警没有放弃对他的帮教，及时调取罪犯档案，结合其服刑改造实际，分析了罪犯刘××的思想状况和行为表现。根据其文化程度较高、体力健壮的特点，由监狱罪犯心理咨询矫治中心民警对其进行了心理测验。根据心理测验的结果，民警及时制订了相应的计划方案，对其开展了个别谈话教育。首先，民警强制性安排其必须按时参加监狱组织的劳动思想教育学习，写心得体会，帮助其提高劳动思想认识，端正劳动态度。其次，利用其讲哥们义气、心理坦率、脾气耿直的闪光点，特意安排他参加一些能够力所能及、体现其能力的劳动任务。其一旦完成，民警及时利用个别谈话时间和集体讲评时予以肯定和表扬。同时，对存在的不足及时批评。最后，民警充分利用刘犯文化程度高、爱好家电维修的特点，安排他参加监狱组织的家电修理实用技术培训班。慢慢地，刘××从入狱开始厌恶劳动、抵触劳动心理较重，到主动向民警要求积极参加监狱组织的各项生产劳动。在生产大忙季节，甚至多次主动提出加班加点的请求。一年后，由于该犯表现积极，遵守监规纪律，劳动成绩突出，被评为监狱改造积极分子。根据刘××的表现，监狱及时为其报请减刑，经过法院裁定，其获得减刑一年奖励。

思考：

1. 刘××入监时的劳动心理状况如何？有什么特点？

2. 根据刘××的劳动表现，监狱民警是怎样进行教育转化的？采取了哪些措施？

学习任务二　罪犯入监初期的劳动教育

学习目标与任务

了解罪犯入监初期劳动教育的基本原理；熟悉罪犯入监初期劳动教育的工作流程；掌握罪犯入监初期劳动教育的操作要领；了解罪犯入监初期劳动教育问题的协调；掌握罪犯入监初期劳动教育的实训规程。

一、罪犯入监初期劳动教育的基本原理

发展离不开教育。正如康德所说，"人只有通过教育才能成为一个人。人是教育的产物"。联合国《囚犯待遇基本原则》第6条规定："所有囚犯均应有权利参加使人格得到充分发展的文化活动和教育。"对于罪犯来说，因为其正处在被强制再社会化的过程中，所以，教育对促使其成为合格的社会人来说也是必要的。《中华人民共和国监狱法》第62条规定："监狱应当对罪犯进行法制、道德、形势、政策、前途等内容的思想教育。"第63条规定："监狱应当根据不同情况，对罪犯进行扫盲教育、初等教育和初级中等教育，经考试合格的，由教育部门发给相应的学业证书。"调查表明，目前监狱大多数在押罪犯的文化程度只有初中以下水平，导致这些群体对法律的无知，接受劳动能力的低下。因此，监狱积极加强罪犯的劳动教育，把罪犯的刑期变为学期，提高罪犯的职业技术水平是必然趋势。

罪犯入监初期劳动教育即罪犯岗前培训，是指监狱对收监在押的罪犯在安排上岗劳动前，专门集中组织其进行有关劳动岗位的基本理论常识学习、岗位所需专业技术培训，并经岗位技能培训考核合格后，方能上岗操作。

切实做好罪犯入监初期的劳动教育，是确保监狱有效对服刑罪犯实施劳动改造的基础，是维护监管劳动场所安全、提高劳动改造效果的保证。监狱通过组织罪犯开展入监初期的劳动教育，能够使罪犯尽快熟悉监狱劳动的性质、目的、内容等，促使罪犯形成正确的劳动观念，端正劳动态度，遵守劳动纪律，积极主动参加监狱组织的劳动生产活动。

入监初期的劳动教育一般分两个阶段：①新入监时在入监队接受培养劳动观念、端正劳动态度、树立正确劳动思想的理论教育培训；②从入监队分流到各监区后进行的劳动岗位所需专业知识、技术操作实践培训。

新分流的罪犯从分配到监区到能相对独立操作，根据从事工种、岗位、技术要求等的不同，至少需要1~3个星期的时间。为此，监狱、监区首先要做的工作是提高罪犯的劳动思想意识，使罪犯的思想与监狱、监区的管理意识相一致，并以实际行动作为保证。

罪犯入监初期的劳动教育，是监狱、监区加强狱政管理、教育改造和劳动生产管理的一个重要方面，它直接关系到今后罪犯接受监狱劳动教育、劳动技能培训、劳动

生产考验的效果，监狱各级领导、有关部门要高度重视、认真组织、合理安排，确保罪犯入监劳动教育计划周密完善，方法可行，效果良好。

二、罪犯入监初期劳动教育的工作流程

（一）合理分工，明确岗位

对于新收监的罪犯，监狱经过一段时间的入监教育分配到监区后，监区应及时给他们确定安排相应的、较为固定的劳动岗位，并根据其劳动能力分配相应的劳动任务。

罪犯劳动岗位的安置，应根据监狱、监区的劳动任务、劳动强度、劳动技能要求以及罪犯的个人实际情况，包括罪犯的性格、体能、文化素质、能力倾向、原有技术与特长等进行，确保罪犯的劳动与个人能力相适应，做到人尽其才，物尽其用。如女犯、未成年犯、老年犯等，适合安排强度比较低的劳动岗位；身体素质好，文化程度较高的罪犯，适合劳动强度较大、技术含量较高的劳动岗位；原籍农村的罪犯，尽量安排到农业生产岗位，从事农业生产劳动；捕前系城镇的罪犯，尽量安排从事一定的第三产业劳动，让其尽快学会必要的实用性的谋生技能。

罪犯劳动岗位合理确定后，再根据监狱、监区劳动任务将其编入相应的劳动班组，定岗定位，进行相应的劳动生产。

（二）针对岗位，强化培训

监狱、监区在对罪犯劳动岗位合理安置后，在上岗前必须进行相应的劳动岗位技能教育培训，旨在使罪犯尽快熟悉并掌握岗位工作流程、所需基础知识和技能、操作规程、操作要领。罪犯上岗前的劳动教育培训的主要内容包括：罪犯所在劳动岗位常识、技能、操作要领及操作程序、安全生产、基本生产工艺、设备使用、维修、保养和消防设施的使用等。特殊工种和机械设备操作须按照统一规定，坚持先教育培训、后持证上岗，严禁无证上岗，违规操作。

1. 罪犯入监初期劳动教育培训的任务，应以技能实际操作为主，理论知识为辅：

（1）熟悉劳动岗位基本知识。通过劳动教育，主要让新入监罪犯及时了解监狱劳动的性质、任务，端正劳动态度，掌握劳动所需要的岗位基本知识。

（2）学会劳动技能操作要领。监狱通过组织罪犯参加劳动技能培训，让新入监罪犯熟悉岗位所需要的操作技能技术，为其尽快适应岗位要求提供保障。

（3）掌握操作基本程序。通过专门、专业的教育培训，教育罪犯很快了解本职岗位工作流程、步骤，以便按照程序完成生产任务。

（4）懂得安全生产知识。安全生产是监狱劳动生产的前提保障，监狱应当及时在罪犯上岗前，使其全面系统地接受安全生产法律法规、方针政策的学习教育，切实把好安全生产第一关。

（5）明确劳动质量的要求。通过对新入监罪犯教育培训，让罪犯从思想上高度重视劳动质量问题，掌握劳动质量考核评价标准，明确考核原则、方式方法，为严把劳动质量关打好基础。

2. 罪犯入监初期劳动教育培训的方法主要有：

（1）集中教育培训法。即在罪犯上岗前，监狱、监区安排懂技术、会管理的民警对罪犯进行所需岗位业务基础理论知识辅导讲授，了解劳动岗位基本常识，为岗位技

能实践操作奠定基础。必要时，监狱、监区可聘请合作方工厂、企业的技术师傅或技校老师对罪犯进行专业技能指导培训。

(2) 师傅带徒弟法。监狱、监区根据劳动生产岗位需求，安排懂技术的民警或生产技术员作为师傅，直接手把手、面对面地对罪犯进行岗位技能操作与练习；或者由表现好、懂技术的骨干罪犯或班组长在民警的监督指导下教罪犯进行现场操作与顶岗练习，提高劳动培训的效果与质量。

(3) 考核检验法。监狱、监区在组织罪犯劳动教育培训结束后，采取理论与实践相结合的方法进行考核，检验教育培训的效果。成绩合格者，由有关部门和负责培训的机构发给合格证或上岗证。

经过监狱、监区教育培训，凡罪犯在未掌握或熟练岗位技能前，或者未取得合格证的，应当禁止罪犯单独上岗或独立操作。

三、罪犯入监初期劳动教育的操作要领

罪犯情况较为繁杂，根据在押罪犯刑期长短不一、文化程度不齐、体力能力不同、掌握劳动技能不同、劳动态度各异等特点，监狱应提前因人而异制订周密详尽、切实可行的教育培训计划。从罪犯入监开始，就分期、分批、分阶段组织罪犯进行相应的劳动专题教育培训，尽量缩短培训期，延长熟练期。同时，针对罪犯的文化水平、劳动技能和个体素质等差异，在教育培训方法上体现层次性、差异性，以满足不同层次罪犯劳动生产的需要，克服当前“大锅饭”“囫囵炖”的做法，保证新入监罪犯劳动教育计划切实可行，方案取得实效。

(一) 事先计划，周密组织

一般而言，罪犯入监初期劳动教育培训应当按照事先的教育计划。监狱、监区为了顺利实施新入监罪犯教育培训计划，应坚持责任到人，计划实施前要召开会议向新入监罪犯做出说明，指明目标，提出要求和期望。应当提前做好周密的罪犯劳动教育培训计划并形成书面材料，明确培训的时间和内容、相关负责人、培训方法、培训资料、考核方式、考核标准、上岗守则等，确保罪犯劳动教育培训计划顺利实施、圆满完成。

(二) 基本常识和实际操作相结合

新入监罪犯劳动教育培训的内容一般包括：正确劳动观教育、劳动岗位基础知识、岗位职责、ISO9001 质量体系基本知识、危险预知训练、作业指导书、工具使用、物料分类、设备操作、设备点检（部位和方法）、常见故障应对、安全生产、劳动保护等。

实践中，由于监狱、监区罪犯教育培训的内容较多，所以，一定要有计划、有步骤、有顺序地进行，除了安排进行罪犯所从事的劳动岗位基础知识、岗位职责培训和上岗试做外，还要安排脱岗专题培训（一般利用罪犯的教育时间），理论和实际操作相结合，使罪犯尽快做到应知、应会，早日达标，尽快上岗。

(三) 进行理论知识和实际操作考核

监狱、监区在罪犯入监劳动教育培训期间，每天要对新入监罪犯的表现进行评价并书面化、公开化。通过入监教育培训后，要组织必要的书面考试和实际操作考核，考试成绩透明化，考试后要进行针对性的辅导，该“回炉”的要“回炉”，保证劳动教

育取得预期效果。

（四）充分利用“传、帮、带”，做好教育培训

为了提高新入监罪犯的劳动教育培训效果，监狱要善于调动各种力量，尤其是发挥生产技术员、技术熟练骨干罪犯“传、帮、带”的作用，建立完善的“传、帮、带”责任制，在重点保证劳动安全的基础上，使新入监罪犯尽快掌握劳动岗位作业技能，达到独立上岗的目标。这样不但能达到化整为零、落到实处的效果，而且可以使新入监罪犯尽快适应劳动环境，融入劳动班组，投入劳动生产，产出劳动成果。

通过开展新入监罪犯岗位培训竞赛，奖勤罚懒，奖优罚劣，激发新入监罪犯的劳动热情，促进良性竞争。对于劳动态度好、上手快、成绩突出的新入监罪犯，可以将其成绩整理成文，在小组会、宣传栏进行宣传，还可以请本人总结经验、心得，与大家分享，努力营造良好的团队精神和争优创先集体氛围。

监狱、监区为了提高技术熟练罪犯的积极性，确保“传、帮、带”的效果，可以将新入监罪犯的劳动表现、培训考试、成绩考核和负责“传、帮、带”的罪犯捆绑在一起，同奖同罚、荣辱与共。对“传、帮、带”成绩出色、方法独到的罪犯，要给予适当的表彰奖励，体现责、权、利对等原则，培养集体主义观念和互帮互助的团队意识。

四、罪犯入监初期劳动教育问题的协调

1. 要及时协调好入监教育中劳动教育内容的关系和联系。监狱、监区要保证罪犯在入监队进行劳动教育培训的时间，新入监罪犯的劳动教育培训一部分内容是在入监队通过“三课”完成的，而以往罪犯的入监教育已形成了一整套完整的程序和内容，偏重于进行政策法规、行为规范、内务卫生教育和队列、内务训练，因此，劳动教育培训要和罪犯的入监教育的其他内容做好协调，为下一步到监区进行劳动教育技术培训打好基础。

2. 要协调处理好劳动教育与“三课教育”的关系。监狱、监区要打破以往概而统之的教育培训内容、方式，及时协调好劳动教育与思想政治教育、文化知识教育之间的关系，在注重实效上下功夫。①不能用思想政治教育、文化知识教育的内容取代罪犯的劳动教育，应正确处理好三者之间的关系，强化罪犯的劳动教育。②不能以劳动教育冲击思想政治教育和文化知识教育，应各有侧重，突出重点。③努力协调好三者之间在教育内容、教育时间、教育方式上的组织安排，做到相互配合、相辅相成，形成教育合力，优化教育实效。

3. 要协调处理好劳动教育与狱政管理的关系。劳动生产与狱政管理是监狱改造罪犯的两个基本手段，是相辅相成的。监狱、监区在做好日常各项工作的过程中，要顾全大局，统筹兼顾，及时协调好劳动教育与狱政管理之间的关系，注重配合，讲究实效。①忌以“管”代“教”。不能用狱政管理的内容取代罪犯的劳动教育和劳动生产，削弱罪犯劳动教育的效果。②忌以“教”代“管”。在改造罪犯各项活动中，重视教育但不能忽视管理，更不能以劳动教育代替狱政管理，做到各负其责、有的放矢。③“管”“教”结合。积极协调好两者之间的关系，在安排劳动教育、组织劳动生产时，要考虑狱政管理工作；在进行狱政管理时，要充分考虑为劳动教育服务，密切配合、

分工协作、形成合力，做到寓教于管，寓管于教。

五、罪犯入监初期劳动教育的实训规程

监狱、监区在组织罪犯入监初期劳动教育中，要根据本监狱、监区的劳动生产项目（农业生产、工业生产、产品加工等），采取请合作方（或社会）技术人员授课与本监狱、监区老师讲课相结合的方法，对罪犯进行相关生产项目理论方面的培训，让罪犯一入监就接受规范化、标准化的生产劳动技术培训。通过这种培训方法：①使本监狱、监区生产项目更有针对性强，做到干什么、学什么，缺什么、补什么。②劳动生产技术教育培训做到具有计划性、系统性、全面性，缩短罪犯劳动技能学习的过滤期。③在全封闭的入监队进行相关生产劳动技术理论教育培训，有效地克服和弥补罪犯分流到监狱、监区后才学习劳动技术的不足，能够使罪犯尽快适应监狱生产劳动所需，顺应社会生产所需。

立足监狱、监区生产劳动项目的需要，组织罪犯劳动教育时，对关键生产劳动环节，有针对性地培养罪犯技术骨干力量，在罪犯中做好生产劳动技术的“传、帮、带”工作。例如，在农业生产、来料加工、成品制作等劳动过程中，在综合考查分析的基础上，把劳动表现好、文化程度高、接受能力较强的罪犯作为技术骨干进行重点培养，有针对性、有目的地给他们“开小灶”“加餐”等，让他们在短时间内成为熟练技术工，然后由他们辅导解决其他罪犯在生产劳动中遇到的技术问题，带动其他罪犯熟练掌握来料加工、成品制作技术，将教育培训周期由原来的半个月缩短到5~7天，真正做到“快、省、优、传、帮、带”，建立良好的生产劳动风气，提高劳动生产效率。

根据生产劳动需要，监狱、监区通过及时有效地对罪犯进行劳动教育培训，有利于及时发现和转化罪犯错误的劳动观念，端正劳动态度，调动罪犯劳动积极性，优化劳动力资源，做到人尽其用。在监狱生产劳动的实践中，最重要的就是如何调动罪犯的劳动积极性，并管理好、使用好罪犯。要根据罪犯的劳动表现、文化素质、接受能力、身体条件、兴趣特长、回归就业等综合情况，与监狱的生产劳动项目、技术含量、工艺要求、操作规程等情况相结合，在生产劳动的实践中，贯彻人性化管理，做到人尽其才、人尽其用，提高劳动效率，并进一步提高监狱教育改造质量。

案例实训

根据案例分析监狱民警对罪犯熊某某在入监初期劳动教育过程中的基本流程和应当掌握的基本要领。

某监狱罪犯熊某某，男，汉族，现年32岁，原籍四川，初中肄业，2008年7月因犯强奸罪被广东某法院判处有期徒刑11年。在某监狱入监队经过2个月时间的入监教育后，被分流到某监狱二监区服刑改造。该监狱二监区主要以服装辅料加工、生产T恤衫为主，主要生产工序有制图、下料、裁剪、横机、套口、缝工、缩毛、熨烫、包装等生产环节。按照服装加工流程需要，监区研究决定先安排熊某某到套口片学习。在经过前期服装加工理论知识培训考核基础上，采用师傅带徒弟的办法，进入车间操作程序。民警指派一名生产技术员担任其师傅，熊某某跟在师傅身边熟悉车间使用套口设备型号、结构、工作原理，了解常见型号套口设备的性能。师傅采用手把手的方式教熊某某熟悉T恤衫套衫、开衫、圆领衫的套口工艺流程，讲解操作要领。随后，车间要求其能上机进行实践操作，进行对针、空套等简单操作练习。15天后，要求其能按照负责的程序独立完成生产任务。其间对操作过程中出现的问题，如成品出现的各种瑕疵辨别、掌握和如何避免的问题，由负责套口片的检验员负责指导解决。生产过程中，由安全员负责针对工序特点进行专门的安全生产教育。

思考：

1. 结合本案谈谈监狱对入监初期罪犯劳动教育的工作流程有哪些？

2. 谈谈监狱民警对罪犯熊某某在入监初期劳动教育过程中应掌握的基本要领？

马克思指出：在从猿到人的转变过程中，劳动起了决定作用，劳动创造了人本身。

思考：请问你是如何理解其涵义的？作为一名监狱人民警察，你将如何将其应用到罪犯入监劳动教育当中？

学习任务三　罪犯服刑中的劳动教育

学习目标与任务

了解罪犯服刑中劳动教育的基本原理；熟悉罪犯服刑中劳动教育的工作流程；掌握罪犯服刑中劳动教育的操作要领；了解罪犯服刑中劳动教育问题的协调；掌握罪犯服刑中劳动教育的实训规程。

一、罪犯服刑中劳动教育的基本原理

（一）罪犯服刑中劳动教育的意义

恩格斯曾经指出：劳动“是整个人类生活的第一个基本条件，而且达到这样的程度，以致我们在某种意义上不得不说：劳动创造了人本身”。[1] 社会发展历史证明，劳动是社会发展的动力，劳动创造人类赖以生存的物质财富，同时也创造了人本身。当前，监狱在押罪犯中，多数系劳动人民家庭出身子女，而多数又都是因为好逸恶劳、贪图享受、不劳而获而走上犯罪道路的，监狱在服刑改造场所组织开展罪犯劳动教育和职业技术培训，是解决罪犯犯罪思想根源问题，促进其悔过自新、改恶从善的前提基础，是适应国家劳动制度改革、落实监管工作、提高教育改造质量、减少重新违法犯罪的一项重要举措，也是探索教育改造工作新途径的一种有效手段。劳动作为我国监狱改造罪犯的基本手段之一，《中华人民共和国监狱法》第4条规定：“监狱对罪犯应当依法监管，根据改造罪犯的需要，组织罪犯从事生产劳动……”第7条第2款规

[1] 中共中央马克斯、恩格斯、列宁、斯大林著编译局编：《马克思恩格斯选集》（第3卷），人民出版社1972年版，第508页。

定，“罪犯必须参加劳动”。第69条又规定：“有劳动能力的罪犯，必须参加劳动。”《中华人民共和国宪法》第28条也明确规定，国家对犯罪分子实施惩办和改造。由此可见，监狱组织罪犯参加生产劳动是国家法律的规定，也是党和国家对罪犯实施惩办改造的基本政策。

根据“惩罚与改造相结合，以改造人为宗旨”的监狱工作方针，监狱对服刑改造中的罪犯进行劳动教育应坚持立足转变罪犯思想、着眼监狱劳动实际、服务刑满释放就业的原则。通过对罪犯的劳动教育和职业技术培训，使他们掌握一技之长，加速思想转化，成为自食其力的守法公民。

罪犯从社会到监管场所，生活环境发生了明显的变化，由相对自由、宽松、开放的社会环境，进入到相对封闭、自由受到一定限制的监管场所并接受强制性教育、劳动，如何尽快使罪犯了解监管改造法律手段和监管场所的有关规定，更好地适应监管场所生产劳动和生活，认识到劳动的性质，为更好地通过劳动来改造自己，搞好服刑中罪犯劳动教育至关重要。

（二）罪犯服刑中劳动教育的内容

1. 思想教育。

（1）思想教育的目的。思想是行动的指南。监狱、监区通过组织罪犯开展劳动思想教育，使处于服刑中的罪犯明白劳动的意义、价值，树立热爱劳动的思想意识和劳动光荣的观念，并通过树立正确的劳动观来矫治罪犯好逸恶劳、不劳而获的恶习劣德，早日成为遵纪守法、自食其力的社会有用人才。（2）思想教育的内容。

第一，教育罪犯树立正确的劳动观。劳动对于人的思想、行为、道德有积极的影响，对人形成正确的认识，树立正确的世界观、人生观有很大的作用。[1] 在服刑时，监狱通过及时组织开展劳动思想教育，使罪犯树立劳动伟大、劳动光荣的信念及热爱劳动的思想意识，端正劳动态度，摒弃贪图享受、好逸恶劳的恶习，积极投入到监狱、监区组织开展的各种劳动教育和劳动技能培训中。

第二，教育罪犯养成集体主义观念。集体主义精神要求个人的行为融入集体之中，个人要服从集体。监狱、监区劳动生产往往是集体形式的生产规模，离不开罪犯之间的合作与分工。实践中，罪犯劳动生产多是以监狱（几个监狱）、监区（几个监区）或是分监区、劳动小组为单位进行的，通过集体主义教育，能够使罪犯形成集体主义观点，正确处理集体利益与个人利益关系，改变自私自利、个人主义的思想，树立关心集体、关心他人、乐于助人、勇于奉献的团队精神。

第三，教育罪犯遵守劳动纪律。无规矩不成方圆，劳动生产离不开科学、严格的规章制度和纪律约束。通过劳动纪律教育，使罪犯形成良好的约束能力和自我控制能力，遵规守纪，学会做人，学会做事。在劳动生产当中，让罪犯服从管理，听从指挥，自觉维护正常的监管改造秩序。

第四，教育罪犯学会生存技能。通过生存技能教育，使罪犯清楚地认识到，现代社会中，劳动是人的社会生存方式，竞争必然导致适者生存、不适者被淘汰，必须靠

---

[1] 夏宗素主编：《监狱学基础理论》，法律出版社1998年版，第217页。

自己的劳动能力和技术专长，立足于社会，生存于社会，发展于社会。通过监狱教育培训，让罪犯变刑期为学期，利用服刑改造时间，学会一技或几技之长，学会合法谋生的本领，为回归社会后自食其力打好坚实的基础。

（3）思想教育的形式。

第一，集体教育。所谓集体教育，一般而言，就是把监狱、监区在押全体罪犯集中起来，利用上大课教育培训、集体劳动生产等形式所进行的一种思想教育。集体教育具有规范性、权威性、快速传播性等特点，有利于解决罪犯群体存在的劳动观念不正确、劳动态度不端正等问题。

第二，个别谈话教育。所谓个别谈话教育，就是监狱、监区针对罪犯的个别、特殊问题，采取面对面的思想影响、心理沟通和知识传授方式。个别教育具有针对性、灵活性、沟通性、渗透性、稳固性等特点，有利于解决罪犯个人劳动思想意识、劳动技能等个别性问题。

第三，讲评式教育。在劳动过程中，充分利用劳动前的分工安排，劳动后的讲评，进行日讲评、周小结、月评比以及半年总结和年终总结，对罪犯进行有意识、有步骤、有目的的思想教育。讲评式教育具有针对性、即时性等特点。

第四，劳动成果教育。劳动成果教育就是运用罪犯自己劳动生产的产品布置产品陈列室、展览室、公示栏或通过出售罪犯自己种植的农副产品，所得款项作为罪犯的劳动所得发放，让罪犯体会到劳动带来的收获和喜悦，学会珍惜劳动成果，从而树立热爱劳动的思想意识。

2. 安全生产教育。现行《中华人民共和国安全生产法》第 25 条第 1 款规定："生产经营单位应当对从业人员进行安全生产教育和培训，保证从业人员具备必要的安全生产知识，熟悉有关的安全生产规章制度和安全操作规程，掌握本岗位的安全操作技能，了解事故应急处理措施，知悉自身在安全生产方面的权利和义务。未经安全生产教育和培训合格的从业人员，不得上岗作业。"

安全生产工作是监管场所安全工作的重要组成部分，安全教育是企业安全生产工作的重要内容，坚持安全教育制度，搞好对罪犯的生产安全教育，事关监管场所和社会大局的稳定。

监狱、监区如果没有安全生产保障，劳动思想矫治、劳动技能培养就不能真正发挥其作用。监管场所的安全生产工作比社会企业更复杂、更重要，必须引起高度重视。

（1）安全生产教育的目的。

第一，提高认识，统一思想。监狱、监区组织在押罪犯劳动生产中，罪犯是一个十分重要的主体。罪犯既是监狱惩罚改造的对象，又是劳动的积极参与者，一旦发生安全事故，罪犯很有可能是直接受害者，轻则影响到罪犯的身体健康，重则危及罪犯的生命安全，甚至危及监狱人民警察的人身安全和社会、国家财产的安全。因此，罪犯应在思想上重视安全生产工作，时时刻刻牢固树立安全第一的观念，要认识到搞好安全生产有利于维护罪犯自身健康安全与生产安全稳定，要积极配合监狱人民警察，搞好安全生产，避免安全事故的发生，自觉保护自己和他人的生命和健康，确保公共利益和国家财产不受损害。

第二，提高全体罪犯的安全知识水平和安全技能。安全知识包括生产活动中存在的各类危险因素和危险源的辨识、分析、预防、控制知识。安全技能包括安全操作的技巧、紧急状态的应变能力以及事故状态的急救、自救和处理能力。通过安全教育，使罪犯掌握安全生产知识，提高安全操作水平，发挥自防自控的自我保护及相互保护作用，及时消除安全隐患，有效地防止各种生产事故的发生。

在监狱生产劳动中，鉴于监管场所的经济实力和科技水平，设备、设施的安全状态尚未达到完全安全的程度，坚持不断地进行生产安全教育，减少和控制不安全行为，就显得尤为重要和必要。

（2）安全生产教育的内容。监狱安全教育的内容主要包括安全思想教育、安全法制教育、安全知识教育和安全技能教育。

第一，加强安全生产思想教育。主要是使罪犯接受国家安全生产方针政策教育、形势任务教育和安全生产重要意义教育等。通过形式多样、丰富多彩的安全教育，使罪犯牢固树立起“安全第一”的思想，提高全体罪犯的安全意识，激励其安全动机，自觉采取安全行为，实施事故预防措施。

第二，加强安全生产法制教育。主要是使罪犯接受国家安全生产法律法规教育、监狱安全生产规章制度教育、遵纪守法教育、权利义务教育等。由此，使罪犯在生产劳动当中学法、知法、懂法、守法，以法规为准绳约束自己，以制度规范自己，认真履行应尽的义务；同时，学会以法律为武器维护自己的合法权利，自觉与各种违规违纪行为作斗争。

第三，加强安全生产知识教育。主要是加强罪犯安全管理、安全技术和劳动卫生知识教育。以此要求罪犯在劳动过程中，熟练掌握各自岗位必要的安全生产技术，加强对矿山、井下、高危、高温、高压等行业和从事有害、有毒、有辐射作业罪犯的管理教育与劳动安全防护，积极做好职业病、地方病、多发病、流行病以及各种疫情的预防和治疗。坚持预防为主，防患未然，切实提高企业的整体安全系数。

第四，加强安全生产技能训练。主要是针对监狱、监区各个不同劳动岗位或工种的罪犯所必需的安全生产方法和手段的训练，例如安全操作技能训练、危险预知训练、紧急状态事故处理训练、自救互救训练、消防演习、逃生自救训练等。经过系统强化训练，使罪犯掌握必备的安全生产技能和技巧，预防和减少安全生产事故的发生并降低伤亡率，降低安全生产风险。

（3）安全生产教育的形式。安全教育应结合监狱、监区劳动实际，利用各种教育形式和教育手段，以生动直观的方式，来实现安全生产的目标。监狱、监区罪犯的安全教育形式大体可分为以下几种：

第一，广告式。包括安全广告、标语、宣传画、警示标志、展览、黑板报、墙报、监狱小报、传单等形式。它以精练的语言、醒目的方式、合适的场合、较短的周期、通俗易懂的内容等，时时处处提醒罪犯严格遵守监狱安全生产规章制度，注意安全并了解怎样才能确保安全。

第二，演讲式。包括课堂教育、讲座、讲演、经验介绍、现身说法、演讲比赛等形式。监狱、监区应采取灵活方式，可以是系统教学，也可是专题讨论。用以向罪犯宣传灌输安全生产知识，提高对安全生产的思想意识。

第三，座谈式。包括安全生产事故现场分析会、班前班后会、专题座谈会等。通过集体、分组座谈讨论的形式，使罪犯在参与过程中，直观生动地接受安全生产教育。

第四，竞赛式。包括口头、书面知识竞赛，安全、消防技能竞赛与其他各种安全教育活动检查评比等。以此激发罪犯学安全、懂安全、会安全、保安全的积极性，促使罪犯在竞赛活动中树立“安全第一”的思想，丰富安全知识，掌握安全技能。

第五，声像式。监狱、监区借助现代化录音、录像等手段，使安全教育形象生动，寓教于乐。主要形式为有关安全生产教育方面的广播、电视、录像、录音等。

第六，文娱式。监狱、监区积极以安全生产为主题，编写和演出相声、小品、话剧、舞剧等文艺演出的教育形式。

（4）安全生产教育制度。监狱、监区要搞好劳动安全教育，实现教育目的，必须建立并健全一整套劳动安全教育制度。监管场所的安全教育制度主要是三级安全教育，即对新入监的罪犯进行入监安全教育、监狱安全教育和监区（劳动现场岗位）安全教育，相辅相成，互为一体。

第一，入监安全教育。按照规定，罪犯入监安全教育主要由监狱教育科会同劳动生产部门组织进行。主要教育内容是：党和国家有关安全生产方针、政策及主要法律法规标准，本监狱、监区各项安全生产规章制度及劳动纪律，狱内危险作业场所安全要求及有关防灾救护知识，典型生产事故案例介绍，等等。

第二，监狱安全教育。监狱安全教育主要由监狱长会同分管监管安全、生产安全的领导和警察负责组织进行。主要教育内容是：本监狱生产性质、特点及基本安全常识要求，生产工艺流程、危险部位及有关防灾救护知识，监狱安全管理制度和劳动纪律，典型生产事故案例分析、预防事故措施预案，等等。

第三，监区（劳动现场岗位）安全教育。监区（劳动现场岗位）安全教育由监区长会同监区安全员及带班警察组织进行。主要教育内容是：监区劳动任务、劳动性质及安全生产基本要求，有关劳动设备、设施性能、使用说明、操作要领、安全特点及防护装置的作用与要求，岗位安全责任制度和安全操作事故苗头或发生事故时的紧急处置措施，同类岗位伤亡事故及职业危害介绍，有关个体防护用品使用要求及保管知识，消防器具使用、工作场清洁卫生要求，其他应知应会的安全内容。

3. 职业技术教育。监狱对罪犯进行职业技术教育是罪犯劳动教育的主要内容之一，是在社会主义市场经济条件下增强罪犯的社会就业适应能力、顺利回归社会的有效途径，也是提高监狱教育改造质量、巩固改造成果、有效预防犯罪的客观需要。

（1）职业技术教育的目的。监狱组织开展罪犯职业技术教育的目的在于依法准确执行刑罚，不断提高教育改造质量，全面培养罪犯的专业能力、谋生能力、竞争能力，使其树立劳动观念、学习观念、创业意识，再造罪犯的适应社会、自食其力的能力。

（2）职业技术教育的内容。

第一，社会主义市场经济知识教育。教育罪犯正确认识社会主义市场经济，了解市场经济的主要特征、市场规律与活动规则，培养罪犯诚实信用、遵纪守法、公平竞争、勤劳致富的思想意识。

第二，正确的择业观教育。教育罪犯正确认识社会、正确认识自己、正确对待劳动就业岗位，主动适应社会，不断完善自我、提高自我，做到自信、自立、自强，脚踏实地，勤奋敬业，做一个自食其力的劳动者。

第三，职业技能教育。监狱要根据社会劳动力市场的职业需要和刑满释放后的就业实际，并根据罪犯自身的素质、原有劳动技能和监管场所现有生产条件，开展形式多样、注重实效的劳动培训内容。当前，我国监管场所都普遍开展了适应社会需要的周期短、见效快的综合职业技能培训，主要包括：家用电器维修、裁剪缝纫、烹饪、食用菌栽培、美容美发、家禽饲养、果木园艺、木工、瓦工、电工、汽车农具车维修、家政服务等。

第四，生产岗位技术培训。监狱、监区根据罪犯在劳动中所从事的不同岗位、不同工种，与社会劳动部门一起有针对性地对罪犯进行上岗技术培训、岗位技术等级考核，使他们能尽快掌握专业技能，取得上岗证，适应监狱生产劳动的需要和回归社会就业的需要。

（3）职业技术教育的形式。

第一，集中培训形式。由监狱、监区统一组织罪犯参加有关职业技术的学习培训，经过考核，按国家的有关规定评定技术等级，发放社会统一认可的技术等级合格证书、上岗证书。

第二，以老带新形式。在生产实践中，由师傅或技术骨干带领新手，边干边学，包教包学，掌握专业知识和技能。

第三，经验交流形式。根据实际需要，监狱、监区定期或不定期组织开展生产技术经验交流会和现场操作表演会，以直观生动的方式，取得实训效果。

第四，其他形式。如监狱、监区通过召开事故分析会、质量分析会等总结经验，进行现场教学。

4. 罪犯劳动保护教育。罪犯应当享有的权利包括劳动权利、受教育权利、婚姻、家庭等基本权利[1]，监狱对罪犯进行劳动保护教育是罪犯服刑期间劳动教育的重要内容之一，是在坚持科学发展观，积极贯彻以人为本、构建和谐社会的背景下，监狱保障罪犯基本人权、培养罪犯劳动技能、增强其社会适应能力的现实做法，也是监狱提高教育改造质量、巩固劳动改造成果、公正廉洁执法、保护人权的积极体现。

（1）罪犯劳动保护教育的目的。监狱通过组织罪犯开展劳动保护教育，旨在从维护人权，贯彻以人为本，构建和谐社会大局出发，依法准确执行刑罚，不断提高教育改造质量，在全面培养罪犯的劳动技能、谋生本领、竞争能力的同时，加强劳动生产安全保护教育，树立安全观念，学会自我保护，学会生存发展。

（2）罪犯劳动保护教育的意义。

第一，加强对罪犯劳动的法律保护是我国社会主义性质的必然要求。《中华人民共和国宪法》明确规定，我国是人民民主专政的社会主义国家，虽然阶级斗争在一定范围内长期存在，但它已不是我国目前的主要矛盾，所谓人民民主专政，就“专政”而

---

〔1〕 夏宗素主编：《监狱学基础理论》，法律出版社 1998 年版，第 270 页。

言，主要针对人民内部矛盾。1954 年 9 月政务院颁布了《中华人民共和国劳动改造条例》，首次用法规的形式明确规定："为了惩罚一切反革命犯和其他刑事犯，并且强迫他们在劳动中改造自己，成为新人，特制定本条例。" 1962 年公安部颁发的《监狱、劳改队管教工作细则（试行）》第 3 条进一步规定：管教工作应当认真贯彻执行改造第一、生产第二的劳改工作方针。1982 年《中华人民共和国宪法》和 1979 年《中华人民共和国刑法》以及 1994 年《中华人民共和国监狱法》的颁布实施等都对罪犯劳动改造作出了明确的规定，体现了我国社会主义的性质。这说明，我国对罪犯的劳动改造活动已经从政策形态逐步发展成为国家的法律规范，成为我国社会主义社会性质的内在要求。

第二，加强对罪犯劳动法律保护是我国宪法人权保障的具体需求。《中华人民共和国宪法》第 42 条第 1 款规定："中华人民共和国公民有劳动的权利和义务。" 国家法律保护公民的权利。而监狱中的在押罪犯虽然是触犯了法律，被依法剥夺自由，但其仍是中华人民共和国公民，劳动同样也是他的权利，只不过他的"劳动"有了"改造"的含义，但劳动的法律保护对被剥夺自由的罪犯也应一视同仁。罪犯虽然是限制、剥夺了人身自由的公民，但也应该享有宪法规定的权利，在劳动保护、劳动对象（对生命有危害）、劳动环境（影响生命健康）、劳动保护措施、劳动时间、技能培训、劳动报酬、劳动保险等方面都应与普通公民享有同样的劳动法律保护。

第三，加强对罪犯劳动法律保护是我国进行国际人权斗争的需要。近年来，随着依法治国、改革开放的发展，刑事司法领域也越来越强调对罪犯的人权保障，这无疑反映了社会的文明和进步。但是，国际上某些不友好人权组织和一些反华势力，经常针对我国的人权问题提出指责，特别是以美国为首的西方国家，连续多年在联合国人权委员会上针对中国提出"人权提案"，遭到我国及其他国家的一致反对，每每以失败告终。对待监狱的人权问题，我们应该从两个方面来看待：①对于西方国家的无理指责，特别是试图以人权问题为借口来干预我国内政问题的企图，我们应进行针锋相对的反驳。②促使我们对内审视人权保障问题，特别是对罪犯的劳动的法律保护问题，变压力为动力，正确处理我国监狱罪犯人权保障与罪犯劳动改造法律保护的关系，从而也更为有力地反击反华势力的人权攻击，顺应国际上人权斗争的需要。

第四，加强罪犯的劳动法律保护是现代监狱刑罚执行理念的要求。《中华人民共和国监狱法》规定，监狱应当坚持"惩罚与改造相结合，以改造人为宗旨"的方针，其中，"改造"的含义就是转变罪犯的犯罪思想，让其通过劳动改造成为自食其力的新人。"惩罚"的最大含义并非强制劳动，而应该是剥夺罪犯的人身自由，这也是现代监狱刑罚执行的中心理念。罪犯作为被剥夺自由的公民，劳动依然是他们的权利和义务，只不过他们的劳动多了一层改造的功能。所以，罪犯的劳动改造也同样应该受到法律的保护，因为劳动本身就是他们的权利和义务。罪犯的劳动改造的法律保护是现代刑罚执行理念的必然要求。

第五，加强罪犯劳动法律保护是维护监管秩序稳定、促进罪犯顺利改造的需要。从法理角度来看，对参加劳动的罪犯提供劳动法律保护，是我国监狱对罪犯实行人道主义的具体体现。实践证明，做好罪犯劳动法律保护，对促进罪犯的思想改造有着重要的作用：①可以使罪犯体会到在劳动中自己的健康和生命安全是有法律保障的，从而消除罪犯对劳动的恐惧心理和抵触情绪，积极投入改造；②使监狱在选择劳动对象时，可以从保障罪犯的法定权利的角度去考虑，从而减少狱内罪犯的反改造情绪，促进监狱秩序的稳定。总之，做好罪犯劳动改造的法律保护，可以为罪犯创造一个良好的改造环境，增强劳动的改造功能，以达到教育人、改造人的目的。反之，如果忽视罪犯劳动改造的法律保护，罪犯发生工伤事故和职业病，而不给予应有的法律保护，必然引起罪犯思想混乱，使劳动改造工作不能正常进行，从而严重影响监管改造秩序。

（三）罪犯服刑中劳动教育的方法和艺术

1. 建立健全监狱、监区罪犯劳动教育组织机构。根据监狱、监区罪犯劳动教育实际，形成以教育科为核心、教学班为主课堂、专职教师为主讲的“集中教学”模式。监狱只负责入监教育、个别谈话教育和重点人员的教育，其他常规教育、技术教育全部教学课程统一由教育科组织实施。按照统一计划、集中上课、轮流进行、专人授课的方法实施。专人专职教学、教师相对固定讲课，既有充裕的时间和精力保证教员熟悉讲课内容，又有充分的时间和精力备课、编写教案。有利于教员摸索教学规律，提高讲课的效果和质量；有利于教育时间、人员、效果的落实；有助于教育基础资料的登记，促进教育质量的提高。

2. 突出教育的多样性，提高教育的针对性、有效性。监狱、监区要充分利用狱内与社会的教育资源，力争教育手段、形式的多样性，在确保政治大课教育时间的基础上，扩大罪犯技术教育、辅助教育比例，改善教学的硬件条件，充分运用广播电视、“多媒体”等现代化教学方法，开展电化教学、监内新闻、图片展览、读书征文、演讲、书画竞赛、运动会、歌咏比赛活动及心理咨询等辅助教育活动，创办特色教育，提高劳动教育的吸引力、亲和力，提高罪犯的积极性和参与度。

3. 罪犯技术培训全面创新。罪犯的技术教育突出职业技能，立足于罪犯刑释后谋生就业的目的。结合监管场所的生产任务确定培训项目，本着个人自愿及自身财力确定培训人员；根据罪犯文化水平，针对不同类型的罪犯，选择适合其年龄特点、文化水平、能力等级的培训项目，如电脑操作、家电、自行车维修、理发、烹饪；果树栽培、农业技术、服装加工、缝制皮鞋、纸制品加工、物业管理、家政服务等。

4. 监狱、监区可与劳动部门协作建立职业专门培训机构和中介机构。由政府劳动部门负责罪犯的教学、考试、办证等全过程，把对罪犯的技术培训纳入社会培训的轨道，及时为参加技术培训经考试合格的罪犯办理资质证书，提高监狱技术培训的档次和水平，也使其资质证书的效力和信誉度得到社会劳动就业部门的认可。创造条件，力争在监管场所设立职业中介点，为表现好、有一定特长的刑释罪犯提供职业中介服务，既解决少数表现好、有专业技能的罪犯的出路问题，又能调动在监罪犯认罪服教、真心改造的积极性与主动性。

二、罪犯服刑中劳动教育的工作流程

（一）明确目标，理清思路

监狱按照每年工作计划，由分管监狱监区领导专门召集教育、培训的同志研究罪犯劳动技能培训工作，总结分析过去劳动技术培训工作中的经验教训，确定当年劳动技术培训工作的思路和培训指标、培训重点、工作措施和方法。劳动技术培训立足于罪犯回归社会、谋生就业，立足于监管场所生产的条件和项目，根据罪犯文化程度、本人财力和意愿，确定培训项目。

（二）周密计划，科学安排

在制订各类技术培训工作计划时，监狱教育科要根据社会就业的需求和现实，从实用性、可能性、可行性出发，力求培训计划科学周密。坚持短、平、快的原则，妥善安排技能培训种类、培训时间、培训人数，满足不同刑期、不同年龄、不同文化程度罪犯的需求。

（三）严格措施，注重实效

为了防止职业技能培训工作流于形式，确保罪犯的技术培训取得实效，可以采取以下措施：

1. 科学制定规则、下达生产任务。每年年初，在研究、下达年度生产任务指标时，给罪犯的技术培训留有时间和空间。同时，明确规定罪犯参加技术培训要减免监区生产指标和扣减个人生产指标；规定凡当月参加技能培训的罪犯可不承担生产任务。

2. 改善培训条件。按照岗位培训要求，配置固定的专职师资队伍，建立专门的技术教育教研室和教室，购置电脑并联网，便于统一教学，以提高教学、培训质量和效果。

3. 合理解决培训经费。监狱、监区可以合理协调，从生产中拿出部分经费，作为罪犯技术培训费用。凡符合条件参加技术培训的罪犯，解决其培训费，教材及证书的工本费由个人承担。这样，可以为家庭经济困难的罪犯减轻培训负担，也使过去一些外地罪犯想参加技能培训而无经济来源的问题得到了妥善解决。

4. 注重实际操作。坚持先培训、后上岗，在职业技能培训中，坚持理论与实际相结合，注重实践，注重实效。如开办无线电修理、自行车维修、理发培训、食用菌栽培、烹饪技术等劳动技能培训班，坚持多练习、多操作、多指导，多出实用性人才。

5. 严格考核奖惩。凡参加技术培训的罪犯，必须按时到课、自觉遵守课堂纪律，严格操作规程，按时完成作业和训练任务。罪犯结业考试取得优秀成绩的，监狱应当及时给予一定的物质和精神奖励。对培训期间违规违纪、结业考试成绩不及格的，不仅不发结业证书，还要视情给予相应的处罚。

三、罪犯服刑中劳动教育的操作要领

（一）充分利用社会力量，促进技能培训工作健康发展

按照监狱工作法制化、科学化、社会化的“三化”建设要求，监狱对罪犯进行培训，要积极取得社会和当地政府的支持。监狱要与社会劳动和社会保障部门联系，将罪犯的技术培训纳入政府和社会就业培训范围，进而向政府申请培训经费，不仅使罪犯技术培训的经费得到较好解决，更重要的是把罪犯的技术教育纳入整个社会再就业培训之中，使其更加规范，更加完善，更具合法性和影响力。

（二）积极借助当地政府专门培训机构组织实施技能培训

按照《中华人民共和国监狱法》的有关规定，监狱应当积极与当地的劳动人事和社会保障部门、劳动就业培训中心合作，实施罪犯的技能培训工作，充分利用社会技

术培训资源。由政府就业培训中心负责罪犯的技术培训工作，包括培训计划、授课、考试、改卷、发证等。为了使技能培训工作健康发展，可以与当地的就业培训中心签订共建帮教协议，明确各自的职责、任务。与社会机构合作，还可以利用社会宣传媒体宣传罪犯技术培训，扩大影响范围。利用政府专门培训机构实施罪犯的技能培训，既可以充分发挥他们师资优势、教学经验，提高罪犯职业技能培训的教学质量和实际效果。同时，由他们负责培训、办证，具有较高的社会信誉度和专业权威，便于罪犯刑满释放后谋生就业。

（三）充分搭建职业中介机构

为解决罪犯回归社会后谋生就业的问题，监狱应积极探索、研究，依托当地劳动和社会保障部门和职业培训机构，建立职业中介机构，在监狱内设立无偿为罪犯就业服务的职业中介点，开展职业中介服务。定期与当地有关工厂企业（与本监狱有生产业务往来的单位）、社区联系，为刑满释放人员积极提供就业场所和就业机会。

四、罪犯服刑中劳动教育的问题协调

（一）妥善处理好生产劳动与教育改造的关系

劳动生产和劳动教育目的是一致的，两者相互促进，相互提高。劳动本身就是一种特殊的教育活动，罪犯通过劳动锻炼消除不劳而获的错误思想意识，养成热爱劳动的习惯；通过劳动磨炼罪犯的意志、毅力，起到矫正激励的作用。为此，监狱劳动改造作为一种教育手段，任何时候都必须坚持，任何忽视劳动作为教育挽救手段的观点都是错误的。劳动中有教育，教育又促进劳动，只有提高了思想认识，转变了错误观念，改掉了恶习劣德，罪犯才能自觉参加生产劳动活动。监狱要统一思想认识，妥善安排好罪犯生产劳动与教育改造的时间，正确处理好两者的关系，保证罪犯劳动教育时间的落实。实行“监企分开，双轨运行”。将发展潜力大、前景好的纯工人工厂和农场企业分离出来，按照市场竞争法则，自由参与市场竞争。使领导集中精力谋主业，民警一心一意抓管教。

（二）正确处理教育改造与狱政管理的关系

目前，监狱在押罪犯大多数虽出身劳动人民家庭，却存在各种各样的好逸恶劳的不良习惯。要改变他们的恶习，绝非仅靠单纯的教育就能够完成，必须通过多种形式、多种方法，其中，狱政管理工作就是重要手段。严格的队列训练和行为规范养成、奖惩措施的激励与约束、专项整治和对违规违纪的处罚等措施都是管理中行之有效的手段。通过上述手段，使罪犯矫正恶习劣德，养成良好的行为举止、生活习惯。在行刑工作中，狱政管理与教育改造两者不可偏颇，必须两手抓、两手硬，齐头并进，全面提高。

（三）正确处理严与宽的关系

按照宽严相济的刑事政策，讲文明和宽松并不否认严格管理，文明管理、宽松管理都是在依法管理的情况下进行的。依法管理、严格管理、科学管理、文明管理是一个整体，应把监管场所的一切管理教育活动纳入法制轨道，纳入社会的监督之中，要朝着严宽相济、管理有序、教育有效、生产发展的良好格局方向努力。

五、罪犯服刑中劳动教育的实训规程

1. 罪犯服刑中，监狱、监区开展罪犯劳动教育培训应当以为合作方、社会培养熟练工为突破口。①针对罪犯刑满释放后所掌握的知识技能长时间得不到运用很可能恢复到“零状态”，从而失去参与就业竞争的机会，监狱可以特聘生产项目合作方的技术人员为监狱的兼职职业技术教育老师，长期为监狱的生产技术提供技术指导和帮助；②在罪犯中广泛开展“岗位技术练兵”的活动，并通过“干啥、学啥、练啥、比啥”的劳动大比武，根据用工问卷选择进行有针对性的强化培训，为合作方节约技术培训成本；③积极开展与项目合作方的交流沟通，请合作方的经理、人事部、生产部等部门负责人到监狱参观指导，积极为合作方推荐刑满释放罪犯，使合作方认识到安置罪犯就业不仅是社会各界的共同责任，还可以把监管场所作为他们用工的培训场地，缩短从新工人到熟练工的期限，降低合作方培训的费用，一举多得。

2. 奖励与处罚。对取得合格证书或技术等级证书、在劳动改造期间表现良好的罪犯可给予奖励。符合减刑、假释条件的，可给予办理减刑、假释手续，对表现突出的，还可以给予必要的物质奖励。对学习期间严重违纪的罪犯，视情节按有关规定予以处罚。

3. 教育培训经费。职业技术教育培训经费，可以从罪犯的教育经费中开支，也可以依照劳动等部门职业技术教育经费的有关规定向罪犯适当收取，不足部分可以从生产收入中提取。对于改造表现较好、家庭经济困难、无力支付培训费用的罪犯，应适当减免其费用。

监狱应当充分利用国家对劳动预备制定点培训单位的优惠政策，争取当地政府对监管场所职业技术培训的经费补贴。监狱对罪犯职业技术教育的各类费用应单独建立账目，独立核算。职业技术教育经费由监狱教育部门统一掌握，用于罪犯的教育工作，不得挪用和浪费。监狱应按照“两公开，一监督”的规定，将开设的职业技术教育项目名称、培训时间、收费标准、经费使用情况等，向罪犯及其家属公开，接受社会监督。

案例实训

根据罪犯马××在服刑中劳动思想的转变，分析监狱民警采取的有关劳动教育措施。

罪犯马××，男，回族，四川省某市人，初中肄业。2001 年 3 月因为盗窃、抢劫被四川某市中级人民法院判处有期徒刑 10 年，在市第一监狱服刑改造，3 年后转监到西部某监狱。由于该犯在家系独生子，家居城市，从小娇生惯养，在家里过惯了饭来张口、衣来伸手的日子，一无所长。入监服刑后又嫌刑期长，破罐子破摔，怕苦怕累，经常逃避甚至抗拒劳动。转监后，监狱民警及时调取罪犯档案，结合其服刑改造实际，分析了罪犯马××的思想状况和行为表现，抓住其身强力壮的特点，拟定了管教计划方案，对其开展了个别谈话教育。先是强制安排其参加监狱的劳动思想教育学习，帮助其端正劳动态度，同时抓住其自身讲义气、喜欢帮助他人的闪光点，特意让他和两个体力较差的罪犯一组。当同组另外两个罪犯完不成任务时，马××总是在抱怨他犯的同时，甩开膀子帮助其完成劳动任务。民警及时利用个别谈话时间和集体讲评时予以肯定和表扬。随后，民警又发现马××爱好电器修理，便安排他到监狱组织的无线电修理技能培训班，逐渐地马××由不喜欢劳动到积极自觉参加监狱组织的各项生产劳动。1年后，由于遵规守纪，劳动成绩突出，马××被评为监狱改造积极分子，获得减刑10个月奖励。他激动地说："没有监狱民警苦口婆心的教育，就没有我的今天。是民警鼓舞了我重新生活的勇气。你们让我在服刑中不但改掉了好逸恶劳的恶习，学得一技之长，而且使我今后释放后工作有了着落和保障。"

正是监狱民警能够本着对国家、对社会与对罪犯本人认真负责的态度，通过大量耐心细致的与罪犯马××的个别谈话教育，发现该犯错误的劳动观念、错误的劳动态度所在，对症下药，因人而异，充分利用罪犯自身的闪光点，利用罪犯的兴趣爱好，监狱民警因势利导，抓住罪犯身强力壮的生理特点和兴趣爱好的心理特点，使得罪犯马××逐步改变，打消了厌恶劳动的错误思想观念，慢慢地在服刑中变刑期为学期，成为一个能够自食其力、对社会有用的人，巩固了劳动改造的效果，有效地提高了教育改造质量。

思考：

1. 结合本案谈谈对服刑中罪犯开展劳动教育的重要意义。

2. 通过本案分析说明对服刑中罪犯劳动教育的工作流程和操作要领的基本步骤和内容。

《中华人民共和国安全生产法》第25条第1款明确规定："生产经营单位应当对从业人员进行安全生产教育和培训，保证从业人员具备必要的安全生产知识，熟悉有关的安全生产规章制度和安全操作规程，掌握本岗位的安全操作技能，了解事故应急处理措施，知悉自身在安全生产方面的权利和义务。未经安全生产教育和培训合格的从业人员，不得上岗作业。"

思考：作为一名监狱人民警察，你觉得应当怎样才能够依法做好罪犯的劳动安全保护工作？

学习任务四　罪犯刑满释放前的劳动教育

学习目标与任务

了解罪犯刑满释放前劳动教育的基本原理；熟悉罪犯刑满释放前劳动教育的主要内容；掌握罪犯刑满释放前劳动教育的问题协调；掌握罪犯刑满释放前劳动教育的实训规程。

一、罪犯刑满释放前劳动教育的基本原理

按照中央政法委提出的监狱工作"首要标准"要求，遵循监狱工作"惩罚与改造相结合，以改造人为宗旨"的方针，监狱对刑满释放前的罪犯进行劳动教育应坚持立

足转变罪犯的错误劳动思想观念，着眼监狱劳动改造实际，服务刑满释放就业的原则。通过对罪犯的劳动教育和劳动技能培训，使他们掌握一技之长，加速思想转化，早日成为自食其力的守法公民和建设社会的有用之才。

监狱组织罪犯生产劳动的主要目的在于使罪犯矫正恶习，养成劳动习惯，学会生产技能，并为释放后就业创造条件。[1] 罪犯由于不懂法律，以致触犯国家法律而犯罪，从社会到监管场所，生活环境发生了明显的变化，从相对自由、宽松、开放的社会环境，进入到相对封闭的监管场所，经过监狱的严格管理、教育改造、劳动改造，最终，大多数罪犯仍将重新回归社会。如何尽快使罪犯在刑满释放前重新了解社会形势政策，特别是熟悉与罪犯自身利益密切相关的社会帮教、安置就业、落户等政策，尽快适应社会、融入社会，加强罪犯刑满释放前的思想政治教育、文化知识教育以及劳动教育显得十分重要和必要。

二、罪犯刑满释放前劳动教育的主要内容

（一）加强培养劳动光荣思想教育

1. 监狱通过组织罪犯开展劳动光荣思想教育，促使罪犯端正劳动态度，明白劳动的意义、价值，树立热爱劳动思想意识和劳动光荣、劳动伟大的观念，并通过树立正确的劳动观来进一步矫治罪犯好逸恶劳、不劳而获的不良思想品德。

2. 监狱通过开展出监前的劳动思想教育，强化罪犯的集体主义观念。集体主义精神是社会主义道德观的核心，它要求个人的行为融入集体之中，个人要服从集体。而监狱组织罪犯积极参与劳动生产活动，就是一个以集体为主要形式的活动，在劳动过程中离不开罪犯相互之间的合作与分工。监狱通过加强出监之前的劳动教育，可以使罪犯在集体劳动中形成集体主义观念，正确处理集体利益与个人利益关系。

3. 监狱通过开展出监前的劳动思想教育，强化劳动纪律观念。“无规矩不成方圆”，监狱的劳动生产与社会的劳动生产一样，需要严格的规章制度和纪律约束作保障。通过劳动纪律教育，促使罪犯形成良好的约束能力和自我控制能力，学会做人，学会做事。

4. 监狱通过加强出监前罪犯的劳动思想教育，强化罪犯学会生存处世的能力。马克思主义理论告诉我们，劳动创造了人本身，创造了人类生存的物质财富。面对当前竞争激烈的社会，只有进一步强化罪犯的生存技能教育，能够让罪犯在出监前看清现实、正视社会，明确劳动是人赖以生存生活的方式，有机遇、有竞争、有压力、有挑战，罪犯只有竭力依靠自己的劳动能力和技术专长，立足于社会，生存于社会，发展于社会。

（二）加强劳动安全教育

维护监狱安全、确保社会安全是监狱的天职，安全生产工作是监管场所安全工作的重要组成部分，安全教育是企业安全生产工作的重要内容。出监前监狱加强对罪犯的安全教育制度，搞好对罪犯的生产安全教育，可以有效地避免各种不安全因素，杜绝安全生产事故的发生，维护监狱和社会的稳定。

---

[1] 夏宗素主编：《监狱学基础理论》，法律出版社 1998 年版，第 160 页。

1. 通过组织开展罪犯出监前的劳动安全教育，促使罪犯更加熟悉国家有关安全生产的方针政策教育。通过利用各种形式、各种内容的安全教育，使罪犯更加牢固树立起“安全第一”的思想，提高全体罪犯的安全意识，积极预防各种安全生产事故的发生。

2. 通过加强出监前罪犯的劳动保护法制教育，促使罪犯加深牢记安全生产法律法规知识，出狱回归社会后遵纪守法，认真履行法律义务。出狱人保护是现代刑事政策的重要内容，是教育挽救、人道主义、给出路等刑事政策在出狱人身上的具体体现。出狱人保护是一项政策性很强的工作，它不仅直接关系到出狱人的切身利益，也关系到国家刑事政策的实现。[1] 监狱要及时教育罪犯在生产劳动当中学会时刻以法规为准绳约束自己，学会用法律武器维护自己的权益。同时，有针对性地强化监狱、监区劳动现场岗位的安全教育，确保罪犯服刑期间的人身安全，顺顺利利重新走向社会。

(三) 强化社会实用知识技能教育

在改革开放和社会主义市场经济条件下，监狱本着强化提高出监前罪犯的社会就业、生活适应能力、顺利回归社会能力培养的目的，强化罪犯出监前社会实用知识技能教育，既是提高监狱教育改造质量、巩固改造成果的需要，也是有效预防和减少罪犯刑满释放后重新犯罪的客观需要。

1. 加强改革开放和社会市场经济形势政策教育。教育罪犯在出监前能够正确认识社会主义市场经济形势，保持清醒的头脑，了解市场经济的主要特征、市场规律与活动规则，培养罪犯诚实信用、遵纪守法、公平竞争、勤劳致富的思想意识。

2. 加强正确的择业观教育。通过教育，可以促使罪犯正确认识社会、正确认识自己、正确对待劳动就业岗位，主动适应社会，不断完善自我，提高自我，做到自信、自立、自强、脚踏实地、勤奋敬业，做一个自食其力的劳动者。

3. 加强出监前职业技能教育。监狱、监区要从刑满释放人员回归社会生存发展实际出发，根据社会劳动力市场、社会安置帮教、重新就业培训等需要，立足监狱、监区劳动生产状况，在刑满释放前，重点把罪犯的出监劳动技术教育培训纳入整个社会再就业培训之中，加强罪犯职业技能培训，促使其更加规范，更加完善，更加适合监狱与社会发展形势，为刑满释放后谋生就业、创业打好基础。

4. 积极借助当地政府专门培训机构组织实施技能培训。监狱应当与当地的劳动和社会保障部门、职业技术学校、劳动就业培训中心合作，实施罪犯的技能培训工作。按照社会化发展要求，充分利用社会技术力量和培训资源，由政府就业培训中心负责罪犯的技术培训工作，包括培训计划、授课、考试、改卷、发证等。为了使技能培训工作健康发展，可以与当地的就业培训中心签订共建帮教协议，明确各自的职责、任务；与社会机构合作；还可以利用社会宣传、媒体宣传罪犯技术培训，扩大影响范围。利用政府专门培训机构实施罪犯的技能培训，既可以充分发挥他们的师资优势、教学经验，提高罪犯职业技能培训的教学质量和实际效果。同时，由他们负责培训、办证，具有较高的社会信誉度和专业权威，便于罪犯刑满释放后谋生就业。

---

〔1〕 夏宗素主编：《监狱学基础理论》，法律出版社 1998 年版，第 294 页。

5. 充分搭建监狱与社会的职业中介机构。为有利于罪犯回归社会后解决谋生就业的问题，监狱应积极探索、研究如何依托当地劳动和社会保障部门和职业院校、职业培训机构，建立职业中介机构，在监狱内设立无偿为罪犯就业服务的职业中介点，开展职业中介服务。定期与当地有关工厂企业（与本监狱有生产业务往来的单位）、社区联系，积极为刑满释放人员提供就业场所和就业机会。

三、罪犯刑满释放前劳动教育的问题协调

（一）妥善处理好生产劳动与教育改造的关系

监狱劳动生产和劳动教育的目的是一致的，两者应当相互促进，相互提高。劳动本身就是一种特殊的教育活动，罪犯通过劳动锻炼消除不劳而获的错误思想意识，养成热爱劳动的习惯；通过劳动磨炼罪犯的意志、毅力，起到矫正激励的作用。为此，监狱劳动改造作为一种教育手段，任何时候都必须坚持，任何忽视劳动作为教育挽救手段的观点都是错误的。劳动中有教育，教育又促进劳动，只有提高了思想认识，转变了错误观念，改掉了恶习劣德，罪犯才能自觉自愿参加生产劳动。监狱要统一思想认识，妥善安排好出监罪犯生产劳动与教育改造的时间，正确处理好两者的关系，保证罪犯劳动教育时间的落实。

（二）正确处理教育改造与狱政管理的关系

在押罪犯大多存在各种各样的不良习惯，改变他们的恶习，绝非仅靠单纯的教育就能完成，必须通过多种形式、多种方法，其中，狱政管理工作就是重要手段。严格的队列训练和行为规范教育、奖惩措施的激励与约束、专项整治和对违规违纪的处罚等措施都是管理中行之有效的手段。通过上述手段，可以使罪犯矫正恶习劣德，养成良好的行为举止、生活习惯。在行刑工作中不可偏颇，必须两者一起抓，寓教于管，寓管于教，齐抓共管，全面提高。

（三）正确处理严与宽的关系

“宽严相济”是新形势下党中央对政法工作提出的新的刑事政策，是对 20 世纪 80 年代“严打”刑事政策深刻反思后的理性回归，是践行科学发展观、树立以人为本核心价值观的体现。监狱、监区要切实遵行宽严相济的刑事政策要求，努力做到讲文明和宽松但不否认严格管理，讲严格但不悖于文明执法。文明管理、宽松管理都是在依法管理的情况下进行的。依法管理、严格管理、科学管理、文明管理是一个整体，应把监管场所的一切管理教育活动纳入法制轨道，纳入社会的监督之中。通过各种努力，确保监狱监区罪犯刑满释放前劳动教育朝着严宽相济、管理有序、教育有效、生产发展的良好格局方向有序运行。

四、罪犯刑满释放前劳动教育的实训规程

1. 刑满释放前，各监狱、监区开展罪犯劳动教育培训应立足于监狱和社会劳动生产发展的需求，以为合作方、社会培养熟练工、合格守法人才为突破口。①针对罪犯刑满释放后所掌握的知识技能长时间得不到运用很可能恢复到“零状态”，从而失去参与就业竞争机会的情况，监狱可以特聘生产项目合作方的技术人员为监狱的兼职职业技术教育老师，长期为监狱的生产技术提供技术指导和帮助；②出监前，在罪犯中广泛开展“岗位技术练兵”的活动，并通过“干啥、学啥、练啥、比啥”的劳动大比武，

强化出监罪犯的劳动技能教育培训，提高罪犯参加劳动生产教育培训的主动性、自觉性，提高劳动技术水平与效率，为合作方节约技术培训成本；③监狱积极主动开展与项目合作方的交流沟通，请合作方的经理、人事部、生产部等部门负责人到监狱、监区参观指导，积极为合作方推荐刑满释放罪犯，使合作方认识到安置罪犯就业不仅是社会各界的共同责任，还可以把监管场所作为他们用工的培训场地，缩短从新工人到熟练工的期限，降低合作方培训的费用，争取最大、最好的生产效益和社会效益。例如，据报道，辽宁省营口监狱邀请省人力资源和社会保障厅职业技能鉴定中心和省局教育处来狱，专门设立6个考场，228名从事缝纫行业的罪犯参加初级职业资格证书考试，为他们出监后就业提供从业资格证明。有些服刑人员释放后就被监狱合作厂家聘用，一些技术能手尚未刑满释放出监，厂方就发出了聘用要约，工资在1200~2000元之间，这样充分调动了罪犯服刑期间学习技术的积极性。

2. 严格培训考核，适时进行奖励与处罚。对认真参加劳动教育培训，表现一贯良好，取得合格证书或技术等级证书，在劳动生产期间表现好的罪犯，可给予奖励。符合减刑、假释条件的，可给予办理减刑、假释手续；对表现突出的，还可以给予必要的物质奖励。反之，对不积极参加出监劳动教育培训，混刑度日，其间严重违纪的罪犯，视情节按《中华人民共和国监狱法》和监狱生产的有关规定予以处罚，奖勤罚懒，鼓舞干劲。

3. 努力拓宽教育培训的经费来源。教育均应当有充分可靠的经费来源保障，对刑满释放前的罪犯劳动教育培训需要可靠的职业技术教育培训经费，可以从罪犯专门的教育改造经费中专项开支，专款专用，也可以依照劳动等部门职业技术教育经费的有关规定向罪犯适当收取，不足部分可以从生产收入中提取。对于改造表现较好、家庭经济困难、无力支付培训费用、年龄较大的罪犯，应适当减免其教育培训费用，确保这部分罪犯在出监前学到一定的实用技能。

此外，按照中央政法委关于大力推进社会矛盾化解、社会管理创新、公正廉洁执法“三项重点工作”的要求，监狱应当充分利用国家对劳动预备制定点培训单位的优惠政策，争取当地政府对监管场所职业技术培训的经费补贴，强化出监罪犯的劳动教育效果，为预防和减少重新犯罪，维护社会和谐稳定做出贡献。

案例实训

根据下面案例，运用所学理论知识分析监狱对刑满释放前开展劳动教育的有关内容程序要求。

“是大漠警官给了我第二次生命，给了我重新生活的勇气。我感谢所有帮助过我的监狱警官，你们让我在服刑中不但矫正了好逸恶劳的不良习惯，还学得一技之长，使我回到家乡很快就找到了工作。”这是兵团某监狱最近收到的一名四川籍刑满释放人员何某某寄回监狱的感谢信。近年来，由于注重加强服刑罪犯的劳动教育和就业指导，该监狱已经陆续接到了很多这样的感谢信。

何某某因为犯盗窃罪，被当地人民法院依法判处有期徒刑8年，被遣送某监狱服刑改造。入狱后，何某某常常以自己年龄大、家住农村、不需要技术为由，不积极参加监狱组织的劳动教育，甚至抵触管教，抗拒劳动。管教民警通过多次对罪犯何某某进行谈话教育，发现该犯存在错误的劳动观念，经常以年龄大、家住农村为由，逃避监狱组织各种劳动技能教育培训，流露出“学技术太苦，学技术没用，农村的活没有啥子技术，没有干不了的活”等言论。监狱管教民警了解到此情况后，详细调查了解了该犯捕前个人、家庭情况，得知何某某的妻子会干裁剪、缝纫活，何某某也乐意经常帮妻子干裁缝活，于是监狱根据该犯的兴趣、爱好、文化程度、改造表现等，随即专门拟定了个别教育计划，并与相关业务部门联系，根据何某某的情况把他推荐到某监区制衣车间，经过相应的技能培训，让其从事服装加工劳动，既发挥了他爱好缝纫技术的特长，调动了其参加劳动技能学习教育的积极性，又解决了刑满释放后的出路问题。

该监狱根据当前社会对缝纫技术工需求较大的实际，结合很多罪犯的就业意向：一方面，以罪犯刑满释放后的就业出路为着眼点，加强劳动岗位技术培训，促使每一位罪犯在服刑改造期间都能熟练掌握一两项相关的生产技术；另一方面，加强对罪犯刑满释放前的就业指导，帮助他们树立正确的就业观。同时，还加强与相关业务单位的联系，积极做好就业推荐工作。

目前，该监狱已有多名落实就业的人员给监狱寄回信件或打来电话表示感谢。例如，贵州籍刑满释放人员朱某不但自己在贵阳市找到了一份待遇不错的工作，对监狱民警表示感谢，还真诚地告诉民警自己还打算帮助推荐即将刑满释放的同犯唐某某到他所在的工厂工作。目前，唐某某也已开始在该厂上班，对未来的生活他们充满了希望。

根据这一情况，下一步，该监狱将在加强劳动教育的基础上，强化劳动技能培训，切实帮助服刑罪犯掌握一技之长，加强对罪犯刑满释放后再就业的培训指导，帮助他们解决好出路问题，巩固提高教育改造成果，更好地维护社会稳定。

思考：

1. 结合本案分析说明，监狱对刑满释放前开展罪犯劳动教育的主要内容和意义。
2. 刑满释放前罪犯劳动教育主要存在哪些问题？应当如何抓好有关协调工作？

中央政法委领导在讲话中指示：“监管场所要把改造人放在第一位，通过创新教育改造方法，强化心理矫治，提高罪犯改造质量，要把刑满释放人员重新违法犯罪率作为衡量监管工作的首要标准，确保教育改造工作取得实效。”

思考：

请问监狱应当如何认真贯彻落实“首要标准”，提高教育改造质量，预防和减少重新犯罪率，为推进“三项重点工作”、构建和谐社会做出积极贡献？

专题十二　罪犯职业技术教育

学习任务一　职业技能培训

学习目标与任务

了解罪犯劳动中常见的服装生产过程，掌握一般的服装生产工序和工艺要求，熟悉服装缝制常见质量问题及其解决方法。通过罪犯劳动管理者技能培训的学习，具备理解工艺单的能力，且能对缝制质量有一定的判断和改善能力。

一、服装生产环节

（一）服装设计

一般来说，大部分大中型服装厂都有自己的设计师来设计服装款式系列。服装企业的服装设计大致分为成衣设计和时装设计两类。

（二）纸样设计

当服装的设计样品确认后，就要绘制不同尺码的纸样。将标准纸样进行放大或缩小的绘图，称为“纸样放码”。目前，大型服装厂多采用电脑来完成纸样的放码工作，在不同尺码纸样的基础上，还要制作生产用纸样，并画出排料图。

（三）生产准备

对生产所需的面料、辅料、缝纫线等材料进行必要的检验与测试，材料的预缩和整理，样品、样衣的缝制加工等。

（四）裁剪工艺

把面料、里料及其他材料按排料、划样要求剪切成衣片，还包括排料、辅料、算料、坯布疵点的借裁、套裁、裁剪、验片、编号、捆扎等。

（五）缝制工艺

缝制是整个服装加工过程中技术性较强，也较为重要的成衣加工工序。它是按不同的款式要求，通过合理的缝合，把各衣片组合成服装的一个工艺处理过程。所以，如何合理地组织缝制工序，选择缝迹、缝型、机器设备和工具等都十分重要。

（六）熨烫工艺

成衣制成后，经过熨烫处理，达到理想的外形，使其造型美观。熨烫一般可分为生产中的熨烫（中烫）和成衣熨烫（大烫）两类。

（七）成衣品质控制

成衣品质控制是使产品质量在整个加工过程中得到保证的一项十分必要的措施，

是研究产品在加工过程中产生和可能产生的质量问题，并且制定必要的质量检验标准。

（八）后处理

后处理包括包装、储运等内容，是整个生产过程中的最后一道工序。操作工按包装工艺要求将每一件整烫好的服装整理、折叠好，放在胶袋里，然后按照装箱单上的数量分配装箱。有时成衣也会吊装发运，将服装吊装在货架上，送到交货地点。

二、服装缝制工程

（一）缝纫设备和附件

服装缝设备整体的发展方向是自动化、集成化以及智能化，对于单一的缝制设备来讲，发展趋势是向节省能源、易于操作、提高操作精准、功能多样化等方向发展。例如，有的缝细设备具有不用倒回针也能保证线迹两端头“不脱、不散”的功能；在润滑方面从有油到微油至无油方向发展，以减少甚至消除油污对缝料的污染。

1. 缝纫机分类及主要技术指标。从缝纫设备形成线迹的种类上，可以区分不同类型的缝纫机，如 100 类和 300 类线迹的我们通常称为平缝机，100 类是链式线迹平缝机，主要用于针织服装和袋子封口加工，300 类是梭式线迹平缝机，是最常用的梭织服装加工设备；200 类俗称“珠边机”，即拱针工艺；400 类和 600 类称为绷纫机用于各类针织服装加工，而 600 类增加了很多饰线，使服装外观更加美观；500 类称为包边机，主要用于包边工艺。有时为了简化分类，将加工 200、400、500、600 类线迹统称为特种机。

缝纫具体的技术指标可以从缝制方式、针数、线数、旋梭的形式和种类、缝制品厚度、送布方式、是否有附加功能装置以及速度能力等方面来区分。

2. 缝纫附件的分类。根据 JUKI 公司的相关资料，附件可以分为以下七类：

（1）压脚类：如压脚、针板、送布牙。

（2）引导器定规类：如活动限位板、H 型限位板、导轨限位板等。

（3）卷具拉筒类：如各类卷边器、折边器、包边器等。

（4）案内具类：如布带转盘、钮扣定位器等。

（5）直接装置类：如橡筋带装置、转换压脚等。

（6）间接装置类：布条切割装置、送布条装置等。

（7）其他类：不能归入以上分类的。

（二）缝制前裁片预处理

1. 裁片的前处理。服装缝制工程要有工程质量意识，管理注重各项工作围绕共同的目标开展。各项工作环环相扣，后道作业的要求即是前道作业的工作目标，即前道作业要为后道作业服务。因此，裁片要经过合适的处理，满足缝制工程的要求后才能进入缝制环节。

（1）验片。由于面料疵点等原因，有些裁片会成为疵品片，操作员工翻看，遇上疵品片及时要换片，放原位置补齐，不让有残次衣片流入缝制工序。

（2）标注信息。为了使一件服装衣片来源于铺布的同一层面料而减少色差，衣片上要打号或者写号；有 RFID 系统进行过程管理的还要绑信息卡等。

（3）标示后工序位置。通过画记号、打剪口、打线钉或者扫粉等方式，为后道缝制标示位置，以方便后道工序操作。

2. 裁片黏衬。为了确保裁片的形状在缝制中不发生改变，形成并保持服装造型，同时便于后续的缝制加工，需要针对部分裁片或者裁片的部分位置，进行黏衬操作。

黏合衬与面料配伍很关键，配伍性要从以下几方面考虑：

（1）衬的基布：按照衬的基布种类可以分为机织衬、针织衬和无纺衬。基部的弹性不同所匹配的面料也不同、如针织或者弹性较大的机织面料要使用针织基布衬。

（2）胶粒大小数量：每平方厘米胶粒数量及大小不同，匹配的面料厚度也不同。将一定数量的大胶粒融化后，渗透较深，进而产生较大黏合力，就要匹配厚重面料，如果匹配轻薄面料，黏合后就可能产生面料正面渗胶现象。

黏合牢度是黏合质量很重要的一个方面，用“剥离强度”这个指标来评判。覆黏合衬面料应手感柔软，面料弹性不受影响，正面不能渗胶、起泡等。

为保证黏合面料不脏污，黏合衬应有单独样板，衬的样板应比需要黏合面料样板周边小0.2cm，以免出现胶粒融化后污染黏合机的传送带的情况；有些面料通过黏合机后会改变颜色，导致不需要黏合的裁片与过黏合机裁片产生色差，此时就需要将所有裁片都过一下黏合机，保证裁片色彩的一致性。

缝制前裁片预处理，是良好缝制的基础，只有裁片经过以上所需的前处理，并能够保障质量，才能够使后续的缝制作业质量得到保障。

（三）缝纫工艺与质量

1. 服装缝制质量。服装产品的质量分为外观质量和安全及内在质量，涵盖生产各个环节，与缝制相关的质量主要从以下三方面考虑。

（1）外观。指通过缝制和整烫后服装的整洁度、色差、辅料的状态及其与标准要求的差距。可以从色差、疵点、整洁度和对条对格判断。

（2）缝制。指通过缝制服装的对称部位、针制线路等与标准的差异，可以从线迹平顺、后线迹密度、跳针断线等方面判断。

缝制质量主要与缝纫机、缝针、线及其配伍有关。此外，企业生产实际表明，梭芯也会影响线迹的稳定性进而影响到缝制质量，因此缝制质量的影响因素较多，在生产过程中应注意多角度把控缝制质量问题。

（3）外型尺寸。指通过缝制和整烫后尺寸的稳定性及其与标准要求的差距。可以分为平整挺括度、左右对称性和尺寸允差。这部分也与缝制有关。可以通过工艺样板、模板技术等方式，改善尺寸和对称性的问题。

2. 缝制质量问题及解决方案。缝制质量问题是服装生产过程中需要重点关注的问题，对服装产品的总体质量有着重大的影响。缝制质量的主要问题及解决对策包括：

（1）跳针、断针及断线。跳针和断针可以从机针选择不当、缝纫机调整不好，如机针位置不对，以及缝纫线品质差异三方面考虑改善；

断线一般需要调整缝纫线张力，使用品质好、条干更加均匀的缝纫线，使用熔点更高的缝纫线等。

（2）线迹缩皱。是指服装面料经过缝制加工后沿线迹产生的皱缩现象。例如线迹两边凹凸不平，长度缩小，缝口起皱，产生波纹，上下两层面料移位等都属于线迹缩皱。线迹缩皱是缝制中经常出现的问题，它对服装产品的外观质量有很大的影响。线迹缩皱的产生通常与缝纫机因素、面料性能、操作员技术和责任心等相关。

(3) 织物损伤。织物损伤一般为不可逆损伤，会直接导致缝制中的换片，大大降低缝制效率，织物损伤分为机械损伤和热损伤。

机械损伤通常有两种，一是缝料强度小而机针过粗、针尖选择不当致使纱线断裂，产生缝料孔洞；二是强度大、密度高的长丝织物在遇上机针使用时间过久，针尖产生毛刺导致几根长丝在面料上抽紧或者印花面料长丝反面露出产生“翻纱”。如果是非常容易勾丝的面料，在进行操作的时候还需要戴上手套。

热损伤是由于合成纤维缝料与机针摩擦，导致机针过热，使缝料产生熔融孔洞，或者合成纤维缝纫线熔融等状况，此时应降低缝纫速度或者使用涂层机针降低摩擦力。

3. 专用工艺与缝制质量。由于人体的曲面结构以及长久以来形成的对服装审美需求，服装生产工艺不断发展，这些工艺也会影响缝制质量。

(1) 容量。容量俗称吃势，为了使服装穿着舒适且满足人体活动规律，使平面的衣片呈现立体效果，这就需要在缝制过程中借助容量来实现。容量的质量标准要求收拢均匀，不要有明显量，外观自然。

容量的多少是由服装部位的需要决定的，需宽松一些的部位，衣片中可多预放一些容的余量，所放余量越多，容量就越大。但是余量过大，单纯靠缝合过程收拢，较为困难，可用模版辅助把容量收拢均匀。

(2) 里外匀。所有服装止口都要做到里外匀，止口不能反吐、外漏。将面料两层缝合，翻出止口，从口正面看，只能看到上层正面的衣缝。可以采用一定的缝制手势或者使用模版辅助来实现。

(3) 归拔。归拔工艺作为传统服装处理方法，是借助熨斗等工具，使面料经纬密度和方向产生变化，改变服装某部位的造型，呈现高低起伏的状态，更加适合人体体型的曲线变化，使服装外观饱满或者减少空量。例如西装上衣的推门，西裤的拔裆和拔脚、连衣裙后拉链的拔量等通过归拔工艺可使上衣胸部圆顺饱满，裤子臀部容量更大。

(4) 缝份量

服装所用的面料、里料与缝份是否适合；服装所采用的缝型与缝份是否适合；卷边缝的外观是否出现斜裂现象；下裆缝、后裆缝等对强力有较高要求的部位缝份是否适当等。缝份量的适当与否直接影响服装的缝制质量，一般缝纫工人都是按照标准的缝份量进行服装缝制的，缝份量不正确，就可能导致成品尺寸的不准确，影响服装缝制质量。

训练情境

一、拓展训练 1

列举你在购买服装过程中，最不能忍受的五种瑕疵，并指出为什么会造成这些情况以及解决方案。

二、拓展训练 2

找一件制式服装，针对服装的缝制质量进行评价，并指出该成衣在服装生产的各个环节及流程。

三、质量标准

某服装生产车间服装检验标准

（一）规格尺寸应严格按照工艺单要求

（二）各部位检验要求

1. 衣领部位：上衣正面朝上，两手抓住领端，目测上压领于里线、翻领翻折的形态，后把衣身翻转，底领与衣身缝合的线迹是否匀称，底领与翻领结合的压线针距是否达到标准一致。领子对折，看领角长度是否一致，领角头是否方正或圆顺。看左右前领圈的长度是否一致，并且肩缝的两边缝迹是否对称，领口宽窄一致，左右对称。休闲西服领子驳头的长短、宽窄是否一致。(可根据款式的不同变化而定)。衣领位置是否装正，衣领翻折线是否在设计的位置上，衣领的领面是否平服，衣领的领角是否有里外匀；衣领的左右两边丝绺、条格是否一致，衣领弯曲后形态是否自然圆顺，里侧是否有多余的皱褶，驳头表面是否平服，驳头是否能自然驳下；左右的驳头的拨折位置是否在规定的位置上，并对称。驳头的里侧是否反吐；领、驳部位的纽眼是否美观，衣领部位挂环是否牢固，位置是否正确。

2. 肩部部位：肩部是否顺直、不歪斜；肩斜是否下塌，前肩部是否平服，有无多余的皱褶；垫肩是否恰当，位置是否合适。

3. 前衣身：前门襟止口是否顺直、不歪斜、平服。衬布与面布是否相符；胸部的造型是否美观；止口的缝制是否美观，前身的领口贴边是否平服。

4. 挂面部位：挂面是否平整、平服；挂面里侧的嵌线是否牢固；挂面在胸部是否牵紧。

5. 衣袖部位：袖缝是否平服，前袖缝的吃势是否适当。袖子的里布攥线是否牢固、平服；袖子的前后位置是否正确；两袖肩缝至两袖后缝的距离是否一致，袖山缝缩量分配是否恰当，目测装袖缝是否美观；袖山侧型是否丰满，袖口的形态是否美观。两手拿住袖口外端看袖口一周，缝迹是否有跳针，衣袖是否能贴近衣身。袖衩与袖克夫的接缝是否顺直。

6. 侧缝部位：侧缝是否平服，侧缝的面、里布攥线是否牢固。

7. 后背部位：背缝是否平服，后背的盖背是否美观，后背的装领部位是否平服。

8. 口袋部位：胸袋的宽窄是否一致，位置是否正确。腰袋的袋盖是否一样宽，位置及形态是否左右一致，腰袋口两端是否加固，嵌线布与袋垫的布边处理是否恰当，里袋的嵌线宽窄是否一致。贴袋的前边的丝绺与门襟的丝绺是否一致，左右对称互差不大于 0.5cm，下边的丝绺与下摆的丝绺是否平行。手伸进口袋底部是否有漏缝的，条料对条，格料对格，互差不大于 0.4cm，遇到格子大小不一致，以袋前部位为准。

9. 下摆部位：下摆的折边是否合适，下摆缝是否疏粗一致，是否会影响布料的正面，下摆的暗缝线是否平服，下摆的明线是否美观，门襟是否重叠过多或过少，上片与下片长短是否一致，门襟的转角部位是否平服。

10. 里布部位：里布的缝迹是否平服，里布在纵向、纬向是否有必要的余量，袖里布、肩里布宽松量是否恰当，里布下摆缝是否平服，横向是否过紧或过松，驳头里侧的里布纵向是否有宽松量，侧缝的裁边处理是否美观。

11. 关于线头：里外的线头是否剪尽。

12. 贴粘合衬：整件衣服的粘合衬部位是否粘合牢固，有无起泡或起皱的现象。

13. 商标、尺码、水洗标是否在工艺单所设定的位置，并是否缝合牢固。

14. 检验抽样方案及抽样数量的规定

总结：最终产品标准以样品为标准。

抽查周期：每天以 2 次为标准。

<table>
<tr><th>批量 N</th><th>一次正常抽验表</th><th>一次加严抽验表</th><th>判定规则</th></tr>
<tr><td>91～500</td><td>20</td><td rowspan="2">32</td><td rowspan="6">按一次正常抽样如发现 1 件不合格，进行加严抽样，若仍有不合格品判定为整批不合格；一次正常抽样发现两件或两件以上不合格品判定为整批不合格。</td></tr>
<tr><td>501～1200</td><td>32</td></tr>
<tr><td>1201～3200</td><td>50</td><td>50</td></tr>
<tr><td>3201～10000</td><td>80</td><td>80</td></tr>
<tr><td>10001～35000</td><td>125</td><td>125</td></tr>
<tr><td>35001～150000</td><td>200</td><td>200</td></tr>
</table>

讨论与思考

1. 裁片经过哪些处理才能够进入缝制环节？
2. 裁片黏衬有什么样的要求？
3. 缝纫设备和附件主要有哪些？

阅读书目

1. 马旖旎主编：《服装生产管理》，东华大学出版社 2013 年版。
2. 孙玉钗主编：《服装生产管理》，东华大学出版社 2022 年版。

学习任务二　罪犯劳动竞赛

学习目标与任务

了解罪犯劳动竞赛的概念和意义；掌握罪犯劳动竞赛的操作要领和工作流程；掌握罪犯劳动团队文化的概念、意义和建设途径。

一、罪犯劳动竞赛的概念和意义

罪犯劳动竞赛是指监狱在对服刑罪犯执行刑罚、教育改造过程中，运用比、学、赶、帮、超等竞赛形式，通过在组织监狱之间、监区之间、罪犯小组之间以及罪犯个人之间开展劳动竞赛，达到激励先进，鞭策后进，带动中间，促使罪犯在劳动态度、劳动观念、劳动技能、劳动效率、劳动成果等方面都有所提高的劳动组织形式和方法。监狱积极组织开展罪犯劳动竞赛具有非常重要的现实意义。

（一）有利于端正罪犯的劳动态度

态度决定命运，细节决定成败。目前，监狱在押罪犯有相当多的一部分，就是受错误的劳动观念影响，形成错误的劳动态度，他们虽然自身多是劳动人民家庭出身，却看不起劳动人民、看不起劳动。对于监狱、监区组织开展的劳动生产活动，往往持消极态度，不愿意参加劳动、抵触劳动、厌恶劳动，甚至绞尽脑汁、挖空心思逃避劳动、抗拒劳动改造。

（二）有利于增强罪犯的劳动意识

从罪犯群体看，他们走向犯罪道路、沦为罪犯的一个重要原因就是贪图享乐、好逸恶劳，缺乏劳动感情和劳动意识，即使在监狱中也缺乏主动的劳动意识。开展劳动竞赛就是让罪犯在劳动竞赛中逐步养成主动的劳动意识，培养热爱劳动、劳动快乐的感情，树立劳动光荣思想观念。

（三）有利于培养罪犯的劳动技能

罪犯在服刑改造期间所学、所掌握的劳动技能是他们今后回归社会重新择业、就业的重要条件。监狱在组织罪犯进行劳动时，有计划、有步骤、有意识地通过劳动竞赛的形式来提高罪犯的劳动技能，促使他们熟练掌握一定的劳动技术，对于他们回归社会重新就业、预防重新犯罪、维护社会和谐稳定具有积极的现实意义。

（四）有利于促进生产效益的提高

监狱定期、不定期地通过组织罪犯参加劳动竞赛，可以激励罪犯自觉改造的积极主动性，提高劳动生产率，并使监狱的劳动成果在积极的竞争中得到明显提高，激发罪犯珍惜劳动成果、创造财富的美好愿望。

二、组织罪犯劳动竞赛的工作流程

（一）制定科学可行的劳动竞赛实施方案

组织劳动竞赛的监狱监区，在组织实施活动之前，要本着教育矫治性原则、经济性原则和统筹兼顾的原则，制定详细的竞赛实施方案。

（二）进行全面深入的广泛宣传动员

为确保劳动竞赛能有序开展并取得预期效果，要以监狱、监区、分监区或者罪犯劳动小组等为单位，组织罪犯进行广泛的劳动竞赛动员。由于罪犯劳动竞赛是教育矫治罪犯的一项行之有效的重要措施，因此，作为组织罪犯劳动竞赛的监狱人民警察，一定要提高思想认识，做好宣传动员工作，切实让罪犯懂得开展劳动竞赛的目的、意义和基本要求，使罪犯认识到劳动竞赛与自身思想改造、与自身前途、与学会做人、学会做事的重要关系，排解和消除他们对劳动竞赛的抵触情绪和错误认识，使其不仅从思想认识上高度统一，还要以饱满的热情和激昂的干劲投入到竞赛活动中来，并努力在劳动竞赛中悔过自新，见贤思齐，争先创优，重新做人。

（三）加强罪犯劳动竞赛的组织实施

监狱、监区在宣传动员基础上，宣布劳动竞赛开始和结束时间，公布劳动竞赛规则和监督检验标准及考评成员名单。本着公平公正的原则，适当对罪犯劳动岗位进行相应调整，或者按原岗位以班组为单位开展劳动竞赛。

（四）罪犯劳动竞赛的监督验收和奖惩

监狱、监区罪犯劳动竞赛组织机构和监督检验组成员对劳动竞赛过程进行监督检查，并于劳动竞赛结束后，按劳动竞赛标准，对成果进行检验，确定优胜者。劳动竞赛结束后，组织者宣布优胜者名单，按劳动竞赛实施方案规定的奖励条件兑现相应的表彰奖励。同时，要号召全体罪犯向优胜者学习，在罪犯中掀起劳动“比、学、赶、帮、超”的热潮。对竞赛活动中表现较差或组织不力的小组和个人要进行适当的批评教育，以达到抑恶扬善、激励先进、鞭策后进的功效，使劳动竞赛与罪犯个人利益和前途挂钩，促使罪犯劳动竞赛永葆生机与活力，进一步巩固监狱劳动改造的效果，全面提高教育改造质量，预防和减少重新犯罪率，为实现监狱工作“首要标准”奠定良好基础。

三、组织罪犯劳动竞赛的操作要领

1. 周密计划，合理确定罪犯开展劳动竞赛的形式。监狱、监区组织开展罪犯劳动竞赛有多种形式，根据罪犯劳动生产活动的特点，监狱、监区组织罪犯开展的劳动竞赛形式主要有以下几种：

（1）罪犯之间掌握劳动熟练程度的竞赛。在罪犯入监初期，监狱、监区一般都会根据本所劳动生产项目内容，组织罪犯进行相应的劳动生产教育培训，对某一类相同项目的劳动内容在一定时间后，进行熟练程度竞赛，以便促进罪犯对劳动技能的把握；也可以根据实际进行书面知识和实际操作相结合的竞赛。

（2）罪犯相互之间劳动产量、质量竞赛。监狱、监区应当根据不同生产内容，在同类生产项目中组织罪犯开展以质量、产量为主要内容的劳动生产竞赛，这种竞赛可以细化到人，并可根据每个人完成合格产品的数量、效益，确定某一时段的排列前位人员。

（3）罪犯班组之间劳动效益的竞赛。有些劳动项目不适宜以个人形式开展竞赛，有些虽然适宜个人开展，但监狱、监区出于监管改造和教育矫治的需要，把劳动能力参差的个人平均分配各班组，以班组的形式开展劳动竞赛，更有利于罪犯的教育改造和团队意识的培养，增进相互间的团结。班组之间的劳动竞赛，不注重个人的劳动能力，而是注重团队的创造力，主要看罪犯整体劳动效益的高低。

（4）监狱与监区、监区与罪犯之间的安全生产竞赛。维护监管安全稳定是监狱的天职，安全生产应当成为罪犯劳动竞赛的重要形式，主要以监狱或监区为劳动竞赛单位，开展生产效益与安全生产的各类竞赛，在安全生产的前提下，考核生产效益，培养罪犯的安全生产意识。

2. 科学决策，根据不同竞赛类型，制定切实可行的劳动竞赛实施方案。以监狱或监区为单位，对劳动竞赛活动进行研究讨论，制定切实可行的劳动竞赛具体方案。劳动竞赛具体方案一般包括：目标任务、活动时间、实施方案、具体步骤、考核标准、监督检查、奖励惩罚措施、实施过程中所要注意的问题等。

3. 广泛宣传，全员教育发动。①召开监狱、监区全体民警宣传动员大会，宣布劳动竞赛活动的意义、目的及竞赛期间对监狱民警的要求；②召开监狱、监区或全体罪犯劳动竞赛宣传动员大会，进一步阐明劳动竞赛活动的目的、意义、纪律要求和具体的实施内容；③加强宣传动员，印发竞赛活动宣传单、宣传手册，让每一个罪犯认真学习和领会；④充分运用监狱监区板报、墙报、黑板报、监内小报、电台、闭路电视、文艺表演等形式进行宣传教育。

4. 扎实做好竞赛活动统计和资料积累工作。根据劳动竞赛活动方案：①科学制作各类表格资料。罪犯劳动竞赛表格一般包括日进度表、周累计表、月总计表、产量表、质量表等。②及时登记各种竞赛活动数据，准确记录竞赛活动期间的好人好事和违规违纪行为。③定期公布和评议，接受全体罪犯监督。监狱、监区应当在一定时间段内，如每日、每周、每月，定期公布竞赛活动进度、效果、特点以及成绩排名情况。允许罪犯咨询并提出异议，负责监督考评组织机构要及时解答罪犯咨询意见并作出公正裁决，以维护劳动竞赛活动的严肃性和公正性。

5. 公示劳动竞赛活动名次，兑现奖惩。根据劳动竞赛活动方案，经监督考评组织机构认真核对评介后，及时将劳动竞赛活动最终获得名次成绩等情况予以公示，接受有关部门与全体罪犯的监督，对不同意见，应及时进行调查、核对并根据实际情况做出客观公正的处理。对获得名次的集体和个人，通过大会形式予以兑现表彰奖励。

四、组织罪犯劳动竞赛的有关问题协调

罪犯劳动竞赛，是监狱监管改造和教育矫治罪犯的一项有力措施，对于激发罪犯参加劳动生产、学习劳动技能具有积极的现实意义，但这一手段在具体运用过程中要注意以下几点：

（一）劳动竞赛要注重发挥教育矫治功能

劳动竞赛活动结束后，监狱、监区要及时开展向劳动竞赛先进集体和个人学习活动，不能为竞赛而竞赛，而是要通过竞赛活动起到教育矫治的效果，提高教育改造质量。要善于及时总结回顾劳动竞赛活动经验，积极修正不足，为今后更好地组织劳动竞赛积累丰富的经验，取得扎实效果。

（二）劳动竞赛不能经常性开展

如果监狱、监区接二连三地开展劳动竞赛，容易使劳动竞赛变味，使罪犯产生逆反心理或打疲劳战。竞赛毕竟具有一定的竞争性，不能过多或连续开展，否则就会失去应有的作用，变得庸俗化、利益化。要考虑罪犯心理承受能力，防止个别罪犯因劳动竞赛而产生畏惧心理、抵触心理甚至抗拒心理，引发不安全事故，影响正常改造秩序。

（三）不能以唯劳动生产效益为目的

劳动竞赛虽然具有提高劳动生产效率的作用，但监狱举行各种类型的劳动竞赛还是要从监管改造与教育矫治人的目的出发，把劳动竞赛作为改造罪犯的一种手段来运用。例如，某监区生产单位宣传条幅上，打出了“大干二十天、誓夺二十万”的豪言壮语。如此做法并非把罪犯改造质量当作监狱考察民警工作业绩的第一指标，实质上出现了“生产第一、改造第二”的状况。可想而知，在这种环境的影响下所建立的一系列评价和激励机制，怎能不以监狱生产为核心？结果导致罪犯的劳动潜能大打折扣，主观能动性变为消极应付所分配的生产任务，进行机械式劳动。因此，在制定劳动竞赛方案时，要把握好尺度，坚持效益服务于教育的宗旨，不能以效益为目的，应更加注重罪犯热爱劳动意识的教育和劳动习惯、劳动技能的培养。

（四）对竞赛优胜者的奖励要科学公正

对开展竞赛的优胜者，必要的奖励是应该的，但奖励不能过高、过窄、过滥，而应注意覆盖面，要调动大多数罪犯参与劳动竞赛的热情和积极性。

（五）正确运用警示和导向作用

对在竞赛过程中违反规则而取消竞赛资格的罪犯，分管民警要及时做好个别教育和思想转化工作，警示鞭策，正确引导，促其迎头赶上。

案例选编

案例一

某监狱召开表彰奖励大会，对获得改造积极分子的服刑罪犯予以表彰奖励：

××监狱组织开展罪犯劳动竞赛活动方案

按照省司法厅、监狱管理局的指示精神，为了进一步调动罪犯参加劳动的积极性，强化罪犯劳动改造手段，培养罪犯热爱劳动的感情和熟练掌握劳动生产技能，巩固劳动改造效果，提高劳动改造质量，经研究决定9月份在全监狱范围内开展以“大干30天，向国庆60周年献礼”的劳动竞赛活动，现将有关竞赛活动方案公布如下：

一、竞赛活动目标

通过开展“大干30天，向国庆60周年献礼”劳动竞赛活动，促使罪犯进一步养成遵纪守法的良好习惯和积极劳动的自觉行为，在竞赛中感受劳动成果的来之不易，在竞赛中提高对劳动技能的熟练掌握，从而为刑满释放后重新走向社会、成为自食其力的守法公民奠定良好的基础。

二、竞赛活动时间

自9月1日起至9月30日止。

三、竞赛活动内容与考评标准

此次以“大干30天，向国庆60周年献礼”为主题内容。劳动竞赛活动采取集体与个人相结合的方式进行。集体以小组与小组之间为单位进行。同时，考核个人在活动中的成果成绩，以日记载、周汇总、月末总结评比的形式开展，每日满分为10分，罪犯每日个人得分即为自己的得分，小组成员得分合计为小组共同得分。

每日考评标准：

1. 比遵守纪律好。4分（得分：　　）

严格遵守，未因违反劳动纪律或规定受到民警批评和处罚。发生一起事故扣1分。

2. 严格遵守劳动纪律和生产安全规定。

刀具及钝、锐器未进行固定的扣1分，未掌握消防安全知识的扣1分，未按定置管理要求摆放物品的扣0.5分，缺少设备卡、姓名牌、卫生差的扣0.5分。

3. 比劳动效益好。3分（得分：　　）

每日按时完成劳动定额。

个人每日生产任务完成在小组最后一名的扣1分，每前进一名少扣0.1分；小组在监区每日最后一名扣1分，每前进一名少扣0.1分。

未能按规定完成劳动任务每日定额的扣2分。

4. 比劳动质量好。3分（得分：　　）

劳动产品质量优秀率达标。

产品优秀率未达到50%以上的扣1分，未达到70%以上的扣0.5分。

因质量问题造成返工的扣0.5分。

因质量问题造成返工并影响整体劳动任务按时完成的扣1分。

四、竞赛奖罚规定

竞赛活动设集体奖三名：对获得集体第一名的奖组长30分，组员20分。对获得集体第二名的奖组长20分，组员10分。对获得集体第三名的奖组长10分，组员5分。竞赛活动设个人奖10名（第一名1个，第二名3个，第三名6个）：第一名奖30分，第二名奖20分，第三名奖10分。

对获得个人奖励的罪犯，同时可以享受所在小组的奖励。对活动期间有严重违规违纪行为的罪犯或发生重大质量事故的小组和个人，按监狱安全生产管理办法的有关规定予以处罚，并取消评比资格。

五、评比组织和方式

监狱、监区成立由单位领导、分管民警和有关人员组成的考评小组负责考评，坚持公平公正，以日考核、周汇总、月总评的方式进行，并及时予以公示，欢迎有关部门和全体罪犯监督。

××省第×监狱
2010年9月23日

案例二

根据××监狱组织开展罪犯劳动竞赛活动方案，并运用所学理论知识思考：

1. 监狱组织罪犯开展劳动竞赛的意义。

2. 监狱组织罪犯开展劳动竞赛的操作流程和有关问题的协调。

阅读某监狱“迎国庆百日安全生产竞赛”活动材料：

2009年7月，为庆祝新中国成立60周年，某监狱经过研究决定，在全监狱开展“迎国庆百日安全生产竞赛”活动。在监狱党委书记、政委张某某，监狱长陈某的亲自领导指挥下，召开专题会议进行研究部署。监狱有关部门相互协调，拟定出“迎国庆百日安全生产竞赛”活动计划与目标、竞赛实施方案、活动程序、竞赛检查评比标准及表彰奖励方案。

按照计划，此次竞赛活动分为三个阶段：6月20日~30日为宣传动员阶段；7月1日~9月30日为组织实施阶段；10月1日~10日为评比验收阶段。

劳动竞赛活动以监区为基本参赛单位，包括监狱一监区、二监区、三监区、四监区。竞赛内容主要有：①比劳动教育到课率；②比劳动教育考核合格率；③比劳动生产成绩大小；④比劳动生产安全无事故无违纪；⑤比劳动团队协作精神；⑥比劳动生产中的好人好事。竞赛活动由监狱统一领导组织，狱政科、教育科、生产科具体负责，实行监区一把手主管，有关部门积极参与，按照计划，分阶段、分内容、分步骤实施。监区、分监区把每一阶段的竞赛内容细化分解，目标明确，责任到人。

在监狱的正确领导下，经过100天的努力，终于圆满实现百日安全生产目标。按照竞赛活动目标责任，监狱、监区统一组织，采取一阶段一检查、一阶段一评比，做到专项检查和全面检查相结合，定期检查和突击检查相结合，防止走形式、走过场，杜绝弄虚作假。同时，及时由监狱统一把各监区各阶段劳动竞赛开展的情况、取得的成绩、存在的问题、好的经验做法张榜公布，通过监狱新闻播报、育新小报、板报、墙报等进行宣传，对竞赛中涌现出的好人好事、先进单位予以表扬奖励。最后，三监区在竞赛当中由于领导重视，组织得力，措施有效，成绩突出，名列第一。同时，对竞赛活动当中涌现出的40名积极分子给予了奖励。

学习任务三　罪犯职业技术教育

学习目标与任务

了解罪犯职业技术教育的历史渊源及宏观背景；掌握罪犯职业技术教育的实施情况，加深职业技术教育对罪犯刑满释放后回归社会意义的理解和认识。

对罪犯实施职业技能教育，具有充分的历史渊源、宏观背景与法制依据。十多年来，通过政府机关的积极推动、行业组织的爱心帮扶、监狱机关的自身探求、监狱与社会的联姻合作，罪犯职业技能教育有了很大的实践推进。但是受改造经费有限、罪犯需求迥异、监管安全考量等因素影响，罪犯职业技能教育开展还面临诸多困囿。深化罪犯职业技能教育，需要更新发展理念、健全教育模式、创新工作载体、充实办学资金、汲取社会营养，不断提升职业技能培训的整体效能，积极打造具有区域特征与时代特色的职业技能培训活力磁场。

15年来，随着监狱体制改革的稳步推进与落地实施，监狱改造方略与改造机制日趋回归本原，深入推进对罪犯的职业技能教育，不断提高罪犯回归谋生的信心和本领，已为现代监狱回归教育刑的目标转向与职能转型提供了目标遵循。改造罪犯的初心和使命，决定了监狱治理的工具引用与路径依赖必须与时俱进，在实践中彰显科学、正当与理性。

一、罪犯职业技能教育的缘起和支撑

对罪犯实施职业技能教育，是现代监狱无法回避也无法绕开的重大改造议题，具有充分的历史渊源、宏观背景与法制依据，其政策支撑主要表现在：

（一）肇端于近代监狱改良的行刑探寻

1901年8月，两江总督刘坤一、湖广总督张之洞联合三次上奏《江楚会奏变法三折》，其中第二折为《整顿中法十二条折》。该折中明确提出，必须在监狱内设立工艺部门，教习囚犯一定的生存技能，使其获释后可以另谋出路、改过自新。1902年，山西巡抚赵尔巽上奏《奏请各省通设罪犯习艺所折》。在该折中，他详细论证了创办习艺所的“十益”，即“拘系本地，众知儆惕；管束有所，不致逃亡；见闻不广，习染不深；各营工艺，使生善心；力之所获，足以自给；与人隔绝，不滋扰害；系念乡土，易于化导；护解无庸，经费可省；本籍保释，的确可靠；即或疾病死亡，仍获首邱，法中有恩。”[1] 赵尔巽的奏折是中国监狱史上最早系统阐述习艺改造要义的文书。受清末一系列监狱改良主张与举措之启发，建于1904年的天津习艺所，开设有织布、织毯、缝纫、木器、种植、造纸等六科，所内专门设有陈列室，产品向社会销售；[2] 1912年，京师模范监狱建成后，为组织罪犯劳动习艺，开设了织工科、木工科、缝纫科、洗濯科、板金科等九科。[3] 这些探索为中华人民共和国成立后罪犯职业技能教育发展提供了宝贵的史鉴和参照。

（二）循习于当代国际行刑界的通行做法

为提高罪犯刑释后的谋生技能，大部分国家十分注重罪犯出狱前的职业技能培训。如《欧盟规则》第71条规定，监狱劳动应当被认为是矫正、训练与罪犯管理的一个积极性因素；应当向罪犯，特别是青少年犯提供职业训练；在职业选择范围与监狱管理范围内，罪犯有权选择一种与其理想的职业类型一致的劳动种类。[4] 2003年，美国联邦监狱局成立了罪犯技能培训项目部门。2006年，美国联邦监狱局面向罪犯共开办了337个职业技能培训班、542个学徒班、148个高等职业培训班，完成学业的罪犯达11623人；[5] 2010年，联邦监狱局又新增了三类就业培训项目：一般职业培训项目，

---

〔1〕 翟中东：《矫正的变迁》，中国人民公安大学出版社2013年版，第63页。

〔2〕 于语和、秦启迪：“近代模范监狱建设经验与启示——以天津小西关监狱为个案”，载《中国监狱学刊》2017年第1期。

〔3〕 参见由中国监狱学会1997年编印的由薛梅卿等人编写的《清末民初改良监狱专辑》一书。

〔4〕 翟中东：“罪犯劳动的地位：国际的视角”，载《中国监狱学刊》2009年第5期。

〔5〕 宋烈、叶刚等编译：《美国联邦监狱局工作透视》，法律出版社2013年版，第88、319页。

如动物驯养、叉车操作等；高等职业培训项目，如汽车维修、自主创业等；学徒项目，如食品烹饪、太阳能技术、景观维护、牧师服务等。[1] 英国于2001年设立了“罪犯学习与技能培训科”，为提高罪犯出狱后就业率，英国将罪犯纳入就业求职系统，不仅向罪犯介绍职位，还向罪犯提供就业培训。[2] 在韩国，监狱的名称叫“教导所”。很多教导所十分注重对罪犯的职业技能教育。如韩国华城职业训练教导所，对关押的1500余名各类犯人，开展了数控机床、建筑施工、汽车检修、网络管理、裁缝、烹调、糕点、电焊等20多个培训项目。[3] 日本囚犯的劳动主要有三类：一是生产劳动，劳动产品收益统一上缴国库；二是职业训练，主要是学习劳动技能；三是自营劳动，包括洗衣、保洁等自我保障性劳动。[4]

（三）发轫于国家民生政策的实践导引

近20年来，我国国务院及有关国家部委发布和出台了一系列关于大力推进职业教育的规定。自2002年至2019年，仅国务院层面就发布了四个重量级文件。如2002年8月，国务院发布了关于大力推进职业教育改革与发展的决定，指出各级人民政府要加强对职业教育工作的领导，把职业教育工作纳入当地经济和社会发展的总体规划；2005年10月，在《国务院关于大力发展职业教育的决定》（国发〔2005〕35号）中指出，要“开展各种形式的职业技能培训和创业培训，提高他们的就业能力、工作能力、职业转换能力以及创业能力”；2018年5月，在《国务院关于推行终身职业技能培训制度的意见》（国发〔2018〕11号）中指出，要面向城乡全体劳动者，把终身职业技能培训贯穿劳动者学习和职业生涯的全过程，“对服刑人员、强制隔离戒毒人员，开展以顺利回归社会为目的的就业技能培训”；2019年1月，国务院出台了《国家职业教育改革实施方案》（国发〔2019〕4号），对国家职业教育改革进行了顶层设计与总体部署。监狱机关对在押罪犯开展各种项目与形式的职业技能教育，是认真贯彻国家民生政策的有力体现，深刻体现了监狱机关的政治站位与责任担当。

（四）对焦于国家行刑制度的人本设计

中华人民共和国成立后，我国出台的诸多行刑法规制度，都对开展罪犯职业技能教育进行了规定。如1954年的《中华人民共和国劳动改造条例》第27条规定，“对犯人应当注意培养他们的生产技能和劳动习惯……”。1994年施行的《中华人民共和国监狱法》第64条规定：“监狱应当根据监狱生产和罪犯释放后就业的需要，对罪犯进行职业技术教育，经考核合格的，由劳动部门发给相应的技术等级证书。”1995年，司法部联合国家教委、劳动部联合下发了《关于进一步加强对罪犯的文化职业教育和技能培训的通知》，明确规定监狱所在地的教育和劳动行政部门应当把罪犯的文化、职业教育和技能培训，列入本地区的教育和培训规划，“对罪犯的职业教育和技能培训，要根据监狱的生产需要安排，同时考虑罪犯刑满释放后的不同去向和社会需要，开设各种周期短、投资少、实用性强、见效快的综合职业技能培训班”；2003年颁布的《监

---

〔1〕宋烈、叶刚等编译：《美国联邦监狱局工作透视》，法律出版社2013年版，第88、319页。

〔2〕邵雷主编：《中英监狱管理交流手册》，吉林人民出版社2014年，第46页。

〔3〕王刚：“走进韩国最现代化的职业培训监狱”，载《法制日报》2013年12月3日，第3版。

〔4〕姜明：“日本韩国服刑人员管理透视”，载《犯罪与改造研究》2008年第3期。

狱教育改造工作规定》和2007年出台的《教育改造罪犯纲要》对罪犯职业技能教育的目的、办班、获证等问题作了一系列规定。2008年，司法部在《关于进一步加强监狱教育改造工作考核的通知》中，强调“罪犯刑满释放前取得职业技能证书的人数应当达到应参加培训人数的90%以上”。由此可见，我国行刑法律制度架构中，把罪犯职业技能教育作为一块重要内容进行设计和规范。

(五) 谋思于减少罪犯再犯罪的现实愿景

十多年来，全国各地刑释人员重新犯罪问题比较突出。从再犯的发生机理看，其风险防范既应着眼致因、心因和诱因等犯因性因素，还应兼顾管理控制、教育矫正和服务帮扶等应因性因素。[1] 当前，对刑释人员而言，政策壁垒、社会歧视、[2] 个人低能，已成为制约和阻碍其再社会化的重要诱因。刑释人员重新犯罪率居高不下，已给社会政府治理、司法治理与行业治理提出了诸多挑战。从管教实践看，造成罪犯重新犯罪的一大主要原因是当事人缺少谋生技能。2011年江苏监狱管理局的调查表明，74.8%的罪犯刑满释放后因没有谋生技能和一技之长而再次犯罪；[3] 2017年底，四川监狱管理局对全省在押重新犯罪人员调查中发现，55.17%的重新犯罪者“不适应就业需要”，缺乏生存技能。[4] 2018年9月，司法部召开了重新犯罪第一次领导小组会议，对全国范围内重新犯罪问题进行部署和研讨。对罪犯开展各种职业技能教育，有助于增强罪犯回归社会后的信心，降低其重新违法犯罪的机率，提高其适应社会、立足社会的能力。

二、罪犯职业技能教育的进路探求

对罪犯实施职业技能教育，是监狱教育改造工作的重要一环，也是贯彻落实教育人、改造人监狱方略的重要体现。围绕这一主题与要义，各地监狱机关与当地政府部门、高等院校、公益社团等机构密切联动，进行了一系列卓有成效的探索。

(一) 政府与社团的积极推动

1. 省级机关政策导向性牵动。十余年来，湖南、山东、湖北、安徽等省纷纷出台省级规范性文件，将监内职业技能培训工作纳入当地社会职业培训总体规划，通过相应的政策导引及一定的财力支持，帮助即将出狱（所）人员掌握一门以上谋生技能。如2009年9月，湖南省三部门联合出台了《湖南省服刑人员职业技能培训、职业技能鉴定及创业培训工作实施办法》，对全省罪犯参加职业技能培训补贴标准、培训对象、组织管理等问题做出了具体规定；2015年8月，湖北省四部门联合出台指导性政策：规定全省即将刑满或余刑2年之内，男、女性分别在55周岁、50周岁以内，可以在监

---

[1] 狄小华、狄欣怡：“犯因与应因关系下的再犯系统防治研究”，载《犯罪与改造研究》2019年第11期。

[2] 据统计，有40多个行业在选聘、招录人员时在相关法律与制度规定上对曾经违法犯罪人员作出了明确的限制。这些行业除了政府机关、事业单位、司法部门外，诸如社会上的会计业、医疗业、保险业、证券业、导游、保安、专利代理、锁具修理等行业招聘条件中，大多有“无违法犯罪记录”的录用门槛限制。

[3] 周耕妥：“论特殊学校向监狱技校转型”，载《中国监狱学刊》2011年第6期。

[4] 四川省监狱管理局课题组：“四川省刑释人员重新犯罪问题探析”，载《犯罪与改造研究》2020年第5期。

狱内免费参与职业技能和创业培训，每年省财政将为此拨付 1600-2000 万元。[1] 2019 年 8 月，安徽省政府办公厅印发的《安徽省职业技能提升行动实施方案（2019—2021 年）》（皖政办〔2019〕24 号）文件中，明确规定“对余刑不满 1 年监狱服刑人员、强制隔离余期不满 1 年戒毒人员就业技能培训，省级财政根据年度培训合格人数，按 1200 元标准（含技能鉴定费）给予支持”。

2. 专业社团职能参与性驱动。一些政府机关、行业组织与关联部门，充分发挥就业服务与民生保障方面的工作职能，为促进特殊群体更好地回归社会做出了许多积极的探索。如 2011 年 12 月，国际劳工组织与中国人力资源和社会保障部联合在四川锦江监狱为出监前罪犯开展了创业培训，获此证书的罪犯出狱后有机会获得 5 万元的中央财政贴息小额担保贷款；[2] 2013 年 5 月，由共青团中央、中华全国青年联合会、中华全国工商业联合会共同倡导发起的青年创业服务站，在四川川北监狱挂牌成立，该站将为刑释人员提供创业培训、项目申请、资金扶持、导师辅导等方面的服务；[3] 2018 年 6 月，由人社部牵头举办的第三届“中国创翼”创业创新大赛监狱赛点选拔赛在湖南星城监狱举行，此次比赛是全国规模最大、辐射面最广、影响力最强的创新创业赛事，[4] 大赛首次走进监狱，有助于让罪犯亲身接触到最前沿的创业资讯和最具权威的创业指导，助力监狱更好地深化职业技能教育。

3. 公益组织资金帮扶性推动。一些公益、慈善类组织，将在押罪犯生活与技能帮扶纳入自己的年度工作规划，通过提供一定的资金支持，为监狱深入推进罪犯职业技能培训注入了强劲的动能。如 2011 年初，江苏省监狱管理局与北京光华慈善基金会签订了为期 3 年的合作协议，北京光华慈善基金会每年提供 10 万余元的公益赞助，3 年内免费为 9500 名罪犯提供创业培训教育，并对取得创业培训证书的罪犯刑释后自主创业提供小额低息贷款支持。[5] 此类探索，开创了监狱机关与公益社团共同破解社会治理难题的新范式。

（二）监狱机关的自身探求

1. 在监内自行举办职业技能培训活动。现实中，有些监狱利用监内土地资源或从业环境，引导罪犯进行蔬菜、瓜果种植或盆景、花卉栽培等活动；有些监狱利用民警或罪犯中的专业特长，开展面向罪犯的计算机操作、缝纫加工、“非遗”创作等技术施教活动；有些监狱自行购买书籍、材料与器械，为罪犯开展泥工、电工、木工、糕点等培训。实践中，很多监狱通过举办正规化的职业技能培训，主动沟通、衔接政府有关部门，帮助罪犯考取国家认可的职业资格证书。除了开展常规性线下技能培训，很

---

〔1〕 江卉等：“湖北省帮助服刑人员回归社会 每年九千人可免费学职业技能”，载《湖北日报》2016 年 2 月 22 日，第 2 版。

〔2〕 安源、刘贤：“国际化创业培训进四川锦江监狱 近 600 人获益”，载中国新闻网，http://www.chinanews.com/df/2011/12-24/3556098.shtml。

〔3〕 郑金容、张绍华：“全国首个‘YBC 监狱创业服务站’成立”，载《四川法制报》2013 年 5 月 14 日，第 2 版。

〔4〕 杨桦、张庆丰：“高墙内举行创新创业大赛 评委频频为学员出谋划策”，载红网，hn.rednet.cn/c/2018/06/08/844234.htm。

〔5〕 丁国锋、闫成瑞：“江苏服刑人员比拼创业计划”，载《法制日报》2011 年 12 月 2 日，第 2 期。

多监狱纷纷借助教育改造网络，帮助罪犯在线上掌握职业技能知识、了解当前就业政策、知悉当地产业布局与招工信息等。

2. 在监内成立专门的职业技能培训机构。很多省份监狱系统通过成立专门的出监监区、分监狱或监狱，从组织、机制创新上助力罪犯职业技能教育的深入开展。如2010年，浙江乔司监狱专门组建了出监分监狱，通过建立模拟社会实训基地，对罪犯开展适应社会的专项训练，帮助他们提高立足社会和谋生就业的知识和技能；[1] 2011年，四川锦江监狱转型为出监监狱，在此基础上成立了“锦程职业技能培训总校”，先后开设了烹饪、陶艺、计算机、裁缝、汽车美容、动漫设计和养殖等专业；[2] 2019年1月，重庆市监狱管理局在市未管所挂牌成立了全市监狱系统罪犯职业技能培训基地与出监教育示范基地，以推动全市监狱系统罪犯职业技能培训工作的良性运作。

3. 在监内举行各类创业类培训或竞赛。近十年来，一些省份监狱机关根据教育改造工作长期规划及部分服刑罪犯的心理需求，面向在押罪犯举行了丰富多彩的创业技能培训或大赛。如2011年12月1日，江苏在南通监狱举办了全省监狱系统首届罪犯创业设计大赛，10名即将刑释人员的创业计划书从182份选送计划书中脱颖而出，获得专家的点评与建议；[3] 2013年4月25日，北京市天河监狱举办了第三届“光明行杯”创意创业大赛决赛，宠物网、外教面对面、老年公寓等8个创业项目受到社会评委和罪犯代表的广泛好评。举办监内创业大赛，为罪犯重回社会打开了一扇“希望之门”，有助于他们出狱后更好地开拓属于自己的“天地”。

（三）监狱与社会的联姻合作

1. 监狱与高校合办职业技能学历教育。一些监狱通过与社会高等院校的“无缝对接”，走上了一条让社会认同、罪犯获益、家属满意的正规化职业技术教育办学之路。如2007年3月，湖南省星城监狱与湖南科技职业学院联合开办了面向罪犯的三年全日制成教大专学历班，开创了全国监狱系统全日制高等职业教育的先例；[4] 2009年9月，江西吉安监狱与井冈山应用科技学校合作，率先在全国监狱系统开设国家承认学历的中专班，开设了计算机应用、服装设计与加工、园林、电子技术4个专业，三年来经过严格培训考核，首批招收的100名学员中有79人考试合格，获得了由江西省教育厅监制的普通中专毕业证书。[5]

2. 监狱与高校共办职业技能培训基地。近十年来，全国很多监狱大力推进监狱教育改造社会化进程，在与社会高等院校合作开办职业技能教育方面不断有务实的推进。如2010年以来，山东运河监狱与山东理工职业学院、山东农业广播电视学校等院校合作，设立了面向罪犯的机械制造、农业种植、电器维修等22个门类71个可选择科目的

---

〔1〕王春苗、何为杰：“丰富形式 创新机制 打造监地融合的乔司样板”，载《浙江法制报》2018年5月31日，第2版。

〔2〕赵文：“出监监狱：探索更科学的行刑理念”，载《四川法制报》2012年10月18日，第3版。

〔3〕丁国锋、闫成瑞：“江苏服刑人员比拼创业计划”，载《法制日报》2011年12月2日，第2期。

〔4〕喻昌远、陈韧翔：“关于出监监狱建设之实践”，载《中国监狱学刊》2008年第1期。

〔5〕郭宏鹏、黄辉：“全国监狱系统首批职业中专学员毕业”，载《法制日报》2012年8月11日，第2版。

职业技能培训基地;[1] 2017 年 8 月，江苏江宁监狱在低度戒备分监狱成立了南京新雅慧职业培训学校江宁监狱分校、南京智联职业培训学校江宁监狱培训基地，对罪犯实施“短、平、快”实用技能培训和职业资格证书培训紧密结合，形成“分类分层分级”的职业技能培训模式。

3. 监狱与企业共创职业技能培育基地。近年来，很多监狱单位纷纷和一些名企、强企结成战略合作关系，在监内建成了设施完备、环境一流、管理规范的品牌加工基地，让广大罪犯在劳动改造中学到了先进的管理理念与生产技能。如华东一些知名企业在监狱内建立了服装、箱包、伞业、休闲用品等加工基地，让罪犯在劳动中提升了对职业技能的认同感与自豪感。也有个别企业在监内挂牌成立了企业技能培训中心，如 2017 年 8 月，江苏利安达集团有限公司在江苏省未管所内成立了“利安达创业技能培训中心”，助力该所罪犯职业技能培训上新台阶。

4. 监狱与爱心人士共建职业技能实训基地。这种情形比较少见，但也有实例。如 2020 年 1 月，浙江省未管所建成了“谢丽娟实训基地”，该基地由浙江民盟爱心人士谢丽娟独自出资 200 万建成，总面积 1000 余平方米，分为奶茶咖啡、动漫广告、电商物流、西点烘焙、王星记扇艺等五个实训项目区,[2] 从而使该所罪犯职业技能教育有了“金字招牌”。

三、罪犯职业技能教育的深化与发展

罪犯是社会规则的破坏者，也是社会秩序的重建者。深入开展罪犯职业技能教育，帮助罪犯提高谋生就业的本领，是彰显监狱工作教育人改造人方略的重要体现。要建立和健全一揽子关联罪犯职业技能教育的体制和机制，以为中国乃至世界行刑发展提供改造范式与矫正经验。

（一）更新发展理念，匡正罪犯职业技能培训的实践导向

针对当前罪犯职业技能教育中存在的一些主观性认知偏差与客观性实践乱象，必须着力在思想上实现五重转变：一是从监狱主导向社会主导转变，监狱机关要积极争取当地有关部门的支持，尽快从政策落地向实践落地转变，尽快将监狱的职业技能培训纳入当地政府有关部门的具体规划，尽快实现监狱职业技能办学模式上的根本转变；二是从输送知识到输送技能转变，要改变过分注重书本教学、大课教学、网络教学的方式，改变职业技能纸质获证、交钱获证的现象，真正让参加培训人员从学习技能到掌握技能的重大转变；三是从车间实训向综合规训转变，要改变一些监狱为了提高技术教育发证率，习惯以生产项目为主的单一型技能培训方式，努力实现向课堂+实训、互联网+实训、车间劳动+基地实训等多元化技能培训方式转变；四是从小众教育向大众教育转变，要建立面向不同年龄、不同类型、不同经历、不同服刑区间的可选择、多样性技能培训项目体系，不断扩大罪犯职业技能培训的覆盖面；五是从短期培训向职业规划转变，针对形形色色的罪犯，要通过教育引导、技能培训，帮助罪犯实现从

---

[1] 余东明等：“山东运河监狱打造‘新生流水线’改造罪犯”，载《法制日报》2011 年 12 月 21 日，第 6 版。

[2] 葛玲燕、徐执：“‘谢丽娟实训基地’在省未管所落成”，载《每日商报》2020 年 1 月 11 日，第 1 版。

糊口到谋生、从就业到创业、从自立到自强的心理转变，最终实现职业技能教育功能上的良性拓展。

（二）健全教育模式，提升罪犯职业技能培训的整体效能

新时代，监狱必须创新职业技能培训理念，探索与信息化、智能化、全球化相吻合的监内职业技能教育模式。一是要完善监狱职业培训机制，深化与社会办学机构的无缝对接。针对汽车修理、专业设计、工业制图、精密制作等课程多、要求高、耗时长的职业技能培训项目，监狱应与社会有关机构加深合作，建立过程可查询、成绩可延续的罪犯个人学习与培训账号，实现监内职业技能教育成果的社会化认定和转换。二是要借鉴医疗共同体经验，探索建立罪犯职业教育共同体。要通过监社融合建立高职院校职业技能培训监狱分校，积极引入高校的管理模式、学分评定、课时津贴等制度，积极争取在若干省级监狱建立职业技能认证考级点，实现监狱职业技能教育的正规化。三是要依托社会强企、名企，建立企业职业技能狱内培训基地。要坚持服务改造与服务就业相结合思想，加强与生产业务单位的战略合作，适时在监内建立由社会知名企业挂牌的职业技能培训点，不断提高罪犯适应社会、谋生就业的本领。除此，要着眼功能互补，将监狱作为高职院校独特的公益教学与社会实习基地，不断提高高职院校师生的帮扶爱心与公益情结。

（三）创新工作载体，优化罪犯职业技能培训的进度品质

深入开展对罪犯的职业技能教育，需要一个稳健而又充满活力的载体和平台。当前，很多监狱都建有出监监区（分监区），一些功能性监狱还建有出监教育中心，为落实对罪犯的职业技能教育提供了较好的组织保障。随着监狱机制变革的深入，押犯整体结构的变化，需要在办学载体创新上有更多的探索。实践创新路径：一是对个别监狱进行局部性改建。如针对一些建筑场地闲置、硬件设施浪费的单位，完全可以借鉴吉林、重庆未管所的做法，[1] 通过增挂特殊单位招牌，将其改建成全省或区域性罪犯职业技能实训基地；针对一些大型监狱的诸多关押点，可以腾出一个关押点改建为罪犯职业技能培训中心。二是对部分监狱进行融合性改建。如针对一些人数在2000人以下的小型监狱，可将罪犯入监适应性教育、出监回归性教育融为一体，成立出入监教育中心，这样一来，既可以实现警力资源的优化组合，还可以实现罪犯职业技能培训的常态化开展；另外，在一些监狱比较集中的区域，可探索由省局统筹建立区域性罪犯出监技能培训中心。三是对重要监狱进行整体性改建。实践中，可借鉴湖南星城监狱、四川锦江监狱的做法，将某一监狱打造成以职业技能培训、出监危险性评估、回归适应性训练等为内容的专门监狱，这有助于为广大即将刑满释放罪犯提供一个有丰富社会化内涵的改造环境。

（四）充实办学资金，化解罪犯职业技能培训的根本瓶颈

解决罪犯职业技能教育的实践困境，除了要构建一套科学合理的办学机制，还须有持续而又充足的资金保证。鉴于当前很多监狱罪犯职业技能教育经费捉襟见肘之现

---

[1] 2016年，吉林省监狱管理局联合吉林省人力资源和社会保障厅，投入资金700余万元，在该省未管所内，投入实训设备368台（套），设置实训工位400个，从而为刑释前罪犯创造了优良的职业技能培训环境。

状，有必要从筹资渠道上有所拓展。一是善用社会公益类社团组织的专项救助。当前，很多国际性组织、国内公益性社团，[1] 在对弱势人群生活救济、技能帮扶等方面付诸了大量的行动。监狱机关应主动寻求此类组织的关爱与支持，力争在罪犯职业技能教育资金与器物帮扶方面有新突破。这方面，江西省、云南省、浙江省未管所便做出了很好的探索。[2] 二是善用社会企业与个人的爱心帮扶。现实中，公益性、福利性社团数量毕竟有限，而从事慈善捐助的企业与个人数量却是十分庞大。要通过各种正能量宣传及困难性描述，让社会各界关爱暖流能不断涌入监狱场所，以为罪犯掌握技能、学技立身解决一些办学资金缺口。三是善用罪犯个人及其家属的自愿缴款。针对一些就业前景良好、罪犯有强烈学习愿望、资金投入较大的技能培训项目，如果罪犯愿意自费报名参加同时罪犯家属愿意签署知情书表示认可支持的，可由监狱提供场地，由社会教学机构负责教学，单独开办授课，这有助于最大程度丰富罪犯职业技能教育的课程内容。四是善用监狱企业的产值计提。监狱企业作为独立的法人企业，应该参照社会企业关于员工培训方面的一些规定。建议每年计提总产值的2%—3%作为罪犯职业技能培训专项经费专款使用，以为解决监内职业技能教育办学难题提供可复制、可推广的现实方案。

（五）汲取社会营养，打造罪犯职业技能培训的活力磁场

罪犯职业技能教育是监狱“三课”教育体系的重要单元，也是展示监狱教育改造成果的重要版块。新时代必须注重机制优化和创新，不断显现监内职业技能教育的生机和活力。一是要注重从现代网络资讯中汲取教学营养。要充分发挥远程教育、网上慕课的优势，帮助罪犯无论是现实生活还是网络虚拟空间上，都能学会和掌握一门以上就业谋生的方法和技能。有条件的单位应建立线下实训教室与线上智能平台相促进的办学机制。如浙江省乔司监狱就拥有9个线下实训教室和1个职业技能网络实训基地。二是要注重从“非遗”项目传承中汲取培训灵感。目前，我国已建立较为完备的“非遗”项目文化引领与实践传承体系。很多监狱通过和当地文化行政部门及文化事业单位的合作，纷纷将当地“非遗”项目引入监狱，极大地提高了罪犯职业技能教育的“含金量”。这方面，可充分借鉴福建省监狱系统的典型做法。[3] 三是要注重从社会创业类竞技活动中汲取实践智慧。近十年来，一些传统媒体与新媒体、行业组织举行了多种形式与主题的创业设计大赛，为一大批有创业潜能者施展才华提供了独特舞台。监狱机关要加强和社会有关组织的合作，通过不定期举办狱内创业方案展示活动，为他们回归谋生牵线搭桥，并做好必要的政策指导与延伸服务。

---

〔1〕 2016年3月，浙江省财政厅公布了2015年度全省符合公益性捐赠的社会团体（不含各地慈善总会）共44家，其中公益类、教育类、慈善类基金会分别有13家、11家和11家。

〔2〕 如2011年，江西省未管所开展的“未成年服刑人员刑释前生活技能评估体系建设”项目获得了联合国儿童基金会立项，可获得二十多万元的资金支持。

〔3〕 2015年9月，福建省司法厅在全国首创与省文化厅联合下发关于在罪犯中开展“非遗”技艺培训的通知，并把此类培训列入福建监狱“十三五”发展规划。目前，福建全省监狱共打造非物质文化遗产创作展示长廊19个，设置相关技艺培训教室、工作室和陈列室近100个。

案例实训

再过20多天就服刑期满的刘某特别高兴。23日上午，他在某监狱获得了国际劳工组织与中国人力资源和社会保障部联合颁发的SYB创业培训合格证书。

SIYB培训是国际劳工组织为帮助微小企业发展，促进就业，专门研究开发的一系列培训小企业家的培训课程。国际劳工组织通过成都市就业局在某监狱设置了该培训的两种课程，包括“产生你的企业想法”（GYB）和“创办你的企业”（SYB）。

某监狱是本省首家出监监狱，收纳了各地监狱转入的刑期将满的服刑人员，为他们提供回归社会适应性训练。23日某监狱举办的“警民亲·阳光行动”系列之“阳光融冰”主题活动暨“12·29”《中华人民共和国监狱法》宣传活动上，578名服刑人员获得GYB创业培训合格证书、88人获得SYB创业培训合格证书。此外，有302名服刑人员取得国家职业资格证。

35岁的刘某只有小学学历。在某监狱服刑期间，他通过3个月的培训和全国统考，获得了初级计算机等级资格证，同时经过各7天的培训先后获得GYB和SYB的培训证书。

“我以前碰都没碰过计算机，进了监狱后看到这么好的条件，觉得要好好学”，包某说，他现在能打字、制作表格、幻灯片等，出狱后打算开一家中餐馆。“SIYB课程讲了如何选址、营销，学了计算机做些账目表格没有问题”，包某20多岁时曾开过一家火锅店，他对创业计划颇有信心。

据刘某介绍，他所在的培训班上有创业打算的服刑人员占1/3，有的想做汽车美容店、有的开理发店，平时也会交流想法。

30岁的李某当日也拿到了SYB培训证书。他了解到有的狱友在农村有地可以种菜，就想到开一家有机蔬菜超市，收购这些狱友的蔬菜。“现在人们追求生活品质，对健康要求高，是个潮流，有机蔬菜超市应该有市场”，李某说，条件可行的话还会开一个网上有机蔬菜超市。

据悉，获得SIYB创业培训合格证书的服刑人员在出狱后还有机会申请获得5万元人民币的中央财政贴息小额担保贷款。

拓展训练

山东运河监狱打造“新生流水线”改造罪犯[1]

创办中国第一所监狱大学——孔子函授大学，19年间共培养2826名服刑人员获儒学班大专毕业证书；刑释人员重归社会后，重新犯罪率低于3%；截至今年年底，实现连续23年无罪犯脱逃……山东省运河监狱所取得的一系列辉煌“纪录”被监狱系统的同行誉为“奇迹”。近日，《法制日报》记者走进运河监狱的高墙，探访这里创造奇迹背后的巨大推动力。

---

〔1〕 http://www.enorth.com.cn/news.enorth.com/cn/system/2011/12/21/008354922.shtml.

“监管与被监管之间存在天然‘斥力’。如何通过营造一个既能立德，又能习艺的良好氛围，让这种天然‘斥力’逐渐消弱，积极接受改造，回归社会后成为合法公民和社会有用之才，这是我们监狱近年来做好高墙内社会管理创新的目标。”山东省运河监狱监狱长王广海说，“通过探索、总结和推广，近年来，运河监狱已经形成了立德、养心、习艺、就业‘四大教改体系’，这一‘流水线式’的教改新模式着重在服刑人员道德缺失、心理扭曲、文化技能欠缺、就业能力薄弱等环节上入手，努力使每一名罪犯走出监狱后成为合格的社会人。”据悉，运河监狱先后被司法部命名为“部级现代化文明监狱”、“全国监狱工作先进集体”，曾荣记集体一等功四次，二等功七次，三等功五次。

立德：知美丑分善恶

运河监狱三监区的服刑人员马强因表现良好，被管教干警任命负责服刑人员日常财物的登记管理工作，这项“人事任命”让这名因惯窃入监的罪犯感动不已。2005年，马强因盗窃被判无期徒刑。“开始时，总能接到犯人丢了牙膏、袜子、香烟等报告，调查后很快发现是马强所为，我们也多次对其劝诫开导，但他已盗窃成癖极难自控，后来我们安排了孔子函大的传统美德课。”三监区管教干警崔长青回忆说，“此后监区失窃财物报告明显减少，有一次，马强还将捡到的物品主动上缴。”

“参加‘孔子函大’学习让我懂得了‘君子爱财，取之有道’的道理，我非常懊悔过去结交的那些人，现在回想起来觉得既可耻又可悲。指导员让我负责财物登记管理，这是对我改过自新的寄托和信任。”面对采访，马强毫不掩饰地说。

据介绍，“孔子函大”学制两年，采用面授指导、课堂辅导和自学相结合的学习方法，课程设置《论语》、《孟子》、《大学》等课程，供服刑人员学习，互相警戒劝勉。同时，对不同类别罪犯进行有针对性的儒学美德教育，也是运河监狱近年来创新实践总结出的管理经验之一。例如，对盗窃抢劫服刑人员，通过儒家“道之以德”对其输以“先义后取”的义利观，对因性格暴躁犯故意伤害、杀人入监的服刑人员，则授以“与人为善，遇事忍让”的处世方法……

“以德为先、以德育人贯穿教育改造全程，是我狱多年探索坚持的一项经验做法。”运河监狱教育科科长许大营说，“这些服刑人员一般都是因为道德缺失才走上犯罪的道路，借助传统美德教育，就是从‘根部’开始‘治疗’，让服刑人员在潜移默化中参悟辨清‘美与丑’、‘善与恶’，逐步树立起正确的人生观、价值观。”

养心：矫心智得新生

从一名机关干部，到犯故意杀人罪入狱服刑，这一巨大落差让宋福田一度心灰意冷，甚至产生了自杀的念头。然而，近日记者见到他时，看到了他眼神中透露出来的蓬勃生机和希望……

“看到他沉默寡言、萎靡不振的样子，我们决定通过心理疏导，让他把‘心里话’一吐为快。结果发现他竟然想自杀，我们立即启动心理矫治的应急预案，通过一定的心理干预让他产生希望，放弃自杀念头。”崔长青说。

为此，干警还与宋福田“君子协定”——“即便天下人都不在乎你了，至少还有我在乎你，你若要自杀，必需我在场……就这样，我们抓住这一有利时机，进行心理疏导，同时发动同监室服刑人员一起来安抚他，邀请他的女儿到狱中，借助亲情唤起了他改造重生的信念。”崔长青说。

“其实，服刑人员入监之初一般会遭遇身份变化、刑期漫长、亲情破碎等现实，这段时期的情绪也最为浮躁、波动。为此，我们从每名犯人入监开始，便对其进行心理风险评估，建立心理档案，以此实现服刑人员思想动态和刑期内心理治疗的全程同步。”许大营说。

除了来自社会专业咨询师、监狱干警的心理治疗和疏导之外，监区犯人之间也可以进行自助式心理安抚。据介绍，自2008年以来，运河监狱便积极探索以“养心”为核心的心理健康教育体系，并以此建立起“心理健康指导中心、心理辅导站、心理互助小组”三级罪犯心理评估体系和心理矫治网络。

目前，该狱获得国家三级心理咨询师以上资格的管教干警有101人。新入监罪犯心理测试率、罪犯心理健康教育普及率均达到100%。近三年来，开展心理矫治600余次，有20余名存在严重心理问题的罪犯得以矫治。

习艺：学技能育希望

在七监区服刑人员陈思元床头墙上，挂有一面自己制作的刺绣作品，上面绣着他的心语：“绣锦修心”。

“我以前在一家棉厂上班，因故意伤害罪被判入狱，入监后我报名参加了监区组织的刺绣班培训，刺绣不仅让我学得一技之长，还让我的坏脾气得到收敛，我现在已经不再那么急躁、冲动了。”陈思元告诉记者。

而与陈思元有同样感受的还有二监区服刑人员刘达，他选择石刻作为自己的培训项目，“刻石如做人，每个印记都是自己留下的，以前犯错让人生有了污点，今后不能再让印记加深了。”

“在技能培训上，我们尊重服刑人员的意愿，根据社会、生产和服刑人员自身需要，进行“按需办学”、“订单式培训”。培训过程中，服刑人员既能习得一技所长，又能寄寓于学、收敛心境，从而推进改造效果的提升。”管教干警杜庆林说。

据了解。近年来，运河监狱先后与山东理工职业学院、山东农广等院校联合办学、建立培训基地，专设涉及机械制造、农业种植技术、电器维修等，共计22个门类71个可供选择科目。

近三年来，有2600余名罪犯在监狱统一组织下参加了职业技能培训。仅2010年，该狱就有200人次微机中专结业，548人次获得农业绿色证书，186人获得济宁市人力资源和保障局颁发的《职业技能资格证书》中级证，514人获得初级证。

此外，该监狱还常年开展小革新、小发明、小建议、小改造、小设计“五小”创新活动，让罪犯在改造中学以致用，体现自身价值。据统计，三年来，罪犯“五小”创新活动产生成果140余项，创造社会价值1700余万元。

就业：善安置助回归

还有十个月，服刑人员盛华就可以刑满释放了，而这时，他已被济宁某家电企业聘为电工，这给他带来无比的憧憬。盛华1998年因抢劫被判入狱，服刑期间他参加了电工技能培训，后在全省监狱服刑人员“技术比武”过程中获得三个一等奖，破格减刑一年半。

当问及出狱后的打算时，盛华告诉记者："服刑期间妻子跟我提出了离婚，当时对我打击很大，是监区指导员安慰我、开导我，才让我有了继续活下来的勇气。现在，我凭借在这学到的知识技能，找到了一份可以安身立命的工作，出去后只有好好工作才是对这份恩德最好的回报。"

采访中，记者了解到，几天后，山东省内的30余家企业将齐聚运河监狱，届时将有50余名临近刑满释放人员与企业签订劳动就业协议。"这种形式的'招聘会'每年举行一次，已经延续了很多年。我们在服刑人员刑满释放前的一年内，就把他所学技能和资格认证定期向社会用工单位推荐，然后由用工单位与服刑人员进行双向选择。"许大营说，"这是我监狱施行教育改造和安置帮教一体化工程的一个环节。"

据介绍，近年来，运河监狱不断探索"就业谋生"为核心的劳动改造体系，成立罪犯刑释就业指导中心，每年召开刑释人员就业招聘会、推介会，构建服刑人员就业安置平台。截至目前该监狱共组织培训罪犯6600余人次，其中2000余人刑满释放后步入新的岗位，重新犯罪率长期低于3%。

"尽管如此，服刑人员刑满释放重返社会后的就业依然面临重重压力，我们努力将他们回归社会后的就业失败率控制在5%以下。"王广海说，"服刑人员在监狱服刑，只是与社会暂时隔离，并不等同于脱离，他们依然是社会中的一分子，当他们重返社会后依然需要社会的包容、理解、认可，而作为监狱我们需要不遗余力帮助其迈出这'重生'的第一步。"(文中服刑人员皆为化名)

思考：

1. 你怎么理解育德、养心、习艺、就业之间的关系？
2. 从罪犯回归社会的角度，谈谈你对这种'流水线式'的教改模式的理解。